Chevalier, Ulysse (éd.)

Monuments inédits sur l'histoire du Tiers-Etat. Cartulaire municipal de la ville de Montélimar

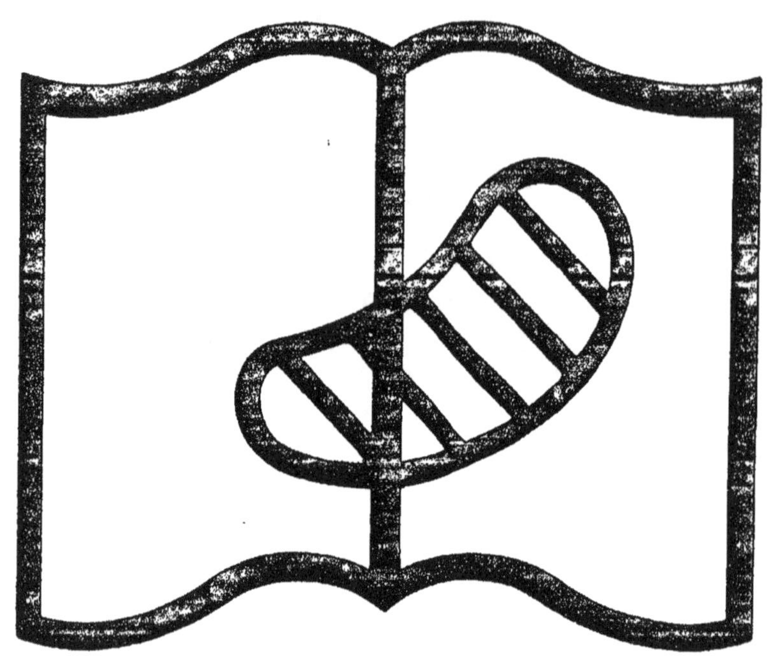

Symbole applicable
pour tout, ou partie
des documents microfilmés

Original illisible

NF Z 43-120-10

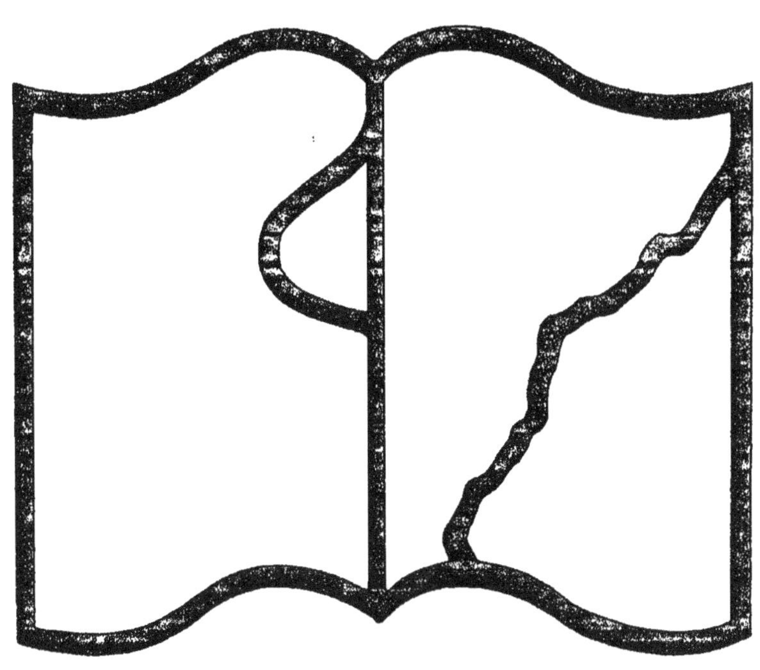

Symbole applicable
pour tout, ou partie
des documents microfilmés

Texte détérioré   reliure défectuouse

NF Z 43-120-11

MONUMENTS INÉDITS SUR L'HISTOIRE DU TIERS-ÉTAT

CARTULAIRE MUNICIPAL

DE LA VILLE

DE MONTÉLIMAR

(Drôme)

Publié d'après les documents originaux
conservés aux Archives de la commune, etc.

PAR

l'Abbé C.-U.-J. CHEVALIER

Correspondant du Ministère de l'Instruction publique, Officier d'Académie.

MONTÉLIMAR

IMPRIMERIE ET LITHOGRAPHIE BOURRON

—

1871

BULLETIN DE SOUSCRIPTION N°

CARTULAIRE MUNICIPAL
DE LA VILLE DE MONTÉLIMAR

Je, soussigné, déclare souscrire à ... exemplaire en papier (*) ... du CARTULAIRE DE LA VILLE DE MONTÉLIMAR, aux conditions indiquées dans la circulaire de l'éditeur en date du 31 octobre 1868.

Localité.　　　　　　　　　　　　　　Date.

Signature (bien lisible).

(*) Indiquer si l'on désire l'exemplaire en papier ordinaire ou de luxe.

Montélimar, Bourron.

CARTULAIRE MUNICIPAL

DE LA VILLE DE

MONTÉLIMAR

PUBLIÉ PAR

l'Abbé Ulysse CHEVALIER

*de plusieurs Académies et Sociétés savantes, françaises et étrangères,
correspondant du Ministère de l'Instruction publique
pour les travaux historiques.*

Il serait superflu d'insister de nos jours sur l'importance des publications diplomatiques. A la suite des Bénédictins de la Congrégation de Saint-Maur, on a compris depuis longtemps que l'histoire, pour être le témoin des temps, suivant la définition de Cicéron, doit prendre pour base de ses récits les documents authentiques contemporains. A ce principe la France est redevable du grand nombre de *Cartulaires* publiés depuis 1840 et destinés à compléter les travaux d'érudition antérieurs.

L'histoire municipale n'est représentée dans cette collection que par de rares volumes. Cependant, dès 1835 Augustin Thierry avait été chargé par le Ministère de l'Instruction publique d'éditer un recueil de documents relatifs à l'histoire du Tiers-État ; il n'en fit paraître que trois volumes relatifs à l'Amiénois, mais il donna l'impulsion à ce genre de publications par son *Essai sur l'histoire de la formation et des progrès du Tiers-État*. L'importance des Cartulaires municipaux des villes méridionales de la France y est pleinement démontrée à l'aide des documents communiqués à l'illustre érudit. C'est au résumé avantageux qu'il y fait des chartes de franchises de la ville de Die, autant qu'à des circonstances fortuites très-favorables, qu'on doit la publication récente du Cartulaire municipal de cette vieille cité (*).

Les archives de la ville de Montélimar sont encore plus complètes et plus importantes ; pour quiconque a une notion succincte de son passé, il est peu de localités en France dont l'histoire municipale puisse offrir autant d'intérêt. Située dans le comté de Valentinois, elle touche par ses annales, non moins que par sa position topographique, au Dauphiné, à la Provence, au Comtat-Venaissin et au Languedoc. Dominée par une famille puissante, dont l'origine historique est loin d'avoir été éclaircie, elle se trouva de bonne heure divisée par les rivalités de ses diverses branches. Sa situation avantageuse excita la convoitise de plus d'un prince voisin, et le morcellement de ses pareries au moyen-âge est encore dans une obscurité que les documents inédits peuvent seuls éclaircir.

(*) *Documents inédits relatifs au Dauphiné* publiés par l'Académie delphinale. 2ᵉ volume édité par les soins de M. l'abbé CHEVALIER. Grenoble, 1868, in-8°, 3ᵉ livr.

Le *Cartulaire municipal de Montélimar* s'ouvre par une série de chartes du VIII° au XII° siècle, qui existent en plusieurs copies, mais dont l'authenticité sera appréciée à sa juste valeur dans les prolégomènes ; comme elles ont été fréquemment invoquées, sans que le texte en ait jamais été publié, on a cru devoir les reproduire à leur ordre chronologique. Les pièces qui suivent, à partir de la charte lapidaire de 1198, dont on offrira le *fac-simile*, sont toutes mises au jour d'après les originaux conservés aux archives de la commune, ou d'après des copies authentiques recueillies dans un certain nombre de bibliothèques publiques et de cabinets particuliers. L'auteur n'a pas à préciser les règles diplomatiques qui l'ont guidé dans ces reproductions ; c'est la même fidélité scrupuleuse que dans ses publications antérieures, qui ont à cet égard obtenu l'assentiment de juges compétents (*). A la suite du texte des chartes, dont la série sera poursuivie jusqu'à la Révolution, viendra un index alphabétique très-détaillé. Le tout sera précédé d'une introduction en deux parties, l'une paléographique, sur les documents publiés et leur valeur respective, l'autre historique, qui résumera les annales municipales de la ville de Montélimar.

Les encouragements n'ont pas fait défaut à cette publication, dont l'intérêt n'est point borné au département de la Drôme, et l'on n'a recours à une souscription que pour en assurer plus efficacement l'exécution. M. le Maire de Montélimar y a prêté le concours de son autorité avec une grande bienveillance, et l'auteur n'a qu'à se louer des facilités qui lui

(*) *Cartulaire du prieuré de Saint-Pierre du Bourg-lès-Valence, Cartulaires de l'église et de la ville de Die, Cartulaire dauphinois de l'abbaye de Saint-Chaffre, Cartulaire de l'abbaye de Saint-André-le-Bas à Vienne, Cartulaire de l'abbaye de Léoncel* (en cours d'impression).

ont été données pour établir correctement les textes. Les membres de la Société d'Archéologie de la Drôme et de l'Académie delphinale de Grenoble, à qui le projet a été soumis, y ont donné leur entière adhésion. Pour obtenir plus sûrement le résultat de la souscription, on a fixé le prix du volume aussi bas que possible, comme on pourra s'en convaincre par les conditions ci-après.

Romans, 31 octobre 1868.

CONDITIONS DE LA SOUSCRIPTION

Le *Cartulaire municipal de la ville de Montélimar* formera un fort volume, format grand in-8°, de 20 à 25 feuilles,

Il sera tiré 250 exemplaires en papier fort, collé ;

  50 — — elzévir teinté ;

  10 — — de couleur.

Le prix est fixé, pour les souscripteurs, à raison de **40** cent. la feuille d'impression en papier ordinaire (**8** ou **10** fr. l'ouvrage complet), et **70** cent. la feuille en papier de luxe (**14** ou **17** fr. **50** c. l'ouvr. compl.)

La liste des souscripteurs sera publiée à la fin de l'ouvrage.

Un avis leur fera connaître la fin de l'impression du volume, qui pourra être retiré chez l'auteur, l'imprimeur et les libraires dépositaires.

MONTÉLIMAR. — IMPR. ET LITH. BOURRON.

LETTRE DE M. L'ABBÉ CHEVALIER A M. LACROIX

TOUCHANT LA PUBLICATION DU CARTULAIRE MUNICIPAL DE MONTÉLIMAR.

MONSIEUR,

Après vos conſtants efforts, joints aux miens, pour engager notre Société dans la voie des publications diplomatiques, après les réſultats déjà obtenus par elle & par ſa ſœur de Grenoble, l'Académie delphinale, je crois inutile d'inſiſter, à propos d'un nouveau Cartulaire, ſur cette vérité admiſe depuis longtemps dans les ſphères éclairées de la ſcience : L'hiſtoire locale doit être recherchée excluſivement dans les monuments originaux, dans ces titres qui donnent de ſi ſûres lumières aux annaliſtes. — On eſt quelque peu en droit de reprocher au Dauphiné ſa poſition inférieure à l'égard d'autres provinces, plus richement dotées de ſavantes hiſtoires (avec pièces juſtificatives) par les Bénédictins & leurs confrères réguliers ou ſéculiers. S'il ne convient pas trop d'inſiſter ſur notre pénurie, qui tient à diverſes cauſes, il n'en eſt que plus urgent de reprendre le rang que nous aſſigne notre glorieux paſſé.

Parmi les nombreux documents inédits que j'ai recueillis (en majeure partie, grâce à votre bienveillance), il m'a paru naturel de faire un premier choix & de mettre tout d'abord au jour ceux qui offrent un plus grand intérêt ou touchent à un ordre d'idées plus général : c'eſt ce qui a motivé ma récente publication des *Cartulaires de l'égliſe & de la ville de Die.* — Vous n'ignorez pas le petit nombre des cartulaires municipaux & le ſoin avec lequel ils ſont recherchés des érudits. L'origine & l'établiſſement des communes au moyen âge, l'organiſation municipale, la légiſlation en vigueur à cette époque, le reſpect croiſſant de l'individualité ſont tout autant de queſtions d'intérêt ſupérieur, qui ne peuvent toutefois être généraliſées fructueuſement pour la ſcience que par l'inſpection des documents originaux appartenant à des provinces & à des villes différentes. Malgré ſon mérite exceptionnel, eu égard à ſon antiquité & à ſa conſervation, le cartulaire municipal de Die, ſeul document de ce genre publié juſqu'ici en Dauphiné, ne ſaurait ſuffire pour notre province. D'ailleurs, la ville de Montélimar poſſède, à commencer par ſa charte lapidaire de 1198, une longue ſérie de documents originaux, dont la richeſſe & l'intérêt ne pouvaient manquer de ſtimuler tôt ou tard l'ardeur d'un érudit. Je dois à l'intermédiaire de M. L. Vallentin & à l'obligeance de M. le Maire de Montélimar d'avoir pu prendre copie de ces pièces, dans les meilleures conditions pour obtenir un texte parfaitement exact. En comparant toutefois mon cartulaire actuel avec le dernier inventaire des archives de la ville, j'ai dû conſtater l'abſence de cinq originaux, importants par leur objet & ſurtout par les ſceaux en plomb

qui y étaient appendus; ils font en date des années *1208*, *1228* (3 juillet),
1280 (30 décembre), *1320* (24 février) & *1337* (20 juin). Pour ce qui
concerne le cartulaire de Montélimar, une tranfcription me fuffirait & ferait
accueillie avec reconnaiffance.

La famille des Adhémar a joué un trop grand rôle par fa puiffance & fes
illuftrations pour qu'il me fût loifible de borner mes recherches aux archives
de la ville de Montélimar. Je dois à la bienveillante communication de
M. L. Faure, de Grignan, une copie de très-anciens priviléges qui auraient
été accordés par les Adhémar à leurs vaffaux. Les archives de l'ancienne
Chambre des Comptes à Grenoble, que je n'ai jamais confultées en vain,
m'ont fourni plufieurs pièces précieufes, entre autres la bulle de Frédéric
Barberouffe accordée aux Adhémar, en 1164. Les archives, confiées à votre
intelligente follicitude, les regiftres manufcrits de Valbonnais, etc., m'en ont
fourni d'autres. Bref, je crois, à part le déficit conftaté plus haut, être
arrivé à colliger pour la ville de Montélimar un cartulaire municipal auffi
complet qu'on peut le défirer. Il comprend une centaine de documents inédits, reproduits fuivant les principes qui m'ont guidé ailleurs. Tous font
accompagnés des notes néceffaires pour en éclaircir certains détails obfcurs
ou pour élucider les points hiftoriques qui s'y révèlent pour la première fois.
Un index alphabétique très-détaillé fuivra le texte. Le tout fera précédé de
prolégomènes, dans lefquels je réfume l'hiftoire municipale de Montélimar,
telle qu'elle fe dégage des documents inédits que je me propofe de publier.
Outre fon intérêt au point de vue communal, cette introduction jettera des
lumières nouvelles fur l'hiftoire des fouverains fucceffifs de la ville, les
Adhémar, les comtes de Valentinois, de concert avec les papes, les dauphins
& les rois de France.

Ce Cartulaire, vous me croirez facilement, n'a pas été rédigé dans un but
de fatisfaction perfonnelle. Notre jeune Société a fait face à trop de néceffités,
les publications qu'elle a commencées font trop loin de leur terme pour
fonger à grever fon budget des frais néceffités par l'impreffion du travail
dont je viens de vous entretenir. Il me fuffit que fon patronage & la fym-
pathie de fes membres lui foient acquis. La ville de Montélimar, on m'en
a donné l'affurance, ne lui refufera pas fon concours dans la mefure de fes
reffources actuelles. Son intelligent imprimeur tient fes preffes à fa difpofi-
tion. Que nous manque-t-il donc pour aboutir? La certitude de pouvoir
compter fur un nombre à peu près fuffifant de foufcripteurs. Si cet appel
trouvait, comme je n'ofe pas en douter, de l'écho auprès des perfonnes
intelligentes, nous préciferions dans une circulaire les conditions de cette
publication.

Veuillez agréer, Monfieur, l'expreffion de mes fentiments affectueux
& bien dévoués en Notre-Seigneur Jéfus-Chrift.

Août 1868.   Z.-U.-J. CHEVALIER.

CARTULAIRE MUNICIPAL

DE LA VILLE

DE MONTÉLIMAR

(DRÔME)

Publié d'après les documents originaux
conservés aux Archives de la commune, etc.

PAR

l'Abbé C.-U.-J. CHEVALIER

Correspondant du Ministère de l'Instruction publique, Officier d'Académie.

MONTÉLIMAR

IMPRIMERIE ET LITHOGRAPHIE BOURRON

—

1871

NOMBRE DU TIRAGE :

300 exemplaires en papier fort, collé;
65 — — de couleur;
3 — — très-fort;
3 — sur format in-4°.

NOTE PRÉLIMINAIRE

L'accueil sympathique fait au prospectus de cet ouvrage à la fin de 1868, nous engagea à n'en pas retarder l'impression ; les délais qu'elle a subis ont eu pour cause la nécessité de collationner au loin plusieurs textes, non moins que les circonstances qu'elle a traversées. Le volume même que nous offrons présentement au public érudit ne renferme que les chartes ou le *Cartulaire* proprement dit de la ville de Montélimar : la table et l'introduction paraîtront postérieurement, ainsi qu'un supplément, s'il y a lieu. Nous nous bornerons, pour le moment, à indiquer en quelques mots les diverses sources mises à contribution pour former ce Cartulaire factice.

Il faut placer en première ligne les archives de la ville de Montélimar, dont l'accès nous a été facilité par l'entremise de M. Lud. Vallentin, archéologue distingué. A peu d'exceptions près, nous y avons retrouvé toutes les pièces analysées dans un *Inventaire* dressé en 1662, qui fait partie des mêmes archives. Comme on doit le penser, il nous a été impossible de songer à les publier dans leur ensemble : nous avons cru faire un choix judicieux en donnant intégralement les pièces relatives aux libertés municipales, et par extraits celles de quelque intérêt pour les annales de la ville.

Sous le nom de *Recueil A*, nous avons désigné un registre renfermant les *Titres des priviléges, libertés et franchises accordés par les seigneurs souverains de la ville de Montélimart*, qui appartient à M. Léop. Faure, à Grignan, et dont on trouvera la description détaillée dans la *Notice historique* sur cette localité par M. l'abbé Fillet. L'abréviation A² indique une copie du registre A, faisant partie du cabinet du même collectionneur. La lettre *B* renvoie à un recueil différent, formé d'une collection de 80 pièces relatives à Montélimar, en partie transcrites au XVIIIe siècle par le notaire Candy, et aujourd'hui possédées par M. de Planta, à Montélimar : il renferme, outre un grand nombre de chartes qui lui sont communes avec le recueil A, bien des documents que nous avons vainement cherchés ailleurs. Enfin, sous le nom de *Recueil C*, nous avons compris un petit registre du XIVe siècle, qui nous a été obligeamment communiqué, ainsi que la charte XXXIII, par M. Morin-Pons, l'auteur de la *Numismatique féodale du Dauphiné*.

L'indication des autres pièces recueillies parmi les manuscrits de la Bibliothèque nationale, à Paris, de celles des villes de Grenoble et de Carpentras, des archives des préfectures de l'Isère et de la Drôme, etc., nous paraît suffisante au bas de chacune d'elles pour ne nécessiter aucun nouveau détail.

Peut-être y aurait-il à s'excuser ici de l'honneur fait à certaines pièces fausses des recueils A et B, que l'on trouvera insérées à leur ordre chronologique en tête de ce *Cartulaire*. Leur défaut d'authenticité sera évident pour quiconque s'occupe de diplomatique : il n'en était pas moins utile, en raison de leur fréquent emploi dans quelques travaux généalogiques, de les livrer à l'appréciation du public érudit.

Nous n'insisterons pas de nouveau sur l'importance des pièces renfermées dans ce volume ; nous serions heureux de pouvoir achever prochainement une publication dont l'utilité n'est point bornée au département qu'elle intéresse plus directement. Qu'il nous soit permis, en terminant, de renouveler l'expression de notre gratitude à tous ceux qui ont bien voulu nous accorder leur concours.

Romans, 30 avril 1871.

CHARTULARIUM

CIVITATIS

CHARTULARIUM

CIVITATIS MONTILII ADEMARII

IN Christi nomine Jesu crucifixi virginisque ejus matris intactæ, amen. Anno Incarnationis ejusdem Domini septingentesimo nonage-simo et die tertia mensis maii, festo Inventionis sanctæ Crucis, pon-tificatus summi in Christo patris domini nostri Adriani pontificis primi, di-vina favente clementia papæ, anno decimo nono, invictissimi, illustrissimi religiosissimique principis Caroli magni, anno regni ejus Gallorum vicesi-mo tertio, imperii Romanorum vero undecimo. Notum sit omnibus homi-nibus, tam præsentibus quam futuris, controversiam fuisse inter illustrem Giraudum Hugonem Adaymarii de Montilio ex una, et illustrem Giraudum Lambertum Adaymarii de Montilio fratres ex altera, filios illustrium quon-dam Hugonis Giraudi Adaymarii de Montilio et Yolandæ Thursin de Tholosa, filiæ illustris quondam Issaureti Thursin ultimi regis Tholosani, conjugum, dominorum Montilii Adaymarii in imperio, Valentinensis diœcesis, inter flumina Rhodani et Robionis, vice-comitum Massiliæ et ducum Genuæ viventium, scilicet pro bonis omnibus et hereditatibus contingentibus supradictorum illustrium patris et matris ac paternis, quomodocumque aut ubicumque sint vel consistant; volentes, inquam, supradicti illustres duo fratres plenum facere compromissum, obedire et stare cognitioni et ordinationi et mandato et omnimodæ voluntati, et servato juris ordine vel non servato, illustris principis Izaureti Thursin, primi comitis Tho-losæ, filii supradicti illustr. Izaureti ultimi regis Tholosani, fratris pa-truelis dictæ ill. Yolandæ et avunculi supradict. contrahentium, et illorum quos secum habere voluerit, super omnibus quærimoniis, jurgiis, quærelis et rancuriis quas facient vel facere possent invicem, per se et liberos et homines suos, et quod ill. supradictus Izauretus comes et avunculus possit in partibus prædictis componere et de rancuris expetere compro-

missum a partibus non expositis coram ipso, convenerunt et constrinxe-
runt ipsi illustres nepotesque fratres supranominati, sub pœna mille
marcharum auri puri et fini, se servaturos, pro se et liberis præsentibus
et futuris et hominibus suis, mandatum seu mandata quod aut quæ dictus
ill. Izauretus avunculus comes faciet super jurgiis et quærelis quæ coram
ipso ab utraque parte motæ erunt vel moveri possent, et de aliis omnibus
de quibus ipse voluerit (juribus paternis et maternis contingentibus tantum) inter ipsas componere et mandare : qua pœna prædicta commissa et
exacta, sæpe sæpius mandatum seu mandata ab ipso ill. avunculo com.
vel ab alio nomine ejus prolata nihilominus in sua maneant firmitate, et
quod ill. supradictus Izauretus, comes de Tholosa, avunculus possit rancuras motas vel movendas.., die feriato vel non, una die vel pluribus,
simul vel separatim dirimere et ut visum fuerit finire, et quærimonia non
exposita et compositionem inter partes facere, et de pœna an sit commissa
cognoscere, et partem contumacem in pœna jamdicta parti obtemperanti
et obedienti condemnare vel sibi si maluerit retinere.., et propter commissionem pœnæ compromissum non expiret, imo duret et plenam obtineat roboris firmitatem ; et si aliqua quæstio vel dubietas oriretur super
compromisso vel super mandatis.. proferendis.., per ill. supradict. dom.
Izauretum.., arbitrum arbitratorem seu communem amicabilem composi-
torem.., interpretetur et declaretur, et ejus interpretationem debeant ill.
nepotesque fratres inter se in perpetuum observare ; et quod ita teneant et
servent, pro se et hominibus et liberis suis.., et contra non veniant, per
solemnem stipulationem promiserunt et sub obligatione omnium bonorum
suorum et liberorum suorum et tactis sacrosanctis Evangeliis juraverunt,
renuntiantes illi legi quæ dicit nullum arbitrum debere fieri cum juramento. Eodem igitur anno et die quibus supra, invocato prius nomine
Jesu immensæ bonitatis et unicæ Trinitatis, pro nobis peccatoribus et
fidelibus pœnitentibus crucifixi, Nos Izauretus Thursin, dominus princeps-
que comes de Tholosa, avunculus supradict. nepotumque fratrum tractan-
tium, arbiter arbitrator seu amicabilis compositor.., in præsentia et beneplacito ill. Hugonis Adaymarii de Montilio, avunculi patrui supradict.
fratrumque nepotum nostrorum, ad dirimendas et sopiendas quæstiones
quæ inter ipsas partes supradict. ad invicem vertebantur et erant coram
nobis diutius agitatæ, in modum infra scriptum componendo definimus et
componendo statuimus: Imprimis volumus, præcipimus et ordinamus
quod omnia, res et jura, quæ ab antiquo fuerunt ab illustribus Adaymariis
majoribus et prædecessoribus dict. nostrorum nepotumque fratrum in
imperio, trans Rhodanum, pertineant pleno jure ill. Giraudo Hugoni
Adaymarii de Montilio, primogenito nepotique nostro, quoquomodo sint
et ubicumque consistant.., sive sint urbibus, fortalitiis, castris, burgis,
homagiis, jurisdictionibus, feudis, retrofeudis, vassallis, hominibus, mulieribus, ecclesiasticis regularibus vel secularibus, honoribus, censibus,
servitiis, vectigalibus, pedagiis, pulveragiis, leydis, nemoribus, molendinis.

molituris et aquarum excursibus, furnis, furnagiis et redditibus omnibus,
cum eorum pertinentiis et appendentiis et cum omnimoda jurisdictione
alta et bassa, mero et mixto imperio : si tamen ipse ill. supradict. Giraudus
Hugo neposque frater decesserit vel ab hoc mortali seculo migraverit sine
herede masculo... ex suo corpore legitime procreato.., omnia supra jam
dicta et distributa in imperio... perveniant et pertineant pleno jure et
sine aliquali contradictione dicto ill. Giraudo Lamberto Adaymarii de
Montilio nepotique fratri ; et reliqua jura omnia, res et bona, quæ fuerunt
ab antiquo ab ill. majoribus et prædecessoribus illorum nepotum nostrorum Adaymariorum et sunt de præsenti in regno citra Rhodanum, atti-
neant et pertineant pleno jure et insolidum ill. Giraudo Lamberto Adaymarii de Montilio, nepoti nostro postnato, sive sint in diversis provinciis
et diœcesibus, tam in urbibus quam in fortalitiis, *ut supra*, in quoquomodo
consistant et consistere possint (baroniis tamen de Barjaco et de Monte-
cluso, Uticensis diœcesis, exceptatis), quas quondam dictus ill. Hugo
Giraudus Adaymarii de Montilio, pater dict. fratrum contrahentium, de-
derat primonato filio in contractu matrimonii cum ill. supradicta Yolanda
Thursin de Tholosa.., ut apparet in dicto contractu matrimonii de anno
Domini septingentesimo vigesimo octavo, die vero ultima mensis januarii,
recepto Narbonæ per magistrum Saturninum Bonipar notarium, genitorem
meum, habitatorem Tholosæ, cum magistro Laurentio Scoferio notario,
habitatore Narbonæ, quas baronias ipse Giraudus Hugo Adaymarii de
Montilio, frater primo natus ipsius Giraudi Lamberti Adaymarii de Montilio possidebit et sui imposterum successores, cum omnimoda jurisdictione alta et bassa, mero et mixto imperio et cum eorum redditibus et
emolumentis omnibus, sine ulla contradictione, et de cetero sit ipse nepos
Giraudus Lambertus Adaymarii... contentus, ita ut nihil amplius super
bonis paternis, maternis, patruis, amitis et materteris.. petere possit : si
vero ipse Giraudus Lambertus... mortem ab hoc seculo cum vita commu-
taverit sine herede masculo.., omnia ea supra jam dicta data, donata et
concessa in regno... perveniant pleno jure et sine aliquali contradictione
supradicto ill. Giraudo Hugoni fratri primogenito, heredibus et successoribus suis in infinitum, et pax perpetua et finis sit inter fratres nepotesque supradict. contrahentes. Et ad satisfactionem, contemplationem et
sententiam probantis supradictæ transactionis inter ill. jamdictos nepotes,
et ut melius vivant in futurum in vero, mutuo, sincero et fraternali amore,
supra jam dict. ill. Hugo Adaymarii de Montilio, patruus, et illustris Brigitta
comitissa de Aquitania, prædilectissima conjux sua, de communi consensu
et assensu, mutuis reciprocis voluntatibus, nullos habentes liberos nec
ullam spem habendi post sanguinolentam mortem trium filiorum interfectorum eorum, in exterminatione crudelissimorum impiorumque Saraceno-
rum in insula Corsicæ facta de mandato expresso Romanorum et regis
Gallorum per ill. avum Lambertum et supradict. Hugonem Giraudum
Adaymarii de Montilio, filium dicti Lamberti et patrem supradict. ill. con-

trahentium, dicti igitur ill. conjuges, non coacti, seducti nec inducti, sed mera et spontanea voluntate moti, dant et concedunt de præsenti et in futurum dictis ill. nepotibusque fratribus et eorum heredibus et successoribus legitimis, omnia eisdem ill. conjugibus Hugoni et Brigittæ data in eorum contractu matrimonii de anno Domini septingentesimo trigesimo septimo, die vero quarta mensis martii, recepto Burdigalæ in Butirigibus per magistrum Hannibalem de Comis et alios publicos notarios habitatores, per illustres quondam Lambertum et Hugonem Giraudum, heredem.. ill. Lamberti Adaymarii de Montilio, ducis Genuæ, vice-comitis Massiliæ et domini baronis Montilii Adaymarii in valle Valdania, inter flumina Rhodani et Robionis, Valentinensis diœcesis, patris dicti Hugonis Giraudi heredis et etiam dicti Hugonis Adaymarii munifici, et etiam per illustres Humbertum et Robertum comites Aquitaniæ, patrem et fratrem dictæ ill. Brigittæ, volentes et intendentes dicti conjuges largitores quod omne jus legitimæ ill. defunctæ Magdalenæ de Burgundia matris dicti Hugonis munifici perveniat in solidum dicto Giraudo Hugoni, primogenito nepotique heredi universali, et jus etiam omne legitimæ ill. defunctæ Lauræ de Bearn, matris dictæ Brigittæ, perveniat dicto ill. fratri suo Roberto de Aquitania comiti sine ulla contradictione, et quod statim post eorum obitum ipsi ill. fratres et nepotes in possessionem inducantur sine aliquali difficultate et contradictione alicujus nec aliquorum oppositione, et postea ad libitum eorum dict. hereditatem æquis portionibus dividatur ; et ad majorem firmitatem omnium præmissorum, super sancta Dei Evangelia dicti ill. conjuges tactis manibus juraverunt. Actum et recitatum fuit hoc Tholosæ, in castro et fortalitio dicti ill. comitis, arbitri et avunculi supradicti, vocato Narbonensis, præsentibus testibus illustribus dominis domᵒ Odoacere comite Belgii, domᵒ Lazaro Thursin comite Narbonæ, fratre ill. Izaureti comitis Tholosæ, domᵒ Amalrico de Belveze barone baroniarum de Belveze et Montis-Girardi, domᵒ Joanne Ancelino comite Soleti et barone Ancelini, nobilibus Stephano de Bonneval, Servino de Narbona, Ludovico de Montecacuto, Lamberto de Molibus, Hugone de Bellovisu, Servino de Turribus, Joanne de Platea, Humberto de Montibus, Antonio Pellicerii, Duranto de Melva, Francisco de Silva, Claudio Serrano, Gaucherio de Cornu, Benedicto Fornerio, Stephano de Sanguine, Servino Bonifilii, Antonio Moli, Hugone de Sancto Saturnino, Petro Gaucherii, Philippo Itri, Bartholomæo de Castello, Amantio de Sancto Servino, Petro de Florentia, Isnardo de Sancta Maria, Izoardo de Turribus, Benedicto et Guillelmo de Sancto Genesio fratribus, Hectore Bonifilii, Marco Antonio de Plano, Philippo Scoferio, Joanne Belliloci, Claudio de Rupe, Alzeario, nobilibus, egregiis et probis viris, judicibus, causidicis, sindicis, consiliariis, procuratoribus, vassallis, scutiferis, vexillariis, et nobis notariis subscriptis, cancellariis ad hæc vocatis et rogatis, Silvestro Bompar cancellario et notario dicti ill. comitis dom. arbitri avunculi, una mecum Hugone Bouloussa, notario et cancellario dominorum meorum fratrumque partium, de mandato ipsorum ill.

comitis et nepotum, præsentem cartam scripsimus, signavimus et ad perennem rei memoriam et robur in antea valiturum bullarum illustris arbitri et nepotum munimine communivimus bullavimusque in testimonium præmissorum.

(*) Pièce fausse dans les recueils A, A² et B (n° 4), avec ce titre : *Sententia arbitralis ad divisionem bonorum illustrium Adhemariorum de Montillo, lata per illust. principem Isauretum Thursim, Tholosæ comitem, inter ill. Giraudum Hugonem Adhemarii de Montillo, ex una, et ill. Giraudum Lambertum Adhemarii de Montilio fratres, ex altera, filios illust. quondam Hugonis Giraudi Adhemarii de Montilio et Yolandæ Thursim de Tholosa conjugum, dominorum Montilii in valle Valdenia, vice-comitum Massiliæ et ducum Genuæ.* A la fin : « Extractum in archivis marchionatus Gardæ ab uno pergameno colato Yoland, in armario Montilii et in saco transactionum, ad mandatum magnificæ et potentis dominæ dom. Joannæ Adaymarii Montilii de Grignano matrisque tutricis magn. et pot. dom¹ d. Ludovici Scalin Adhemarii de Montillo, domini marchionis marchionatus de Guarda Adhemarii, in valle Valdeniæ et in diœcesi Tricastina. — Extrait des archives et parchemin que dessus non vicié ni altéré, à nous notaire royal exhibé et après retiré par M⁰ Durand Arnaud prêtre et archiviste de la maison de La Garde, led. extrait écrit d'autre main à nous fiable et due collation faite nous sommes signé à La Garde le 15° mars 1637. Arnaud prêtre archiviste, Veyrenc notaire, Dupré no¹⁰, Bayle no¹⁰. »

II°.   6 *juin* 830.

Iɴ nomine Creatoris et Redemptoris Domini nostri Jesu Christi crucifixi, gloriosissimæ virginisque ejus matris inviolatæ, amen. Anno Incarnationis Domini ejusdem DCCC°XXX° et die festo beati Claudii pontificis, vi° mensis junii, pontificatus summi in Christo patris pontificis domini nostri dom¹ Gregorii, divina disponente clementia papæ IV¹, anno sui pontificatus III°, illustriss. religiosissimique principis Ludovici primi Romanorum imperatoris, anno sui imperii decimo sexto et regis Gallorum regnantis ut supra. Cum controversiæ, jurgia, iræ, quærimoniæ, petitionis et quæstionis materia orirentur seu verti et oriri sperarentur de præsenti vel in futurum inter illustres spectabilesque dominos dd. Lambertum Giraudum Adaymarii de Montilio, dominum et ducem Genuæ, vice-comitem civitatis Massiliæ, et dominum et baronem baroniæ Montilii in imperio et in ejus valle Valdania, inter flumina Rhodani et Robionis, Valentinensis diœcesis, ex una, et ill. Carolum et Giraudum Adaymarii de Montilio fratres paternales supradicti ill. Lamberti Adaymarii de Montilio heredis, filiosque ill. quondam Giraudi Hugonis Adaymarii de Montilio et Brigittæ d'Albret conjugum, viventium ducum Genuæ, vice-comitum Massiliæ civitatis atque etiam dominorum Montilii in summa potestate, in imperio et in ejus valle supradicta, ad causam bonorum paternorum et maternorum ; tandem dicti ill. spectab.que fratres litigantes et contrahentes, volentes et cupientes de et super prædictis ad bonam pacem et concordiam devenire, tractante ill. reverendiss. in Christo patre et domino dom. Adaymario de Montilio, archiepiscopo Maguntiacensi, fratre ab utraque parente, arbitro arbitratore atque commune et amicabile compositore supradict.

fratrum contrahentium, ibidem præsente, per viam transactionis et amicabilis compositionis convenerunt, transegerunt et pepigerunt in modum qui sequitur : In primis ex causa dictæ transactionis.., tractante transactore.., quod dict. frater Lambertus Adaymarii de Montilio, primogenitus et heres universalis, cedat et remittat et desamparet de præsenti et in futurum ill. Carolo Adaymarii de Montilio, fratri suo postnato, filiolo invictiss. illustrissimique principis Caroli magni Romanorum quondam imperatoris et Gallorum regis, pro omni jure legitimæ paternæ et maternæ, pro se, heredibus et successoribus suis in infinitum, sub homagio ligio in qualibet mutatione domini vel vassalli, palatium majorum parentum et prædecessorum nostrorum, quod est in civitate Tricastina, cum ejus platea et vectigalibus in omnibus foris et nundinis exigendorum consuetis juxta dict. palatium a parte occidentis, ab superlectile luculenter paratum et instructum, semel tantum; burgum etiam juxta mœnia dictæ civitatis Tricastinæ a parte venti, ab antiquo vocatum burgum Adaymariorum, cum omnimoda jurisdictione alta et bassa, mero et mixto imperio, proprietates omnes et ejus servitia, redditus, jura, emolumenta, homagia, feuda, retrofeuda, pedagia, pulveragia, leyda, molendina, molitura et aquarum decursibus, furna, furnagia intus et extra dict. civitatem Tricastinam, territorium et mandamentum ejusdem, fortalitia, castra, mandamenta de Barre et Cabreriis, cum eorum matzagiis[1] omnibus dependentibus a supra dict. duobus castris, grangiam sitam in plano Grignani extra ripariam Licii, mandamenti de Barro, simulque burgum contiguum, leporarium dictæ grangiæ, a quibusdam annis vocatum burgum Bonæ-Helenæ, matris undecim liberorum masculorum, a quodam Francisco Faucherio et a supra dicta Bona-Helena conjuge (monasterio tamen Sancti Martini super montem Podii extra Licium, dict. grangiam prope et dict. burgum a parte venti, excepto) constructo et dotato a prædecessoribus nostris cum innumerabilibus beneficiis, privilegiis et franchesiis de quibus gaudent monachi ibidem de præsenti residentes, turrim de Mayana et illam de Palude, et cum eorum villis et villulis in dict. mandamentis de Barre et Cabreriis, Tricastinensis diœcesis, cum omnimoda jurisdictione alta et bassa, mero et mixto imperio, cum eorum fortalitiis, castris, furnis, furnariis, molendinis, molituris, juribus, homagiis, feudis, retrofeudis, pedagiis, pulveragiis, leydis, censibus, servitiis, nemoribus, redditibus omnibus. Dat etiam præterea ipse ill. Lambertus... dicto ill. Carolo fratri suo quatuor mille solidos Turonenses annuales et pensionales, exigendos super pedagerios pedagii baroniæ Gardæ Adaymarii, Tricastinensis diœcesis, scilicet duo mille in festo nativitatis beati Joannis Baptistæ mense junii, aut locum integrum Petræ Latæ Tricastinensis diœcesis, fortalitia, castrum, burgum et territorium ejusdem cum omnimoda jurisdictione, pro supradict. quatuor mille solidis, ad libitum et optionem dicti ill. Lamberti..; dat etiam sub eodem homagio ligio in qualibet mutatione domini vel vassalli, ipse ill. Lambertus.., de mandato expresso.. dom[l] Adaymarii archiepiscopi Maguntia-

cens.., ill. Giraudo Adaym.., fratri minori nato,.... palatium majorum
parentum et prædecessorum nostrorum, quod est in civitate Aureycæ per-
bene instructum, semel tantum, ac omnes etiam proprietates, census, servitia, homagia, feuda, retrofeuda, redditus intus et extra supradict. civitatem, grangiam de Huchano cum omnibus domibus, cazalibus et bestiis
bovinis et rossalinis et ustencilibus omnibus necessariis ad laboragium,
hortis, virgultis, pratis, vineis, terris cultis et incultis, cum locis etiam et
alta villa de Albano et Buxedone et de Rupe Acuta, Auryacensis diœcesis
et Tricastinensis, cum omnimoda jurisdictione (*ut supra l.* 40)..., villis,
villulis et eorum territoriis et mandamentis.., vectigalibus et redditibus
omnibus quibuscumque a supradict. locis et territoris pertinentibus ; dat
insuper ill. Lambertus.. dicto ill. Giraudo Adaymarii.. quatuor mille
solidos Turonenses annuales et pensionales, exigendos super pedagerios
baroniæ Grignani Diensis diœcesis, scilicet duo mille in festo Nativitatis
Domini et duo mille restantes in festo nativitatis beati Joannis Baptistæ
precursoris Domini mense junii, aut locum, fortalitium, castrum, burgum et territorium Valreaci, Vazionensis diœcesis, cum omnimoda jurisdictione alta et bassa, mero et mixto imperio, pro *compensatione* dict.
quatuor millium solidorum, ad libitum tamen, optionem et voluntatem
dicti ill. Lamberti primogeniti et heredis... Sic juraverunt super sancta Dei
Evangelia manualiter tacta et ipsi ill. Carolus et Giraudus Adaymari de
Montilio, fratres dicti heredis, nihil aliud petere possunt de præsenti nec in
futurum ab ill. Lamberto Giraudi Adaymarii de Montilio eorum fratre..
super bonis paternis, maternis, avunculis, fratribus, sororibus, consan-
guineis et nepotibus quoquomodo.. ; nec etiam idem ill. Lambertus...
nihil petere possit.. nec sui super bonis, juribus et rebus datis ipsis duobus
fratribus per ultimas voluntates patris et matris.., nec etiam super omnibus castris eisdem ill. Carolo et Giraudo fratribus datis per illustriss.
principem Carolum Magnum imperatorem Romanorum quondam, ad re-
munerationem servitiorum factorum tam in guerrio quam in trougie,
ducentibus eorum exercitus contra impios crudelissimosque Saracenos,
Saxones et alios vafros principes inimicos nominis et religionis Chris-
tianorum ; et ipsi ill. Carolus et Giraudus.. nihil aliud petere nec exigere
intendunt nec sui imposterum heredes et successores a dicto eorum ill.
fratre Lamberto... de privilegiis, immunitatibus, vectigalibus concessis
et elargitis eorum prædecessoribus in diversis portubus maris, tam per
antiquum senatum Romanorum quam per alios diversos imperatores et
principes, etc. ; et sit pax perpetua et amor reciprocus inter ipsos ill.
fratres ; et supra jam dictus ill... dom. Adaymarius arbiter, archiepiscopus Maguntiacen., non coactus.., sed bona fide et amore fraternali motus,
dat et remittit per præsentem transactionem ill. Lamberto Gir. Adaym.
fratrique universali heredi.., heredibus et successoribus suis in infinitum, omnia bona sua tam paterna quam materna, volens insuper de prædict. rebus datis de præsenti et eadem hora se in possessionem inducere,

devestiens se... in favorem ipsius fratris.. et successorum suorum.. sine revocatione aliqua, mittens manum suam dexteram supra pectus more sacerdotum, ad corroborationem et rerum supra datarum, substitutionibus omnibus inclusis, incipientibus a matrimonio ill. avorum Lamberti Adaymarii de Montilio et Magdalenæ de Burgundia de anno Dom. sexcentesimo octuagesimo quinto, die vero nona mensis januarii, Matiscone recepto per Isnardum de Macone, notarium publ. habitatorem. Actum Barcinonis in Gothalania, testibus præsentibus ill. Baudovino Arduennæ comite, Humberto Campaniæ comite, nobilibus, egregiis probisque viris dominis dom. Philippo de Melassio, dom. Joanne Lausan, Isnardo Savelli, Amalrico de Portu, Hugone La Mota, Stephano Boniparis, Laurentio Bonæfidei, Petro Serrano, Ludovico de Savassia et pluribus aliis.. fide dignis, et nobis Hugone Boulousra, cancellario et notario ill. partium, et Bernardo de Florentia, habitatore Barcinonis notario publ., de mandato partium scripsimus, bullavimus hanc cartam præsent. bullæ rev⁴¹ archiepiscopi et ill. partiumque fratrum, et ad hoc rogatos... signavimus propriis manibus nostris signo nostro consueto et ordinario, ad corroborationem et in testimonium omnium præmissorum.

(') Pièce fausse dans les recueils A, A⁴ et B (n° 2), avec ce titre : *Transactio inter illust. Giraudum Adhemarii de Montilio, ducem Genuæ, vice-comitem Massiliæ, baronem et dominum Montilii in imperio, ex una, et ill. Carolum et Giraudum Adhemarii de Montilio fratres, filios defunctorum ill. Giraudi Hugonis Adhemarii de Montilio et Brigittæ d'Albret, ex altera*. A la fin : « Extract. ex arch. marquisatus Gardæ Adhemarii ab uno pergam... collato d'Albret, in armario Montilii et in sacco transactionum, *ut supra*. — Extrait, comme ci-devant,.. le 15 mars 1637... » — Texte impr. dans les *Annales de l'abb. d'Aiguebelle*, t. I, p. 410-4.

(1) Var. *introgits*.

III·.   *25 janvier 833.*

In nomine sanctissimæ et individuæ Trinitatis, Patris et Filii et Spiritus sancti, et ad gloriam benedictæ virginisque matris suæ Mariæ inclytæ, amen. Anno Incarnationis ejusdem Filii DCCC°XXXII°, die vero xxvᵃ mensis januarii festoque conversionis sancti Pauli apostoli, vas electionis et martyris Xpisti, in præsentia nostrorum notariorum et testium.., in castro Sancti Saturnini de Portu, Uticencis diœcesis, in claustro Sancti Petri et camera nobilis Arnulphi Arnandi de Sancto Remigio, domini prioris ejusdem, pontificatus summi in Christo patris et dom¹ nostri d. Gregorii. divina providentia papæ IVⁱ, anno sui regiminis et administrationis v°, ill. Lambertus Giraudus Adaymarii de Montilio, heres universalis ill. quondam Giraudi Hugonis Adaymarii de Montilio et Brigittæ d'Albret conjugum, ducum Genuæ, vice-comitum Massiliæ et dominorum baronum Montilii Adaymarii in summa potestate baroniarumque et locorum dependentium a supradicta baronia in valle Valdania, sita intra flumina Rhodani et Robionis, Valentinensis diœcesis, non coactus,.., sed amore sincero

et fraternali motus, dedit et donavit donatione pura et irrevocabili inter
vivos.., per se et suos imposterum successssores ill. Carolo Adaymarii de
Montilio, fratri suo post nato, et suis in infinitum heredibus et successoribus masculis, baroniam integram et insolidam de Garda Adaymarii,
Tricastinensis diœcesis, cum omnibus eorum fortalitiis, castris, burgis,
districtibus, juribus et redditibus et emolumentis omnibus ab eadem baronia dependentibus et emergentibus, cum mero et mixto imperio, et
omnimoda jurisdictione alta et bassa (homagio ligio sibi reservato in
qualibet mutatione domini et vassalli), super castris, feudis et retrofeudis
locorum de Petralata, de Duzera, de Monte Pancerio, de Castro Novo ad
Rhodanum, de Raco, de Alondo, de Monte Boscherio, de Espeluchia, de
Rupe Forti, de Toschia, de Portis, de Podio Giraudonis, de Bastida Rollandi, de Sauzeto, de Sancto Genesio, de Laupia, de Marsana, cum suo
feudo Boni Loci, de Clivo de Andranis, de Sancto Gervasio, de Podio
Sancti Martini, de Valle Aurea, cum feudis ejusdem Deusfecit, de Barreto
et de Sancto Nazerio, de Rossassio, de Clansays, Valentinens. et Tricastin.
diœcesis; pari modo dedit et concessit, sub similibus formis et conditionibus.., dictus ill. Lambertus.. ill. fratri suo Giraudo Adaym. de Mont...
baroniam integram et insolidam de Grignano, Diensis diœcesis, cum omnibus eorum fortalitiis, castris, burgis, territoriis, emolumentis et redditibus.., quoquomodo consistant et consistere possint.. super castris infra
scriptis, cum omnimoda jurisdictione, alta et bassa, et cum mero et mixto
imperio, cum homagio ligio in qualibet mutatione domini vel vassalli, de
Camareto, de Grillone, de Monte Acuto, de Richarenchiis, de Boscheto, de
Tuylleta, de Avisano, de Valreaco, de Venteaurolo, cum feudo suo de No-
veyzano, de Podio Gononis, cum feudo suo de Marcone, de Podio Alme-
racii, cum feudo suo de Falcone, de Rousseto, de Opigio, de Monte Bri-
zonc, de Blacouo, de Rupe Sancti Secreti, de Alancone, de Becona, de
Eyzauco, de Salis, de Aleyraco, de Monte Luceto, de Savassio, de Castro
Merulis, de Monte Securo et de Collonzellis, Tricastinen., Diensis et Vasionen. diœcesis, etc. Hæc autem præsens donatio facta gratis et amicabiliter
per ill. Lambertum Adaymarii fratrem dictis eorum ill. fratribus, ut facilius et commodius vivere possint secundum eorum statum et dignitatem;
volens præterea et insuper intendens ipse ill. Lambertus Gir. Adaym. fraterque heres munificusque largitor per præs. transactionem seu amicabilem
donationem et compositionem confirmare, approbare, observare et inviolabiliter homologare transactionem in favorem ipsorum ill. fratrum nec
in qualibet sui parte derogare de anno Dom. 830, scil. die 6ª mensis junii,
et casu in quo dicti fratres ill. aut eorum successores legitimi masculi
migrarent seu mortem cum vita commutaverint ab hoc mortali seculo sine
herede masculo.., tunc temporis supra jam dictæ baroniæ de Garda Adaymarii.. et Grignano.., cum eorum juribus, emolumentis et redditibus...,
perveniant et pervenire debeant, pleno jure et sine contradictione nec..
difficultate, dicto eorum fratri ill. Lamberto Gir. Adaym... et suis impos-

terum heredibus et successoribus dominis supradictæ baroniæ Montilii
Adaymarii... Dans et concedens insuper idem ill. Lambertus... præfatis
ill. Carolo et Giraudo Adaym... plenam, generalem et liberam potestatem
ac speciale mandatum adipiscendi, retinendi et habere possessionem dict.
baroniarum de Garda Adaymarii et de Grignano authoritatibus eorum
propriis... Hæc omnia... ita attendere, servare, complere et nunquam contra facere vel venire de jure vel de facto, per se vel per aliam interpositam personam, dict. ill. Lambertus... promisit bona fide et sub expressa
obligatione omnium bonorum suorum.., et insuper ad sancta Dei Evangelia
per eum manu tacta juravit; et renunciavit super præmissis... omni juri
canonico et civili sibi competenti et competituro.,; et de præmissis...
Actum fuit hoc ubi supra, testibus præsentibus religiosis, nobilibus et probis viris rev^{do} in Christo patre nobili dom. Arnulpho Arnaudi de Sancto
Remigio, priore Sancti Petri, fratre Jausserando de Pyolenc sacrista, dom.
Saturnino de Jarjays, domino Sancti Alexandri, Alzeario Bonifilii mercatore, Laurentio Melva hospite et pluribus aliis fide dignis; et nobis notariis infrascriptis, Hugone Bouloussa et Anthonio de Nuce, notariis publ.,
de mandato ill. partium fratrumque contrahentium scripsimus et signavimus et in testimonium præmissorum sigillavimus.

(*) Pièce fausse dans les recueils A, A * et B (n° 3), avec ce titre : *Transactio simulque donatio
inita inter ill. Lambertum Adhemarii de Montilio, ducem Genuæ, vice-comitem Massiliæ et
baronem Montilii Adhemarii in imperio, ex una, et ill. Carolum et Giraudum Adhemarii de
Montilio fratres, ex altera, ad causam donationis factæ dictis ill. Carolo et Giraudo per supra
dictum ill. Lambertum Giraudum eorum fratrem de baroniis integris de Garda Adhemarii et de
Grignano.* A la fin : « Extr. ex arch. marchion. Gardæ ab uno pergam. coll. *Barroniis,* in arm. Gardæ
et in sac. transact... — Extr... »

IVe.   21 *mars* 1095.

A^{NNO} ab Incarnatione Domini nostri Jesu Christi, et ad laudem beatæ
virginisque Mariæ matris suæ M°XCIV°, xxi^a mensis martii, die vero
festo beati Benedicti abbatis, in urbe Montilii Adaymarii et in ecclesia collegiata Sanctæ Crucis et in ejus choro, in præsentia testium et notariorum
infrascriptorum, regnantibus summo pontifice papa nostro Urbano II°,
anno sui pontificatus vI°, illustriss. invictissimoque principe Henrico IV°
imperatore Romanorum, anno sui imperii x°. Nos quatuor deinceps nominati fratres, Lambertus, Giraudus, Giraudetus et Giraudonetus Adaymarii
de Montilio, domini insimul urbis Montilii, filii heredesque per obitum
illustr. defunctorum Giraudi Adaymarii de Montilio et Annæ dalphinæ
d'Albonis, viventium dominorum in summa potestate supradictæ urbis
Montilii in Valdania prope fluvium Rhodani, Valentinen. diœcesis, et quatuordecim baroniarum et locorum omnium dependentium a supra jam
dicta urbe et baroniis, sive sint in imperio sive in regno et variis et diversis provinciis et diœcesibus; Nos, inquam, igitur supra nominati fratres

domini.., *de communi consensu sive consentione mutuo et mutua*, et cum mera benevolentia et attentione adhibita, considerantes examinantesque amorem sincerum quem Montilienses homines nostri habuerunt erga majores *avos et patres nostros et adhuc habent de præsenti erga nos*, per nos et per successores heredesque nostros, bona fide et sine dolo nec machinatione aliqua, sed mera liberalitate et spontanea voluntate, donamus donatione pura et titulo perfectæ donationis concedimus vobis hominibus nostris Montiliensibus, nobilibus, vassallis, civibus, mercatoribus, opificibus, subjectis, hominibus et mulieribus nostris ac successoribus vestris in infinitum, parti pro toto, Philippo de Monte, Humberto de Marsana, Josepho de Spenella, Hugoni de Riperto, Joanni de Ranco, Amantio La Garda, Hugoni de Reymundo , habitatori loci Vallis Aureæ, tunc Montilii pro vassalagio suo, nobilibus sindicis pro universitate nostra Montilii agentibus et procurantibus locumque habitantibus et habitaturis, focum, larem et domicilium facientibus, cujuscumque conditionis vel status sint, in eadem nostra urbe de Montilio commorantibus et commoraturis de præsenti vel in futurum, scillicet libertatem talem ne de cætero tollam vel quæstam vel aliquam novam exactionem vel prava usatica, rustica vel urbana, in eis faciamus vel aliquo modo fieri permittamus, nec eis per vim vel per aliquam forciam gravamen aliquod vel jacturam, nisi juris vel justitiæ debito conaremur, inferre : quod si nos vel aliquis successorum nostrorum prædictam libertatem et donationem aliquo modo violare tentaverit, jam dictos omnes homines nostros et res eorum, in villa Montilii sub dominio nostro in præsenti vel in futurum, ab omni jure et fidelitate eximentes et hominio absolvimus ; et ut omnia quæ superius scripta sunt fideliter observamus et nullo tempore contraveniamus, tactis sacrosanctis Evangeliis juramus, nihil attamen nobis reservato in supra dicta donatione hominibus Montiliensibus nostris , nisi summam potestatem et omnimodam jurisdictionem superioritatis, cum homagio ligio in qualibet mutatione dominorum Montilii vel summi pontificis qui tunc temporis in cathedra Romana legitime collocatus fuerit. Acta fuerunt hæc in nobili urbe Montilii et in loco ut superius est descripto, testibus præsentibus ill[1] Heraclito de Poligniaco, nobilibus *Arnaudo de Monte, Joanne de Ranco* juniore, Petro de Spenella, *Amantio La Garda* seniore, *Philippo de Monte,* Humberto de Marsana, Hugone de Riperto, Hugone de Reymundo supradictis, Lamberto de Mirmanda, Izoardo de Monte, Urbano Fabri, Alzeario de Riperto, Hugone Gontardi, Alexio de Prato, Bonifacio Deulogart, Henrico de Ranco, Giraudo Arnaudi de Marsana bajulo, Philippo Draconeti, Stephano, Amantio et Hugone de Serre fratribus, habitatoribus urbis Avenionis, Martino de Crudatio, Jacobo Bernardi, Petro Larnas, Laurentio la Selva, Duranto Boniparis, Benedicto de Pampelona, Illiano de Comis, Durando Arnaudi bajulo de Gardâ Adhemarii judice bajulo, sindicis et consiliariis, et pluribus aliis egregiis probis hominibus fide dignis præsentibus et assistentibus, habendis agendisque gratiis. Nos vero Amalricus de Crudatio et Lambertus

Arnulphi, vocati et rogati et requisiti per mandatum expressum illust. partium notarii publici, signo nostro ordinario et consueto propria manu signavimus et bulla ill. dominorum in testimonium præmissorum sigillavimus.

(*) Pièce fausse dans les recueils A, A¹ et B (n° 4), avec ce titre : *Donatio prima facta per ill. Lambertum, Giraudum, Giraudetum et Giraudonetum Adhemarii de Montilio, fratres, Montilieusibus eorum subditis commorantibus et commoraturis.* A la fin : « Extract. ex arch. baroniæ Gardæ Adhemarii ab uno libro cotato *Infeudationes*, fol. 30, in armario Montilii. — Extr... le 16 novemb. 1637... »

V*.   21 *septembre* 1099.

Iⁿ nomine Domini nostri Jesu Christi crucifixi et ad honorem gloriosissimæ virginisque Mariæ matris suæ, amen ; anno Incarnationis ejusdem Dom. M°XCIX° et die xxi⁴ mensis septembris, regnantibus beatiss. summoque pontifice in Christo patre et domino dom. Urbano, divina providentia papa nostro II°, anno sui pontificatus xi°, illustriss. invictissimoque principe et domino dom. Henrico IV°, divina clementia Romanorum imperatore semper augusto, anno vero imperii sui xv°. Per hoc præsens verum et public. instrumentum omnibus tam præsent. quam futur. appareat evidenter, quod existentes in præsentia nostr. notariorum et testium infrascript. illustres spectabilesque domini dd. Giraudus et Giraudetus Adaymarii de Montilio fratres, domini Montilii Adaymarii et ejus ressortus in Valdania propro fluvium Rhodani, Valentinen. diœcesis. tam in imperio quam in regno, heredes defunctorum fratrum quondam illustr. Lamberti Adaymarii de Montilio. vice-comitis Massiliæ, et Giraudoneti Adaymarii de Montilio, baronis baroniarum Alpium, Rupis Mauræ, Barri et Privatii, Vivarien. diœcesis, interfectorum in obsidione urbis Jerusalem de anno præsenti et die veneris sanctæ, non coacti, decepti nec machinatione aliqua inducti nec seducti nec in aliquo circumventi, bona fide et sine dolo, fraude et omni prorsus adulatione cessante, sed mera et spontanea liberalitate prævisi, dant donatione pura et sincera et titulo perfectæ donationis concedunt de præsenti et in futurum nobilibus Philippo de Monte, Humberto de Marsana, Hugoni de Reymond, Hugoni de Riperto, Petro de Spenella et successoribus eorum in infinitum feuda quæ sequuntur, in considerantia multorum servitiorum receptorum a supradictis quinque nobilibus vassallis in diversis occursibus, concursibus et obsidionibus in tota terra sancta : scilicet nobili Philippo de Monte et suis heredibus et successoribus feudum bastidæ Sancti Georgii de Lena, cum turre et fortalitio, mandamenti Savassiæ, cum omnimoda jurisdictione, mero et mixto imperio, ipsis illustr. dominis et eorum successoribus superiori dominio et homagio ligio in qualibet mutatione domini vel vassalli reservato ; nobili Humberto de Marsana et suis successoribus, feudum Sancti Genesii, territorii Sauzeti, Valentinen. diœcesis. ut *supra* ; nobili Hugoni de Reymond et suis heredibus in infinitum, feudum Cumbæ dous Fletz, prope eremum Sancti Stephani, territorii loci Vallis Aureæ, Tricastinen. diœcesis, *ut supra*; nobili Hugoni de Riperto et suis in futurum heredibus, feudum hastidæ del Verre, cum turre et fortalitio ejusdem atque districtu, mandamenti loci Mirmaudæ, Valentin. diœcesis, *ut supra*; nobili Petro de Spenella et suis, feudum cum fortalitio et castro Condiliaci et eorum districtu, Valentin. diœcesis, *ut supra*: cum omnibus capitulis in sacramento fidelitatis contentis. Dant insuper et amicabiliter concedunt dicti ill. domini supradictis quinque vassallis eorum, quantum vixerint in humanis tantum, vectigal omne quod exigitur tam in furnis, molendinis quam in pedagiis omnibus pertinentibus supradictis ill. dominis, ubicumque et in quocumque loco exigere possint, sub jurisdictione dict. ill. dominorum. Acta fuerunt hæc Montilii, in ecclesia et choro ejusdem ecclesiæ Sanctæ Crucis, post magnam missam; testibus præsentibus nobilibus venerabilibusque et probis viris Stephano de Marsana priore, Alexandro de Monte priore, presbiteris, Georgio La Garda, Isoardo de Monte, Laurentio de Prato, et aliis nobilibus et probis viris; *et nobis notariis vocatis et rogatis* Amalrico Arnaudi, Lamberto Arnulphi, habitatoribus, in testimonium prædictorum propria manu *et signo consueto nostro et ordinario signavimus bullavimusque bulla ill.* Giraudi et Giraudeti Adaymarii de Montilio contrahentium, dominorum supradictæ urbis Montilii Adaymarii.

(*) Pièce fausse dans le recueil B (n° 5), avec ce titre : *Donatio facta quorumdam feudorum per ill. Giraudum et Giraudetum Adhemarii, fratres, dominos, urbis Montilii, in valle Valdania, certis eorum vassallis habitatoribus dictæ urbis Montilii Adhemarii, Valentin. diœcesis, et sub homagio ligio.* A la fin : « Extr. ex arch. marchion. Gardæ ab uno pergam. cot. *Vassallis, in arm. Mont. et sac. donationum... Extr...* le 14 oct. 1649... » Fragments dans les *Mémoires de littérature de Dresolers*, t. VI, part. I, p. 181-2; Pithon-Curt, *Histoire de la nobl. du Comté-Venaissin*, t. III, p. 58-60; l'abbé Nadal, *Essai histor. sur les Adhémar*, p. 247-8.

VI*.   *22 septembre* 1099.

Donatio secunda, ea ex causa ut noscat præsens ætas et posteritas successiva non ignoret, de anno Domini nostri Jesu Christi Incarnationis ejusdem, ad honorem virginisque matris suæ, M°XCIX°, xxii° mensis septembris, die vero festi beati Mauricii et sociorum martirum, in urbe nostra Montilii Adaymarii, in valle Valdania propre fluvium Rhodani, Valentinen. diœcesis, in fortalitio antiquo ejusdem et in ecclesia ejus, regnante sum. pontif. papa nostro Urbano II°, in præsentia testium et nostr. notariorum... Nos Giraudus et Giraudetus Adaymarii de Montilio, fratres, soli et insolidum domini urbis nobilis supradictæ Montilii Adaymarii et bonorum omnium illustr. Adaymariorum per obitum Lamberti Adaymarii de Montilio, vice-comitis Massiliæ, et Giraudoneti Adaymarii de Montilio, baronis baroniarum Rupis Mauræ, etc., Vivarien. diœcesis, fratrum nostrorum interfectorum in obsidione Jerusalem; nos igitur, Deo fa-

vente, reversi de exercitu ex transmarina regione in integra valetudine
volentesque Omnipotenti Deo et beatæ Mariæ semper virgini ejusque matri,
patronæ illustr. patrum et nostrorum Adaymariorum, pro tantis beneficiis,
conservationibus et protectionibus receptis in diversis obsidionibus et
occursibus in tota terra sancta gratias agere, atque etiam recognoscere et
remunerare plurima et diversa servitia recepta a pluribus Montiliensibus,
tam nobilibus quam urbanis, qui nobiscum commeaverunt et concertave-
runt in supradict. concursibus et obsidionibus : ea quidem ex causa dictis
nostris Montiliensibus omnibus, habitantibus de præsenti et in futuro
habitaturis in nobili jam dicta nostra urbe Montilii tantum et eorum heredibus et successoribus in infinitum, homologamus et confirmamus vobis
nobilibus Joanni de Ranco judici, Yzoardo de Monte, Henrico de Raco,
Alzeario de Riperto et aliis sindicis, consiliariis et nobilibus et probis
viris, supplicantibus nomine dictæ nostræ universitatis Montilii ac etiam
procuratoribus ejusdem, donationem libertatum et franchesiarum factam
supra dict. nostris hominibus Montilien. per nos quatuor fratres dominos
Montilii insimul supra jam dictos de anno Domini 1094, 21ª martii. Nos,
inquam, supra notati duo fratres, domini parerii in supradicta urbe Montilii in solidum et in suprema jurisdictione per sinistrum obitum superius
dictum, perspicientes amorem sincerum quem nobiles homines, mulieres
et subjecti nostri Montilienses habent erga nos et nobis absentibus habuerunt erga progeniem et familiam nostram, de novo iterum donamus et
concedimus nos ambo fratres cum filiis nostris prædilectissimis, Giraudus
Adaym. de Montilio, dominus Montilii, cum primogenito nostro Giraudono
Adaymarii de Grignano, barone totius baroniæ Grignani, Diensis diœcesis,
Giraudetus Adaym. de Montilio, dominus Montilii, cum prædilectissimo
filio primo nato et herede universali nostro Guillelmo Hugone Adaymarii de Garda, barone totius baroniæ de Garda Adaymarii, Tricastinen. diœcesis, præsentibus et nobiscum homologantibus supra jam
dict. nostris hominibus, nobilibus, mulieribus subjectisque habitatoribus, cujuscq. conditionis et status sint, de præsenti vel in futuro, quod
nos nec nostri præsentes et futuri, domini dictæ urbis nobilis Montilii, nullam novam nec antiquam impositionem nec exactionem censuum,
vectigalium, pedagiorum possint imponere nec exigere super hominibus et mulieribus nostris in dicta nostra urbe commorantibus ibi focum-
que facientibus, nec etiam super domibus, casalibus, ædificiis, plateis,
carreriis, banchis, foris, nundinis, intus et extra dictæ urbis Montilii,
itineribus, hortis, pratis, vineis, viridariis, terris cultis vel incultis, portibus aquarum, nisi vectigal consuetum et ordinarium, nemoribus, animalibus, nec ullis aliis pravis usaticis urbanis vel rusticis : excubiis tamen et
gachiis, tam in die quam in nocte, in dicta nostra urbe et fortalitiis in
omnibusque diebus et temporibus reservatis, cum omni jure summæ potestatis et superioris dominii, cum homagio ligio in qualibet mutatione
dominorum Montilii et summi pontificis. Acta et publicata fuerunt hec

Montilii et in loco ubi supra deductum est, testibus præsentibus nobilibus
Petro de Spenella, Hugone Riperti, Georgio la Garda, Yzoardo de Monte,
Lamberto Mirmanda, Stephano Joannis, Laurentio de Prato, Jacobo Larnas,
et probis viris Hugone la Porta, Michaele Arnaudi, consiliariis, et pluribus
aliis fide dignis civibus, mercatoribus, opificibus habitantibus dictæ nostræ urbis ; nobis vero notariis vocatis et rogatis Almarico Arnaudi et Petro
Arnulphi, in testimonium prædictorum propria manu nostra et signo
nostro consueto signavimus et bulla ill. Giraudi et Giraudeti fratrum, contrahentium et jubentium, sigillavimus.

(*) Pièce fausse dans les recueils A, A* et B (n° 6), avec ce titre : *Donatio 2ª facta nobilibus,
civibus et subjectis Montilii Adhemarii per ill. Giraudum et Giraudetum Adhemarii de Montillo,
dominos insimul Montilii Adhemarii in Valdania.* A la fin : « Collationné par nous écuyer con°°
secrétaire du roy, maison couronne de France, greffier en chef en sa chambre des comptes de Dauphiné,
signé Troullioud. N° Cette pièce se trouve aussi dans les archives de La Garde Adhémar, dans un livre
cotté *Infeudationes,* fol. X 32, in arm. Mont. »

VIIe.   22 *février* 1161.

In nomine Dei, amen, et Incarnationis ejusdem Domini nostri Jesu
Christi crucifixi et ad laudem beatæ virginisque suæ matris immaculatæ,
quod anno M°C°LX°, die vero viii. calend. mensis martii, regnantibus beatiss. papa nostro Alexandro III° et Frederico I° imperatore Romanorum
invictissimoque semper augusto. Nos Guillelmus Hugo Adhemarii de Montilio et Giraudus Adhemarii de Montilio fratres, domini parerii et insolidum urbis Montilii Adhemarii in Valdania prope fluvium Rhodani, Valentin. diœcesis, et locorum dependentium a supradicta urbe nostra, filii
quondam defunctorum illustr. spectabiliumque Giraudeti Adhemarii de
Montilio et Alisiæ de Poligniaco, dominorum viventium in summa potestate supra jam dictæ urbis Montilii, non coacti.., sed mera liberalitate
moti, considerantes percipientesque quam plurima servitia recepta in
diversis negotiis et concursibus a nobilibus, hominibus, vassallis, civibus,
mercatoribus, opificibus et subjectis Montiliensibus nostris, habitantibus
in dicta nostra urbe, et quonam modo non cessant singulis diebus, temporibus et occursibus ostendere fidelitatem munerum eorum ; ea, inquam,
de causa, sicut majores patres et avunculi nostri fecerunt de anno Domini
1094 et die 21 mens. martii, confirmata etiam per avum nostrum, de anno
Dom. 1099, die vero 22 m. septembris, vobis supplicantibus Guillelmo de
Prato Comitali, Lamberto de Monte, Hugone de Balma, Guidone Riperti,
nobilibus vassallis nostris, egregiis viris Giraudo de Prato judice bajulo et
sindicis, ac etiam multis aliis præsentibus fide dignis et supradict. hominibus, mulieribus, civibus, procuratoribus, mercatoribus, subjectis et omnibus aliis opificibus urbanis.., per nos, heredes et successores nostros
ipsis Montiliensibus... ad infinitum omnes toltas, tallias, prava usatica
rustica et urbana, impositiones, exactiones, libertates, immunitates, pri-

vilegia et franchesias, consimiles quibus gaudent et fruuntur de præsenti homines, nobiles, cives, mercatores et opifices civitatis Vapincensis, vobis damus et confirmamus : nobis tamen omnimoda jurisdictione reservata alta et bassa, cum etiam omni jure superioritatis et summæ potestatis, mero et mixto imperio, sub homagio ligio in qualibet mutatione dominorum Montilii et summi pontificis ; prohibemus, inquam, de præsenti et in futuro omnia delicta et forefacta publica et jure divino et humano prohibita, scil. lupanaria, meretrices, perductores, lenas, adulteria, homicidia, sacrilegos et sacrilegia, sed statim atque fuerint in flagranti delicto reperti in phylacam conjiciantur, puniantur et in exilium mittantur sine ulla spe reversionis nec condonationis in supra dicta nostra urbe Montilii, nec etiam in tota terra nostra, sive sint in imperio sive sint in regno ; volumus autem et jubemus quod heredes et successores nostri donationem istam homologent, approbent et confirment in qualibet mutatione dominorum Montilii, sub pœna privationis et amissionis summæ potestatis et imperii dictæ urbis nostræ Montilii : quod si illud fieri neglexerint vel denegaverint fieri, in hunc casum dict. urbem transtulimus in sanctiss. nostrum papam verum, qui tunc temporis in sancta sede Romana vel alibi legitime conditum. Et ad majorem firmitatem præsentis donationis vocavimus notarios infra scriptos et nobiscum signatos ; nos vero dicti notarii, ad mandatum ill. partium..., in testimonium præmissorum præsent. donationem in membrano isto per nos transcriptam compilavimus et bulla ill. spectabiliumque dominorum contrahentium bullavimus et propria manu nostra et signo nostro ordinario et consueto signavimus. Acta et recitata fuerunt hæc Montilii, in palatio illustr. fratrum supradict. vocato Grangiæ, inter portam Sancti Gaucherii a parte boreæ et molendinum Sancti Bidonis a parte venti et juxta mœnia urbis a parte occidentis ; testes fuerunt præsentes illustres Guillelmus de Pictavia, comes Valentinensis et Diensis, Eustachius de Pictavia, præpositus ecclesiæ cathedralis civitatis Valentiæ, fratres et filii defunctorum illustr. Aymarii de Pictavia et Veronicæ Adhemarii de Montilio, amitæ ill. contrahentium, quondam comitum Valentinen. et Dyens., revdus in Christo pater dom. Stephanus de Marsana, prior prioratus Nostræ Dominæ de Ayguno extra mœnia et fluvium Robionis, dom. Alexander de Monte, prior prioratus Sancti Martini confessoris et pontificis extra muros, nobiles Lambertus de Monte, Lambertus Riperti, filiolus dominorum nostrorum, Hugo Boniparis, Guido Larnas, Joannes de Petralata, Hugo de Sancto Justo ; nos vero Bertrandus Henrici, notarius habitator, Guillelmus Arnaudi, notarius Tricastinus, et Laurentius Giraudi, notarius habitator Gardæ Adhemarii, omnia supradicta transacta et transcripta attestavimus et attestamus.

(*) Pièce fausse dans les recueils A, A² et B (n° 7), avec ce titre : *Donatio S² facta per ill. spect. que Guillhelmum Hugonem et Giraudum Adhemarii de Montilio fratres, dominos Montilii Adhemarii, habitatoribus dictæ urbis ad causam libertatum, immunitatum et franchesiarum.* A la fin : Extr. ex arch. baroniæ de Garda Adhem., ab uno libro cot. *Infeudationes,* fol. 33, in arm. Mont. »

VIII.   *12 avril 1164.*

PRIVILLEGIUM CONCESSUM PER IMPERATOREM (FREDERICUM I) DOM° GERALDO ADEMARI, DOMINO GRIGNANI, ET SUIS SUCCESSORIBUS*.

In nomine sancte et individue Trinitatis, Fredericus divina favente clementia Romanorum imperator augustus. — Imperialis nostre majestatis providentia honestis nobilium et prudentum virorum postulationibus serenitatis sue animum inclinare consuevit, et eos qui se sue benignitati devote subdiderunt valido sue gratie patrocinio communire dignisque honoribus et beneficiis decorare omni tempore studuit. Eapropter universis imperii nostri fidelibus, presentibus et futuris, notum esse volumus quod Geraldus Ademari ante nostre majestatis presentiam et in conspectu curie nostre venit, quem benigne ex consueta benevolentie nostre gratia suscipientes, suscepta ab eo fidelitate et hominio de tota terra avi et patris sui, eum investivimus et ei concessimus atque donavimus ex nostra imperiali auctoritate, firmiter statuentes ut hec terra sua nulli extranee potestati subjaceat vel aliquam personam in dominum aut potestatem habeat nisi solum majestatem nostram nostrosque successores, reges Romanorum et imperatores. Ad cumulum quoque gratie nostre, jam dicto fideli nostro Geraldo plenam jurisdictionem plenamque potestatem totius terre patris et avi sui atque hominum suorum concessimus et confirmavimus, ut ipse remota omnium hominum contradictione de eis solus dijudicet atque disponat. Statuentes igitur jubemus ut eum de cetero nullus archiepiscopus nec episcopus, non dux, non marchio neque comes vel capitaneus, nulla civitas vel potestas nullaque persona, magna vel parva, molestare vel inquietare presumat super terram de qua investitus est : hanc autem nostre largitionis gratiam predicto nobili Geraldo et cum eo legitimis heredibus suis benigne concedimus, si tamen ad honorem et servitium nostrum et imperii fideliter, ut pater eorum, perseverare voluerint. Preterea quicquid juris et honoris habemus in Podio Sancti Martini eidem et legitimis suis heredibus donavimus atque concessimus, salvo jure et honore imperii Romani. Si quis vero hanc nostram auctoritatem violare presumpserit, L. libras auri se compositurum cognoverit, dimidium fisco nostro et dimidium prefato Geraldo.

SIGNUM DOMINI FREDERICI ROMANORUM IMPERATORIS INVICTISSIMI *(L. M.)*

Ego Christianus, curie cancellarius, vice dom⁵ Rainaldi, Coloniensis archiepiscopi et Italie archicancellarii, recognovi.

— Actum quoque est anno Dominice Incarnationis M.C.LXIIII, indictione XII^a, regnante domino Frederico Romanorum imperatore serenissimo, anno regni ejus XII°, imperii VIII°; datum apud Sanctum Salvatorem juxta Papiam, II. idus aprilis.

(*) Copie du XVIe siècle, aux arch. de la Préfect. de l'Isère, dans le reg. *Quartus liber copiarum Valentin. et Diensis III* (B. 291), cah. XXXVI; à la fin : « et sigillatum de uno sigillo aureo ubi est protractura dicti dom⁵ Frederici imperatoris ». — Autre du XVIIe, à la biblioth. de Carpentras, mss. de PEIRESC, t. X, f° 13 (*Catal.*, III, 136). — Autre du XVIIIe, à la même biblioth., liasse 636, à l'an 1164 (*Catal.*, I, 442).

IX.

1198.

(TABULA LIBERTATUM VILLE MONTILII ADEMARII)*.

ANNO ab Incarnacione Domini M°.C°.XC°. octavo, ego Geraldus Aemarivus *(sic)* et ego Lambertus, nos duo domini Montilii, per nos et per nostros, bona fide et sine dolo, et mera liberalitate et spontanea volontate, donamus et titulo perfecte donacionis concedimus ominibus nostris de Montilio, presentibus et futuris, libertatem talem ne de cetero tollam vel quistam vel aliquam novam exactionem vel prava usatica in eis faciamus vel aliquo modo fieri permitamus, nec eis per vim vel per aliquam forciam gravamen aliquid vel jacturam, nisi juris vel justicie debito conabimur inferre; quod si nos vel aliquis successorum nostrorum predictam donacionem et libertatem quocumque modo violare temptaverit, jam dictos omnes omines nostros et res eorum, in villa Montilii sub dominio nostro in presenti vel in futuro existentes, ab omni jure et fidelitate et ominio absolvimus. Et ut omnia, sicut superivus scripta sunt, fideliter observemus et nullo tempore contraveniamus, tactis sacroscanctis Evangeliis juramus.

(*) Charte lapidaire en marbre blanc d'Italie (de Carrare, au dire d'un expert), conservée à l'hôtel-de-ville de Montélimar. Elle mesure 89 cent. en largeur sur 65 de haut, plus 5 cent. évidés à la partie supérieure pour rendre plus solide l'encastrement primitif; on trouve en épaisseur 11 cent. à droite et 9 à gauche : la surface opposée à l'inscription est un peu concave. Placée originairement dans l'église paroissiale Sainte-Croix, au-dessus du bénitier (voir le *vidimus* du 8 décemb. 1285 [*Cartulaire*, f° 41 v°] et la ch. du 15 févr. 1462), cette pierre aurait été transportée dans le sanctuaire qui fait face et servit un temps aux réunions communes; elle fut ensuite placée dans le vestibule de l'ancien couvent des Cordeliers, transformé en hôtel-de-ville, d'où elle passa à la mairie actuelle. — J. Spon en écrivit ce qui suit dans son *Voyage d'Italie, de Dalmatie, de Grèce et du Levant* fait aux années 1675 et 1676 (édit. de Lyon, 1678, t. I, p. 7) : « Montelimar est appellé *Montilium* dans une inscription de l'an 1198, laquelle n'est autre chose qu'une exemption de droits et impôts accordée par deux seigneurs, qui en avoient alors la souveraineté et qui s'appeloient Gerald Aymar et Lambert. Le premier étoit vicomte de Marseille, etc. » Spon rapporte plus loin (t. III, p. 19-23) le texte de la charte lapidaire, avec ces indications au-dessous :

« *Sigillum*
Geraldi
AEmari
Ecrit sur un
plomb.
Sigillum
Guillem. Ugonis.

Vn Chevalier
portant un guidon
avec ses bandes et
ces lettres autour,
Mateus me Fecit.
Vne figure
à cheval. »

La traduction qu'il en donne est suivie de ces renseignements : « Cette inscription avoit été transportée de l'Eglise paroissiale à la maison de ville, et étoit sur une table de marbre en charactéres un peu gothiques dorés et peints de gueule et d'azur, sellée en placard de quatre Bulles de plomb enchassées aux quatre coins, où se voyoient les lettres et les empreintes cy-dessus. J'ay copié tout cecy des manuscripts de Mr. de Peiresc, et ce qu'il dit ensuite : que la monnoye des dits Seigneurs de Montelimar avoit une croix recroisetée, et que le sceau d'un *Lambertus de Montilio Dominus Montilii*, avoit trois croix pommetées, dans une charte de Dourbons, comme celles de Thoulouse. La ville de Montelimar porte encore de gueules à la croix d'or fichée sur un globe d'azur, à la bordure d'or. Le nom de Montelimar est venu de ces seigneurs *Æmars*, comme si l'on disoit *Montilium Æmarii*, Montil-Æmar ». L'édit. d'Amsterdam (1679) ne reproduit (t. I, p. 6) que le passage extrait du tome Ier de celle de Lyon. — Cette charte avait été publiée en latin et en français, dès 1614, par Nostradamus dans son *Histoire de Provence*, p. 162-3 (cf. Bréquigny, *Table*, IV, 254) ; cet auteur assure qu'elle était gravée sur une table de cuivre et enchâssée contre un pan de mur de l'hôtel-de-ville. Il ajoute qu' « aux deux côtés et au haut de cette table est représenté, et monté sur un palefroy bardé, un chevalier couvert d'un harnais complet ou armé de toutes pièces, avec l'épée nue d'une main, comme prêt à porter son coup, et l'écu de l'autre, embelli de trois bandes, ancienne enseigne des Adhémars, premiers seigneurs de Grignan, toute telle que celle qu'on voit ès restes et vieilles tours du château de Monteil... » De son côté Pithon-Curt, après avoir reproduit (1750) le texte de la charte dans son *Histoire de la noblesse du Comté Venaissin* (t. IV, p. 22-3), ajoute : « Ce titre si important aux habitans de Montélimard fut gravé sur une planche de cuivre enchâssée dans la muraille de la maison comune de cette ville, où l'on le voit encore. Une chose qui mérite attention, est la représentation des deux Seigneurs à la tête de la planche. *Giraud* et *Lambert* y paroissent à cheval, armés de toutes pièces, le casque en tête, tenant d'une main l'épée haute et de l'autre un bouclier aux armes de leur maison. » Cette double description ferait croire à l'existence d'un exemplaire tout différent de la charte subsistante. — Elle a été reproduite, avec traduction franc., par M. Delacroix dans sa *Statistique du département de la Drôme* (Valence, 1835, in-4°, p. 560-1) ; puis, avec notes critiques (d'après l'original), par M. A. Deloye, dans un article intitulé : *Des chartes lapidaires en France* (*Bibliothèque de l'École des chartes*, 2° sér., t. III, p. 33-5) ; enfin, dans les *Annales d'Aiguebelle* (t. I, p. 462-3). — Le fac-simile que nous donnons de cet important document nous dispense de le décrire avec détail au point de vue épigraphique. Il convient cependant d'observer que les lettres initiales des mots précédés d'un ou de trois points, ainsi que le dernier IVRAMUS, ont été colorées en rouge ; les lettres ont 22 mill. de haut. Bien qu'il y eut au bas quatre bulles en plomb, fixées à l'aide de cinq petits crampons placés 1, 3, 1, elles ne constituaient que deux sceaux, dont la face et le revers étaient accolés ; ils étaient dorés ou même en or, suivant la tradition, et mesuraient environ 45 mill. de diamètre. Le recueil B, qui reproduit intégralement Spon avec diverses additions, offre le dessin du 1er sceau, sans doute d'après un exempl. différent.

X·.   2 avril 1198.

IN nomine sanctæ et individuæ Trinitatis, Patris et Filii et Spiritus sancti, amen. Noverint universi et singuli præsentes pariter et futuri, quod de anno ab Incarnatione Domini nostri Jesu Christi M°C°XCVIII°, die vero IIª mensis aprilis, nos patrueles Giraudus et Lambertus Adhemarii de Montilio, domini Montilii Adhemarii pro indiviso in valle Valdania et prope fluvium Rhodani, Valentinen. diœcesis, cum filiis nostris primogenitis Giraudeto Adhemarii, barone de Rupe Maura, Vivarien. diœcesis, et Hugone Adhemarii, barone de Garda Adhemarii, Tricastin. diœcesis ; nos igitur quatuor insimul patres et filii, tam conjunctim quam separatim, per nos et nostros imposterum heredes et successores, bona fide donamus, homologamus, approbamus et concedimus vobis Montiliensibus hominibus et subjectis nostris, habitantibus de præsenti et in futuro omnium statuum in dicta universitate nostra Montilii, præsentibus, supplicantibus nobilibus, vassallis et officiariis nostris, Joanne de Marsana, Laurentio Riperti, Hugone de Marsana, Stephano la Motta, Izoardo de Monte, Lamberto Moreti, Michaele Rodulphi et aliis fide dignis, sindicis et procuratoribus deputatis dictæ nostræ universitatis de Montilio, et vestris heredibus et successoribus.. omnia vobis data per majores, avos et patres nostros dominos dictæ urbis Montilii, ut continetur et contineri fertur in tribus donationibus antiquibus : 1ª de anno Domini 1094, 2ª de an. Dom. 1099, 3ª de an. Dom. 1160, 8 cal. martii, præ manibus tenentibus in tribus diversis pergamenis separatis et sigillatis bullarum illustr. majorum, integris non viciatis nec suspectis, et libertatem talem ne de cætero toltam vel quæstam vel aliquam novam exactionem vel prava usatica rustica vel urbana in eis faciamus vel aliquo modo fieri permittamus, nec eis per vim vel aliquam forciam gravamen aliquod vel jacturam nisi juris vel justitiæ debito cona-

remur inferre : quod si nos vel aliquis successorum nostrorum prædict.
donationem et libertatem quocumque modo violare tentaverit, jam dict.
omnes homines nostros et res eorum in villa Montilii sub dominio nostro
in præsenti vel in futuro existentes ab omni jure et fidelitate et hominio
absolvimus; quæ ut observemus tactis Evangeliis una cum filiis nostris
juramus, nihil nobis reservato super dict. hominibus nostris Montiliensibus
habitantibus et habitaturis in dicta nostra urbe Montilii et fortalitiis in
et extra in omn. diebus et temporibus, nisi excubias et gachias consuetas
tam in portis quam in turribus dictæ urbis tantum, cum homagio ligio et
superiori dominio in qualibet mutatione dominorum Montilii et summi
pontificis. Actum Montilii et in fortalitio ejusdem, testibus præsent.
nobilibus viris Hugone de Duzera, habitatore loci nostri Petræslatæ,
domino Sancti Pauli de Popeto de feudo Mornaci, Auriacen. diœcesis,
Almarico de Tilio, domino de Melacio, Lamberto de Pampelona, domino
de Sancto Victore, Vivarien. diœcesis, Hugone Gallia de Vaco, dom. Philippo de Rupe Maura, habitatore Sauzeti, Lamberto Rolandi, domino de
Bastida, Valentinen. diœcesis, Henrico Amici, condomino de Rupeforti,
Ludovico de Alondo, habitatore et bajulo loci Alondi, Alziario de Turribus
Avisani, tunc habitatore loci Laupiæ, Joanneto Burgundionis, condomino
castri Montis Pancerii super Rhodanum, Tricastinen. diœcesis, Hugone
Larnas domicello et pluribus aliis nobilibus et probis viris; notarii sunt
Guilhelmus Arnaudi et Bertrandus Bonicreis, de præsenti habitantes in
civitate Tricastina, unaque cum illis Reynaldus et Izoardus Pogelii,
habitatores Montilii, qui omnes instrumentum propria manu et signo
suo consueto signant bullaque spectabilium supradict. dominorum si-
gillant.

(*) Pièce fausse dans les recueils A, A² et B (nº 9), avec ce titre : *Donatio 4ª facta per magnif.
viros spectab.que dd. Giraudum et Lambertum Adhemarii de Montilio, consanguineos, dominos
pro indiviso Montilii Adhemarii*. A la fin : « *Extr.* tiré des arch. de La Garde Adhemard, du livre
col. *Infeodationes*, fol. R. 37, in arm. Mont. » Comp. avec la précéd.

XI.   *2 janvier* 1201.

Anno Domini ejusdemque Incarnationis Jesu Christi et ad honorem
beatæ Virginis Mariæ matris suæ M°CC°, iv° nonas januarii, Nos Hugo
Adhemarii, de Montilio, dominus pro indiviso urbis Montilii Adhemarii,
Valentin. diœcesis, baroque Gardæ Adhemarii ejusque baroniæ, Tricastin. diœcesis, et Giraudus Adhemarii de Montilio, dominus pro indiviso
urbis Montilii baroque Rupis Mauræ, Vivarien. diœcesis, non coacti, etc.,
verum tamen cum licentia expressa, consensu et assensu expresso spectabilium, potentium magnificorumque patrum nostrorum præsentium et
authoritatem conferentium, illustr. Lamberti et Giraudi Adhemarii de
Montillo patruelium, dominorum pro indiviso superioritatis et summæ

potestatis urbis Montilii Adhemarii prope fluvium Rhodani, Valentin. diœcesis, collocatæ in valle Valdaniæ, simulque baroniarum castrorumque omnium dependentium a supra jam dicta urbe; nos, inquam,.. consanguinei.., considerantes plurima et diversa beneficia recepta a Montiliensibus subjectis nostris nobilibus, hominibus, mulieribus, vassallis, civibus, mercatoribus et opificibus, habitatoribus supradict. spectabil. patrum, tam in guerris et treugis receptis quam in diversis aliis occasionibus et congressibus, dum prœliabamus contra delphinum Viennensem et ducem Burgundiæ et alios parentes et amicos, prohibentes et hostilia in nos exercentes, unde multa incendia et homicidia sunt secuta tam de principibus, nobilibus, vassallis, amicis, vicinis, civibus et subjectis, quorum memoria nobis molestiam afficit, præsertim tam in obsidionibus castrorum Bannii super Bannium et flumen Rhodani, Vivarien. diœcesis, nostrorum, ut Stellæ, Labaronis super ripariam Dromœ, Mirmandæ, Savassiæ, Valentin. diœcesis, quam etiam aliorum castrorum nostrorum Montispanserii super Rhodanum, Petrœlatœ et antiquœ villœ Avisani, Tricastin. diœcesis, idcirco... illas omnes libertates, franchesias, immunitates et privilegia omnia concessa per ill. majores, avos et patres nostros Lambertum, Giraudum, Giraudetum et Giraudonetum, dominos Montilii, sub die 21ᵃ martii 1094, et pluribus aliis donationibus per ill. ipsos elargitas, datas et muneratas, quam olim per spectab. patres nostros Lambertum et Giraudum patrueles, Montilii dominos pro medietate et insimul pro integra dicta urbe, die 2ᵃ aprilis 1108, vobis postulantibus, Michaele Rodulphi, Bartholomæo la Garda, Jacobo la Nota juniori, Laurentio Riperti, Petro Larnas, Francisco de Monte juniori, militibus, sindicis et procuratoribus dictœ nostrœ urbis Montilii, confirmamus, homologamus et concedimus per nos, heredes et successores nostros in infinitum, nobis jure superioritatis cum mero et mixto imperio reservato, sub homagio ligio in qualibet mutatione dominorum Montilii et summi pontificis; si aliquis vero ex heredibus vel successoribus nostris, de quocumque sexu sit, affinitate, cognatione aut consanguinitate, noluerint supradict. libertates, immunitates et franchesias consimiles in supradict. quatuor donationibus contentas manutenere, conservare, ratificare, approbare et homologare, imo potius augere quam imminuere, in hoc casu, quod Deus avertat, volumus, jubemus, præcipimus et intendimus quod supradicti homines et subditi nostri commorantes, focum et domicilium in supra jam dicta urbe facientes accipiant talem qualem voluerint protectorem vel salvagardiam, sive sit de sanctissimo papa legitime electo sive de imperatore Romanorum vel eorum successoribus tunc temporis in humanis viventibus. Et ad majorem firmitatem omnium supradict., super S. Dei Evangelia manibus nostris tacta juravimus omnia ista observare; et de quibus... Actum in ecclesia Fratrum Hospitalariorum Sancti Joannis Hierosolimitani Montilii, testibus spectabilibus dd. Giraudono Adhemarii de Grignano, barone Montis Albani, Vapincen. diœcesis, Giraudeto Adhemarii de Gri-

gnano, barone de Nyonis, Vasionen. diœcesis, nobil. Aymario Oliverii
domino Governati, vexillario baronis Gardæ, Hugone de Duzera domino
Sancti Pauli de Popeto, dd. Stephano Corteti curato, Ludovico Reynaldi
secondario suo, Hugone Fabri, Lamberto Giraudi habitatoribus baroniæ
Gardæ; Guillelmo Arnaudi, notarius Tricastinen., Izoardo Pogesii, notarius habitator Montilii, qui... propria manu nostra et signo consueto
nostro signavimus et bulla ill. contrahentium sigillavimus.

(*) Pièce fausse dans les recueils A, A* et B (n° 11), avec ce titre : *Donatio 5* per magnif. potentes viros dd. Hugonem et Giraudum Adhemarii de Montilio, consanguineos, dominos pro
indiviso Montilii.* A la fin : « Extr. unde supra, fol. 30, in arm. Montilii. »

XII.   *Juin 1222.*

(CARTA CONCESSIONIS GERALDETI ADEMARII CREILSONI JUDEO)*.

CERTUM sit presentibus et futuris quod, anno Incarnationis Dominice M°.CC°.XX°.II°, mense junii, Ego Geraldetus, illius domⁱ
G(eraldi) Ade(marii), bona fide et sine dolo et mea propria ductus voluntate dono, concedo in perpetuum possidere tibi Creilsoni Judeo et
liberis tuis tretsennum vi. denariorum quos pater meus concedit et
sustinet michi accipere in pedagio Montilii : s(cil). vi. denar. in trol-
sello et iii. den. in fardello et iii. den. in amigdalis, ut dict. tretsennum tu vel tui inperpetuum possideas pacifice et benigne : pro hac
vero donatione quam tibi Creilsoni Judeo et liberis tuis ego Geraldetus facio in hunc modum, confiteor et in veritate recognosco me a te
habuisse et recepisse C. solidos Viennenses, de quibus me teneo pro
pagato ; et ad majorem hujus donationis firmitatem, volo quod presens carta cum subscripta donatione sigilli mei munimine roboretur.
Et Ego G(eraldus) Ade(marii), dominus Montilii et vicecomes Malsilie,
donationem quam tibi Creissoni Judeo et liberis tuis perennem facit
Geraldetus nomine tretsenni vi. denar. quos ego eidem dono, concedo
et sustineo ut ipse accipiat vel accipi faciat, s(cil). vi. den. in trossello
et iii. den. in fardello et iii. den. in amigdalis, tibi et liberis tuis laudo
et habere concedo ; et ad majorem firmitatem volo et precipio quod
presens carta cum subscripta donatione, simul cum sigillo Geraldeti,
munimine bulle mee confirmetur. Acta sunt hec in operatorio P. Alde-
berti, coram testibus ad hoc convocatis Michaele Guers, Salvio Judeo;
et ego magister Juvenis, domⁱ G(eraldi) Ade(marii) notarius, huic
facto interfui qui utriusque partis mandato presentem cartam scripsi

et mandato dom' G(eraldi) Ade(marii) munimine bulle sue roboravi et desuper signum meum apposui ‡.

‡) Original parch. aux archives de la Préfect. de l'Isère. Au bas pend, sur lacs de soie rouge à double queue, un sceau en plomb, équestre d'un côté, avec cette exergue : **MATEUS' ME FECIT**, de l'autre ces mots sur trois lignes : **: SIGIL/LVM GE/RALDI A/EMARI** (cf. *Documents inédits relat. au Dauphiné*, t. II, 6ᵉ livr., p. 39).

XIII'.   *4 juillet 1226.*

(') Pièce fausse dans les recueils A, A° et B (n° 12), avec ce titre : *Donatio C° per magnif. potent.que dd. Lambertum et Hugonem Adhemarii de Montilio, patrem et filium, dominos Montilii et Gardæ :* «... Lambertus Adhemarii de Montilio, dominus pro indiviso urbis Montilii Adhemarii in Valdania, Valentin. diœc., prope fluvium Rhodani, et Hugo Adhemarii de Garda, baro Gardæ Adhemarii, Tricastin. diœc., 1° natus et heres universalis noster, considerantes... periculum et laborem quod homines urbani nostri habuerunt et sustinuerunt in guerra quam ego ipse pater habui a quibusdam mensibus cum principe Arausicæ et Giraudo Adhemarii de Montilio, mecum parerio in urbe Montilii, ac etiam strenuitatem...; ..vob. Guidoni de Monte judici, Guidoni de Litzo, Ludovico Arnaudi, Philippo de Marsana, Jacobo de Balma, Pontio Riparii, nobilibus consulibus... Act. Montilii, in fortalitio antiquo et in magna aula armorum... » À la fin : « Extr. tiré des arch. de La Garde Adhemard, fol. R. 40. »

XIV'*.   *3 juillet 1228.*

(') Original parch. disparu des arch. de la mairie, ainsi analysé dans l'Invent. de 1662 (fº 10 vº) : « Plus auons trouué le parchemin en latin de l'art. 50, reçeu Isnard noᵉ, le 3ᵉ juillet 1228, contenant les libertés concedées a la ville par Girardet Adheymar, en presence et par le consentement de Girard son pere, led. parchemin cachetté d'un cachet de plomb, ou d'un costé est representé led. Girardet à cheual, la lance à la main et de l'autre sont graués ces mots : SIGILLVM GIRARDI ADEMARI ; cotté led. parchemin par n° 24 ». Le sceau en plomb existait encore, d'après une note de M. de Planta.

XV.   *20 décembre 1228.*

Carta Geraldi Ademarii et Geraldeti ejus filii, de confirmatione libertatis exactionum)*.

Anno ab Incarnatione Domini Mº.CCº.XXºVIIIº, xiiiᵒ kalendas januarii, Ego Geraldus Ademarii, dominus Montilii, et Ego Geraldetus ejus filius, presente domᵒ G(eraldo) Adem(arii) patre meo volente et consenciente, Nos duo per nos et per nostros bona fide et sine dolo et mera liberalitate et spontanea voluntate, donamus et titulo perfecte donationis concedimus hominibus nostris de Montilio presentibus et futuris, libertatem talem ne decetero toutam vel quistam vel aliquam novam exactionem vel prava usatica in eis faciamus vel aliquo modo fieri permittamus, nec eis per vim vel per aliquam forciam gravamen aliquod vel jacturam nisi juris vel justicie debito conabimur inferre; quod si nos vel aliquis successorum nostrorum predictam donationem et libertatem quocumque modo violare temptaverit, jam dictos omnes homines nostros et res eorum in villa Montilii sub dominio nostro in presenti vel in futuro existentes ab omni jure et fidelitate et hominio absolvimus; et ut omnia sicut superius scripta sunt fideliter observemus et nullo tempore contra veniamus, tactis sacrosanctis Evangeliis juramus. Recognoscentes ambo quod ego G. Adem. pater predictam libertatem et donationem hominibus nostris in villa Montilii, presentibus et futuris, diu est alia vice donaveram, feceram et concesseram et in nullo contra venire tactis sacrosanctis Evangeliis juraveram; et insuper predictis hominibus de Montilio in nostra senoria seu dominio existentibus, presentibus et futuris, libertatem seu franquesiam talem concedimus et donamus mera et spontanea voluntate et liberalitate, nec decepti ab aliquo vel ab aliquibus, et Guidoni de Lilio actori sive sindico ab universitate hominum nostrorum in villa Montilii ad hoc specialiter constituto, donamus et concedimus et inter vivos titulo perfecte et irrevocabilis donationis tradimus ipsi Guidoni et per ipsum predictis hominibus nostris presentibus et futuris, quod probi homines nostri de villa Montilii predia sua urbana et rustica que sunt in villa Montilii intus et extra et in ejus tenemento et territorio, que sunt in senoria mei G. Adem. patris vel erunt in futurum, vel erunt in futurum in senoria mei Geraldeti Adem. predicti, et sunt libera vel erunt, videlicet sine censu possint homines nostri dare seu concedere ad acaptum sive in emphiteosim sub annuo censu, retento sibi dominio et plaideamento, sine concilio nostro et nostrorum, et quod hucusque in preteritum datum est ad acaptum sive in emphiteosim sub certo censu concedimus et approbamus imperpetuum. Recognoscentes ambo predicti pater et filius hoc quod dictum est de datione seu concessione ad acaptum sive in emphiteosim sine concilio nostro posse fieri ita esse obtentum et usitatum in villa Montilii ex antiqua et approbata consuetudine cujus non est ad memoria; et omnia supra scripta concedimus et donamus sub juramento et sub forma et sub conventionibus suprascriptis tibi G. de Lilio et per te predict. hominibus nostris, et ita nos tenere in perpetuum et in nullo contra venire per nos heredesque nostros et successores nullo nullo ingenio excogitato vel excogitando vel per aliquam aliam personam

interpositam tibi Guidoni sindico vel actori predicto, recipienti et stipulanti nomine tuo et nomine predict. hominum nostrorum,
sub obligatione omnium bonorum nostrorum promittimus et tactis
sacrosanctis Evangeliis juramus. Item concedimus et donamus
per nos et per nostros G. predicto sindico et per ipsum dict. hominibus nostris in villa Montilii sub senoria nostra existentibus presentibus
et futuris, quod si aliquis forensis seu extraneus injuriam alicui homini nostro vel dampnum dederit vel intulerit sine guerra, ipsum
capiendo vel percussiendo vel vulnerando vel ejus certo nuncio ejus
res suas auferendo, quod ille qui injuriam vel dampnum passus est
possit per se auctoritate sua vel cum amicis suis vel vicinis ex quo
de dampno vel de injuria constabit nobis vel successoribus nostris in
villa Montilii summere ultionem, nec propter ultionem ille vel illi qui
ultionem acceperint vel qui cum eo vel eis fuerint dampnum aliquod
paciantur, et aliquis non potest eum guidare in villa Montilii sine licentia injuriati vel dampnum passi vel amicorum ipsius ; et sic attendere inperpetuum tactis sacrosanctis Evangeliis juramus. Et ad majorem
rei memoriam et certitudinem et robur in antea valiturum, hanc cartam precepimus sigillorum nostrorum munimine roborari. Acta sunt
hec apud Montilium, in fornello dom. Geraldi. Ego vero Ysoardus,
publicus notarius dom. G(eraldi) Adem(arii), hiis omnibus supradictis
presens interfui, qui mandato dom. Geraldi et dom. Geraldeti hanc
cartam scripsi, signavi et sigillavi.

(') *Vidimus* du 30 juillet 1320, en original parch. (45 lig.) aux archives
de la ville, coté n° 39 (*Invent.* de 1662, f° 14 r°), olim 65 ; au dos : *Desta
vila, Aiso es li chartra de alcunas partias de las franchezas daus homes
de mosenhor Giraut Aimar, laqual chartra a fach far a ma mesio jeu
Guionets de Ligo, filhs fai enreire de Guieu de Ligo.*

In nomine Domini, amen. Anno Incarnationis ejusdem Mill'o CCC°.
XX°, videl. xxx° die mensis julii, Guido de Litgione, filius condam
Guidonis de Litgione, de Montilio Ademarii, constitutus in presencia
mei notarii infra scripti et testium infrascript., tradidit mihi notario
quoddam instrumentum non cancellatum, non viciatum nec in aliqua sui parte corruptum, set bonum et integrum, factum et signatum
manu Ysoardi notarii publ. condam bullatumque bulla plumbea illustris ac potentis viri dom' Geraldi Aemar bone memorie, condam domini Montilii, ut prima facie apparebat, in qua bulla erat ab una parte
quedam inpressio scripture continens hec verba : SIGILLVM· GE-
RALDI AEMAR, et ab alia parte erat quedam ymago hominis equitans
quandam ymaginem equi, defferens unum scutum longum, in qua
parte erat talis empressio in scriptura : ME FECIT MATEVS, prout

ita in eadem bulla esse videbatur ; requirens me notarium ut predict. instrumentum transcribere, exemplare, translatare et in formam publicam redigere deberem de verbo ad verbum, nichil addito nichilque remoto, set prout in eodem instrumento continetur, cujus instrumenti tenor talis est : « Anno... sigillavi. » Traditum fuit presens instrumentum mihi notario et per me lectum et in romana linga expositum in hospicio dicti Guidonis, testibus presentibus : Johanne dal Chier, Poncio de Nogerio ; Ego vero Johannes Arnulphi dicti loci Montilii, auctor^e imper^{li} et nobilis viri Giraudi Ademarii, domini Montilii, notarius publ., predict. instrumentum ad requisitionem dicti Guidonis transcripsi, exemplavi, translatavi et in formam publ. redegi.., et in pres. transcripto et translatu signum meum apposui consuetum in testimonium premissorum. †

— Transcription dans la ch. du 2 février 1354 (*v. ad h. a.*), dont nous donnons les variantes.— Copie d'après celle-ci dans le *Cartulaire*, f° 30.— Imitation assez fidèle dans les recueils A, A² et B (n° 21) : *Donatio 7ᵃ per ill. dd. Giraudum et Giraudetum de Montilio, patrem et filium, dominos Montilii Adhemarii.* « Extr. des arch. de Grignan, d'un livre coté *Privilegia*, fol. 57, in arm. Mont. »

———

XVI*.   25 *mars* 1237.

(*) Charte fausse dans les recueils A, A² et B (n° 14), avec ce titre : *Donatio 8ᵃ facta per ill. pot.q. dd. Adelaziam et Maragdam de Beleze, sorores usufructuarias urbis Montilii per obitum ill. Hugonis et Giraudi Adhemarii consanguineorum, dominorum Montilii :* « ...Adelazia de Belveze, relicta... Hugonis Adhemarii de Montilio, domini quond. pareri et pro indiviso urbis Mont. Adhaym... baronisque de Garda Adaymarii... et de Chalma.., cum tribus filiis meis, Lamberto Adaymarii de Mont.., Rogerio et Guillelmo Hugone Adaymarii de Garda ; Maragda de Belveze, vidua... Giraudi Adaym. de Mont., domini pro indiviso urbis Mont. Adhem. baronisque Rupis Maure et de Alpibus, cum tribus filiis meis, Giraudeto Adhem. de Mont., Guillelmo et Aymario Adhem. de Rupe Maura ; sororesque ..Meffredi de Belveze, baronis de Belveze et Montis Girardi in diœc. Tholos.., ad requisitionem nob. Pontii Riperii jud., Dalmatii de Monte, Petri Riperti, Joannis la Dalma, Martini la Garda, Hugonis de Podio Grosso, Lamberti de Turribus, consulum et sindicorum... Act. Montilii et in choro ecclesiæ N. D. de Ayguno extra fluv. Roblonis.., » A la fin : « Extr. tiré des arch. de La Garde, du liv. coté *Infeudationes*, f° 42, in arm. Mont. »

———

XVII.   2 *juin* 1247.

(CONTRACTUS MATRIMONII LAMBERTI ADHEMARII, DOMINI MONTILII, ET GALBURGIS DE MEDULLIONE)*.

IN nomine Domini nostri Jhesu Xpisti, anno Incarnationis ejusdem M.CC.XLVII, quarto nonas junii, Ego Galburgis, filia quondam dom. R(aymundi) Gibosi, domini Medullionis, major annis XIII, dono me in uxorem legitimam tibi Lamberto, domino Montilii, filio Hugonis Adhemarii quondam, et tibi mecum in dotem constituo totam illam partem meam cum honore suo quam dict. pater meus mihi in ultima voluntate sua reliquit, videl. castra de Curello, de Monte Froco, de Gascheto, de Verdis, de Revesto Albionis, et de donatione Raybaudi de Calma et de Jarjaia, ad me ex paterna successione spectantia, cum omnibus juribus et pertinentiis eorumdem ; cujus terre possessionem tibi tradi a dom. Raymundo patruo meo de Medullione volo atque precipio, et omne jus ad me in dicta terra pertinens in te ex causa dotis transfero et dotale tibi constituo, volens quod tamquam dominus ex causa predicta merum et mixtum imperium et omnem jurisdictionem possis in eadem terra libere exercere, et quod tibi de fidelitatibus et homagiis, constante inter me et te matrimonio, tibi respondeant sicut domino patri meo supradicto et mihi de omnibus hiis tenebantur. Si autem terram meam predict. in solidum vel in parte de debitis in quibus est obligata liberaveris de tua pecunia, volo et concedo quod terram quam de tuo proprio liberaveris tamdiu in omnem casum teneas donec tibi vel tuis de tota pecunia quam solveris pro liberatione dicte terre plenarie fuerit satisfactum. Quod autem predicto dotis constitutionem et omnia supradicta singula et universa rata et firma teneam et observem nec ratione minoris etatis contra veniam nec aliquo jure quocumque, tibi dicto Lamberto, domino Montilii, presenti et interroganti, sub obligatione omnium bonorum meorum promitto et tactis a me corporaliter sacrosanctis Evangeliis juro, renuncians super hiis omnibus juri omni canonico et civili, scripto et non scripto vel consuetudinario, promulgato et promulgando, mihi competenti vel competituro. Honera autem debitorum terre predicte sunt hec : Revestum Albionis est obligatum Raymundo Agouto de Saltu pro triginta millibus solidis Raymundensibus, eidem in dotem a dom. Raymundo de Medullione, quondam avo meo paterno, promissis, cui fructibus (fructus ?) non computentur in sortem ; castrum vero de Monte Froc obligatum est dom. abbati Sancti Andree, Avinionensis diocesis, et Willelmo Alcornaci, monacho Cartusiensi, executoribus ultime voluntatis dom. Raymundi de Medullione, quondam avi mei paterni, pro quingentis solidis Viennensibus annuatim solvendis ad emenda forefacta dicti avi mei ; castrum vero de Verdis, similiter de Medullione et de Villa Francha, honeratum est proportionaliter ad emendanda forefacta dom. R(aymundi) Gibosi patris mei quondam, sub juramento a me prestito ; concludens quod posse meum faciam ut forefacta dom. avi mei et patris mei totaliter emendentur, et insuper tota terra honerata est hac obligata est dom⁺ Jaucerande matri mee pro dote sua et legatis dom. patris mei solvendis ;

castrum quoque de Verdis obligatum est malcapis de Buxo, pro eo quod restat solvendum de xi millibus et quingentis solidis Viennens. pro quibus dict. pater et patruus meus dict. castrum eis olim obligaverant : dicti tamen malcapi fructus et obventiones dicti castri de Verdis per singulos annos pro quingentis solidis Viennen. ex pacto recipiunt in solutum. Ego igitur Lambertus, dominus Montilii supradictus, te Galburgim supradictam in legitimam accipiens cum dote predicta, tibi promitto quod te et terram tuam quam in dotem constituis mihi bene et fideliter ad meam et tuam utilitatem tractabo et supradicta forefacta omnia et legata solvere totaliter procurabo, pro qua terra dicta tibi vel tuis si casus repetende dotis incideret restituenda, omnia bona mea tibi et tuis successoribus jure ypothece obligo et suppono, et quod omnia supradicta universa et singula compleam et attendam, tibi stipulanti promitto et tactis sacrosanctis Evangeliis corporaliter juro, et insuper fidejussores tibi dono Artaudum dominum Rossillonis et Draconetum dominum Montis Albani et Adhemarium dominum Graignani, quorum quilibet se et res suas omnes presentes et futuras pro omnibus supradict. universis et singulis attendendis et observandis eidem Galburgi et suis successoribus obligaverunt, renunciantes epistole divi Adriani, *etc.* Et ad majorem hujus rei firmitatem et certitudinem, Ego dict. Lambertus, dominus Montilii, nomine meo et mandato dicte Galburgis uxoris mee, istud instrumentum feci bullo meo munimine et dom. Tricastrinensis episcopi roborari. Actum apud Rocham, intus capellam, in presentia istorum testium ad hoc vocatorum et rogatorum, dom. Laurentii episcopi Tricastrinensis, qui mandato dict. dom. Lamberti et dom. Galburgis ejus uxoris presenti carte bullam suam appendi fecit, Petri de Bello Monte, Gui Folqueys, Pon. de Serviaco, Espar officialis Sistaricensis, B. de Medullione, R. Agouti de Saltu, W. Faraudi, P. Salomonis, B. Claufredi, G. de Besauduno, magistri Pe. notarii Tricastrinensis, magistri Yvani notarii publici dom. R(aymundi) de Medullione et mei Boni Amici publici dominorum Montilii notarii, qui ad hec omnia testis vocatus interfui et rogatu supradict. dom. Lamberti et dom. Galburgis cartam istam manu propria scripsi et in ea signum meum apposui.

Post hec vero, anno Domini M.CC.LXVII, scil. v calend. maii, ego magister Giraudus de Cavellione, notarius publ. dom¹ regis Sicilie in comitatu Provincie et Forcalquerii et dom. episcopi Cavellicensis, ad preces et requisitionem nobilis viri dom. Raymundeti, domini Medullionis, hanc cartam de verbo ad verbum transcripsi prout vidi contineri in instrumento confecto manu Boni Amici notarii publ. et signo ejus signato, et

etiam mandato et autoritate rev^dd patris dom. G*iraudi*, Dei gratia Cavellicensis episcopi, qui ad majorem firmitatem et autoritatem et perpetuam
memoriam habendam huic carte bullam suam jussit apponi ad preces dicti
Raymundeti, et facta prius diligenti collatione et aspectione hinc inde tam
per dict. dom. episcopum quam per W. de Avinione... notarium, redegi
in formam publicam et bullavi anno quo supra, scil. v° idus maii, et signo
meo signavi.

(*) Transcription du XVIII* siècle dans le VII* registre ms. de VALBONNAIS,
à l'an 1247 (Caisse des Baronies). Indiq. dans l'*Invent. des Baronies* (I, 363
v°) et dans celui *du Valent.* (III, 358). — *L'Invent. des Baronies* mentionne (I, 363) une charte postérieure de quelques jours, par laquelle
Lambert Adhémar ratifie tous les actes intervenus entre Galburge son
épouse et Raymond de Mévouillon.

XVIII.   *21 août 1258.*

(CONFIRMATIO ET AMPLIATIO LIBERTATUM MONTILII ADEMARII FACTA PER LAMBERTUM ADEMARII)*.

ANNO ab Incarnatione Domini mill° ducentesimo quinquagesimo
octavo, scilicet duodecimo kalendas septembris, notum sit omnibus presentibus et futuris, quod Nos Lambertus dominus Montilii,
filius quondam dom^i Hugonis Ademarii, domini Montilii, scimus certificatus et recognoscimus in veritate vobis Arnaudo Ieusio, Durando
de Crudatio, Iohanni Bonelli et Passamario, hominibus nostris de
Montilio, recipientibus nomine vestro et nomine omnium hominum
de Montilio nostrorum, presencium et futurorum, et ipsis omnibus
hominibus nostris, dom. Lambertum avum patruum nostrum, dominum Montilii, per se et suos successores bona fide et sine dolo do-
nasse et titulo perfecte donationis concessisse hominibus tunc suis de
Montilio, presentibus et futuris, libertatem talem ne decetero toutam
vel quistam vel aliam novam exactionem vel *(bis)* prava usatica in eis
faceret, vel aliquo modo in eis fieri permitteret, nec eis per vim vel
per aliquam forciam gravamen vel jacturam inferret ; quod si ipse vel
aliquis successorum suorum predictam donationem et libertatem
quocumque modo violare temptaret, ipse omnes homines suos et res
eorum in villa Montilii, sub suo dominio in presenti vel in futuro
existentes, ab omni jure et fidelitate et hominio absolvit, et super
sancta Dei Evangelia juravit. Quam donationem et libertatem vobis predictis quatuor, recipientibus nomine vestro et nomine omnium hominum nostrorum in villa Montilii existencium presencium et futurorum,

et ipsis hominibus nostris omnibus presentibus et futuris, laudamus, approbamus et confirmamus, et eundem de novo vobis predict. quatuor, recipientibus nomine vestro et nomine omnium hominum nostrorum de Montilio, facimus et ipsis omnibus hominibus nostris presentibus et futuris. Preterea donamus et concedimus vobis Ar. lensio, Du. de Crudatio, Io. Bonelli et Passamario supradictis, recipientibus nomine vestro et nomine omnium hominum nostrorum de Montilio, et ipsis hominibus nostris in villa Montilii permanentibus et permansuris, de mera nostra liberalitate et spontanea voluntate, donatione inter vivos et titulo perfecte donationis et irrevocabilis, concedimus quod homines nostri de villa Montilii presentes et futuri predia sua urbana et rustica, que sunt in villa Montilii intus et extra, et in ejus tenemento et territorio, que sunt in dominium et segnorium nostri Lam(berti) vel erunt in futurum, et sunt libera vel erunt, videlicet sine censu, possint homines nostri dare et concedere ad acaptum seu in emphiteosim perpetuam sub dominio et censu, retento sibi dominio et plaideamento et censu, sine consilio nostro et nostrorum; et in hoc occasione aliqua Nos vel successores nostri ab eis vel successoribus eorum non possimus exigere aliquid vel habere, et quod huc usque datum est in preteritum seu concessum ad acaptum seu emphiteosim ab hominibus nostris et predecessoribus eorum concedimus et approbamus. Preterea eadem liberalitate et spontanea voluntate nostra, vobis predictis quatuor, recipientibus *ut supra,* et ipsis hominibus de Montilio... donamus donatione inter vivos et titulo perfecte donationis irrevocabilis concedimus, quod omnes homines nostri in villa Montilii permanentes et permansuri possint disponere de rebus suis prout eisdem placuerit, et testamentum seu ultimam voluntatem vel ordinationem quam fecerint in testamento vel codicillis vel epistolis vel alia ultima voluntate, illa omnia secundum quod ipsi ordinaverint servari perpetuo faciemus prout juris ratio sustinebit, nec contra in aliquo contra dispositionem eorum veniemus per nos vel per aliquam aliam personam, neque sustinebimus quod aliquis inpediat eorum ultimam voluntatem. Si vero homines nostri presentes vel futuri vel aliqui eorum ab intestato decederent, nullum condendo testamentum vel aliquam aliam ultimam voluntatem in qua seu in quo de rebus suis plenarie disponerent, volumus et concedimus quod bona eorum vel illius qui ita decederet ad filium vel filiam si haberet vel alios inferiores descendentes pervenirent, et si descendentes non haberet ad ascendentes vel ad collaterales, consanguineos et agnatos, secundum quod erunt proximiores in gradu eorum hereditas

pervenirct, secundum quod juris ratio hoc dictarct; et quod omnes
predictas donationes, libertates perpetuo observemus et contra non
veniamus aliquo jure vel aliqua ratione, vobis predict. quatuor Ar.
lensio, Du. de Crudatio, Io. Bonelli et Passamario, recipientibus *ut
supra*, et ipsis hominibus... per stipulationem et sub obligatione
omnium bonorum nostrorum promittimus et super Dei Evangelia juramus. Actum fuit Montilii, in stari dicti dom. Lamberti; testes autem interfuerunt : Guillelmus Hugonis, canonicus Valentinus, Guido
de Donzera clericus, Deportus de Castro Novo Dalmacensis, Arnaudus Baccallerii, bajulus dom. Lam(berti), Pon(cius) Bastie, W. de Crudatio, Johannes Spine, W. Grimandi, Bernardus Bonelli, Pon. Herca,
Johannes Paelloti, Petrus Gorda, Audoardus, Guillelmus Carbonerii ;
et ego W⁹ de Porta, publicus notarius dicti dom. Lamberti, domini
Montilii, presens interfui, qui mandato dicti dom. Lam. et Ar. lensio, Du. de Crudatio, Io. Bonelli et Passamarii cartam istam scripsi
et signo meo signavi et bulle dicti dom¹ Lamberti munimine
robor   a   v   i.✝

(') Original parch. de 32 lig. 1/3, avec trace de bulle sur double queue,
coté **A** (*Invent.* de 1662, f⁰ 1 r⁰).—*Vidimus* du 8 décemb. 1285 (*v. ad h. a.*),
en orig. et dans le *Cartul.* (f⁰ 42). — Transcriptions dans les recueils A, A²
et B (n⁰ 15) : *Donatio 9ᵃ facta per ill. Lambertum Adhemarii dominum
Montilii et Gardæ.* « Extr. des arch. de Grignan, d'un liv. cot. *Privilegia*,
f⁰ 88, in arm. Mont.; cette pièce est aussi dans le liv. des libertés de Mont.ᵃʳ ».

XIX.   ?.

(COMPOSITIO INTER CONSULES MONTISPESSULANI ET GIRAUDUM ADEMARII, DOMINUM MONTILII)*.

PATEAT universis presentes litteras inspecturis quod, cum propter
pignorationes seu marcamenta seu dampna data tam in rebus
quam personis hinc et inde orta diu fuisset discordia et protracta inter
nos consules et universitatem hominum habitantium in villa nobili
Montispessulani, ex una parte, et nobilem virum Guiraudum Adaymarii, dominum Montilii, nomine suo et hominum suorum et subjec-
torum, ex altera ; tandem nos dicti consules, attendentes quod pacem
inquirere et in ea manere est thesaurum in celo acquirere, habito
consilio et concensu expresso tocius nostri consilii generalis, Nos dicti
consules, nomine nostro et cujuslibet hominis de dicta universitate et
tocius universitatis predicte, omnia dampna, interesse, invasiones
in rebus seu personis seu costamenta illata seu facta nobis seu homi-

nibus singularibus dicte universitatis seu dicte universitati seu rebus per dict. nobilem Guiraudum Adaymarii seu homines seu subjectos suos quocumque modo et quocumque loco et ex quacumque causa usque ad presentem diem pure et simpliciter remittimus, girpimus et desampparamus eidem nobili et hominibus et subjectis suis, et per pactum de aliquo ulterius non petendo ratione seu occasione predicta a dicto nobili seu hominibus (seu) subjectis suis de predict. omnibus absolvimus, quitamus ac etiam liberamus dict. nobilem et homines et subjectos suos ac etiam res eorumdem : ab hac liberatione exipimus debita privata que dict. nobilis seu homines seu subjecti sui debent burgencibus et hominibus dicte ville Montispessulani. Et ad majus vinculum inter nos et dict. nobilem et homines et subjectos suos vere caritati colligandum, nomine nostro et cujuslibet hominis tocius universitatis ville nobilis Montispessulani predicte, veram pacem ex ore et animo descendentem eidem nobili facimus atque damus et hominibus et subjectis suis et rebus eorumdem, et quod decetero intrare et stare et exire valeant in personis seu rebus suis dict. villam Montispessulani et ejus districtum, omni timore postposito ac remoto ; et ita dict. pacem et omnia supradicta servare nos dicti consules, eo nomine quo supra, eidem nobili promittimus bona fide. Et ad majorem horum omnium firmitatem presentes litteras predicto nobili tradimus sigillo nostro pendenti cereo comunitas ; et nos R. de Cassillaco, Montispessulani bajulus, pro nobis et successoribus nostris futuris Montispessulani bajulis, predicta omnia et singula auctoritate officii dicte bajulie laudamus et confirmamus, et ad majorem hujus rei firmitatem habendam, presentem cartam sigilli curie Montispessulani munimine jussimus roborari. Actum in Montepessulano, in domo consulum ubi totum generale consilium erat congregatum.

(') Original parch. de 28 lig. 1/2 à la Biblioth. impér., ms. lat. 9239, n° 1; au bas, fragm. du 1er sceau sur tresse tricolore.

XX. *11 avril 1202.*

TESTAMENTUM DOMⁱ GIRAUDI ADEYMARII, DOMINI MONTILLII ADEYMARII*.

QUIA humani ingenii naturali infirmitate inpediente plures quod [approbant non potest memorie commen]dari : icirco majores nostri ad literas et ad eorum nutos devenerunt, ut de suis actibus seu ultimis dispositionibus possent in[perpetuum] meminere. Ideo in

nomine Domini nostri Jhesu Xpisti, anno Incarnationis ejusdem
M°CC° sexsagesimo secundo, videl. tertio idus aprilis, Ego Geraldus
Ademarii, dominus Montilii, licet eger corpore in bona tamen mentis
mee valitudine existens, volens primo providere anime mee et pos-
teritati mee in futurum, facio, condo et ordino testamentum meum
nuncupativum seu ultimam dispositionem meam in hunc modum :
In primis eligo sepulturam meam in cimiterio ecclesie Fratrum Minorum de Montilio et ibi lego quingentos solidos Viennenses ad opus
fabrice ecclesie Fratrum Minorum ejusdem loci ; ecclesie Beate Marie
de Ayguno lego centum solidos, singulis aliis ecclesiis de Montilio
unum annuale, ecclesie Sancti Petri duo annualia, ecclesie Sancti
Martini unum annuale, ecclesie Sancti Petri et Sancti Johannis et
Sancti Laurentii de Rochamaura et de Meissano cuilibet unum annuale,
ecclesie monasterii Boni Loci unum calicem usque ad summam sexsa-
genta solid. et unam procurationem competentem, ecclesie domus de
Bosqueto unum calicem usque ad summam sexsaginta solid. et unam
procurationem competentem ; ecclesie Beate Marie Aque B[elle] lego
unum calicem usque ad dict. summam sexsaginta solid. Viennensium ;
monasterio de Alairaco lego unum annuale. Item, filie mee Mar[agde]
lego jure institutionis decem libras Viennens. et in hiis et in viginti
quinque milibus solid. Viennen., quos sibi dedi et constitui in dotem
cum Lamberto marito suo, ipsam mihi heredem instituo et hiis ipsam
contentam esse volo de omnibus bonis meis ; item, filie mee Ademarie
lego jure institutionis decem libras Viennen. et in hiis et in viginti
quinque milibus solid. Viennen., quos sibi dedi et constitui cum
Guillelmo domino Turnonis marito suo, ipsam mihi heredem instituo
et nolo quod amplius in bonis meis habeat et in hiis ipsam contentam
·esse volo de bonis meis ; item Marceline et Ticburgi, Agneti et Laurete
et Geraldete, filiabus meis, lego jure institutionis sexsaginta libras
Viennen. in quibus eas mihi heredes instituo quamlibet in sexsaginta
libr. Vien., et volo eas esse contentas de bonis meis et quod nihil amplius petere possint in bonis meis, et volo quod predicte filie mee in
monasteriis relligiosis collocentur. Item Guillelmeto et Ademario et
Guigoneto et Geraldeto inpuberi, filiis meis et liberis, cuilibet illorum
lego jure institutionis quatuor viginti libras Viennen. in quibus quemlibet ipsorum heredem mihi instituo et volo ipsos esse contentos et
quod in bonis meis nihil amplius petere possint, et volo quod in religiosis monasteriis collocentur. Si vero Ticburgis uxor mea pregnans
est, liberum seu liberos, si quem seu quos liberos procrearet, illum
seu quemlibet illorum liberorum heredem seu heredes mihi instituo, si

masculus est seu masculi quemlibet in quatuor viginti libras Viennen.,
si femina seu femine in sexaginta lib. Vien., et volo ipsos sive ipsum
esse contentos seu contentum. Item, Geraldum Ademarii, filium meum
puberem, in heredem universalem instituo in omnibus bonis meis
mobilibus et inmobilibus, juribus et rationibus, villis sive castris,
dominationibus... : si vero contingeret, quod Deus avertat, quod
dict. Geraldus filius meus pubes moreretur sine liberis de legitimo
matrimonio natis quandocumque, volo et precipio quod Guillelmo
fratri suo, filio meo, si superstes esset et relligionem non intrasset et
professionem non fecisset, bona dicti Geraldi puberis devolvantur et
ei succedat ; si vero dict. Guillelmus relligionem intrasset et professionem fecisset vel decessisset ante mortem dicti Geraldi filii mei et
heredis, volo quod bona mea sine alia diminucione pervenirent ad
Ademarium filium meum sub predicta conditione, si vivus esset et
relligionem non intrasset ; si vero decessisset vel relligionem intrasset,
volo quod ad Guigonetum filium meum debeant pervenire ; et
si dictus Guigo decessisset vel relligionem intrasset, volo quod
dicta bona mea per integrum deveniant ad Geraldetum filium
meum inpuberem. Item, do filiis meis et liberis inpuberibus
tutricem et administratricem Ticburgem uxorem meam, et volo et
precipio quod ipsa sit domina et administratrix et gubernatrix et
etiam gubernatrix puberis ; et volo quod liberi mei non possint ei
administrationem bonorum meorum auferre in aliquo, et do pro
consiliatoribus liberis meis et uxori mee predicte dom. Geraldum
Amici et dom. Ademarium, dominum Graignani, et dom. Guillelmun
Iterii et Bonellum de Licio et................, et quicquid egerint agant
cum eorum consilio vel majori parte ipsorum. Et recognosco quod
ego habui ab uxore mea Ticburgi predicta undecim milia et quingentos solid. Viennen., et pro melioratione lego eidem tria milia et quingentos sol. Vien., et sic inter totum habeat quindecim milia solid.
Viennen. Item, fratrem meum fratrem Ademarium, de ordine Fratrum Minorum, consiliatorem facio super elemosinis a me legatis et
clamoribus meis emendandis, et volo quod clamores mei penitus
ceddantur et omnia ista [perficiat] filius meus pubes vel ille ad quem
bona mea pervenerint, et lego pro clamoribus meis incertis de quibus
ad presens non recolo septuaginta libras Viennen. Item, volo quod
Geraldus Ademarii, filius meus pubes, solvat clamores meos et [ele-
mosinas] post unum annum a tempore mortis mee computatum, et
pro ipsis emendandis et solvendis leguatis et delitis meis (obligo) pedagium de Rochamaura quamcito dict. pedagium quitium fuerit, et volo
et precipio quod si heres meus non emendaret clamores meos et sol-

veret debita mea et legata ad cognitionem fratris Ademarii, de ordine
Fratrum Minorum, fratris mei, volo et precipio quod dom. Ademarius, patruus meus, dominus Graignani, et dom. Guillelmus Iterii
percipiant fructus et redditus pedagii de Rochamaura [et de] clamoribus et debitis et legatis meis emendandis satisfaciant ad cognitionem
fratris mei, fratris Ademarii; et si dict. Geraldus filius meus et heres
vel quicumque esset meus heres inpedirent vel inpediri facerent quominus predicti dom. Ademarius et dom. Guillelmus Iterii possent
·percipere et colligere dict. pedagium pro clamoribus meis pacificandis
et debitis et legatis solvendis ad cognitionem predicti fratris Ademarii,
fratris mei, volo et precipio et rogo quod episcopus Vivariensis, quicumque esset episcopus, compellas eos ad predicta facienda. Et dict.
Geraldus filius predict. et dicta dom. Ticburgis promiserunt dicto
Geraldo Ademarii, patri et marito, et super sancta Dei Euvangelia
juraverunt se dict. testamentum seu ultimam voluntatem completuros·
et observaturos. Et hec est ultima voluntas mea, quam volo valere
jure testamenti nuncupativi, et si jure testamenti nuncupativi non
valeret volo quod valeat jure codicillorum, et si jure codicillorum
non valeret volo quod valeat jure cujuslibet ultime voluntatis seu dis-
positionis; et si aliquo alio tempore feci testamentum aliud seu ultimam voluntatem seu dispositionem, totum illud seu illam casso et
irritum esse volo, set quod in presenti carta continetur volo quod
habeat perpetuam firmitatem. Actum Montilii, in domo predicti testatoris, in camera de turre, presentibus et ad hoc vocatis et rogatis per
dict. testatorem hiis testibus: fratre Jacobo de ordine Fratrum Minorum,
et fratre Ademario predicto, Berengario, Petro de Ponte, Raymundo
Lupi, magistro Guillelmo Cristiani, jurisperito, dom. Guillelmo
Iterii milite et me Bertrando Henrici, publico notario predicti testatoris, qui per ipsum vocatus et rogatus cartam istam scripsi et signo
meo signavi et in ea bullam ipsius A   P   P   O   S   V   I.

(*) Original parch. à la Biblioth. impér., ms. lat. 9239, n° 5; au dos la
cote **Tiburgis**, au bas trace de sceau sur soie rouge à double queue.

XXI.   *16 juin 1272.*

(EMANCIPATIO HUGONIS ADEMARII, FILII LAMBERTI,

DOMINI MONTILII ADEMARII)*.

Anno Domini M°.CC°. septuagesimo secundo, scil. die jovis post
festum Penthecostes, sit notum cunctis presentibus et futuris quod
nos Lambertus, dominus Montilii Ademari, non decepti nec choacti

nec in aliquo circumvecti seu malo ingenio inducti, sed mera et spontanea voluntate et grata liberalitate ad hoc inducti, te Hvgonem Ademarium, filium nostrum legitimum et naturalem, procreatum ex uxore nostra quondam, volentem et petentem misericorditer emancipamus et a manu et potestate paterna qua nobis subjectus fuisti hucusque liberamus et absolvimus ; dantes et concedentes tibi plenam et liberam facultatem quod tu possis amodo stare in judicio, testari, codicillari, donatione causa mortis cui volueris donare, emere et vendere, et omnes alios contractus facere et alios actus legitimos tanquam paterfamilias celebrare. Et si aliquid tibi obvenit seu obvenerit in futurum vel ex sucessione materna vel ex materno genere, vel tu aliquid a nobis aquisiveris vel ex prospera fortuna vel aliunde quocumque modo aliqua bona aventicia tibi obvenerint nobis viventibus, usui fructui qui nobis obveniret et competeret in illis bonis in premium emancipationis expressim renunciamus, cerciorati de hoc jure plene : videl. quod a jure conceditur dimidia usus fructus rerum aventiciarum emancipantibus in premium emancipationis; et tibi remittimus et desamparamus predictum usum fructum, exceptioni doli et in factum et sine causa et omni alii juris auxilio, civili et canonico, promulgato seu promulgando, nobis competenti seu competituro in posterum renunciamus ex pacto inter me et te habito in hoc facto. Et nos Johannes de Sarneyo miles, senescallus Venayssini, auctoritatem nostram et decretum requisiti per vos Lambertum, dominum Montilii Ademarii, et Hvgonem Ademarium predictos, huic emancipationi presenti et omnibus que superius dicta sunt interponimus pariter et assensum. Acta fuerunt hec apud Paludem, in domo Henrici Coraterii ; testes fuerunt dom. Guillelmus de Reali, dominus legum, et dom. Dalmacius jurisperitus, dom. Raimundus de Baucio, princeps Aurayce, dom. G. Bonpar miles, Petrus Ymberti, Jacobus de Reali, Hvgo de Bastida, Bertrandus Fulchonis notarius et ego Raimundus Borsigonis de Mairosio, notarius publicus terre Venayssini pro domino rege Francorum, qui roguatus a dict. partibus hec scripsi et signo meo signavi et bulla dicti dom¹ regis bullari jussi.

<hr>

(*) Original parch. aux archives de la Préfect. de l'Isère. Au bas est appendue, sur lacs de soie rouge à double queue, une bulle en plomb de 30 mill. de diam. : écu chargé de 10 fleurs de lis posées 4, 3, 2 et 1, en exergue : ✝**PHILIPPVS : REX : FRANCORVM** ; au revers le champ est occupé par une grande fleur de lis, légende : ✝**BVLLA : VENAISSINI : ,P : REGE**.

XXII. *14 octobre 1275.*

(Concessio dominorum Montilii Ademarii super facto rectorum universitatis ejusdem)*.

Anno Domini mill° ducentesimo septuagesimo quinto, videl. pridie
ydus octobris, dom. Geraldus Ademarii, dominus Montilii Ademarii, domᵃ Titburgi matre sua presente et assensum suum ipsi dom.
Giraudo prestante, et ipsa domᵃ Titburgis pro se, et dom. R(aymu)n-
dus de Baucis princeps Aurasicensis et dom. Gaucherius dominus de
Seseresta, pro dom. Lamberto domino Montilii Ademarii et nomine
ipsius dom. Lamberti, dederunt et concesserunt plenam et liberam
potestatem Bertrando Ricaudi et Andree Corraterii et Bernardo Remusati et Petro Alexandri et Bonello de Licione et Bartholomeo de Crudacio, presentibus et sollempniter stipulantibus et recipientibus
pro se et nomine omnium hominum et universitatis Montilii, ut ipsi
sint custodes et rectores ville Montilii et universitatis ejusdem et omnium hominum habitancium dictam villam et ejus tenementum,
tantum ad ea que inferius dicentur et exprimentur, et quod possint
jurare inter se pro comodo et utilitate ipsius ville sine pena et multa,
et jurent ad sancta Dei Euvangelia facere comodum et utilitatem ville
Montilii et omnium hominum habitancium dict. villam et ejus tenementum et ea que erunt inutilia et incomoda ipsi ville pretermitere,
et recipere juramenta omnium hominum habitancium dict. villam
a xiiiiᶜⁱᵐ annis supra, ut ipsi salvent et deffendant ab omni homine et
universitate villam Montilii et omnes habitantes eamdem. — § 2)
Concesserunt eciam et dederunt plenam et liberam potestatem dom.
Geraudus Ademarii et domᵃ Titburgis pro se et dom. Raymundus de
Baucis et dom. Gaucherius pro dom. Lamberto et ejus nomine, omnibus hominibus ville Montilii et omnibus habitatoribus ejusdem loci et
tenementi ipsius, ut ipsi possint jurare et jurent sine pena et multa
vel juramenta prestare et prestent Bertrando Ricaudi et aliis consociis
suis supranominatis, super eo videl. quod ipsi villam Montilii et ejus
tenementum custodiant, salvent et deffendant, et omnes habitantes
eamdem ac ejus tenementum et bona et res eorumdem ab omni
homine et universitate, et quod pro deffencione ville Montilii ipsi possint se apponere et se apponant contra quamlibet personam secularem
et regularem et ecclesiasticam, liberantes eosdem ab omni pena et
multa si quam pro dicto juramento seu occasione dicti juramenti
ipsi comiterent seu ipsi domini de Montilio ab ipsis exigere possint et

levare. — § 3) Item voluerunt et concesserunt, scil. dom. Geraudus Ademarii et dom⁹ Tiburgis pro se et dom. Raymundus de Baucis et dom. Gaucherius pro dom. Lamberto et ejus nomine, et dederunt plenam et liberam potestatem Bertrando Richaudi et aliis consociis suis supranominatis, ibidem presentibus et concensientibus, ut ipsi possint ordinare et ordinent super hiis que ipsis expedire videbitur ville Montilii supradicte et omnibus hominibus habitantibus eamdem et tenementum ipsius, et esse ad salvum et securitatem et custodiam ville Montilii suprad. et omnium hominum habitancium eamdem et ipsius tenementum, et sizas seu collectas pro comuni utilitate ville Montilii facere et homines ac mulieres et omnes habitantes dict. villam et tenementum ipsius in dicta siza seu collecta vel tallia juxta eorum arbitrium talliare; et si aliqui essent in dicta villa seu in ejus tenemento qui in dicta siza seu collecta nollent conferre id quod per ipsos taxatum esset, ipsos possint compellere et compellant ad id solvendum in quo taxati essent per eosdem per penam infrascriptam, et supradicta possint facere et faciant quotcumque eis videbitur expedire, et penam usque ad summam quinquaginta solidorum Viennensium apponere et apponant tociens quociens opus esset, et una pena imposita et comissa et exacta alia nichilominus possit imponi et exigi ab eisdem seu per eosdem, et dict. penam si eam comiti contingerit ab aliquo seu aliquibus predict. hominum Montilii seu ejusdem tenementi possint exigere et levare et exigant et levent ab omnibus illis et singulis qui rebelles essent seu inobedientes eisdem seu alteri eorumdem super hiis que ad salvum et comodum et custodiam ville Montilii et omnium hominum habitancium dict. locum et ejus tenementum esset seu esse posset, et pro dicta pena ipsos possint pignorare et pignorent sua auctoritate propria et compellere ac compellant ad solvendum dict. penam, et contra inobedientes seu inobedientem eisdem vel alteri ipsorum ad solvendum dict. penam possint procedere directe vel indirecte et procedant et pignorare et pignora possint distrahere seu impignorare propria sua auctoritate, et ipsam penam possint ponere et ponant in utilitatem et comodum et custodiam ville Montilii et universitatis ejusdem prout eisdem videbitur expedire. — § 4) Item voluerunt, *ut supra*, et dederunt plenam et libertatem *(leg.* liberam potestatem*)* rectoribus seu conservatoribus supradictis, quod si contingeret alterum ipsorum seu plures decedere, quod alii superstites seu supervivontes possint loco mortui seu mortuorum alium seu alios ponere seu eligere de parte illa seu jurisdictione de qua esset seu essent mortuus seu mortui; et si inter ipsos supervivontes seu successores eorumdem in electione

seu substitutione predicta seu super custodia et deffencione ville Montilii discencio seu discordia oriretur, debuit illa discordia et discencio
sedari et concordari per dictum seu ad dictum dom. Raymundi de
Baucis dum viveret dict. dom. Raymundus, et predicti conservatores
debuerunt sequi super predictis voluntatem et dictum dicti dom.
Raymundi. — § 5) Post hec Bertrandus Ricaudi et alii consocii sui supra
nominati promiserunt, corporaliter ab ipsis prestito juramento, quod
ipsi apponent et dabunt tantam diligenciam et curam quod ipsi scient
et poterunt in custodia et deffencione seu in hiis que ad custodiam et
deffencionem ville Montilii et o^um habitancium dict. locum, et quod se
opponent contra quamlibet personam pro deffencione ville Montilii et
habitancium dicti loci, et dict. locum et homines dicti loci et bona et res
eorumdem ipsi deffendent pro posse suo et salvabunt, et quod omnia
facient et procurabunt fieri que ad comodum et custodiam seu deffencionem et utilitatem Montilii et hominum dicti loci erunt seu esse poterunt ; promiserunt eciam quod ipsi non fovebunt nec deppendent plus
ad unam partem quam ad aliam dominorum Montilii in hiis seu super
hiis que erunt seu spectabunt ad custodiam dicte ville nec super eisdem
aliquam fraudem commictent. — § 6) Post hec, dom^a Titburgis et dom.
Ge(raudus) Ademarii promiserunt dom° Raymundo de Baucis et dom°
Gaucherio supradictis, presentibus et sollempniter stipulantibus et recipientibus, et michi notario infrascripto, recipienti nomine omnium
hominum ville Montilii seu universitatis ejusdem, et tactis corporaliter
sacrosanctis Euvangeliis juraverunt quod ipsi custodient, salvabunt et
deffendent pro posse suo villam Montilii et ejus tenementum et omnes
homines habitantes eamdem ab omni homine et universitate, et quod
ipsi non inmitent nec inmiti facient nec pacientur inmiti in dicto loco
Montilii nec infra clausuram Montilii seu infra alium locum aliquam
personam seu personas contra homines Montilii seu habitantes dict.
locum Montilii, nec procurabunt aliquid mali contra dict. homines
Montilii seu habitantes dict. locum, nec aliquid facient quod sit seu esse
possit contra villam Montilii seu que esse possent vel spectare contra
dict. locum Montilii seu ad incomodum seu destructionem dicti loci,
set villam supradict. et omnes habitantes eamdem et universitatem
ejusdem fovebunt et juvabunt contra quamlibet personam, et omnia
illa que super deffencione seu custodia ville Montilii et universitatis
ejusdem erunt seu esse poterunt pro posse suo facient ac fieri procurabunt. — § 7) Post hec, dom. Raymundus de Baucis et dom. Gaucherius promiserunt predict. conservatoribus... et michi notario... et
fidem suam manualem prestiterunt, quod ipsi super deffencione et

custodia ville Montilii et hominum dicti loci ipsis rectoribus et omnibus hominibus de Montilio dabunt consilium, auxilium et juvamen pro toto posse suo et ipsos fovebunt et juvabunt contra quamlibet personam, et eciam curabunt pro posse suo fieri omnia et singula supradicta; promiserunt et se facturos et curaturos quod dom. Lambertus, dominus Montilii, omnia supradicta et singula approbabit et emologabit. Et renunciaverunt omnes supradicti et singuli omni juri canonico et civili, promulgato et promulgando, et omni exeptioni et deffencioni quibus contra predicta vel aliqua de predictis venire possent, et specialiter et per pactum et juri dicenti juri quod nondum competit renunciari non posse, et juri dicenti generalem renunciacionem non valere. Acta sunt hec in Montilio, in claustro Fratrum Minorum de Montilio, presentibus testibus ad hec vocatis dom. Raymundo Alsiardi, priore majore Insule Barbare, et dom. Ferando de Baras milite, dom. Raymundo Audeberti milite, Hugone domino de Bastia, Guidone de Castronovo et multis aliis, et me Petro Arnulphi notario infrascripto.

§ Post hec, anno et die quibus supra, in curia dom' Lamberti, domini Montilii, in presencia infrascriptorum testium, scil. dom' Raymundi de Baucis et dom' Gaucherii et dom' Ferandi de Barrasio et dom' Raymundi Audeberti et dom' Guillelmi Bompar et Hugonis domini Bastie et Guidonis de Castronovo et plurimorum aliorum, predict. dom. Lambertus, dominus Montilii, omnia supradicta universa et singula, prout superius jacent et sunt eidem per romanam lingam exposita, approbavit et emologavit et rata habuit; volens et concedens ipsis rectoribus supradictis... et omnibus aliis hominibus suis de Montilio.., ut juramenta et pacta seu pactiones inter se pro causis supradict. possint facere et faciant, et ea vel eas juramento vallare et firmare, et quod jurent et jurare possint inter se absque omni pena sive multa, ymo si per illa juramenta seu pacta vel pactiones... penam aliquam ab ipsis ipse dom. Lambertus posset exigere seu levare, illam exnunc prout tunc et extunc prout nunc eisdem dabat et dat ac remisit, et a predicta pena sive multa ipsos.. liberabat et liberat ; et promisit dict. dom. Lambertus predicto dom. Raymundo de Baucis,.. recipienti nomine omnium hominum ville Montilii et universitatis ejusdem, et eciam michi notario.., quod ipse custodiet, salvabit et deffendet pro posse suo villam Montilii et omnes homines habitantes eamdem et universitatem ejusdem ab omni homine et universitate, et quod ipse non inmitet nec inmiti faciet nec pacietur inmiti in dicto loco Montilii nec infra clausuram dicti loci seu infra alium locum aliquas personas

contra homines Montilii seu habitantes dict. locum nec procurabit
aliquid mali contra dict. homines.., nec aliquid faciet seu procurabit
fieri quod sit seu esse possit contra villam Montilii, seu que esse possent... ad incomodum vel destructionem dicti loci, set villam supradict. et omnes habitantes eamdem et universitatem ejusdem et bona
et res eorumdem fovebit, custodiet, juvabit et deffendet contra quamlibet personam, et omnia illa que super deffencione et custodia ville
Montilii et universitatis ejusdem erunt.. pro posse suo faciet ac fieri
procurabit. Et ut ita actendat et compleat et contra non veniat, tactis
corporaliter sacrosanctis Euvangeliis juravit, et renunciavit ex pacto
omni juri canonico et civili... In quibus omnibus.. ego Petrus Arnulphi, publ. notarius predicti dom. Lamberti, presens interfui et de
mandato omnium predict. hanc cartam scripsi et predicta stipulatus
fui... et de mandato omnium predict. signo meo signavi et bullavi
cum bulla predicti dom. Lamberti ; et concesserunt omnes... Et
ego Petrus Chabraria, notarius publ. nobilis viri dom. Geraudi
Ademarii, domini Montilii, omnibus supradict. presens interfui et
ideo in pres. instrumento me subscripsi et signum meum apposui et
pres. instrumentum bulle dicti dom. Geraudi Ademarii munimine
roboravi ad majorem firmitatem habendam, de mandato omnium
predict.

(*) *Vidimus* du 2 févr. 1354 (*v. ad h. a.*), en origin. et dans le *Cartul.*
(f° 31). — Copie dans les recueils A, A² et B (n° 16) : *Donatio 10ª facta
per ill. Geraudum Adhcmarii, dominum Montilii, et dom. Tiburgi Amici,
matrem suam.* « Extr. des arch. de Grignan, d'un liv. cot. *Privilegia*, fol.
59, in arm. Mont.; cette pièce se trouve aussi aux arch. de Mont^{ar}, au bas
de laq. est la confirmation de Lambert, seigneur de Mont^{ar}... »

XXIII.   *27 février 1280.*

(REMISSIO DOMINORUM MONTILII ADEMARII SUPER ABUSIBUS
CIRCA MATRIMONIA ET PEREGRINOS)*.

IN nomine Domini, amen. Anno Incarnacionis ejusdem Mill°o CC°.
LXXIX°, videl. die lune post festum beati Mathie apostoli, cum Nos
Giraudus Ademarii, dominus Montilii, abusi fuerimus et nostri antecessores quamvis indebite et injuste prohibendi ne mulieres que nostre erant jurisdictionis collocarentur in matrimonium hominibus
Lamberti domini Montilii, parerii nostri, absque nostra voluntate et
consensu; item, quod si aliqui homines starent in villa Montilii ibi-

dem dominum non habentes, quod illos per violenciam et ultra voluntatem ipsorum ab eisdem extorquebamus fidelitatis juramentum, ipsos ut homagium nobis facerent compellendo : ad hec cum sint contra Deum et justiciam, cum matrimonia esse debeant libera et etiam absoluta, cum dicat Apostolus quod mulier nubat in Domino cum quo voluerit [1], et nemo compelli debeat prestare fidelitatis juramentum illi cui in aliquo non tenetur, nisi de sua processerit voluntate. Igitur nos predict. Giraudus Ademarii dominus Montilii, per nos et successores nostros imperpetuum promitimus tibi Petro Arnulphi notario publico Lamberti predicti domini Montilii, tamquam persone publice... recipienti nomine Lamberti predicti et suorum, et nom^e omnium hominum Montilii presencium et futurorum... expresse et per pactum, quod nos non abutemur decetero dict. consuetudinibus, que consuetudines non dicuntur sed potius corruptele, videl. non prohibemus nec eciam deffendemus directe vel indirecte subdictis mulieribus nostris nec ipsas compellemus quin nubant in Domino cuicumque voluerint, sive hominibus dicti Lamberti seu cujuscumque alterius jurisdictionis; nec eciam compellemus directe vel indirecte aliquem hominem apud Montilium commorantem, quod nobis homagium faciat sive prestet fidelitatis juramentum nisi processerit de sua propria voluntate. Et hec promitimus... sub pena centum marcharum argenti boni et fini, que pena tociens comitatur et dicatur comissa quociens contra predicta vel aliquid de predictis de facto vel de jure per nos vel per bajulos nostros vel per aliquem subdictorum nostrorum veniremus, et ipsa comissa et exacta nichilominus teneamur ad predicta... observanda; et pro hiis actendendis et complendis, omnia bona nostra presencia et futura... obligamus; et insuper pro predict. omnibus actendendis et complendis et pro pena solvenda, ut superius est expressum, dare promitimus fidejussores et principales debitores et redditores, scil. nobilem virum Guillelmum Grossi, dominum de Grasinhano, et Poncium de Montedracone, dominum de Chantamerles, et dom. Poncium de Bello Monte. Volentes et concedentes quod dict. Lambertus et sui atque *(leg. absque)* nostri et nostrorum requisicionem quam cito contra predicta de facto vel de jure nos et nostri veniremus possint nos et nostros successores et fidejussores predict. auctoritate sua propria pignorare sine aliqua juris offensa et sine diminucione aliqua sui juris; promitentes eciam quod nos non imponemus nec imponi faciemus penas nec minas aliquas inferemus nec inferri faciemus ipsis mulieribus vel parentibus, cognatis, affinibus vel amicis earumdem quin libere valeant contrahere cum quocumque voluerint sicut eis videbitur faciendum, nec eciam penas imponemus... nec minas inferemus... ipsis hominibus vel parentibus, cognatis, affinibus vel amicis eorumdem quin homagium faciant cui ex dominis videbitur faciendum; renunciantes expresse et per pactum minoris etatis beneficio et in integrum restitucioni... et quadrimestri temporis et viginti dierum induciis... et omni alii juri... Actum Montilii, in stari dom¹ Jordani Berengarii militis, presentibus testibus domᵒ Bergondione de Castronovo, Gucelino, magistro Guillelmo Falconis jurisperito, Raymundo de Ruppe, Raymundo de Baino, Petro Alexandri, Bonello de Ligione, Bartholomeo de Crudacio, Henrico Spiardi.

§ Post hec, anno et die quibus supra, Nos Lambertus dominus Montilii, in hospicio nostro inferiori apud Montilium existentes, in presencia magistri Guillelmi Falconis jurisperiti et Petri Alexandri et Bertrandi Ricaui et Bonelli de Ligione et Bartholomei de Crudacio et Valoris Raymbaudi de Florencia et Guillelmi Amicu et Petri Hugonis de Garda et magistri Johannis de Sancto Flore et Petri Gontardi et Petri Bermondi, visis et intellectis omnibus hiis superius dictis, recitatis et promissis per Giraudum Ademarii parcrium nostrum, cum nos et antecessores nostri ad similia facienda conaremur, videl. quod nos et antecessores nostri abusi fuerimus *(ut supra, lin. 3)... (l. 5)* homin. dicti Giraudi Ademarii parcrii nostri... *(l. 11)* ac eciam... *(l. 15, etc.)* Lambertus... *(l. 16)* not. publ. supradicto.,. *(l. 18, etc.)* Giraudi Ademarii... *(l. 21)* prohibebimus... *(l. 33)* hiis omnibus... *(l. 37)* videl. nob. vir, dom... Chantamerles et Bergondionem de Castronovo Vivariensem canonicum... *(l. 40)* absque... *(l. 51)* pactum omni errori juris sive facti, *etc...* Acta fuerunt omnia supradicta Montilii, in locis et temporibus et coram testibus supradict... Et ego Petrus Arnulphi de Montilio notarius publ. nobilis viri dom. Lamberti, domini Montilii, omnibus supradict. presens fui et predicta stipulatus fui et recepi nomine dom. Lamberti et dom. Giraudi predict. et nomᵉ omnium hominum de Montilio... et de mandato d. Giraudi et d. Lamberti hoc instrumentum scripsi et cet.

(*) *Vidimus* du 2 févr. 1354 (*v. ad h. a.*), en origin. et dans le *Cartul.* (fᵒ 33). — Copie dans les recueils A, A² et B (nᵒˢ 17 et 18) : *Donatio 11ᵉ facta per spectab. dom. Giraudum Adhemarii et nomine Lamberti Adhemarii, dominos Montilii. Don. 12ᵉ homologans præcedentes facta per spect. d. Lambertum Adhemarii, dominum Montilii.* « Extr. ex arch. Gardæ, unde supra, R. 64 et 67 ».

(1) 1 *Corinth.* VII, 39.

XXIV. *10 août 1280.*

(CONCESSIO GENERALIS LIBERTATUM UNIVERSITATIS FACTA PER GIRAUDUM ADEMARII, DOMINUM MONTILII)[*].

IN nomine Domini, amen. Anno ab Incarnatione ejusdem mill'io CC°LXXX°, scil. quarto idus augusti, Nobilis vir dom. Gir(audus) Ademarii, dominus Montilii, non coactus, non deceptus nec ad hec inductus dolo, fraude, calliditate seu machinatione aliqua, sed motus sua grata et spontanea voluntate, considerans et actendens merita sibi et predecessoribus suis facta et adhibita per homines suos de Montilio, volens et intendens eorum merita et servicia remunerare, cum virtutum premia tribui meritibus conveniat ; ea propter dict. dominus Ger(audus) cum testimonio hujus publici instrumenti, ut fides rei geste possit imposterum deperire, de consilio amicorum suorum et nominatim omnium illorum qui sunt de suo consilio et fratris Adzemarii avunculi sui, de ordine Fratrum Minorum, ut ipse asseruit, hominibus suis de Montilio et eorum imperpetuum successoribus et omnibus maris et feminis manentibus sive morantibus nunc ad presens et infuturum moraturis sub dominio et brevi ipsius Ger. in villa Montilii, per se et suos imperpetuum successores, universitate predict. hominum suorum more solito congregata, ipsi universitati presenti et intelligenti et recipienti ac stipulanti, et singulis de dicta universitate predicti brevi et hominibus predict. et cuilibet eorum et michi infrascripto notario... donavit, concessit et transtulit inmunitates, libertates et franquesias seu privilegia infrascripta et infrascriptas imperpetuum valituras et valitura. — § In primis predicte universitati et singulis hominibus habitantibus (et) habitaturis imposterum sub dominio et brevi dicti Gir..., dict. dom. Ger(audus)... imperpetuum et sollempniter concessit, promisit per stipulationem quod libertates, inmunitates et franquesias et privilegia concessas et concessa, datas et data hominibus suis de Montilio seu ipsi Ger(audo)... per reverendum patrem dom. Amedeum episcopum Valentin. et Dyensem, ipse dom. Ger. vel sui imposterum successores non vendent, non transferent, non alienabunt, aliquo titulo gratuito vel non gratuito, in quamcumque personam ecclesiasticam vel secularem, majorem vel minorem, vel minorem (!) collegium vel aliud corpus, sed ipsas libertates, inmunitates, franquesias seu privilegia per se et successores suos fideliter et integre et sine fraude aliqua observabit et observari faciet... predict. hominibus et successoribus eorumdem : sciens et cognoscens dictus dom. Ger. et confitens quod dict. hominum quamplurimum interest predicta aliquo tempore in quamcumque personam allenare non posse nec debere. — § 2) Item dict. dom. Ger(audus)... dict. hominibus et predicte universitati... et michi notario... liberaliter concessit pro privilegio et inmunitate seu libertate, quod omnes illi homines et mulieres qui sub dominio et brevi ipsius dom' Gir. in villa Montilii morantur et morabuntur infuturum ab intestato descedentes, habeant et habere possint secundum quod jura volunt heredes suos ab intestato parentes et liberos seu filios, agnatos et cognatos usque ad quartum gradum consanguineitatis vel agnacionis inclusive; ita tamen ut priores et viciniores in gradu prius vocentur et admitantur ad hereditatem intestati vel intestato secundum formam et ordinem juris comunis datum et concessum, et quod heredes venientes ab intestato usque ad quartum gradum inclusive libere possint hereditates adhire vel se inmitere et corporalem possessionem et quasi apprehendere et intrare, non expectata, non petita auctoritate, presencia, licencia ipsius dom' Gir. et successorum suorum seu officialium quos habet vel infuturum habebit in villa Montilii predicta... occasione alicujus usus vel abusus, consuetudinis vel qualibet alia ratione non possint ab aliquibus succedentibus ab intestato usque ad gradum predict. racione adhibicionis vel apprehencionis seu apprehendende vel racione mutacionis seu investiture accipere, exigere, extorquere per se vel alium directe vel indirecte peccuniam vel aliquid aliud; et si dict. dom. Giraudus in recipiendo vel exigendo aliquid pro predictis aliquod jus habuit usque nunc, illud omnino donavit, cessit et remisit irrevocabiliter et ex causa donacionis rate et irrevocabili inter vivos facte hominibus predict... — § 3) Item dict. dom. Ger(audus)... voluit et concessit quod homines sui et successores eorumdem, qui nunc morantur sub ejus dominio vel moraturi sunt infuturum, libere possint in testamentis suis, codicillis, epistola seu in quibuslibet aliis voluntatibus ultimis seu inter vivos bona sua quibuscumque personis voluerint, jure institucionis vel substitutionis cujuslibet, titulo legati et fidecomissi vel donacionis causa mortis seu inter vivos, bona sua legare, relinquere vel donare seu donacionem inter vivos simplici, et heredes universales, singulares, legatarios vel fideicomissarios seu donatarios causa mortis seu inter vivos per quos voluerint relinquere, constituere et habere, et quod illa bona sibi relicta et legata vel hereditatem, legatum seu fideicomissum vel donacionem causa mortis sive inter vivos ipsi heredes, legatarii, fideicomissarii seu donatarii suo libero arbitrio possint adhire, acquirere et apprehendere, non expectatis, non requisitis voluntate, consensu, auctoritate seu licencia dicti dom. Giraudi et suorum vel officialium qui pro tempore fuerint dicti dom. Gir. et suorum in villa Montilii; et quod predict. occasionibus dictus dom. Ger. et successores sui vel officiales... non possint nec debeant racione usus vel consuetudinis alicujus, mutacionis vel investiture a predictis hominibus heredibus, legatariis, fideicomissariis sive donatariis aliquid accipere, exigere vel extorquere, ymo si jus aliquod competebat dicto dom° Ger. in predictis illud jus donavit, cessit et remisit liberaliter... dict. hominibus suis... — § 4) Item dictus dom. Gir(audus)... predict. hominibus... liberaliter hanc franquesiam, libertatem seu privilegium dedit et concessit, quod dicti homines et eorum successores et qui infuturum morabuntur sub ejus dominio libere possint et secure et absque impedimento et contradictione et licencia dicti dom' Gir. et suorum officialium... quandocumque et quoquienseq. voluerint in villa Montilii inmictere vel extrahere vel initi vel extrahi facere, inferi, portari et reportari.., non expectatis nec requisitis voluntaté, assensu, auctoritate et licencia.., et quod bannum, devetum seu interdictum ipse dom. Gir. et sui successores seu officiales eorumdem non possint in dicta villa Montilii de non inmitendo vel de non extrahendo in dicto loco vel de dicto loco Montilii aliquas res tempore pacis vel guerre, sed predicta dimitenda seu facienda cujuslibet predictorum proprio arbitrio relinquantur; et si contingeret per ipsum dom. Gir. vel suos successores et officiales eorumdem in predictis... facere prohibitionem, devetum, interdictum vel bannum ponere universaliter vel singulariter seu cum multa, cum pena vel sine, exnunc dictus dom. Gir... voluit quod illa pena seu multa quantum ad predict. homines, banna eciam et interdicta sint cassa, irrita et nulla et quod nullum habeant firmitatem...; et quod homines predicti inmitentes vel extrahentes ut supra per terram, jurisdictionem et districtum ipsius ejusdem dom. Giraudi, sint sub speciali conductu, custodia et protectione ipsius dom. Giraudi eundo et redeundo, cum dict. rebus et cum dict. animalibus et quadrigis cum quibus predicta inmiterentur vel extraherentur. — § 5) Concessit eciam et donavit dict. hominibus..., quod omnia bona extraneorum mobilia que inmiterent vel alio modo haberent in Montilio tempore pacis salva et secura remaneant omni tempore pacis et guerre illis hominibus quorum erunt ipsa bona, quamvis ipse dom. Giraudus et successores sui guerram, discordiam vel discentionem haberent cum quibuscumque personis, quod illi quorum erunt res possint per se vel per alium, non obstante quolibet interdicto.. ipsas res inde extrahere et dicta bona, vel si maluerint in dicto loco Montilii ipsa bona et res vendere vel alias alienare, et quod liceat illis hominibus precium vel aliud quod haberent pro rebus illis secure habere, tenere in dicta villa Montilii vel inde extrahere et exportare.., et quod ipse dom. Giraudus et sui successores.. predict. res sazire, occupare vel accipere non possint aliquo modo.., ymo dicte res et precium earumdem... salve et secure remaneant in dicti dom. Giraudi... custodia, protectione et conductu quamdiu fuerint... in jurisdictione... ipsius dom. Giraudi et suorum successorum. — § 6) Item dictus dom. Giraudus.. dict. hominibus... exnunc voluit et concessit quod in curia sua de Montilio pro creditis seu debitis confessatis cujuscumque summe peccunie vel alterius rei de plano in dicta curia, quod ipse dom. Gir. et successores sui et officiales ipsorum.. occasione late seu decime seu expensarum curie nichil accipere seu levare possint.., et si aliquod jus ipsi dom. Gir. vel successoribus suis competebat.. in predictis, illud jus liberaliter dict. dom. Giraudus donavit, remisit et concessit dict. hominibus. — Omnes autem predict. libertates, franquesias, imunitates et privilegia dict. dom. Gir(audus) concessit et dedit dict. hominibus in modo et forma quibus supra; recognoscens... se pro predictis habuisse et recepisse in peccunia numerata ab ipsis hominibus decem milia solidos Viennenses, renuncians.. ex certa sciencia exepcioni non numerate peccunie.., volens et concedens quod propter premissa et predicta non fiat aliquod prejudicium libertatibus, franquesiis (et) privilegiis olim per ipsum dom. Giraudum et predecessores suos datis et concessis ipsis hominibus et antecessoribus eorumdem; promittens... quod occasione majoris vel minoris precii aliquo tempore non veniat contra predicta; renuncians... certus de facto et certioratus de jure... juri dicenti donationem posse revocari a donatore ob ingratitudinem donatarii... et omni alii juri canonico et civili... Et si propter legem prohibentem donationem fieri ultra summam quingentorum aureorum donationem predict... contingeret in aliquo viciare dict. inmunitates, libertates, franquesias et privilegia, dictus dom. Gir. iterum et tociens supradict. hominibus seu universitati predicte... dedit et concessit donec neutra dict. donationum excedat.. summam quingentorum aureorum. Omnia autem predicta... dict. dom. Giraudus per se et successores suos... servare et actendere et contra non venire... promisit, ab ipso super hoc corporali prestito juramento; promisit eciam dict. dom. Giraudus, sub virtute prestiti juramenti. predict. hominibus... se facturum et curaturum pro posse suo quod reveren-

dus pater dom. episcopus Valentinen. et Dyensis et capitula Valentin.
et Dyense omnia supradicta et singula approbabunt et emologabunt
et presens instrumentum sigillabunt seu facient fieri instrumentum
de predicta confirmatione sigillatum sigillis suis. Acta sunt hec in
domo Templi apud Montilium et in guallica, presentibus testibus ad
hoc vocatis, dom. Johanne Novelli, dom. Saramando, presbiteris,
Genesio clerico, Hugone Fayta, Petro Gruesta, Petro Francescha, et
me Petro Chabraria notario publ. dicti dom. Gir., qui de mandato
ipsius omnibus presens interfui et hanc cartam publicavi et signo
meo signavi.., et ad majorem firmitatem pres. instrumentum fuit
bullatum de mandato dicti dom. Giraudi et ad instanciam dicte universitatis cum bulla dicti dom. Gir.

(*) *Vidimus* du 2 février 1354 (*v. ad h. a.*), en origin. et dans le *Cartul.*
(f° 35). — Copie dans les recueils A, A² et B (n° 2) : *Donatio 14ᵉ per spec-*
tab. Giraudum Adhemarii subjectis suis Montilii habitatoribus. « Extr.
des arch. de Grignan, fol. 70 ».

XXV.   *30 décembre 1280.*

(CONCORDIA INTER GIRAUDUM ADEMARII ET LAMBERTUM,
DOMINOS PARERIOS MONTILII)*.

In nomine Domini, amen. Anno Incarnationis ejusdem M°CC°LXXX°,
scil. die lune post Natale Domini, vir nobilis dom. Giraudus Adzemarii, dominus Montilii, constitutus in presencia mei notarii et testium
subscriptorum, promisit michi notario, presenti et sollempniter stipulanti et recipienti nomine nobilis viri dom. Lamberti domini Montilii et omnium hominum dicti loci, bona fide et per sollempnem
stipulationem et sub obligatione omnium bonorum suorum et per
juramentum super sancta Dei Euvangelia ab ipso corporaliter prestitum, quod ipse dict. nobilem dom. Lambertum et homines dicti loci
et specialiter homines dicti dom. Lamberti et bona ipsius et hominum
suorum salvabit, custodiet pro posse suo viriliter et deffendet quemadmodum se et suos et bona sua et suorum faceret. § Promitens eciam
quod ipse non imitet homines nec inmitti faciet nec etiam sustinebit
inmitti ad dampnum ipsius dom. Lamberti vel hominum suorum infra
fortalicia Montilii vel villam seu castrum Montilii vel extra : quod si
factum per dictum dom. Gir. fuerit et inde dampnum aliquod dicto
dom. Lamberto vel ejus hominibus factum fuerit, promisit dict. dom.
Giraudus illud dampnum infra decem dies dampnum passis emen-

dare et ad requisicionem eorumdem restaurare, ad cognitionem syn-
dicorum Montilii factorum seu faciendorum ; si vero dict. dom.
Giraudus predict. salvesiam nollet plus tenere, promisit illam in platea Montilii et per publicum instrumentum desmandare, ita quod in
dicta desmandatione sint XL. dies contramandandi vel de contramant.
ita quod infra illos quadraginta dies dicti homines Montilii possint se
et bona sua mutare ubicumque voluerint et ire et reddire in suo guidagio, protexione et conductu ; et si aliquod dicti homines Montilii,
dum bona sua mutarent infra predict. XL. dies, per dict. dom. Giraudum vel per suos amiterent seu auferretur ab ipsis, illud incontinenti
dictus dom. Gir. promisit emendare dampnum passo vel passis tamquam illi vel illis quem vel quos nunc accipit in suo securo guidagio,
salvesia, protexione et conductu. Si vero dict. dom. Giraudus defficeret in predictis, imposuit sibi nomen perpetue infamie, glotonie, per-
jurii, prodicionis et perfidie, de quibus non possit se deffendere nec
amparare in aliqua curia vel platea, ymo ipso facto extunc haberetur
de predict. omnibus criminibus pro convicto et confesso ; et insuper
promisit michi notario, recipienti nomine illustrissimi dom. regis
Francie, dare et solvere senescallo Bellicadri, recipienti nom⁰ dicti
dom. regis, si contra predicta.. venerit nomine pene mille marcharum
argenti boni et fini, quam penam dict. senescallus exigere et levare
posset ab ipso dom. Giraudo ad opus dicti dom. regis : supponens se
et sua, quoad dict. penam solvendam, jurisdictioni dicti dom. regis,
et dict. penam... promisit dicto senescallo... assecurare et affirmare
ad cognitionem religiosi viri dom. Guigonis Ademarii fratris sui, de
ordine milicie Templi, et dom. Bergondionis de Castronovo, canonici
Vivariensis, et illius sapientis quem illi vellent associare cum ipsis ; et
ut ita actenderet et compleret et contra non veniret.., sub virtute prestiti juramenti promisit et insuper fidejussores et juratores dedit, scil.
Dalmacium de Ruppeforti et Guigonem de Villa Forti et Poncium de
Urro, et alios tres dare promisit ad requisicionem dict. dom. Guigonis et Bergondionis : qui predicti Dalmacius et Pon. et Guig. pro
predict. omnibus.. actendendis et pro pena solvenda si contraventum
fuerit.. fidejussores et quilibet insolidum se constituerunt et inde
omnia bona sua obligarunt.., et tenere ostagia ad requisitionem
dicti dom. Lamberti vel ejus procuratoris in loco ubi ipse dom. Lambertus diceret vel eligeret promiserunt et jurarunt ; et renunciaverunt expresse... dict. dom. Giraudus specialiter minoris etatis beneficio.., et predicti Poncius et Guigo et Dalmacius representationi
principalis persone... Actum Montilii, in domo Templi, presentibus

testibus ad hoc vocatis specialiter dom. Guigone Ademarii et dom.
Bergondione predictis, dom. Giraudo de Raco, dom. Raymundo de
Mirabello, militibus, Hugone domino de Bastia, Bonello de Ligione,
Petro Cristiani, Bartholomeo et Duranto et Guillelmo de Crudacio,
Johanne Valaurie, Jacobo Bealis, Hugone Herodis, magistro Johanne
phisico Aurelianensi, Rostagno Roing. et pluribus aliis, Henrico
Espiardi notario et me Petro Arnulphi notario publ. dicti dom. Lam-
berti infrascripto.

§ Et versa vice post hec, anno et die quibus supra, in presencia dict.
testium et plurium aliorum, in villa Montilii, in molendino dicti d.
Lamberti, vir nobilis dict. dom. Lambertus, dominus Montilii, constitutus *ut supra... (l. 5, etc.)* Giraudi Ademari... *(l. 9, etc.)* Lambertum...
(l. 28) ab eisdem... *(l. 48)* scil. Raymundum de Raco antiquiorem,
domicellum, Petrum Ymberti de Montebocherio et Raymundum
Dalmacii juniorem de Garda et alios tres... *(l. 50)* R. et Pe. et R...
Acta fuerunt omnia supradicta Montilii, in locis et temporibus et
coram testibus supradict., et presente me Petro Arnulphi publ. notario nobilis viri d. Lamberti, domini Montilii, qui predicta stipulatus
fui et predict. stipulationem recepi... et de mandato dict. d. Lamberti
et d. Giraudi et Pon. et Guig. et Dalmacii et R. et Petri et R. predict.
hanc cartam scripsi et signo meo signavi et bulla dom. Lamberti eam
bullavi.... Et ego Henricus notarius publ. nobilis viri dicti d. Gir.
Ademarii, domini Montili, omnibus supradict. presens fui et ydeo in
pres. instrumento me subscripsi et signum meum apposui et ipsum
bulle dicti dom. Giraudi Ademarii munimine roboravi in testimonium
omnium predict.

(*) L'original parch. a disparu depuis peu des arch. de la mairie ; l'*Invent.*
de 1682 (f° 15, n° 45) dit qu'il « y a au pied attachés deux bules ou sceaux
de plomb, en l'un desquels sont gravés ces mots SIGILLVM GERARDI DO-
MINI MONTILII d'un costé et de l'autre est representé led. Gerard a cheval, et en l'autre bulle ou cachet est d'un costé led. Lambert a cheval avec
ses armes et son escusson qui sont une croix patelée (dessinée en marge)
et de l'autre sont gravés ces mots SIGILLVM LAMBERTI ADHEMARI DNI
MONTILII ». — *Vidimus* du 2 février 1354 (*v. ad h. a.*), en origin. et dans
le *Cartul.* (f° 38). — Copies dans les recueils A, A² et B (n°ˢ 21 et 22) : *Dona-*
tio 15ᵉ *cum confirmatione præcedentium facta per dom. Geraudum. Don.*
16ᵉ *c. conf. præc. facta per spect. d. Lambertum Adhemarii de Garda*
dominum Montilii. « Extr. des arch. de Grignan, reg. fol. 77 et 80, in
arm. Mont. » Dessin des deux bulles appendues à l'original.

XXVI.   *25 janvier 1281.*

Instrumentum libertatis de non faciendo gachium in castro nec portando ligna[*].

Noverint universi et singuli ad quorum notitiam venerit presens scriptum, quod anno ab Incarnatione Domini M°CC°LXXX°, scilicet viii° kalendas februarii, Nobilis vir Geraudus Adzemarii, dominus Montilii, non coactus, non deceptus nec ad hoc inductus dolo, fraude, calliditate seu machinatione aliqua, set motus grata hac spontanea voluntate, considerans et intendens merita et servicia sibi et predecessoribus suis facta et adhibita per homines suos de Montilio, attendens etiam idem dom. Ger. fidelitatem quam dicti homines sui de Montilio habuerunt et habent erga ipsum et laborem et periculum quod dicti homines sui de Montilio habuerunt, sustinuerunt hac subierunt in guerra et pro guerra quam ipse dom. Ger. habuit in presenti cum Lamberto parario suo de Montilio, hac etiam strenuitatem quam dicti homines in dicta guerra habuerunt et quam fidelitatem hac strenue hac viriliter dicti homines se, postpositis omnibus periculis que in guerra accidere possunt, contra inimicos suos et specialiter contra dict. Lambertum et valitores suos infra villam Montilii se composuerunt, volens dictus Ger. et intendens eorum merita et servicia, probitatem hac strenuitatem remunerare cum virtutum premia tribui meritibus conveniat; ea propter dict. dom. Ger(audus) cum testimonio hujus publici instrumenti, ne fides rei geste possit inposterum deperire, hominibus suis de Montilio et eorum successoribus et omnibus morantibus infuturum et moraturis sub dominio et brevi ipsius dom. Ger. in villa seu infra villam Montilii, per se et suos inperpetuum successores, et universitati predict. hominum more solito congregata in dominio *(leg.* domo) milicie Templi de Montilio et ipsi universitati presenti, intelligenti, recipienti et stipulanti et singulis de dicta universitate predicti brevis et hominibus predict. et cuilibet predictorum et michi notario.... donavit, concessit et transtulit immunitates, libertates, franquesias infrascriptas et infrascripta inperpetuum valituras et valitura. — Inprimis predicte universitati et singulis hominibus habitantibus... sub dominio dicti dom. Ger... et michi notario.., dictus dom. Ger... inperpetuum concessit et dedit pro libertate sive pro immunitate et privilegio, quod ipsa universitas nec aliquis de ipsa universitate nec etiam heredes eorumdem nec aliquis qui infuturum moretur sive habitationem faciat Montilio sub dominio suo non teneatur aliquo tempore nec aliquo casu guachare sive excubias facere nec serchare fortalicium suum sive hospicium, nec sercham facere in eodem nec ire per se nec per alium contra transmitere ad boscum sive ad nemus animalia sua sive peccora nec ligna sibi deportare, et si ipse dom. Ger. aliquod jus sive aliquem usum habebat sive ei competebat in predictis... in dicta universitate sive contra eamdem sive in hominibus ipsius, illud jus et illum usum ipse dom. Ger... donavit, cessit, finivit et remisit liberaliter et ex causis predict. ipsi universitati...; si vero contingeret aliquo tempore quod dom. Ger. vel successores sui sive officiales eorumdem ipsam universitatem sive aliquem de dicta universitate super predictis vel aliquo predictorum mandaret, invitaret sive requireret cum pena vel sine pena, quod ex hoc ipsa universitas nec aliquis de ipsa non teneatur ad predicta facienda.. nec pena imposita eisdem ex hoc possit committi ab eisdem..; et si contingeret quod dicta pena sive aliquid aliud exactum fuisset et receptum sive levatum.., illud quod receptum esset idem dom. Ger... restituere ipsi sive ipsis a quo sive a quibus esset extortum promisit., Voluit etiam dict. dom. Ger. et concessit dict. hominibus suis.., quod.. ad predicta facienda non possint compelli. Omnia autem supradicta et singula dict. dom. Ger. per se et successores suos bona fide et sine fraude, arte et malo ingenio servare et attendere et in nullo contravenire sub obligatione omnium bonorum suorum... promisit, ab ipso super hoc corporali prestito juramento; renuntians dict. dom. Ger... legi dicenti donationem excedentem summam trigintorum aureorum sine insinuatione factam posse revocari... et etiam legi dicenti donationem posse revocari a donatore ob ingratitudinem donatarii... Acta sunt hec in domo milicie Templi de Montilio, presentibus testibus advocatis fratre Guigone Adzemarii, fratre dicti dom. Ger(audi), Petro Litgio jurisperito, Esmidone Saramandi, Dalmatio de Rupe Forti, Poncio Lafara, domicellis, et pluribus aliis; et me Petro Chabraria, publico notario dicti dom. Ger. Adzemarii, qui in omnibus presens interfui et predict. stipulationes recepi et predicta stipulatus fui, et de mandato dicti dom. Ger. hanc cartam compilavi et signo meo signavi ad instanciam dicte universitatis, et de speciali gracia michi in hac parte concessa per dict. dom. Ger. hanc cartam scribi feci, et ad majorem firmitatem habendam presens instrumentum fuit bullatum de mandato dicti dom. Ger. cum bulla ipsius dom. Ger.   †

(*) Original parch. de 40 lig. 1/2, sans trace actuelle de sceau, coté n° 188 (*Invent.* de 1662, f° 37 v°).—*Vidimus* du 2 févr. 1354 (*v. ad. h. a.*).

en origin. et dans le *Cartul.* (f° 40). — Copies dans les recueils A, A⁹ et B (n° 19) : *Donatio 13ᵉ per spectab. Giraudum Adhemarii, dominum Montilii.* « Arch. de Grignan, liv. fol. 83, in arm. Mont. »

XXVII.   *8 décembre 1285.*

LIBERTATES QUAS DEDIT DOM. GERALDUS (!) ADHEYMARII HOMINIBUS SUIS DE MONTILIO ADEYMARII[*].

IN NOMINE DOMINI, AMEN. Anno Incarnationis ejusdem Millᵒ CCᵒLXXXᵒVᵒ, videl. viᵒ ydus decembris, Nos Guigo Adzem(arii) dominus Montilii, filius quondam dom. Lamberti, domini quondam Montilii, confitemur et publice recognoscimus quod dom. Lambertus, pater dom. Hug(onis) Adzemarii quondam avi nostri, dedit et donavit et titulo perfecte donationis concessit hominibus suis de Montilio presentibus et futuris libertates et franquesias, prout apparent in quodam penafl marmoreo bulla ipsius bullato, posito et sigillato sive murato in ecclesia Sancte Crucis supra locum ubi aqua benedicta tenetur; tenor cujus talis est : § Anno ab Incarn... *(videsis supra, ch. IX, p. 20-2)...* juramus ». § 2) Item confitemur et publice recognoscimus nos Guigo predict. quod dom. Lambertus, pater quondam noster, confessus fuit et publice recognovit predict. libertates esse donatas hominibus de Montilio presentibus et futuris per dom. Lambertum avum suum predict., et quod dict. pater quondam noster dict. libertates laudavit, approbavit et confirmavit, et iterum de novo dedit hominibus de Montilio ipsas libertates et quasdam alias, prout apparet in quodam instrumento facto per manum Guillelmi Laporta notarii sui quondam; tenor cujus talis est : § « Anno ab Incarn... *(ut supra, ch. XVIII, p. 32-4)...* roboravi. » § 3) Unde nos Guigo Adzem. predict., videntes et considerantes libertates et franquesias predict. olim per predecessores nostros hominibus de Montilio, ut supradictum est, datas et concessas, nolentes ipsas restringere set potius ampliare, predict. libertates et franquesias... et ipsa instrumenta laudamus, approbamus et confirmamus, et ipsas tenere et observare et contra non venire promittimus eo modo et forma sicut predecessores nostri... promiserunt, et ipsas de novo damus ut inferius continetur : § 4) Nos Guigo Adzem. dominus Montilii, confitentes nos esse majores xiiiᵈⁱᵐ annis et nullum fhabere curatorem, promittimus per nos et successores nostros vobis Bartholomeo de Crudatio et Guillelmo Passamarii et Bernardo Charbonerii et Guillelmo de Prato Comitali et Hugoni Heroa et Hugoni Audoardi et Johanni de Sauseto

et Bernardo Bonelli et Thome de Alesio et Arnulpho de Saunaria et
Guillelmo de Alesio et Guillelmo Florencii et Bontoso Florencii et
Guillelmo Testa et Petro Goiraudi et Raymundo Abelloni et Petro
Giraudi, hominibus nostris de Montilio.., et omnibus aliis.. tam presentibus quam futuris et tibi Petro Arnulphi notario.., quod nos non
faciemus nec fieri permittemus nomine nostro vobis et aliis hominibus nostris de Montilio present. et fut. decetero toutam, tallium, questam vel aliam novam exactionem vel aliqua alia prava usagia aliquo
modo fieri permittemus, nec etiam per vim vel per aliquam fortiam
gravamen aliquod vel jacturam inferemus, nisi juris vel justitie debito
conaremur. § 5) Item volumus quod vos et alii homines nostri presentes et futuri non teneamini nobis et nostris successoribus ire ad
nemora sive ligna, nec in hospiciis nostris gachare seu cercham facere
nec manobras ad murandum seu ad aliud opus nostrum excer-
cendum mittere nec lecta facere nec alia prava usagia seu servicia
inpendere, liberantes vos et omnes homines nostros de Montilio et
mulieres pres. et fut., quitantes et absolventes perpetuo a predict.
touta, tallia, questa, nova exactione, gravamine, nisi juris vel justicie
debito conaremur, et ab omni esplecha nemoris seu lignorum et a
gacha, cercha nostrorum hospiciorum et a manobris, lectis et ab omnibus aliis pravis usagiis et serviciis ; et quod contra istas libertates
et franquesias proxime dictas nos vel successores nostri non veniamus, vobis... promittimus bona fide. § 6) Item donamus et concedimus vobis hominibus nostris predict. et omnibus aliis hominibus
nostris de Montilio tam present. quam'fut., quod vos et alii homines
nostri de Montilio.. et mulieres predia vestra urbana et rustica, que
sunt in villa Montilii intus et extra et in ejus tenemento et territorio,
que sunt in dominio et sub dominio nostro vel essent in futurum et
sunt vel essent libera videl. sine censu, possitis dare et concedere ad
accaptum seu in emphitheosim perpetuam sub dominio et censu, retento
vobis dominio et placitamento et censu, sine nostro concilio et nostrorum, et in hoc aliqua occasione nos vel successores nostri a vobis et
ab aliis hominibus nostris et successoribus non possimus aliquid exigere vel habere, et quod huc usque datum est in preteritum seu
concessum ad accaptum seu in emphitheosim a vobis... concedimus et
approbamus. § 7) Preterea vobis... hominibus et mulieribus nostris
present. et fut. donatione inter vivos donamus rata et irrevocabili et
concedimus, quod vos et successores vestri... in villa Montilii permanentes et permansuri possitis disponere de rebus vestris propriis prout
vobis placuerit, et testamentum seu ultimam voluntatem, codicillos

vel ordinationem quam feceritis.., illa omnia secundum quod ordinaveritis servari perpetuo faciemus prout juris ratio suadebit, et in aliquo contra testamentum, dispositionem et ordinationem, codicillum, donationem causa mortis non veniemus.., neque sustinebimus quod aliquis inpediat vestram et dict. hominum nostrorum ultimam voluntatem; si vero aliquis vestrum... hominum seu mulierum ab intestato decesserit, nullo condito testamento vel aliqua alia ultima voluntate in qua seu in quo de rebus suis plenarie non disposuerit, volumus et concedimus quod bona eorum vel illius qui ita decesserit ad filium vel filiam si haberet vel alios inferiores decendentes pervenirent, et si decendentes non haberet ad assendentes vel ad colleterales, consanguineos et agnatos, secundum quod essent proximiores in gradu, eorum hereditas perveniret secundum quod juris ratio hoc dictaret. § 8) Item promittimus vobis..., quod nos non prohibebimus directe vel indirecte subditis nostris mulieribus nec parentibus seu amicis eorumdem, nec ipsas nec ipsos compellemus quin nubant in Domino cuicumque voluerint sive hominibus nostri dominii vel alterius domini cujuscumque. § 9) Preterea cum nemo compelli debeat prestare fidelitatis juramentum illi cui in aliquo non tenetur nisi de sua processerit voluntate, ideo nos predict. Guigo promittimus vobis predict. hominibus nostris..., quod nos non compellemus directe vel indirecte aliquem hominem aput Montilium comorantem quod nobis homagium faciat sive prestet fidelitatis juramentum, nisi de sua processerit voluntate. § 10) Item promittimus quod nos estancham bladi seu vini aput Montilium non faciemus aliquo tempore, set quicumque bladum vel vinum habuerit quod ipsum possit vendere cuicumque voluerit, et ipse vel emptor per se vel per alium de dicto loco Montilii extrahere et ubicumque voluerit deportare, et ad dict. estancham faciendam promittimus nos aliquem non compellere directe vel indirecte etiam, et de hoc vobis et aliis hominibus nostris... libertatem et franquesiam damus et concedimus ita quod per aliquem compelli non possitis ad dict. estancham faciendam. § 11) Item promittimus per nos et successores nostros, quod nos non compellemus directe vel indirecte vos seu aliquem hominem seu mulierem sub nostro dominio nunc vel in futurum existentem ad molendum in molendino nostro seu ad coquendum in furno nostro, set volumus quod cuilibet sit licitum molendi in quocumque molendino voluerit et coquendi in quocq. furno voluerit, furno nostro et molendino nostro pretermissis; et de hoc vobis... libertatem et franquesiam damus et concedimus, ita quod per aliquem compelli non possitis ad coquendum et molendum in furno et molendino nostro. § *12)* Item, si contingerit quod per nostram curiam detur tutela aliqua sive cura, promittimus quod si expense alique leventur quod moderate habeantur et ab inmoderatis expensis abstinebimus, volentes quod nobis vel nostris ad inmoderatas expensas dandas minime teneamini seu prestandas. § *13)* Item volumus et concedimus quod vos et alii homines nostri de Montilio pres. et fut. possitis infra villam Montilii et in ejus mandamento arma portare et defferre pro deffentione et tuitione dicte ville et tenementi ejusdem vel partis eorumdem, et quod propter hoc non possimus vos et alios homines nostros... appellare de fidelitate et homagio, nec a vobis et aliis dict. hominibus nostris occasione predicta aliquid extorquere, et de hoc vobis... libertatem et franquesiam damus et concedimus perpetuo inviolabiliter observandam. § *14)* Preterea, cum olim concordatum fuerit per dom. Lambertum, quondam patrem nostrum, et per partem dom. Giraudi avunculi nostri, domini Montilii, quod sex homines Montilii essent custodes et rectores ville Montilii et tenementi ejusdem, et quod si aliquis dict. sex hominum decederet quod superstites dictorum sex possent eligere et substituere alium loco mortui de dominio cujus esset mortuus sine licentia domini alicujus, et quod dicti custodes et alii homines Montilii jurare possent inter se et sacramenta facere, sine pena et multa et sine requisitione domini, pro utilitate et custodia dicte ville Montilii et tenementi ejusdem vel partis alterius, et quod dicti custodes possent recipere juramenta ab hominibus dicte ville a quatuordecim annis supra in etate constitutis pro custodia et utilitate dicte ville, et quod possent inponere dicti custodes dict. hominibus vel alicui ipsorum penam t.. solid. Viannensium ad faciendum preceptum ipsorum super hiis que ipsi preciperent pro custodia et profectu dicte ville, et sisas facere et collectas et penas levare et exigere, et pro dict. penis inobbedientes pignorare quotienscumque comitterentur et dict. penas ponere ad profectum dicte ville, prout ista et plura alia in instrumentis inde factis per manum Petri Caprarie et Petri Arnulphi notariorum Montilii continentur. Nos predicta et alia que in ipsis instrumentis continentur et ipsa instrumenta laudamus, approbamus et confirmamus, et predicta et alia... vobis... damus et concedimus pro libertatibus et franquesiis, que omnia in ipsis contenta volumus inviolabiliter observari. § *15)* Item damus et concedimus vobis hominibus nostris... de Montilio omnes illas libertates et franquesias olim datas et concessas hominibus et mulieribus de Montilio per predecessores nostros et illas approbamus et etiam confirmamus. § *16)* Item damus et concedimus vobis... omnes libertates et franquesias quas nobilis vir dom. Giraudus Adzem., dominus Montilii, avunculus noster dedit hominibus suis et concessit, et quando nobis nominate et specifficate fuerint nominatim, de illis faciemus fieri vobis publicum instrumentum, et quod predict. libertates et franquesias attendamus et compleamus et inviolabiliter observemus vobis hominibus nostris predict. et tibi notario... bona fide et sub obligatione omnium bonorum nostrorum promittimus et juramus, tactis Dei Euvangeliis corporaliter SS., et renuntiamus expresse et per pactum... omni errori juris sive facti, doli actioni sive exeptioni... et omni alii juri per quod contra predicta.. venire possemus... Acta sunt hec Montilii, in cimiterio magno ecclesie Sancte Crucis, presentibus testibus ad hoc vocatis specialiter et rogatis : dom. Giraudo Adzemarii, domino Montilii, dom. Guidone Premonis, Guigone de Villaforti, Bonello de Litione, Petro Alexandri, Raymundo de Turnone, Michaele Bricii, Hysmidone Saramandi, Poncio Caprarie, Duranto Roias, Guillelmo Blanchardi, Bernardo Remusati, et pluribus aliis fide dignis.

§ Post hec, anno et die quibus supra, in domo Raymundi de Banacio quondam, in presentia dom. Giraudi Adzemarii, domini Montilii, et Hysmidonis Saramandi et Guillelmi Passamarii et Guig. de Villa Forti et dom. Armandi de Chaire et Petri de Montaut, Nos Guigo Adzemarii predictus, promittimus tibi Petro Arnulphi notario, nomine omnium hominum nostrorum de Montilio.. recipenti, nos facturos et curaturos cum effectu quod dom. episcopus Valentinen. et Dyensis dabit et concedet dict. hominibus nostris omnes libertates et franquesias quas olim concessit predecessor ejus hominibus dom¹ Giraudi avunculi nostri, et specialiter illam libertatem quod dicti homines nostri non teneantur ire in subsidium dicti dom. episcopi et successorum ejusdem nisi ad expensas proprias et emendam episcopi supradicti. Et ego Petrus Arnulphi de Montilio Adzemarii, Valentin. dyocesis, auctoritate imperiali notarius public., omnibus supradict. presens fui et predicta stipulatus fui.., et de mandato dicti dom. Guig. et ad requisitionem dict. hominum suorum.. hoc publ. instrumentum scripsi et signo meo signavi ipsumque bulla dicti nobilis viri dom. Guig. Adzem. domini Montilii bullavi ad majorem firmitatem omnium predict.

(*) Original parch. de 68 lig., coté **B** et **87** (*Invent.* de 1662, f⁰ 1 et 24 v⁰). avec sceau en plomb pendant sur fils de soie jaune: d'un côté un guerrier à cheval, armé de toutes pièces, une croix pommettée sur l'écu ; au revers : ·**S:GVIGOIS : AD/ZEMARII/ : DNI : MO/TILII**·. Au dos de la pièce : *Ai so es li chartra de las frachezas qe nos conferme e nos done moseu Guigo Aimars*, etc. — *Vidimus* du 2 février 1354 (r. ad. h. a.), en origin. et dans le *Cartul.* (f° 41 v°). — *Copies falsifiées dans les recueils A, A² et B* (n° 21 et 23) : *Donatio 18· cum confirmatione præcedentium facta per spect. Guigonem Adhemarii, dominum Montilii.* « Extr. des arch. de La Garde, d'un reg. cot. *Guigo*, in arm. Gardæ et in sac. donat.; apparet etiam in lib. cot. *Infeudationes*, fol. R. 494, in arm. Mont., ac etiam in arch. comit. Grignani.., in lib. cot. *Privilegia*, fol. R. 86, in arm. Mont. » *Don. 16· cum confirm. præced. facta per magnif. Guig. Adhem. Montilii de Garda, dominum Montilii, subjectis suis... Montilii in Valdania* sous la date du 8 mai 1281, confirmation de la ch. du 21 mars 1091 . « Extr. des arch. de Grignan, du liv. cot. *Privilegia*, fol. K 90, in arm. Mont.; se trouve aussi aux arch. de La Garde, dans un parch. cot. *Guigo...* »

XXVIII.   *10 décembre 1285.*

Confirmatio libertatum per dom. Mabilliam, matrem dom. Hugoneti Adhemarii domini Montilii, hominibus Montillii concessa*.

IN NOMINE DOMINI nostri Jhesu Xpisti, amen. Anno Incarnationis ejusdem Mill° ducentessimo octuagessimo quinto, videl. quarto idus decembris, cum pateret per publica instrumenta seu alia legittima documenta quod tam dominus Lambertus, condam dominus Montilii. quam predecessores sui, condam domini Montilii, hominibus suis de Montilio presentibus et futuris libertates, franchesias et immunitates infra scriptas dederant et voluerant et concesserant que inferius continentur, videl. — *1)* Quod ipsi predicti domini hominibus suis de Montilio present. et fut. non facerent aliquo tempore toutam, quistam nec talliam, nec aliam novam exactionem vel prava usatica in eis facerent, nec aliquo modo fieri permitterent, nec dictis hominibus per vim vel aliquam forciam gravamen vel jacturam inferrent : quod si facerent vel facere quocumque modo attemptarent, omnes homines suos et res eorum in villa Montilii sub eorum dominio existentes ab omni juramento et fidelitate et homagio per juramentum absolverunt. — *2)* Item, quod homines sui Montilii pres. et fut. predia sua urbana et rustica in villa Montilii intus et extra et in ejus territorio existentia, que haberent libera sine censu, possent dare et concedere ad acaptum perpetuum seu emphiteosim sub censu et dominio, et retento sibi censu et dominio et plaideamento. sine consilio dict. dominorum et successorum suorum, et quod predicti domini nec sui successores in predictis occasione aliqua ab ipsis hominibus non possent aliquid petere, exigere seu habere. — *3)* Item, quod homines Montilii present. et

fut. possent disponere de rebus suis prout eisdem placeret, et testamentum et ultimam voluntatem et ordinationem quam facerent in
testamento vel codicillis vel epistolis vel alia ultima voluntate, illa
omnia secundum quod ipsi ordinarent servari perpetuo facerent
prout juris ratio sustineret, et quod in aliquo contra eorum dispositionem non venirent... nec sustinerent quod aliquis dispositionem
nec ultimam voluntatem dict. hominum... inpediret. — *4)* Item,
quod si dicti homines... vel aliquis ipsorum ab intestato decederent
vel decederet, nullo condito testamento vel aliquam aliam ultimam
voluntatem in quo vel qua de rebus suis plenarie disposuissent sive
disposuisset, quod bona eorum vel illius qui ita decederent sive decederet ad filios vel filias, filium vel filiam si haberent vel haberet vel
illos inferiores decendentes.. pervenirent, et si.. decendentes non
haberent vel non haberet, ad ascendentes vel ad colleterales, consanguineos et agnatos, secundum quod essent proximiores in gradu,..
hereditas perveniret secundum quod juris ratio hoc dictaret. — *5)*
Item, quod dederant seu concesserant predicti domini.. predict.
hominibus de Montilio.. quod si predicti homines vel aliqui ex ipsis
seu eorum successores pro defentione et custodia ville Montilii vel
partis ejusdem intus vel extra seu foris arma portarent, quod eos non
possent de fidelitate aliqua nec homagio appellare. — *6)* Item, quod
cum esset consuetudo in villa Montilii et obtentum per tantum temporis quod memoria non extabat nec extat, quod homines Montilii
et eorum quilibet debitores suos vel eorum quemlibet erga quem
aliquam rancuram habeant auctoritate sua pignorare possent sine
pena legali, et si aliquis injuste pignorat, licet pignus reddi oporteat,
non inde penam incurrere debet neque dampnum, et predicti domini
hoc affirmaverant et roboraverant. — *7)* Item, quod dederant et
concesserant predicti domini predict. hominibus suis de Montilio..
quod ipsi domini nec sui successores non possent nec deberent.. compellere aliquem hominem in Montilio sive habitantem Montilium ad
faciendum homagium nec fidelitatis juramentum ultra voluntatem
suam, nec etiam compellere aliquem hominem nec aliquam mulierem
ad maritandum sive matrimonium contrahendum ultra voluntatem
suam, concedentes quod quilibet et quelibet possit contrahere ad libitum voluntatis cum quocumque et quacumque voluerit et cujuscun-
que dominii sive segnorie existet ille vel illa cum quo vel qua contra-
heret. — *8)* Item, quod dederant et concesserant predicti domini
predict. hominibus suis de Montilio... quod homines non teneantur
ad ligna apportanda nec animalia sua nec in hospiciis fortaliciorum

suorum guachare nec serchare nec ad murandum seu alia edificia
faciendum manobras esse nec lecta pro dominis facere. — *9)* Item,
quod olim dom. Lambertus, condam dominus Montilii, et dom.
Ger(audus) Adzem(arii), dominus Montilii, dederant et concesserunt
plenam et liberam potestatem Bertrando Ricaui, Andree Coyraterii,
Bernardo Remusati, Petro Alexandri, Bonello de Dujone et Bartolo-
meo de Crudatio, presentibus et sollempniter stipulantibus et recipientibus pro se et nomine omnium hominum et universitatis
Montilii, quod ipsi essent et sint custodes et rectores ville Montilii et universitatis ejusdem et omnium hominum habitancium
dictam villam et ejus tenementum, tantum ad ea que inferius
dicentur et exprimentur, scil. quod possint jurare inter se pro comodo
et utilitate ipsius ville sine pena et multa, et jurarent ad sancta Dei
Euvangelia facere comodum et utilitatem ville Montilii et omnium
hominum habitancium dict. villam et ejus tenementum, et ea que
essent inutilia et incomoda ipsi ville pretermittere, et recipere juramenta omnium hominum habitancium dict. villam a quatuordecim
annis supra, ut ipsi salvarent et defenderent ab omni homine et universitate villam Montilii et omnes habitantes eandem. — *10)* Item,
quod dederant et concesserunt plenam et liberam potestatem predicti
dom. Lambertus condam et dict. dom. Geraudus omnibus hominibus
ville Montilii... ut ipsi possent jurare et jurarent sine pena et multa
vel juramenta prestare et prestarent Bertrando Ricaui et aliis consociis suis, super eo videl. quod ipsi villam Montilii et ejus tenementum
custodirent et defenderent et salvarent et omnes habitantes eandem ac
ejus tenementum et bona et res eorumdem... et pro defentione ville
Montilii ipsi possent se opponere et se opponerent contra quamlibet
personam secularem et regularem et ecclesiasticam, liberantes eosdem
ab omni pena et multa si quam pro dicto juramento.. ipsi committe-
rent... — *11)* Item, quod voluerant et concesserant predicti dom.
Lambertus et Geraudus et dederant plenam et liberam potestatem
Bertrando Ricaui et aliis consociis suis... ut ipsi possent ordinare et
ordinarent super hiis que ipsis expedire videretur ville Montilii et
omnibus hominibus habitantibus eandem.. et esse ad salvum et securitatem et custodiam ville Montilii... et sizas seu colletas pro comuni
utilitate ville facere et homines ac mulieres et omnès habitantes.. in
dicta siza seu collecta vel taillia juxta eorum arbitrium talliare; et si
aliqui essent... qui in dicta siza seu collecta nollent conferre id quod
per ipsos taxatum esset, ipsos possent compellere et compellerent ad id
solvendum... per penam infra scriptam, et supradicta possent facere et

facerent quociens eis videretur expedire, et penam usque ad quinquaginta solidos Viannens. apponere et apponerent..; et dict. penam, si eam committi contingeret.., possent exigere et levare.. ab omnibus illis et singulis qui rebelles essent seu inobedientes eisdem seu alteri eorumdem super hiis que ad salvum et comodum et custodiam ville... esset seu esse posset, et pro dicta pena ipsos possent pignorare et pignorarent sua propria auctoritate, et... contra inobedientem... possent procedere directe vel indirecte et.. pignora possent distrahere seu inpignorare.. et ipsam penam possent ponere in utilitatem et comodum et custodiam ville... prout eisdem videretur expedire. — 12) Item, quod dederant plenam et liberam potestatem rectoribus seu conservatoribus supradict. quod si contingeret aliquem ipsorum decedere, quod alii superstites seu supervivontes possent loco mortui alium ponere seu eligere de parte illa seu juridictione de qua esset mortuus; et si inter ipsos supervementes vel successores eorumdem in electione seu substitutione predicta seu super custodia et defentione ville Montilii dicentio seu discordia oriretur, debuit illa discordia et dicentio cedari et concordari per dictum seu ad dictum dom. Raimundi de Baucis dum viveret.., et predicti conservatores debuerunt sequi super predictis voluntatem et dictum dicti dom. Raimundi. — Idcirco nobilis dom⁎ Mabilia, domina Montilii, relicta dom. Hugonis Adzemarii bone memorie, condam domini Garde, filii d. Lamberti, cond. domini Montilii, tutrix Hugoneti Adzemarii, domini Montilii, filii sui et dicti dom. Hugonis mariti sui condam, tutorio nomine ejusdem Hugoneti et pro suis successoribus inperpetuum, attendens et conciderans donationes libertatum et immunitatum predict. rite et legittime factarum tam per predict. dom. Lambertum, condam dominum Montilii, avum paternum dicti Hugoneti, quam per predecessores dicti dom. Lamberti, condam dominos Montilii, hominibus suis de Montilio.. et amorem et fidelitatem que et quam predicti homines habebant erga personam et totam terram et baroniam dicti Hugoneti et plura obsequia et servicia sibi et dicto Hugoneto filio suo facta et inpensa per homines supradict., ipsa eadem dom⁎ Mabilia gratis et ex certa sciencia, sine omni dolo et fraude aliqua, ut tutrix et tutorio nomine predicti Hugoneti filii sui, predict. libertates, franchisias et immunitates omnes et singulas et omnia et sing. supra contenta Petro Pereti et Johanni Vallaurie et Guillelmo de Crudatio et Guillelmo de Pratocomitali de Montilio, hominibus dicti Hugoneti, recipientibus pro se et suis et nomine et vice omnium hominum Montilii.., laudavit, ratificavit et confirmavit et renovavit et renovando eas dedit et concessit ita quod per istam renovationem instrumenta facta de dict. libertatibus nichilominus obtineant firmitatem, et etiam nunc de novo predicta domᵃ Mabilia... inperpetuum dedit sive donavit, titulo pure et perfecte donationis, simplicis et irrevocabilis inter vivos, volentis habere vim donationis insinuate.., libertates, immunitates et franchesias infra scriptas : — *13)* Primo, quod dict. Hugonetus nec sui successores inperpetuum non possint nec debeant estanchiam aliquam facere nec bannum seu penam inponere bladi neque vini nec alicujus alterius rei, quominus homines et habitantes villam Montilii et homines extranei seu forenses quicumque et undecumque sint et ubicumque voluerint vinum et bladum et res alias quascumque de Montilio extrahere seu apud Montilium immittere et apportare possint, que pena si inponeretur et committeretur per dict. homines seu aliquem ipsorum exigi nec levari non possit nec debeat... per dict. Hugonetum nec per aliquem suorum successorum. — *14)* Item dedit dicta domᵃ Mabilia ut supra... libertatem, franchesiam et immunitatem quod homines Montilii dicti Hugoneti presentes et futuri libere et quiete sine contradixione aliqua sub guidagio, protexione, salvesia et conductu dicti Hugoneti et successorum suorum possint se et omnia bona sua quandocumque et quocienscumque et ubicumque voluerint mutare a Montilio et redire apud Montilium pro libito voluntatis. — *15)* Item dedit dicta domᵃ Mabilia ut supra... franchesiam, libertatem et immunit. quod predicti custodes seu rectores ponant et eligant et ponere et eligere possint et debeant banneatores et porcherios, nec dict. Hugonetus nec sui successores banneatores nec porcherios ponant nec eligant nec ponere nec eligere possint nec debeant. — *16)* Item dedit dicta domᵃ Mabilia ut supra... franchesiam, libertatem et immunitatem quod predicti homines present. et fut. non teneantur molere nec quoqui nisi ad molendinum et furnum que voluerint, nec ad hoc dict. Hugonetus nec ejus successores compellere possint nec debeant ipsos homines nec aliquem eorumdem. — *17)* Item dedit dicta domᵃ Mabilia ut supra... libertat., franches. et immunit. quod dict. Hugonetus et ejus successores et judex seu curia ipsius possint tantum et debeant pro tutela sive cura danda seu confirmanda levare seu habere moderatas expensas nec immoderatas possint habere seu levare. — *18)* Item dedit dicta domᵃ Mabilia ut supra... libertat., franches. et immunit. quod predicti homines present. et fut. non teneantur apud Montilium nec alibi ratione Montilii dare, solvere nec prestare illud dimidium pedagium salis quod de novo fuit inventum nec ratione dicti pedagii aliquod servicium seu tributum. — *19)* Item dedit dicta dom° Mabilia ut supra... libertat., franches. et immunit. quod dict. Hugonetus nec ejus judex seu curia nec successores sui non possint nec debeant inquirere nec inquisitionem facere de briga neque chilpa nec verberatione seu percussione aliqua, si sanguinis effusio non fuerit subsecuta, nisi secundum quod est consuetum. — *20)* Item dedit dicta domᵃ Mabilia ut supra... libertat., franches. et immunit. quod dict. Hugonetus nec ejus successores nec bajulus nec aliquis curialis seu offic(ialis) eorum dictos homines nec aliquem eorumdem non possint nec debeant capere nec captum ducere seu tenere pro aliquo forefacto nec per aliqua que comiserit seu fecerit, qui firmare seu assecurare possit rationabiliter sive ydonee, nisi forefactum seu comissa talia fuerint pro quo seu quibus debeat personaliter detineri. — *21)* Item dedit dicta domᵃ Mabilia ut supra... libertat., franches. et immunit. quod dicti homines nec aliquis eorum cursoribus sive servientibus vel bedellis dicti Hugoneti nec successorum suorum non teneantur dare nec solvere pro sazina seu dissazina facienda infra villam Montilii nisi unum denarium Viannen. tantum et de sazina seu dissazina facienda extra in territorio dicte ville vi. denarios tantum dare teneantur. — *22)* Item (dedit) dicta domᵃ Mabilia ut supra... libertat., immunit. et franches. quod si aliquis forensis vel extraneus alicui dict. hominum dampnum vel jacturam daret seu dederit, faceret vel fecerit sine guerra ipsum capiendo vel percussiendo vel vulnerando vel res suas ejus certo nuntio auferendo, quod ille qui injuriam vel jacturam vel dampnum passus fuerit possit per se et auctoritate sua propria et licentia domini vel alterius cujuscumque persone non spectata seu petita, cum amicis suis vel vicinis, ex quo de dampno vel de injuria seu jactura dicto Hugoneto vel ejus successoribus seu bajulo vel judici eorum constabit, in villa Montilii sumere ultionem seu vindictam nec propter dict. ultionem seu vindictam ille vel illi qui ultionem seu vindictam acceperint nec qui cum eo vel eis fuerint dicto Hugoneto nec ejus successoribus in aliquo teneantur nec dampnum aliquod paciantur, et quod dict. Hugonetus nec ejus successores nec aliquis alius possit illum qui dampnum seu injuriam dederit nec debeat guidare in villa Montilii nec defendere sine licencia et voluntate injuriati et dampnum passi et amicorum ejusdem. — Quas donationes libertatum predict. et confirmationes et libertates, immunitates et franchesias... predicta domᵃ Mabilia, tutrix et tutorio nomine quo supra, rata et firma perpetuo habere et tenere et ea integre et perfecte inviolabiliter observare et contra non facere vel venire... nec facienti seu venienti modo aliquo concentire, predicto Petro Perreti et aliis consociis suis... bona fide promisit et super sancta Dei Euvangelia ab ipsa corporaliter sponte tacta juravit. Si vero contra predicta... dom⁶ Mabilia vel dict. Hugonetus seu ejus successores aliquo tempore facerent seu venirent... predicta dom⁶ Mabilia tutrix et tutorio nom⁶.. predict. homines... ab homagio et fidelitate et juramento fidelitatis quitavit, liberavit perpetuo et absolvit; promittens dicta dom⁶ Mabilia sub virtute prestiti juramenti et pactum faciens... quod ipsa nec dict. Hugonetus aliquo tempore propter ingratitudinem nec aliquam aliam occasionem seu rationem dict. donationes et confirmationes libertatum predict. non revocent nec revocari faciant, nec interpretari facere nec intelligere nisi simpliciter et de plano prout jacet in presenti instrumento, et renuntiavit dicta dom⁶ Mabilia expresse et per pactum... *juri dicenti donationem accedentem summam quingentorum aureorum sine insinuatione facta non valere et juri dicenti donationem factam propter ingratitudinem posse revocari... et juri dicenti generalem renuntiationem non valere nisi precesserit specialis;* volens et *pacto concedens quod hec clausula generalis renuntiationis tantum valeat et operetur ac si singuli casus essent specialiter elnumerati.* Actā sunt hec apud Montilium, in fornello novo fortalicii predicti Hugoneti; testes fuerunt presentes ad hoc vocati et rogati Raymundus de Raco, Lambertus Fornerii, Poncetus de Insula, Poncius Giraudi, Poncetus Bontos, Giraudus Eustachii, Petrus Himberti et Guillelmus de Laya.

† Et ego Henricus de Montilio, auctoritate Romane ecclesie sacrosancte notarius publicus, predict. omnibus presens interfui et de mandato dicte dom⁶ Mabilie et ad requisitionem predicti Petri Perreti et consociorum suorum hanc cartam publice scripsi et signo meo signavi, et possum de predictis unum sive plura facere, destruere et iterum reficere instrumenta et dictare ad dictamen cujuslibet sapientis, corrigere et emendare... donec predicta plenam et perpetuam obtineant roboris firmitatem.

<hr>

(*) Original parch. de 102 lig., coté n° **17** (*Invent.* de 1662, f° 9 v°); au dos : *Instrumentum plurium libertatum domini de Garda.* Autre original parch. de 70 l., coté n° **18** (*Invent.*, ib.), grosse du précéd. — *Vidimus* du 8 octob. 1340 (*v. ad h. a.*), en origin. et dans le *Cartul.* (f° 52). Autre du 10 avril 1352 (*v. ad h. a.*), en orig. — Copies dans les recueils A, A² et B (n° 25) : *Donatio 17ᵉ cum confirm. præced. facta per spect. dom. Mabiliam de Podio de Cæsarella, matrem et tutricem d. Hugoneti Adheymarii, domini Montilii et Gardæ.* « Cette pièce se trouve aux arch. de Grignan, fol. 114 et 118 du liv. cot. *Privilegia*, et à La Garde Adhemard, dans un parch. cot. *Montelimart*, in sac. donat., in arm. Mont., et aux arch. de Montelimart, dans les parch. de l'arm. et le liv. des libertés. »

XXIX.   *2 juillet 1287.*

(VENDITIO PRIORIS VALRIACI GUILL° BARNARDI DE MONTILIO)*.

IN NOMINE DOMINI, AMEN. Anno Incarnationis ejusdem Mill°
CC°LXXX°VII°, videl. VI° nonas julii, Michael Anesticns de Valriaco, filius quondam Guillelme Bernarde monachusque claustralis
Valriaci, dom° Guillelmo de Savassia, priore Valriaci, presente
et conceuliente, et ipse prior, de conceusu dicti Michaelis et fratris Poncii, monachi claustralis dicti prioratus, et frat. Bertrandi
Riboudi, pitancerii de Crudatio,.. vendiderunt jure proprio imperpetuum... et tradiderunt s. q. Guillelmo Barnardi de Montilio... medietatem pro indiviso cujusdam hospicii et tenementi ejusdem, quod est
infra castrum Montilii Adzem., in parrochia Sancte Crucis, confrontati ab una parte cum carreria Bovarie et ab alia parte cum carreria
Alamandarie et ab alia parte cum domo et tenemento Perroti de
Alondo et cum hospicio Guillelmi Bajuli de Crista et cum hospicio
Guillelmi de Montelicio a parte alia : que medietas... tenebatur a
dicto emptore sub annuo censu duodecim denar.; item vendiderunt... sex denar. Viannen. censuales cum dominio, quos.. dict.
Michael dicebat se percipere... in medietate pro indiviso hospicii
Michaelis Arnaudi, filii quondam Guillelmi Arnaudi, confrontati cum
stari de Bavacio et cum sta[ri.........], ad habendum, *etc.*, cum
omni jure et actione, usu seu requisitione.., et cum omn. appenden-
ciis et pertin.., ingressibus et eggress... usque in viam publicam... :
precio quinquaginta et septem librar. Viannen., videl. dict. censum
precio XL. solid. Vian. et medietatem hospicii et tenementi precio LV.
libr. Vian., de quibus.. venditores se pro pagatos tenuerunt, renunciantes.., et.. emptorem et suos acquitarunt perpetuo et absolverunt..,
et predict. res venditas et venditionem... salvare et deffendere promiserunt ab omni homine...; venditores emptori et suis omnia bona sua
et specialiter bona om. prioratus Valriaci obligarunt, promittentes....
etiam.. et specialiter dict. dom. prior se facturos et curaturos cum
effectu quod dom. abbas Crudatensis laudabit et confirmabit ac etiam
ratifficabit pres. venditionem, et quod de dicta ratifficatione... dicto
emptori dabunt litteram dicti d° abbatis sigillo ipsius.. sigillatam, et
hoc... hinc ad festum beati Michaelis proxime venturum : quod nisi
fecerint, promiserunt... dare.. bonos fidejussores et ydoneos.., volentes et concedentes quod omnia in hoc instrumento contenta ad utilitatem et profectum dicti emptoris debeant intelligi..., conflentes..

quod dicte L et VII libre in utilitatem et profectum prioratus supradicti
et pro solvendis debitis ipsius, que debebantur ad usuras, sunt posite
atque verse... ; promiserunt et jurarunt... et renuntiarunt... Actum
Montilii, in orto domus Aquebelle, presentibus testibus Guillelmo
Saramandi, Petro Peitaven et Johanneto Peitaven clerico, Poncio
Beciaias. Post hec,.. incontinenti.. dicti venditores accesserunt cum
dicto emptore.. ad hospicium et tenementum ejusdem... et in presencia dict. testium in possessionem corporalem medietatis pro indiviso... emptorem posuerunt.

† Et ego Petrus Arnulphi de Montilio Adzem., Valentin. dyocesis,
auctor. imper. notarius publ..., ad requisitionem dicti emptoris hoc
publ. instrumentum scripsi et signo meo signavi et bulla nobilis viri
dom. Guig(onis) Adzem(arii), domini Montilii, ipsum bullavi...

(*) Original parch.. dont qq. lig. endommagées, coté n° **153** (*Invent.* de
1662, f° 36 v°) ; au bas, trace de sceau sur fils à double queue.

XXX.

12 mai 1289.

(INFEODATIO RODULPHI REGIS ROMANORUM HUMBERTO DELPHINO VIENNENSI FACTA DE CASTRO MONTILII)(*).

RADULPHUS, Dei gratia Romanorum rex semper augustus, universis
sacri imperii Romani fidelibus presentes litteras inspecturis,
gratiam suam et omne bonum. Attendentes grata et accepta que spectabilis vir Humbertus dalphinus, Albonensis et Viennensis comes,
fidelis noster dilectus, nobis et sacro Romano imperio gratanter impendit obsequia, et servitia que nobis impendere poterit in futurum
diligentius intuentes, ad instanciam strenui viri Marquardi de Hun-
dale, militis et familiaris nostri dilecti, sibi castrum de Montilio, cum
suis juribus et pertinentiis universis, si nobis et Romano imperio
vacare dinoscitur, ob fidem claram et devotionem purissimam quibus
nos et dictum imperium Romanum sincerius amplexatur, de liberalitate regia in feodum liberaliter duximus concedendum. In cujus rei
testimonium presens scriptum exinde conscribi et majestatis nostre
sigillo jussimus communiri. Datum Basilie, III° idus maii, indictione
II°, anno Domini M.CC.LXXX° nono, regni vero nostri anno XVI°.

(*) *Cartularium Delphinorum* (Bibl. imp., ms. lat. 9908), f° xvj v° :
voir notre *Notice* sur ce ms. (n° 12) et l'*Inventaire* des archives des Dauphins en 1346 (n° 21). Traduct. dans le *Journal de Montélimar* du 26
octob. 1867 ; voir encore le n° du 14 décemb. suiv.

XXXI.

17 décembre 1290.

(Transactio inter Geraudum et Guigonem Ademarii, dominos Montilii, ac Hugonetum Ademarii, dominum Montilii, et Ademarum de Pictavia, comitem Valentinum)[*].

Noverint universi presentem cartam publicam inspecturi, quod anno Incarnationis Domini Mill'o ducentesimo nonagesimo, scil. xvi° kalendas januarii, cum guerra, controversia et discordia esset orta inter nobiles viros Geraudum et Guigonem Adzem(arii), dominos Montilii, ex una parte, et Hugonetum Adzem(arii) dominum Montilii et dom. Adzemarum de Pict(avia) comitem Valen(tinensem), ex altera, tandem per predict. nobiles nomine suo et hominum suorum et super reformatione status ville Montilii compromisso facto, ut apparet manifeste ex tenore predicti compromissi facti in nobiles et discretos viros dom. Amedeum, comitem Gebennensem, et dom. Roncelinum, Lunelli et Montis Albani dominum, et in magistrum R(aymu)ndum de Venejano et Guillelmum de Vinaco, juris peritos, tanquam in arbitros arbitratores seu amicabiles compositores, scripti per me notarium infra scriptum, predicti arbitri... super statu et reformatione dicte ville Montilii, habito cum predict. dominis et hominibus dicte ville diligenti tractatu, ad bonum statum et pacem dicte ville et hominum in dicta villa habitancium inhientes, — *1)* Dixerunt, preceperunt et mandaverunt, sub pena et juramento in dicto compromisso contentis, quod quatuor consules seu rectores qui nunc sunt in dicta villa Montilii potestatem habeant infra scriptam, et si de jure vel de consuetudine eorum consulatus seu rectoria non valebat, per dict. dominos dicti consules seu rectores per tempora infra scripta nunc de novo concedantur, creentur et etiam confirmentur et potestas eorumdem : hoc acto, quod predicti consules seu rectores a tempore presentis pronunciationis per unum annum continuum consulatus seu rectorie predictorum habeant potestatem; qui quatuor ante annum consulatus sui finitum possint et debeant alios quatuor consules seu rectores loco sui substituere, et dicti substituti procedente tempore alios quatuor loco sui substituere, et sic deinceps annis singulis, ita quod dict. consulatus seu rectoria per substitutionem predict. anno quolibet renovetur; qui predicti consules seu rectores ante tempus consulatus sui finitum possint et debeant in dicta villa de Montilio eligere unum judicem communem dominis dicte ville, qui continuam seu quasi residenciam faciat et facere debeat in dicta villa de Montilio, et curiam communem ibidem teneat et tenere debeat pro dominis dicte ville, ad expensas tamen dominorum predict., et jus suum cuique tribuat suum officium exercendo sine impedimento dominorum predict.; quem judicem electum a dict. consulibus seu rectoribus cum testimonio publici instrumenti, predicti domini tanquam suum judicem in dicta villa Montilii recipere teneantur, et eidem judici sic electo vel substituto eidem totaliter juridictionem tam criminalem quam civilem in dicta villa Montilii et territorio ejusdem comm[ittant] judici memorato. — 2) Item dixerunt, voluerunt, mandaverunt et preceperunt predicti arbitri, sub pena et juramento predict., quod predicti consules seu rectores possint et debeant, ut superius de [eligen]do et creando communi judice est expressum, bajulum communem et extraneum et notarium communem eligere; qui bajulus et notarius officium communis curie predicte debeant exer[cere], et facere et exequi quod dicte curie communi incumbet et prout officium predicte curie requiret et dict. judex communis duxerit ordinandum. Qui domini, videl. Geraudus Adzem[arii] duos habeat cursores seu servientes juratos, et dict. Guigo Adzem. unum et dict. Hugonetus Adzem. alium, ad citationes et executiones faciendas et alia peragenda que ipsorum officium postulabit; et sint et esse debeant in dicta curia communi quatuor baculi depicti, duo videl. sub signo dicti Geraudi et unus sub signo dicti Guigonis et alius sub signo dicti Hugoneti, cujus baculi seu quorum baculorum presentia et representatio defectus seu cursoris absentiam in citando repleat et pro citatione habeatur, et pro citato se teneat vel teneant cui vel quibus predicti baculi vel alter ipsorum loco citationis fuerint presentati seu fuerit presentatus; et predicti bajulus et notarius et cursores communes predicto communi judici parere et hobedire teneantur. — 3) Item dixerunt, voluerunt et preceperunt predicti arbitri..., quod predicti consules seu rectores predict. villam Montilii tempore pascis et guerre possint et debeant, prout eis magis tutum videbitur, munire, guardare, deffendere, protegere et fortificare muris, palseatis, fossatis et aliis munitionibus quibuscumque, et super garda, custodia et inforciamento dicte ville, domini et homines dicte ville eisdem consulibus seu rectoribus hobedientes et obtemperantes existant; et si in seu super predictis consules seu rectores predicti in aliquo discordarent, valeat et habeat roboris firmitatem illud solum quod major pars dict. consulum seu rectorum, una cum dicto judice communi, duxerit ordinandum : verumtamen si in primo judice eligendo inter dict. consules seu rectores discordia oriretur, dicta discordia per dict. arbitros sopiatur et super hoc ad ipsos habeatur recursus. — *4)* Item dixerunt, mandaverunt et preceperunt predicti arbitri..., quod infra villam de Montilio ejusque territorio et districtu homines in dicta villa Montilii habitantes vel forenses auctoritate propria nequeant aliquem habitantem in dicta villa vel extraneum pignorare, occupare vel arrestare bona eorumdem. — *5)* Item dixerunt, mandav. et preceperunt..., quod bona forencium reposita ante tempus guerre incepte in dicta villa Montilii vel reponenda infuturum et in alia terra predict. dominorum Montilii et dicti dom. Adzemarii de Pict(avia) per aliquos homines habitantes in dicta villa Montilii et terra dict. dominorum Montilii et dicti dom. Adzemar. de Pict. seu per dominos dicte ville vel alios forenses vel dict. dom. Adzem. de Pict. vel suos, nequeant detuli, occupari seu arrestari, et predicta reposita et debita, si qua hinc et inde sazita fuerint et exauta, dissaziantur et restituantur sine difficultate qualibet et absque aliqua exactione seu extortione qualibet libere et integre creditoribus suis et illis qui reposuerint bona predicta. — *6)* Item dixerunt, preceperunt et mandaverunt predicti arbitri..., quod nullus dominorum Montilii predict. homicidam, proditorem vel incendiarium alterius ex dict. dominis vel aliis criminosum possit seu debeat alicubi receptare, deffensare in aliquo vel manutenere. — *7)* Item voluerunt, mandav. et preceperunt..., quod domini dicte ville de Montilio ex aliqua causa preterita, presenti vel futura in dicta de Montilio et ejus territorio vel districtu nequeant sibi ad invicem guerram facere vel dampnum seu violentiam cum armis vel sine armis inferre, nisi pretextu guerre ecclesiarum Valentinen. et Dyensis et dom. A(dzemari) de Pict(avia) predicti, que prius orta et agitata extitisset inter dict. ecclesias seu dom. episcopum Valentinen. et Dyensem nomine predict. ecclesiarum vel alicujus earum, ex una parte, et dom. Adzemar. de Pict. predict. ex altera. — *8)* Item voluerunt et mandaverunt et preceperunt predicti arbitri..., quod reverendus pater in Xpisto dom. Johannes, Valentin. et Dyensis episcopus, et dom. A(dzemarus) de Pict(avia) comes Valentinensis predict. vel eorum gentes non possint nec debeant ex aliquibus rationibus sive causis preteritis, present. vel futuris, guerram facere seu dampnum aliquod inferre in predicta villa de Montilio et hominibus habitantibus in eadem villa et bonis dict. hominum quibuscumque, ymo predict. villam Montilii et homines habitantes in eadem et bona eorumdem gardare, deffendere et salvare durante tempore sex annorum

infra scripto. — *9)* Item voluerunt, mandav. et preceperunt pred. arbitri...., quod predicti consules seu rectores, qui nunc sunt vel pro
tempore fuerint, in principio electionis seu creationis sue sive substitutionis debeant jurare, tactis sanctis Dei Evangeliis, omnia et singula
supradicta ad suum officium seu potestatem pertinentia bene, legaliter
et fideliter agere et sine chalumpnia explicare : hoc dicto quod predict. consulum seu rectorum potestas et officium in presenti instrumento eis data et datum per sex annos continue computandos a tempore present. pronunciationis durare debeat et non ultra, nisi predicti
domini Montilii aliter vel eodem modo super predictis ulterius duxerint ordinandum. — *10)* Item voluerunt, mandav. et preceperunt pred.
arbitri, sub pena et juramento pred., quod omnes homines habitantes
in dicta villa Montilii et in fortaliciis ejusdem jurent et jurare debeant
quod pax et concordia facta inter partes predict. per arbitros supradict. et omnia et singula supradicta serventur et firmiter compleantur : hoc etiam dicto et retento, quod propter present. pronunciationem, ordinationem et reformationem status dicte ville de Montilio, jus
aliquod elapso dicto tempore sex annorum hominibus dicte ville
minime aquiratur nec predict. dominis dicte ville de Montilio seu
hominibus vel consulibus seu rectoribus dicte ville, libertatibus seu
immunitatibus ejusdem aliquod omnino prejudicium generetur. —
11) Item dixerunt, mandav. et preceperunt pred. arbitri...., quod si
aliquod ambiguum vel obscurum, inpertinens vel contrarium esset in
seu super reformatione predicta status dicte ville, predicti arbitri illud
valeant durante compromisso predicto concordare, interpretari, decla-
rare et etiam reformare. — Quem quidem statum et reformationem
status dicte ville de Montilio et pronunciationem predict...., dom.
A(dzemarus) de Pict(avia) comes Valentin. predict. et domini predicti
de Montilio, nomine suo et hominum suorum dicte ville, et omnia et
singula supradicta ipsis recitatis laudaverunt, approbaverunt et
emologaverunt expresse, et se ea observare et contra non venire sub
pena predicta et sub virtute ab eis prestiti juramenti sollempni stipulatione interveniente sibi adinvicem promiserunt ; et dict. dom. episcopus predicta.. actendere et actendi facere bona fide promisit. Acta
fuerunt hec in quodam campo contiguo hospitali prioratus Sancti
Martini de Montilio ; testes fuerunt presentes, scil. dom. Odilio Guidonis, Guigo Vanhardi, conrearius Valentinus, Johannes de Langis,
Rodulphus de Ponte Vitreo, Richardus de Petra, Bausanus, Jordanus
de Boqueto, Stephanus Argerii, Petrus de Malavalle, Guillelmus de
Savacia, milites, Beraudus dominus de Bauzol, Geraudus Amici, domi-

nus Castri Novi, et Geraudetus ejus ·frater, Giraudus de Simiana dominus Apte, Rotgerius dominus Clayriaci et multi alii. Et ego Henricus de Montilio, auctorit. SS. Romane ecclesie ac S. (Romani) imperii et predicti dom. Geraudi Adzem. domini Montilii notarius publ., predict. omnibus presens interfui et hanc cartam de mandato dict. dom. arbitrorum et partium publice scripsi et signo meo signavi.

(*) Original parch. de 57 lig., coté 19 (*Invent.* de 1662, f° 10); au dos : *De las franchezas qe foron autreas qanc se fei li pas de staralu.*

XXXII.

22 janvier 1291.

(TRANSACTIO INTER RECTOREM COMITATUS VENAYSSINI ET HUGONETUM ADEYMARII)*.

IN nomine Domini, amen. Anno Domini millesimo ducentesimo nonagesimo primo, indiccione III^{ta}, die XXII^a januarii, pontificatus dom. Nicolay pape IIIIⁱ anno tercio, cum questio seu contravercia mota esset inter nobilem virum dom. Philippum de Bernuzono, pro sancta Romana ecclesia rectore et comite Venayssini, nomine et vice dicte S. Rom. ecclesie, ex una parte, et Hugonetum Adeymarii, filium Hugonis Adeymarii quondam domini Montilii Adeymarii, ex altera, occasione infrascript. castrorum, scil. castri de Garda et castri de Raco, Tricastrinen. diocesis, et occasione castri de Savassia seu partis ipsius, Valentin. dioc., et occasione Castri Novi Dalmaceni seu partis ipsius, Dyensis diocesis, et occasione pertinencium et jurium dict. castrorum, que castra... dict. dom. comes Venayssini... dicebat et asserebat ad dict. S. Rom. ecclesiam pertinere jure cessionis..; et ex adverso dict. Hugonetus Adeym. negabat dicta castra et partes predict. ad dict. S. Rom. ecclesiam pertinere, sed sua esse et ad se spectare dicebat; et occasione predicta sperabatur major inter dict. partes questio exoriri, cum eciam ad predicta se opponeret dom. Aymarus de Pictavia, comes Valentinus, asserens et affirmans dicta castra seu partes predict., excepto dicto castro de Garda, de feudo suo esse, predict. dom. comes Venayssini.. et dicti dom. Aymarus et Hugonetus in presentia revedd. patrum ddom. Dei gracia G(erardi) de Parma, Sabinensis episcopi, et B(enedicti), sancti Nicolay in Carcere Tulliano diaconi cardinalis, ac mei notarii.. de predict. questionibus et controversiis taliter convenerunt pro bono et utilitate S. Rom. ecclesie et dom. Adeymarii et Hugoneti, videl. quod ipse dom. Aymarius, de voluntate et assensu

dicti Hugoneti, dixit et confessus fuit et in veritate recognovit se tenere et tenere debere et velle in feudum et nomine feudi a dom.
papa et dd. cardinalibus et S. Rom. ecclesia... et a dicto d. comite
Venayssini... dict. castrum de Garda et dict. castrum de Raco, cum
omnibus juribus et pertinenciis eorumdem, et dict. partes dict. castrorum de Savassia et Castri Novi Dalmac..; et in recompensationem
et retributionem dicti feudi castri de Garda, quod dict. dom. comes
Venayssini.. dicebat esse comissum S* Rom. ecclesie, dict. dom. Adeymarius de novo recepit in feudum et confessus fuit se tenere debere et
velle in feudum et nomine feudi a dicto dom. papa et dd. cardinalibus et S* Rom. ecclesia et a dicto dom. comite Venayssini.. castrum
de Montilio Adeymarii, videl. omnia jura et rationes que et quas dict.
dom. Aymarius et dict. Hugonetus habent et habere videntur in dicto
castro et territorio et pertinenciis ejusdem tam in mero et mixto imperio et omni alia juridictione quam omnibus aliis que pertinent seu
pertinere videntur ad castrum predict... De quibus castris et partibus
et feudis.. dom. Aymarus, voluntate et consensu dicti Hugoneti, fecit
homagium et fidelitatis prestitit juramentum dicto dom. comiti Venayssini, recipienti nomine dom. pape et dd. cardinalium et S* Rom.
ecclesie..... Hiis actis.., quod dict. Hugonetus teneat et tenere debeat
in feudum a dicto dom. Aymaro et ejus successoribus dicta castra de
Garda et de Raco et de Montilio Adeymarii et dict. partes dict. castrorum de Savassia et de Castro Novo Dalmac. et de Sauzeto, cum pertinenciis et juribus eorumdem, et illud quod habet dict. Hugonetus
apud Racum; item, quod dicta Rom. ecclesia non possit dicta feuda
seu partem ipsorum transferre in aliquam aliam personam, ecclesiasticam vel secularem, sine voluntate et concensu dicti dom. Aymarii
seu successorum suorum, ipsis dom. Aymaro et Hugoneto seu eorum
heredibus tenentibus dicta feuda et fidelitate debita persistente; item,
quod ecclesia Romana seu comes vel rector seu procurator Venayssini
non debeat in feudis supradict. aliquid adquirere vel sibi apropriare
nomine ecclesie Romane nec dare guida hominibus supradict. castrorum, contra jus faciendo in prejudicium ipsius dom. Aymarii et Hugoneti; item, quod curia Venayssini sportulas a dicto dom. Adeymaro
vel ejus successoribus non exigat nec levet nec a dicto Hugoneto, scil.
pro causis seu questionibus quas dict. dom. Adeymarius et Hugonetus et eorum successores haberent cum curia Venayssini occasione
predict. castrorum.. vel dicta curia contra ipsos, nec occasione alicujus inquisitionis que fieret per dict. curiam Venayssini seu per curiam
dom. pape occa sione excessus; item, quod si appellentur a dom.

Adeymario seu a judice ordinario dicti dom. Adeymarii vel a judice
subdicionum ipsius in dict. feudis, prime appellaciones debeant ad dict.
dom. Adeymarium vel ad judicem appellacionum dicti d. Adeymarii
pertinere; item, quod non obstante receptione vel recognicione quas
fecit dict. dom. Adeymarius dicto dom. comiti Venayssini.. vel faceret in futurum.., idem dom. Adeymarius et successores ipsius de dict.
castris possit se juvare in omnibus prout hacthenus consuevit, et de
dicto castro de Garda prout de aliis feudis supradict., excepto contra
S. Rom. ecclesiam seu contra comitatum Venayssini et terram ipsius
ecclesie; item, quod si questio vel violencia moveretur dicto dom.
Aymaro seu dicto Hugoneto vel eorum successoribus occasione dict.
castrorum seu alicujus eorum vel pertinencium eorumdem, dict. dom.
comes seu rector Venayssini seu Rom. ecclesia teneatur ipsos juvare
et deffendere contra quascumque personas, sicut alios vassallos ecclesie supradicte; item, fuit actum.. quod predicta omnia et sing...
dom. papa et dd. cardinales infra biennium, si eis placuerit, debeant
confirmare: quod si factum non fuerit, predicta.. nullius sint momen-
ti et pro non factis habeantur et senceantur.. Que omnia et sing. dict.
Hugonetus Adezmarii, asserens se majorem esse XIII annis, juravit
ad sancta Dei Euvangelia corporaliter tacta manu libro se atendere et
inviolabiliter observare... Acta fuerunt hec... Tarascone, Avinionen.
diocesis, in palacio dom. regis Karoli, presentibus dom. Ricano de
Morgiis, milite de Insula, d. Ricono de Insula milite, d. Petro Capra,
judice Venayssini, Johanne Cafagio de Florencia, Guillelmo Astoandi,
domino Masani in parte, dom. Hugone Manada, milite de Insula,
dom. Bertrando de Teulinhano milite, d. Raymundo de Vejenano jurisperito et d. Stephano Augerii milite, jurisperito, testibus ad hec
vocatis et rogatis. Et ego Nicolaus dictus Novellus de Vico, publ. imper. auctor. ac nunc predicti dom. Benedicti cardin. notarius....

(1) Inséré dans l'hommage du comte Aimar en 1353 (v. *ad h. a.*).—Texte
impr. dans VALBONNAIS, *Hist. de Dauph.*, t. II, p. 58-60. Cf. Bréquig., VII, 339.

XXXIII.   *13 janvier-22 juin 1291.*

TRANSACTIO DOM. EPISCOPI VALENTINEN. ET VILLE MONTILLII

SUPER QUARANTENO*.

In nomine Domini, amen. Anno Incarnationis ejusdem millesimo
ducentesimo nonagesimo, scil. die sabbati post quindenam Nativitatis Domini, assignata apud Liberonem per fratrem Guillelmum de

Montilio et Hugonem Herodis de Montilio, arbitros arbitratores seu amicabiles compositores comuniter electos, una cum discreto viro dom. Gerardo de Passavento, canonico Valentino, coarbitro eorum, per rev^{dum} in Xpisto patrem dom. Johannem de Gebenna, divina gratia episcopum Valentin. et Diensem, nomine suo et rectorum seu curatorum ecclesiarum de Montilio Ademarii, Valentinen. diocesis, et omnium et singulorum ad quos jus decimarum pertinet et pertinere debet quoquomodo, ex parte una, et per Thomacium de Alesio et Poncium Chapraria, syndicos hominum de Montilio in instrumento sindicatus confecto per Henricum de Montilio, notarium publ. auctor. SS. Romane ecclesie, contentorum et nominatorum, quod instrum. incipit in 2ª linea : « publici preconis », et finit ante nomen dicti notarii : « et Raymundus Verneda de Mirabello », et tanquam per syndicos hominum predict., et specialiter et nominatim nomine et vice Johannis de Sauzeto, Bernardi Remusati et omnium aliorum hominum de Montilio, ex altera, ex causa monitionum olim factarum seu emissarum et processuum earumdem per discretum virum dom. Petrum de Escalone, officialem Valentinum, contra predict. Johannem et Bernardum et alios homines de Montilio in dict. monitionibus nominatos, super decimis petitis per dictum dom. episcopum sive per dict. d. officialem vel per dict. curatos a dict. hominibus de Montilio, ut in instrumento compromissi plenius continetur; dicto dom. episcopo, nomine suo et nom^e ecclesiarum parrochialium de Montilio Adzemarii et aliarum ecclesiarum ad quas jus decimarum pertinet vel pertinere debet de jure vel de consuetudine, ex una parte, et dict. Thomacio de Alesio et Poncio Chapraria, sindicis hominum de Montilio et nom^e omn. et singul. hominum de Mont., ex altera, ut prefatus dom. episcopus et dict. Thomacius asseruerunt. Dicta die et loco, comparuit dictus dom. episcopus personaliter, nom^e suo et quibus supra, comparuit etiam dict. Thomacius personaliter, n. s. et q. s., et dict. d. episcopus... petiit cum instantia qua potuit sibi... decimas supradict. adjudicari et cognosci per arbitros supradict. eas deinceps prestari debere in solidum et pro toto, et de preterito tempore predict. homines de Montilio condempnari, prout predict. arbitris videbitur faciendum et consentaneum fuerit racioni; predicto vero Thomacio.. in contrarium dicente et asserente consuetudinem esse diucius observatam in dicto castro de Montilio et ejus territorio, quod de proventibus suarum rerum et possessionum aliqua decima soluta non fuit, allegante etiam... contra peticionem et assercionem partis adverse universitatem Montilii habere privilegium a summo pontifice

concessum de non dandis decimis, et quod fuerunt antiquitus dominis et hominibus de Montilio in feudum concesse, et ideo dicebat dict.
Thomacius... se et homines de Montilio non teneri ad petita. Tandem prediet. partibus presentibus et instanter petentibus et requirentibus questionem decimarum prediet. diffiniri et totaliter terminari,
auditis omnibus et intellectis que partes dicere voluerunt, proponere et
probare, habito consilio peritorum et diligenti tractatu habito cum partibus et de voluntate et consensu expresso earumdem, componendo,
terminando, diffiniendo questiones supradiet. et quamlibet earumdem
et pro bono pacis et concordie voluerunt et mandaverunt, sub pena et
juramento in compromisso contentis, quod omnes et singuli homines
de Montilio et eorum successores nomine decimarum deinceps prestent et prestare debeant quadragesimam partem fructuum bladi cujuscumque et leguminum et racemorum tantum dicto dom. episcopo,
recipienti nomine suo et quibus supra; item voluerunt et mandaverunt ut supra, quod de bladis et leguminibus et millis provenientibus
ex terris sive de racemis de quibus dicti homines de Montilio ecclesiis
quibuscq. parrochialibus et non parrochial., capellis secularibus vel
regularibus, vel religiosis seu aliis quibuscq. decimas prestant, seu a
decima usque ad xl.ᵃᵐ aliquam aliam certam fructuum portionem,
eo solo tempore quo in terris et vineis fructus recolliguntur, dicti homines et eorum successores dicto dom. episcopo et ejus successoribus,
et aliis quisbucq. quorum nomine ipse d. episcopus petit prestari decimas vel aliquam aliam partem nomine decimarum, minime teneantur
et quod illa pars fructuum, que a decima usque ad xl.ᵃᵐ tempore fructuum colligendorum ab ecclesiis seu capellis prediet. percipitur, pro
decima senseatur virtute presentis composicionis, convencionis, compromissi, arbitrii, laudi seu mandati : mandantes et volentes arbitri
supradicti quod de omnibus aliis fructibus quibuscq. de terra et arboribus, de fetibus et fructibus animalium et volatilium quorumcq.
nascentibus et nascituris, homines de Montilio et eorum successores a
prestacione decime et alterius certe partis cujuscq. minime teneantur,
set virtute present. composicionis. *ut supra*, sint immunes nunc et inperpetuum, quictii penitus ac etiam absoluti a prestacione decime predictorum et alicujus certe partis et ab omn. aliis de quibus decima realiter et personaliter debet dari; item voluerunt et mandaverunt.. quod
dict. d. episcopus.. et successores sui in ecclesia Valentina debeant percipere dictam xl.ᵃᵐ.., ita tamen quod.. partem suam bladorum et leguminum sive dict. xl.ᵃᵐ ad expensas ipsius d. episcopi... et successorum suorum proprias debeant portare ubi duxerint eligendum; et vo-

luerunt... quod homines de Montilio et quilibet ipsorum possint computare et levare expensas quas facient rationabiliter metendo et escovando bladum suum in area seu preparando eum, et quod XL^{ma} racemorum debeat portari apud Montilium ubi dom. episcopus vel sui successores duxerint eligendum, tamen expensas animalis portantis et expensas factas in recolligendis racemis pro rata dict. d. episcopus et successores sui solvere teneantur.., et quod de craperio flat in areis moderate et juste secundum quod hactenus fuit in Montilio usitatum, de quo craperio dicti homines a prestatione decime et alterius certe partis penitus sint immunes; item voluerunt... quod si predicta universitas seu aliquis dicte universitatis vexaretur de jure vel de facto monitionibus seu libellis, jure ordinario vel extraord^{rio} aut alio quolibet modo a dom. episcopo Tricastrino vel a priore Ayguini vel a rectoribus predict. ecclesiarum parrochialium... vel ab alia quaeq. persona ecclesiastica, seculari vel regulari, quod debeant solvere decimas vel aliquid loco decime, excepta dicta XL^{ma} parte,.. eisdem vel ecclesiis parrochial., quod dict. dom. episcopus et ejus successores, facta sibi vel ejus officiali vel ejus officialis locum tenenti denunciatione, post XV. dies a die denunciationis computandos de dicta vexatione debeant dict. universitatem et quemlibet dicte univer^{tis} amparare et deffendere ad expensas ipsius d. episcopi et suorum successorum proprias in jure et extra, et si deffecerint in predictis vel aliquo predict. iidem homines et quilibet ipsorum, sive vexatio fiat de jure vel de facto, non debeant solvere dict. XL^{am} debitam vel aliquid pro decima dicto d. episcopo vel alicui alii ejus nomine... quamdiu vexatio perdurabit, set dicta universitas et quilibet.. dict. XL^{am} et quicquid pro decima deberetur, nisi illud quod percipere consueverunt temporibus retroactis dicte ecclesie, sua auctoritate propria retineant et possint retinere tamdiu quamdiu dicta inquietatio seu vexatio perdurabit, pro faciendis et solvendis expensis quas fieri oporteret occasione vexacionis predicte: et si dicta XL^{ma}... non sufficeret ad solucionem expensarum predict., tamdiu quamdiu causa vexacionis duraret voluerunt quod, hoc... notificato et super hiis summaria fide facta, dicta XL^{ma} omn. possessionum... vexatione cedata possit retineri per dict. universitatem per tantum tempus quousque percipiendo dict. XL^{am} esset vexatis et dampnum passis de dict. expensis rationabiliter satisfactum, pres. compositione, *etc.* in suo robore permanente ; si vero predicta vexacio vel inquietacio... conquieverit et cessaverit... quod predicta universitate et hominibus ejusd.. in pace existentibus, extunc flat solucio dicte XLme juxta pres. composicionem..., dampnum

passis et vexatis prius satisfacto de expensis..; item voluerunt predicti ·
arbitri quod, si presens composicio... de jure revocaretur vel anullare-
tur casibus aliquibus emersis vel emergendis, privilegiis indultis vel
indulgendis, impetratis vel etiam impetrandis per dict. dd. episcopos
Valentinum et Tricastrinum vel per priorem Ayguini vel per predict. rectores dict. ecclesiarum vel aliquas alias personas... pro quibus dicta universitas.. compelleretur ad solvendum decimam, quod
eadem universitas et singuli ejusdem imperpetuum remaneant liberi
ac eciam absoluti ab omni jure et comoditate quod et quam dict. d.
episcopus.. habere poterat.. contra dict. universitatem.., et quod predict. d. episcopus.. et ejus successores non possint dicere, petere vel
eciam allegare quod fuerunt in possessione v. q. juris aliejs habendi vel percipiendi aliquas decimas... a dicta universitate, ymo eidem
possessioni.. dict. d. episcopus expresse renunciavit.., et ideo petent
restitui contra eos sive agat de possessione vel proprietate in casu aliquo de predictis in quibus voluerunt quod eadem universitas et singuli.. non debeant persolvere decimas.., ymo voluerunt... quod si
predict. compositionem, *etc.* aliquibus modis... contigerit anullari
vel infringi.. vel etiam si... dicta universitas vel aliquis.. compelleretur ad prestandum decimam.., ex propria voluntate... possint abs-
tinere et cessare a danda et solvenda xl^{ma} parte in futurum dicto d.
episcopo.., et quod quicquid antea solutum erit.. totum sit tanquam
gracia precarium... factum seu comenda : ita tamen quod preterita
repeti non possint et quod sola voluntas predict. casibus.. concurren-
tibus sit eis pro sola revocatione gracie vel comende predicte; item
voluerunt quod, si forte predicta universitas seu homines.. dicant se
vexatos vel conventos vel monitos... pro predict. decimis.. et ideo
dicant se cessare posse a solvenda conventa xl^{ma}.., et econtra dict.
d. episcopus.. et sui successores dicant predict. universitatem seu
homines.. non esse monitos seu vexatos pro predictis.., quod super
hoc stetur et stari debeat dicto et juramento illius de universitate qui
dicet se premonitum seu monitum vel citatum, summaria fide facta
sub sigillo alicujus incurati vel ejus vicemgerentis de diocesi Valentina, per quem citacio vel monicio fieret, vel aliter fide facta per aliquod publ. instrumentum ; item voluerunt ad cautelam quod, occasione decimarum preteritarum tam personalium quam realium seu
spiritualium et aliarum quarumcq., predict. dom. episcopus.. et successores sui... a predicto sindico vel ab aliquo dicte universitatis..
nichil possint petere, exigere vel habere.. : de quibus.. dict. d. episcopus.. se tenuit pro pagato ; item voluerunt quod in mutatione dom.

episcopi, episcopus quicq... requisitus per homines de Montilio...
teneatur approbare, emologare et confirmare present. compositionem,
et donec requisitus ipsam approbaverit, dict. XL^am.., exceptis antiquis
decimis.., sibi solvi minime teneantur; item voluerunt quod dict. d.
episcopus debeat et teneatur facere ratificari, approbari et emologari
present. compositionem... per rev^dum in Xpisto patrem dom. archiepiscopum Viennensem et per capitulum Valentinum et per rectores
ecclesiarum de Montilio, et ulterius firmitates juris faciat pro omnibus aliis ad quos jus decimarum pertinet de jure vel de consuetudine,
ad dictamen dom. Rostagni Boci vel dom. Poncii de Narbona, electorum ex parte dicti Thomacii, et rev^dl in Xpisto patris dom. abbatis
Sancti Ruffi Valencie vel dom. officialis Valentini, electorum ex parte
dicti d. episcopi, vel aliorum quorumcq. sapientum per dict. partes
eligendorum, hinc ad quindenam Pasche proxime venturam... : si
vero dict. d. episcopus et sindici alterum electorum vel eligendorum
per eosdem apud Liberonem, guerra vel alia causa racionabili et notoria impediente, habere non possent vel predicte partes ad dict. locum
Liberonis accedere non possent ex causis notoriis et racionabilibus,
mutaverunt ex nunc locum arbitri apud locum Vivarii...; et si contingeret quod predicti sindici existerent negligentes in premissis hinc ad
quindenam predict., dicto d. episcopo in plena possessione dicte XLme
partis existente, extunc.. idem d. episcopus infra annum et nichilominus postea quandocq. firmitates prediet. facere debeat ad dictamen
predict., sub pena et juramento..; item voluerunt et mandaverunt
quod sententie monitionis, excomunicationis et interdicti.., si que
late fuerint a dicto d. episcopo Valentino seu officiali suo.. contra
Johannem de Sauzeto et quosdam alios homines de Montilio, contcn-
tos in litteris dict. sententiarum, revocentur et eisdem absolutionis
beneficium tribuatur, sine exactione expensarum, et moniciones late
per officialem et appellaciones emanate a dict. hominibus super gravaminibus que sibi fore illata asserebant et processus dict. appellationum et monitionum ex nunc irritentur et totaliter anullentur.. et
eis renuncletur.., et si expense hinc inde facte fuerint... peti non
possint nec debeant..; item voluerunt et mandaverunt quod dict.
dom. episcopus.. et ejus successores nichil possint petere de cetero ab
universitate de Montilio... occasione privilegiorum olim concessorum
per summum pontificem predecessoribus ipsius d. episcopi vel ipsi,
vel occas. confirmacionum eorumdem : et si quo casu contingerit
impetrari vel... concedi.., ipsis privilegiis et litteris quantum ad predict. hominesp enitus renunciavit; item voluerunt quod ubicumque

in mandamentis et ordinationibus et in firmitatibus supra et infra
scriptis aliqua generalitas vel generalis clausula apposita sit, in qua
esset necesse.. quod.. specificaretur.., quod super hoc stetur.. ordinationi seu voluntati dom. Rostagni Boci et aliorum supradict.
et specificentur... ; et assignaverunt diem arbitri ad dictandum
instrumentum cum additionibus, diem lune post festum instans
proxime Purificationis beate Marie, cum continuacione dierum sequen-
cium, et locum apud Liberonem, et si predicta die non possent interesse, ex nunc assignaverunt.. diem lune post Letare Jherusalem.. et
locum ibidem, et si predicta die non possent interesse, iterato assignaverunt.. diem jovis post Pascha.. et locum ibidem; et dicti arbitri..
retinuerunt... sibi plenariam potestatem declarandi, interpretandi ac
etiam addendi.. hinc ad festum proxime venturum beati Martini
yemalis.... Quod dictum, pronunciationem, mandamentum... dict.
dom. episcopus, nom^e suo et.. rectorum ecclesiarum de Montilio..,
et dict. Thomacius, nom^e universitatis de Mont.., approbaverunt,
ratificaverunt et emologaverunt et contra non venire promiserunt.. et
juraverunt, videl. dict. Thomacius super S. Dei Evangelia ab eo corporaliter tacta, et dict. d. episcopus positis coram eo Dei Evangeliis
sed non tactis; et ut omnia predicta et singula majorem habeant firmitatem,... omnia et sing... ex vi compositionis amicabiliter habere
voluerunt roboris firmitatem..., promittentes.... Acta fuerunt hec
apud Liberonem, in fortalicio, in aula episcopali ; testes presentes
fuerunt ad hoc vocati : frater Guido prior Sancti Victoris Gebenne,
frater Johannes de Salgiaco [1] , helemosinarius Nantuacii [2], Guilhotus
de Viriaco magister, Raynaldus de Chavarieu, Petrus Pareti [3], Johannes de Valauria, Michael Bricii [4], Raymundus de Banio, Stephanus de
Villhiaco domicellus, Albertus de Barralis, Bonellus Litgos [5] , Juvenis
Bona, Petrus Arnulphi, Guillelmus dictus de Ruppeforti [6] et Bartholomeus Valansani de Montilio, publ. auctor. imper. notarius, qui...
hoc pres. instrumentum publ. scripsi et signo meo signavi; et ad
majorem firmitatem... pres. instrumentum fuit sigilli dicti dom.
episcopi Valentini munimine roboratum. — Et est sciendum quod,
anno Domini mill^o ducent^o nonag^o primo, videl. decimo kalendas julii,
supradicta compositione presentata per me notarium infrascript. rev^{do}
in Xpisto patri dom. Guillelmo, archiepiscopo sacrosancte Viennensis
ecclesie disponente divina providentia, lectaque et inspecta cum dili-
gentia dicta compositione per dict. dom. archiepiscopum, ipse.. ex
certa scientia dict. compositionem approbavit, ratificavit et confirmavit, auctoritatem suam interponendo pariter et decretum ; in quorum

omnium roboris firmitatem, sigilli sui predict. compositionem munimine roboravit. Acta fuerunt hec Vienne, in camera episcopali ; testes
presentes fuerunt ad hec vocati : dom. Hugo de Peyrau, prior Sancti
Petri de Burgo Valencie, dom. Martinus archipresbiter Annoniaci,
dom. Clemens archipresbiter de Salilliaco, et ego Bartholomeus Valen-
sani de Montilio, publ. auct. imp. notarius, qui mandato dicti dom.
archiepiscopi predict. ratificationem scripsi et signo meo signavi.

(*) *Vidimus* du 14 févr. 1373, dans le cabinet de M. Henry Morin-Pons,
de Lyon (original et copie récente) :

In Dei nomine, amen. Nos Johannes Aygaterie, prior prioratus Montis-
albani, Vapincen. diocesis, officialis Valentinus, notum facimus... quod
nos vidimus, tenuimus, palpavimus et diligenter inspeximus quod. prima
facie publicum instrumentum scriptum et signatum... sigillisque rev^{dor},
in Xpisto patrum dd. Guillelmi archiepiscopi Viennensis et Johannis de
Gebenna Valentin. et Diensis episcopi quondam *in pendentibus sigillatum,*
sanum et integrum,.. per ven^{lem} virum dom. Gir(audum) de Calma, decanum Valentinum ac vicarium generalem in spiritualibus rev^{di} in Xpisto
patris et domⁱ nostri d. L(udovici) miseratione divina episcopi et comitis
Valentini et Diensis, *nobis exhibitum....* Quod... copiari, transcribi *et
exemplari* fecimus et 'mandavimus ac in formam publ. redigi.., et ad majorem.. firmitatem... auctoritatem nostram ordinariam interponimus
pariter et decretum et sigillum curie nostri officialatus Valencie... jussimus apponendum. Actum et datum... apud Valentiam, in hospitio habita-
tionis ven^{lis} et discreti viri dom. Petri Vialonis, secretarii domⁱ nostri
episcopi et comitis Valent. et Dien., die xv^a mens. febroarii, indict. xi^a,
anno ab Incarnac. Domini M°CCC°LXXII°, presentibus testibus ven^{bus} et
discretis viris dd. Durando Champelli, precentore et canonico, et Evrardo
de Escalone, judice majore Valentinen., nobili Johanne de Calma, domicello, Johanne Mayresii, cive et burgensi Valentino, et pluribus aliis fide
dignis ; ego vero Andreas Champelli de Monastrolio, Anicien. diocesis,
auct. imp. not. public. et curie Valentine juratus...

— Copie du XVIe siècle aux arch. de la Préfect. de la Drôme.

(1) Var. *Salginaco.* — (2) Var. *Nauciacii.* — (3) Var. *Perroti.* — (4) Var.
Brici. — (5) Var. *Ligos.* — (6) Var. *Rupefort.*

XXXIV.   *1er juillet 1292.*

(RECOGNITIO SUPER DOTE SIBILIE UXORIS HUGONIS ADEM.)*.

Notum sit omnibus present. et fut. presens publ. instrumentum
inspecturis, quod anno ab Incarnacione Domini mill'io CC°
nonag° secundo, scil. kalendas julii, nobilis vir Huguo Adzemarii,

dominus Montilii, confitens et asserens se majorem xiiij·lm annis, cum
auctoritate nobilis domᵉ Mabilie, Montilii et Garde domine, matris et
curatricis sue, et ipsa idem domᵉ Mabilia curatorio nomine quo supra,
non decepti, non circumventi vi, dolo, fraude vel ingenio alicujus seu
aliqua alia machinacione ad hoc inducti, set propria sponte et voluntate sua, recognoverunt in veritate et confessi sunt... michi.. notario
publ... sollempniter stipulanti et recipienti vice et nomine illustris
viri dom. Azemarii de Pictavia, comitis Valentini, et omnium illorum
quorum interest seu interesse potest, se habuisse et recepisse a dicto
dom. comite Valentino mille et quingentas libras Viennens. in bona
pecunia numerata realiter, tradita et soluta, pro dote et occasione
dotis nobilis Sibilie, filie dicti comitis et uxoris predicti Hug(onis)
Adzemarii; de quibus M et D lib. Vien. se tenuerunt pro paccatis et
de eis predict. dom. comitem et omnes illos qui pro dictis M et D lib.
Vien. erant obligati et eorum successores quitaverunt inperpetuum
et absolverunt, et pactum expressum de non petendo aliquid ulterius... fecerunt; promittentes etiam predict. Hugo Adzemarii et dicta
domᵉ Mabilia... se non dixisse seu dicere fecisse vel facere, per se vel
per interpositam personam, aliquid quo contenta in pres. instrumento
minus valeant et obtineant roboris firmitatem. Et hec omnia univ. et
sing. ita actendere, complere, servare et in nullo contravenire..
bona fide et sub expressa obligacione omnium bonorum suorum...
promiserunt, renunciantes... Actum fuit hoc Garde, in fortalicio dicti
loci, testibus presentibus et vocatis : dom. Petro de Manso, capellano,
Bertrando Gontardi, Raymundo Sicardi, Michaelle Vicalis et me
Bertrando Giraudi, notario publ. predicti dom. Hugonis Adzemarii
et dicti dom. comitis Valentini, qui predict. omnibus presens fui et
de mandato et voluntate predict. d. Hug. Adzem. et domᵉ Mabilie
et ad opus pred. d. comitis Valent... stipulatus fui et hanc cartam
inde recepi, scripsi et bulla predicti dom. Hug. Adzemarii bullavi et
signo meo signavi.   ☩

(¹) Original parch. aux arch. de la Préfect. de l'Isère, avec trace de bulle
sur fils verts à double queue.

XXXV.   *6 août 1295.*

(ALIA RECOGNITIO SUPER EODEM FACTO)*.

Nos Mabilia, Montilii et Garde domina, et Hugo Ademarii ejus
filius, cum auctoritate et consensu ipsius domᵉ Mabilie matris et

curatricis nostre, notum facimus univ. present. litteras inspecturis,
quod nos ambo et quilibet nostrum in solidum, non errantes in jure
nec in facto, set ex certa sciencia et quia rei veritas sic se habet, confitemur et in veritate recognoscimus vobis illustri viro dom. A(demaro)
de Pict(avia), comiti Valentino, sollempniter stipulanti nos habuisse
et recepisse per manum Poncii Clari, burgensis vestri de Privacio,
quatercentum libras Viennens. in bona pecunia numerata, nobis
realiter tradita et soluta, de dote et ex causa et nomine dotis Sibilie,
filie vestre uxorisque Hugonis Ademarii supradicti ; de qua siquidem
summa pecunie nos ambo et quilibet nostrum insolidum tenentes nos
totaliter pro paccatis, de predicta summa vos et vestros successores et
fidejussores seu expromissores per nos et nostros liberamus totaliter,
absolvimus et quictamus et absolutos clamamus imperpetuum, liberos
et immunes, pactum expressum, reale et personale, sollempni stipulatione vallatum, vobis facientes de non petendo ulterius a vobis, renunciantes... actioni et exceptioni... et beneficiis facti et juris tam
canon. quam civ. et litteris papalibus... Datum et actum apud Montilium, die sabbati post festum beati Petri ad Vincula, anno Domini
M°CC° nonag° quinto, cum apposicione sigillorum nostrorum in testimonium omnium premissorum.

(') Original parch. aux arch. de la Préfect. de l'Is*re, avec trace de
deux sceaux sur lemnisques.

XXXVI.   *28 avril 1309.*

PROCURACIONES DOTIS COSTITUTE DOM°
GIR. ADEYM., DOMINO MONTILII, CUM ALASIA FILIA
DOM' COMITIS*.

IN nomine Domini, amen. Anno Incarnacionis ejusdem M°CCC° nono,
videl. die lune ante festa beatorum apostolorum Philippi et Jacobi,
nobilis vir dom. Geraudus Adzem(arii), dominus Montilii Adzemarii,
sciens, prudens et spontaneus, constitutus in presencia mei notarii.. et
testium... fecit, constituit, creavit et ordinavit Arnaldum Alloviti de
Florentia, habitatorem dicti loci Montilii, ibidem presentem et sponte
recipientem, procuratorem suum ad exigendum, petendum, recupe-
randum et recipiendum ab illustri et potenti viro dom. Adzemario de
Pict(avia), comite Valentino, mille libras bonorum Turonens. parvorum nunc currencium in regno Francie, quas nunc in presenti, cum

Giraudetus filius dicti dom' Ger. cum Alasia filia dicti dom. comitis matrimonium contraxerit, idem dom. comes solvere debet et tenetur predicto dom" Ger. de dote predicte Alasie filie sue, uxoris dicti Geraudeti, et ad quitandum eundem dom. comitem et illos qui pro dict. M libris tenentur, et cartam quitationis faciendum et fieri concedendum cum ipsas M libras receperit, et ad omnia et singula faciendum, dicendum et procurandum que ipse dom. Geraudus faceret et facere posset si presens esset, et specialiter bona ipsius dom' Ger. pro predict. M libris obligandum ; dans et concedens... plenam et liberam potestatem.., promitens.. se ratum, gratum et firmum perpetuo habiturum quicquid actum, gestum fuerit sive dictum ac eciam procuratum. Acta sunt hec apud Montilium predict., in hospicio antiquo predicti dom' Ger.; testes fuerunt presentes nobilis vir. Ger(audus) Adzemarii de Montilio, dominus Grainhani, et Richamus de Pino, jurisperitus; et ego Henricus de Montilio, auctor. SS. Rom. ecclesie ac S. imperii et predicti dom' Ger. Adzem., domini Montilii, notarius publ.,... hanc cartam publice scripsi et signo meo signavi.   †

(') Original parch. aux arch. de la Préfect. de l'Isère ; au dos : *Instrumentum procuracionis dom' Gir. Adeym., domini Montilii, per quod Arnaldus Allovitis quitavit dom. comitem de certa summa dotis costitute dicto dom° Gir. cum Alasia ejus uxore per dict. dom. comitem.*

XXXVII.   *6 mars 1320.*

(Assesacio tabernagii Montilii facta Jacobo Blanchardi per Geraudum Adzemarii, dominum Montilii)*.

In nomine Domini, amen. Anno Incarnacionis ejusdem mill° tercentes. decimo nono, scil: sexta die menssis marcii, Nobilis vir dom. Geraudus Adzem(arii), dominus Montilii Adzem(arii), Valentin. dyocesis, sciens, prudens et spontaneus, sine omni dolo et fraude aliqua, dedit, vendidit et assensavit, et ex causa vendicionis et assesacionis predict. tradidit seu quasi, cessit et concessit Jacobo Blanchardi, presenti, ementi et assensanti, omnes et singulos redditus, exitus, proventus et obvenciones tabernagii sui et fure sue et bedalagii sui que percipit, percipere debet et consuevit percipere apud Montilium et in ejus tenemento et bedali molendini sui, a prima die menssis proxime venientis apprilis in tribus annis continue computandis et numerandis; pro precio et ex causa precii duodecim viginti librarum bonorum Vianens. hodie currencium et pro uno denario apud Montilium currencium seu ponencium, de quibus predict. Jacobus decem libras Turonens. incontinenti persolvit et de ipsis satisfecit, ita et taliter quod de dict. x. libris Turon. predict. d. Geraudus pro pagato et contento se tenuit et dict. Jacobum... quictavit et renunciavit..., et sexaginta libras Turon... pro ipso dom. Geraudo.. dom. Andree Boni Vini quictare et solvere, quas dict. d. Geraudus ex causa emtionis pannorum eidem dom. Andree debebat, ut dicebat, et triginta libras Turon. Poncio Coterii vel ejus procuratori de debito quod dict. d. Geraudus ei debet et pro quo sunt eidem Poncio Raymundus Yterii, Guillelmus Premos et ipse Jacobus Blanchardi cum quibusdam aliis obligati pro partibus contingentibus predict. Raymundo, Guillelmo et Jacobo de dicto debito solvere et quictare bona fide convenit et promissit; et factis solucionibus predict... et ipsis habitis de reddi-tibus... tabernagii, fure et bedalagii predict., promisit residuum dicti precii sicut exierit et haberi poterit de redditibus, exitibus, proven-tibus et obvencionibus supradict. reddere et persolvere predicto Poncio Coterii vel ejus procuratori tam diu donec sibi satisfactum fuerit.. vel dicto d. Geraudo si residuum aliquod fuerit... Volens et per pactum concedens predict. dom. Geraudus.., quod ipse Jacobus per totum tempus dict. trium annorum, ex causa presentis vendicio-nis et ascesacionis, possit et debeat predict. tabernagium et furam et bealagium et omnes et singulos futuros redditus, exitus, proventus et obvenciones eorumdem habere, tenere, percipere, recipere et levare per se vel per alium..; et si predicti redditus... plus valent... precio supradicto, illud plus valens... dict. d. Geraudus... dicto Jacobo... dedit.. et remisit. Promitens dict. dom. Geraudus se non fecisse... quominus presens vendicio et ascensacio... minorem habeant.. roboris firmitatem seu possint infringi.., ymo promisit... predict. redditus... ab omnibus personis et ab omni impedimento et disturbio suis sump-tibus et expensis propriis deffendere et salvare..., et pro eviccione reddituum... omnia bona sua... obligavit et ypothecavit..; promi-tens... quod si quis..., qui deberet.. tabernagium vini venditi infra dict. tres annos, dict. tabernagium solvere nollet, quod ipse.. quem-libet eorum compellet seu compelli faciet ad tabernagium debitum persolvendum, quandocumque... super hoc fuerit requisitus. Et pre-dicta omnia... dict. dom. Geraudus... super sancta Dei Euvangelia ab ipso corporaliter sponte tactu juravit, et renunciavit, *etc.* Acta sunt hec apud Montilium, in hospicio dicti dom. Geraudi; testes fuerunt presentes Raymundus Yterii, Guillelmus Premos et Rostagnus Esco-ferii. Ego vero Henricus de Montilio, auctor. SS. Romane ecclesie ac

S. imperii et dicti d. Ger. Adzem. notarius publ., predict. omnibus
presens interfui et hanc cartam compilavi et... scribi feci.., et signum
meum apposui et eam bulla dicti dom. Ger. Adzem. bullavi ad majorem firmitatem omnium premissorum; et voluit quod possit pres.
carta sigillari sigillo curie Valentin., supponens se vigori dicti
sigilli.

(*) Original parch., coté nº **168** (*Invent.* de 1662, fº 40); trace de sceau
sur double queue ; au revers : *Jacobi Blanchardi.*

XXXVIII.   *7 juin 1320.*

(Ordinationes Hugonis et Giraudi Ademarii, dominorum Montilii, circa draperios)*.

I**n** nomine Domini, amen. Noverint universi et singuli presentes
pariter et futuri, quod anno Incarnationis ejusdem Mº trescentes,
vicesimo, scil. septima die mensis junii, nobiles et potentes viri dom.
Hugo Ademarii et dom. Giraudus Ademarii, domini Montilii, Valentin. diocesis, bene previsi et premeditati et habito diligenti consilio
plurium sapientum, volentes et intendentes facere utilitatem et comodum predicte ville Montilii, omnium et singulorum hominum.. et incolarum in ipsa villa habitancium et locorum circumvicinorum, gratis
et ex certa sciencia, fecerunt convenciones et ordinaciones et pacta
infra scriptas et infra scripta, et concesserunt Guillelmo Premonis,
Guidoni de Ligiono, Rostagno de Pratocomitali et Guillelmo Florencii, rectoribus et custodibus predicte ville Montilii et michi.. notario
publ., stipulanti sollempniter et recipenti nomine et vice universitatis
hominum dicte ville...—Et primo fuit ordinatum et concessum per dict.
dominos Montilii, per se et suos successores, quod draperii qui nunc
sunt in predicta villa Montilii et qui pro tempore fuerint infuturum
habitatores et incole dicte ville possint in grosso vel minuto vendere
pannos suos quibuscumque voluerint, et quod draperii seu venditores
pannorum extranei non admitantur ad vendendum pannos *in villa*
predicta Montilii nisi illos venderent in grosso, videl. unam pociam
panni vel duas vel plures insimul et non aliter : hoc excepto quod si
aliqui viatores eundo vel redeundo et per villam predict. Montilii
transeundo, portantes pannos ad collum suum vel in beirnetis vellent
vendere vel aliter vellent vendere de pannis suis et pro suis necessitatibus in dicta villa Montilii intus et extra, transeundo per dict. villam
et non habendo ibidem certam pergulam sive taulam, quod illud

possint facere libere secundum morem solitum et anticum ; et eo modo
si aliqui homines locorum circumvicinorum facientes pannos albos
vel nigros vel brunos pro indumentis familiorum suorum, quod illos
pannos per illam partem quo illis superfuerit possint vendere in dicta
villa Montilii absque eo quod propter hoc non habeant in predicta villa
Montilii certam pergulam sive taulam, et draperii dicte ville Montilii...
lucrum ipsorum non possint ultra debitum racionis excedere, ordinatum fuit quod predicti draperii presentes et futuri pro singulis
libris pannorum quos vendiderunt lucrari debeant duos solidos illius
monete de qua et in qua vendiderint dict. pannos, et si vendiderint de
pannis ipsorum a quantitate viginti solid. inferius, de lucro illo ipsorum consciencie est remissum. Si vero non possit comode adoptare in
contractibus eorumdem quod duo solidi pro singulis libris lucrentur
per ipsos, in eo casu ad eamdem difficultatem ordinatum extitit et
concessum per dict. dominos Montilii.., quod possint predicti draperii
pro illa parte quam vendiderint ultra libram lucri de moneta de qua
contractus fieret per modum infrascriptum, videl. quod si canna
panni decostiterit xx^d solidos Turonen. pro quolibet solido Viennen.
unum Turonen. et pro quolibet solido Turonen. unum Parisien.
lucrari possint. Et ulterius per dict. dominos Montilii... ordinatum
fuit et concessum quod draperii qui nunc sunt presentes et futuri et
socii eorumdem et alii quicumque ordinati fuerint ad pannos ven-
dendos jurare in presencia consulum seu rectorum et bajulorum predicte ville Montilii, quod ordinationes predictas debeant inviolabiliter
actendere et observare. — § 2) Preterea extitit ordinatum, quod rectores dicte ville Montilii singulis annis vel de biennio in biennium
assumere et eligere duos probos viros ville Montilii, qui habeant
potestatem videndi et perquirendi si per draperios presentes et qui
pro tempore fuerint et eorum familiares et socios si ordinationes predicte et infrascripte fuerint observate, et ulterius quod si repererint
quod aliquis ex draperiis vel eorum familiaribus et sociis in vendicione dict. pannorum plus lucrati fuerint quam superius est ordinatum, quod restitutionem primo fieri faciant dampno passo et quod
quicumque peccaverit in predictis puniatur et puniri possit per dict.
duos probos viros in una saumata comunis bladi feudi seu equivalen-
tis aplicanda per dict. duos probos viros operi poncium dicte ville
Montilii vel in aliis piis causis comunibus dicte ville Montilii prout eis
videbitur expedire, et quod pro predictis non possint dicti draperii
ulterius in plus puniri nec inquisicio seu punicio fieri per curiam
dominorum Montilii predict. contra ipsos seu alterum eorumdem.

Preterea fuit ordinatum per dict. dom. Hugonem et Giraudum Ademarii, quod illi duo probi viri qui ad predicta facienda assumentur et eligentur per rectores Montilii, in presencia ipsorum rectorum et bajulorum Montilii predict. dominorum jurare debeant quod suum officium fideliter excequantur. — § 3) Et ulterius extitit ordinatum per dict. dominos Montilii, quod dicti draperii qui nunc sunt et pro tempore fuerint in futurum in precio pannorum suorum, tam pro portu quam expensis, pro singulis peciis quas ement a civitate Lugdunensi superius versus Franciam assondendo, possint computare viginti solidos Turonen. et si emerint dict. pannos in civitate Arelatensi vel inferius descendendo possint pro singulis peciis decem solidos Turonen. computare, et a civitate Arelatensi vel Lugdunensi versus Montilium veniendo dicti draperii aliquos pannos emerint consciencie ipsorum draperiorum est remissum. — § 4) Item et ulterius per dict. dominos Montilii extitit ordinatum quod si predicti draperii... pannos vendiderint in grosso per pecias vel medietatem, terciam vel quartam partem unius panni, quod dict. pannus bene et legaliter dividatur et emptori pars sua, videl. medietas vel tercia vel quarta pars, ex integro tradatur et relinquatur; si vero per cannas et minutim vendantur per moyso dict. pannorum secundum condiccionem de qua fuerint dicti panni tempore quo vendentur et de lucro predicto taxato et ordinato, est intencio predict. dominorum Montilii et draperiorum quod predicta taxatio debeat observari inter illas partes que ad lucrum predict. emere voluerint solvendo precio pannorum tempore emptionis, de illis vero qui ad sostam emerint vel ad tempus non extitit facta ordinatio nisi secundum quod inter ipsos emptorem et venditorem poterunt et voluerunt concordare. — Et predicta omnia et singula predicti dom. Hugo Ademarii et dom. Gir. Ademar. domini Montilii per se et suos perpetuo rata et firma habere et tenere et haberi et teneri facere et contra non venire... predictis G. P., G. de L., R. de P. C. et G. F. custodibus et rectoribus predicte ville Montilii et michi.. notario publ. infrascripto..., et versa vice predicti Guillelmus Premonis, Guido de Ligione, Rostagnus de Pratocomitali et Guillelmus Florencii, custodes et rectores supradicti, nomine suo et vice predicte universitatis... et cum eis Guillelmus de Crudacio et Rostagnus Escofferii, draperii, predicta omnia rata et firma habere, tenere et contra non facere vel venire nec facienti seu venienti modo aliquo consentire bona fide predict. dom. Hugoni Ademar. et Gir. Ademar... convenerunt et promiserunt et super sancta Dei Euvangelia juraverunt. Acta sunt hec apud Montilium, in hospicio for-

talicii predicti dom. Hugonis Ademarii; testes fuerunt presentes
nobilis vir dom. Agoutus Adeymarii de Montilio, Vallis Orpeyre dominus, dom. Guillelmus de Sancto Paulo presbiter, Poncius Cruci,
Lambertus de Ruco, Guillelmus Gauccrii, bajulus de Aloudo, et
Andreas Cotuccrii notarius et magister Henricus de Montilio, sacrosancte Romane ecclesie ac viri magnifici et potentis Giraudi Ademarii
condam bone memorie, domini Montilii, notarius publicus, qui de
predict. omnibus.. notam recepit requisitus per dictos... custodes et
rectores...

(*) *Vidimus* du 2 févr. 1354 (*v. ad h. a.*), en origin. et dans le *Cartul.*
(f° 45 v°). A la fin :
« Et quia dict. magister Henricus de predictis Poncio Malisanguinis dicti
loci Montilii morte preventus instrumentum extrahere nequivit, quocirca
ego Esmido Saramandi dicti loci Montilii, auct[e] imp[li] et viri magn[i] et
potentis Gir. Ademar. domini Montilii predicti notarius publ., cui note
dicti cond. mag. Henrici commisse fuerunt per nob. et pot. virum dom.
Giraudum Ademar. cond. bone memorie dominum Montilii, de qua quidem
nota.. non cancellata ad requisitionem dicti Poncii Malisanguinis draperii hoc pres. publ. instrumentum extraxi... »

XXXIX.   *24 février 1321.*

(REMISSIO TABERNAGII FACTA HOMINIBUS SUIS PER DOM.
GERAUDUM ADHEMARII, DOMINUM MONTILII)*.

NOVERINT univ. ac sing. present. cartam inspecturi, quod anno
Domini millesimo trecentesimo visegimo, scil. visegima quarta
die mensis februarii, cum nobilis vir dom. Geraudus Adhemarii,
dominus Montilii, Valentinen. diocesis, haberet servicium in hominibus et mulieribus suis dicti loci Montilii, de vinis suis que vende-
bant et consueverant vendere ad [minutum......] ab octavis beati
Michaelis usque ad octo dies ante festum Natalis Domini et a Carni-
privio veteri usque ad Ramos Palmarum, anno quolibet in perpetuum
percipit et percipere debet et antecessores sui... percipere consueverant pro et ratione tabernagii medietatem tresdecime partis pretii
vinorum ad [minutum] venditorum, deductis expensis factis vendendo
dicta vina, et per totum tempus aliud... medietatem vicesime prime
partis pretii vinorum venditorum.., deductis etiam expensis..; et
plurimi boni homines sui Montilii eidem dom. Geraudo dixissent et
significassent quod, si dict. servitutem dicti tabernagii hominibus et
mulieribus suis de Montilio present. et fut. daret per se et suos, per-

petuo remitteret et quittaret, esset eidem dom. Geraudo commodum
et utilitas et hominibus supradict., idem dom. Geraudus Adhemarii,
dominus Montilii, supra predictis bene premissus et premeditatus,
intendens conditionem suam et hominum suorum facere meliorem,
sciens, prudens et spontaneus..., gratis et ex certa scientia, per se et
suos omn. et sing. heredes et successores in perpetuum, dedit, donavit donatione rata et firma et irrevᵗⁱ inter vivos,.. pro libertate,
franchesia et immunitate cessit et concessit, remisit et quittavit penitus
perpetuo et absolvit hominibus et mulieribus suis de Montilio present.
et fut. et heredibus et successoribus eorundem apud Montilium et sub
dominio et districtu ejusdem dom. Geraudi Adhem. habitantibus, et
nominatim Guilhelmo Mansoni, incantatori Montilii, licet absenti, et
mihi Henrico notario publ... predict. servitutem tabernagii sive dict.
tabernagium in totum.., cum omnibus juribus, pertinentiis et appendentiis suis, et a predict. tabernagio et servitute ipsius.. idem d.
Geraudus.. predict. Guilhelmum et suos heredes et success. et descendentes ex ipsis in perpetuum, et me notarium... quittavit, liberavit
penitus perpetuo et absolvit, et libertatem, franchesiam et immunitatem predict. dom. Geraudus Adhem... predicto Guilhelmo Mansoni...
dedit et concessit de dicto tabernagio et servitute dicti tabernagii et
de aliquod aliud ratione... dicti tabernagii de vinis suis present. et
futur. et vinearum suarum.., hominum sive mulierum ipsius dom.
Geraudi vel successorum suorum.. quoquomodo venditis et vendendis.., non solvendo... ; faciens pactum reale et personale... in predict.
libertatibus, franchesiis et immunitatibus.. predict. Guilhelmum et
heredes et successores et descendentes ex ipsis in perpetuum... habere
et tenere et manutenere, et.. non auferre nec impedire.., bona fide
convenit et promisit et super sanctis Dei Evangeliis juravit.., et renuntiavit... Acta sunt apud Montilium, in hospicio antiquo predicti dom.
Geraudi Adhemarii ; testes fuerunt presentes Reynaudus Manastoti de
Turnone, bajulus Montilii, Hugo de Rossatii de Rupismaura, Reynaudus de Montealto de Alondo, domicellus, Guigo Bajuli, Audebertus
Larocha et Simonus Clunaveri ; ego vero Henricus de Montilio, auctor. S. Rom. ecclesie ac S. imperii et dicti dom. Geraudi Adhem.
domini Montilii notarius publ..., hanc cartam compilavi et... signum
meum apposui et bulla dicti dom. Geraudi eam bullavi ad majorem
firmitatem predictorum).

(*) L'*Invent.* de 1662 mentionne deux originaux de cette ch., l'un sous
le n° 28 (f° 11 v°) était « scellé d'un cachet de plomb, ou est d'un costé
led. Girard à chenal et de l'autre ces mots graués [S·] GIRARDI ADHEMARI

DNI MONTILII » ; l'autre sous le n° 187 (f° 43) était « scelé au bout d'un cachet de plomb ou sont ces mots SIGILLVM GIRARDI DOMINI MONTILII ». Ils ont tous les deux disparu et nous sommes réduit à la copie du recueil B (n° 26), faite sur l'original comme le prouvent les lacunes du texte, mais dont l'exactitude n'est pas irréprochable ; à la fin, dessin de la bulle.

XL.   *6 avril 1826.*

(Guigonis dalphini epistola Hugoni Adhemarii, condomino Montilii, pro recognitione)*.

Guigo, dalphinus Viennensis et Albonis comes dominusque de Turre, viro nobili et potenti dom° Hugoni Adhemarii, condomino Montilii, consanguineo nostro carissimo et fideli, salutem et dilectionem sinceram. Cum carissimo avunculo et fideli nostro dom° Henrico Dalphini, testamento carissimi domini et genitoris nostri dom' dalphini bone memorie inherendo, baroniam Medulionis cum omnibus pertinenciis suis quibuscumque contulerimus, vos requirimus et vobis ut carius possimus rogando mandamus quatenus dicto dom° Henrico, avunculo nostro, homagia et recogniliones faciatis et recognoscalis, prout acthenus bone memorie karissimo avunculo nostro, domino Medulionis baronie predicte, fecistis et recognovistis : nam a fidelitatibus et homagiis quibus nobis astricli tenemini ratione dicte baronie, ipsis factis dicto avunculo nostro dom° Henrico, vos solvimus et quittamus per presentes. In cujus rei testimonium sigillum presentibus litteris duximus apponendum. Datum apud Bellumvidere, die vı° mensis aprilis, anno Domini M°CCC°XXVI°.

(*) Arch. de l'anc. Chambre des comptes de Dauph., à la Préfect. de l'Isère, Reg. I^{us} *Homagiorum Joannis Nicoleti* 1349, f° ij : «... Anno Nativ. Dom¹ M°CCC°L°, die x° januar., indic. mı°, Clementis VI¹ an. vın°, illi principe d. Karolo primogenito primogeniti Francorum regis dalphino Viennensi.. et spectab. viro d. Hugone Adhemarii milite, domino Garde, dictus Hugo exhibuit et presentavit dicto d. Karolo dalphino.. publ. instrumentum.. cujus tenor : « In nom° Dom¹, am. Anno Incarn. ejusd. Dom¹ » M°CCC°XXVI° et die martis xxıma d. mens. junii, illı° vir dom. Henricus » Dalphini, Montis Albani et Medulionis dominus,.. legi et publicari fecit » quasd. patentes licteras in pergameno scriptas, sigillatas sigillo ad eas » (causas ?) pendenti ill^{mi} viri dom¹ dalphini Viennensis, quarum tenor est » talis *ut supra.* » Suit l'hommage prêté à Henri, baron de Mévouillon, par Hugues Adhémar, qui reconnaît tenir de lui « in feudum francum, nobile et antiquum, medietatem partem inferiorem fortalicii et castri de Mollanis, Vasionen. diocesis,.. castrum Petre Longe, dicte diocesis... Actum Romanis, in reffectorio Fratrum Minorum... » L'exhibition de 1350 porte : Actum Gronopoli, in domo episcopali. — L'acte par lequel Hugues Adhémar était devenu seigneur de la moitié de Mollans est du 6 novemb.

1323; il se trouve aux mêmes arch., dans le reg. *Tituli*, f° VII° IIII^{xx} j, et a été publié par VALBONNAIS (t. II, p. 110-1). — Voir encore la procuration donnée, le 30 septemb. 1330, par le même Hugues Adhémar, « dominus Montilii et Guardo, » à noble Lambert de Rac damoiseau, co-seigneur de Rac, à maître Jacques Carin notaire et à Raymond Jornier de Montboucher damoiseau « ad profitendum, declarandum, manifestandum et revelandum ill^{mo} d. delphino Viennen. seu ejus consilio... castra homagiaque et feuda ac fidelitates.. que tenere consuevit.. a d. delphino... Act. Montilii, in hospicio domⁱ Johannis de Rupeforti, testibus... dd. Hugone de Bastida milite, domino dicti loci, Guillelmo de Mirabello, domino de Portis... » (Reg. *Tituli*, f° VII° IIII^{xx} v v°) et notre *Invent.* des archives des Dauphins en 1346, n°⁵ 194 et 1307.

XLI.   *23 mars 1327.*

INSTRUMENTUM CONCESSIONIS LICENTIE IMPONENDI FARNAGIUM[*].

IN nomine Domini, amen. Noverint universi et singuli present. cartam publicam inspecturi, quod anno Incarnationis ejusdem Millo tricent° vicesimo sexto, scil. vicesima tercia die mensis marcii, Durantus de Crudatio, filius Bartholomei de Crudatio condam, et Gaufridus Arnaudi, rectores et custodes ville Montilii pro parte nobilis et potentis viri dom. Geraudi Adzemarii domini Montilii, accesserunt ad presentiam ejusdem domⁱ Ger. et in ejus presentia constituti signillcaverunt et proposuerunt eidem dom. Geraudo Adzem. domino suo, tam nomine suo quam nomine universitatis hominum Montilii predicti dom. Geraudi et singularum personarum ejusdem, quod dicta universitas hominum suorum et omnes et singulares persone ejusdem super territoriis dicte ville Montilii et finibus ejusdem de vicinis suis pluribus plures injurias paciuntur, et quod menia et muri plubici *(sic)* ejusdem ville Montilii in aliquibus partibus ipsorum ruinam minantur et refectione et reparatione indigent, et etiam quod ipsa universitas plura habet facere et tractare negocia et prosequi et sibi cothidie yminent, propter quod supra expressata et alia iminentia necessarium est et esset frequenter congregari universitatem predict. et ordinationes facere per quas ipsa universitas habeat aliqua in comuni, de quibus et eorum fructibus, obventionibus, proventibus, accessionibus et gunsidis ipsa universitas expensas possit facere quocienscumque necessarium esset et necessitas eminerit, cum difficile et honerosum existat pro singulis negociis adire et recurrere ad ipsum dom. Ger. vel ad ejus successores et licentiam petere pro congreganda universitate predicta et tallias et questas facere seu gabellas : quare.

ut asserebant, videbatur expedire universitati predicte et ipsis Duranto
et Gaufrido rectoribus et custodibus supradict., quod pro premissis et
ex causa premissorum ab universitate hominum predicti dom. Geraudi
et successorum suorum et personis ei subditis et subjectis ordinaretur, de voluntate et licentia ipsius dom. Geraudi, quod de quolibet
sextario bladi quod moleretur in dicta villa Montilii et ejus territorio
solveretur unus denarius in locis et prout predict. rectoribus et custodibus qui nunc sunt et aliis qui pro tempore fuerint videbitur faciendum et levandum, et quod non audiatur nec audiretur aliquis contra-
dictor... Quod predictus dom. Ger(audus) per se et suos successores
voluit et expresse concessit Duranto et Gaufrido custodibus et rectoribus supradict., stipulantibus sollempniter et recipientibus pro se et
successoribus suis et nomine et vice predicte universitatis et hominum
ejusdem; volens etiam et expresse concedens et precipiens cum testimonio presentis instrumenti... officialibus suis presentibus et futuris,
ut si qui essent contradictores et rebelles qui nollent solvere dict. denarium pro quolibet sextario bladi quod molerent seu moli vel moleri
facerent, quod ipsi ad quos extimatio pertinet sive pertineret facienda
ad simplicem requisitionem dict. Duranti et Gaufridi custodum et
rectorum predict. sive successorum suorum possint et debeant, qualibet contradictione non obstante, ipsos compellere et compellant ad
dict. denarium.. persolvendum... Et fuit actum expresse et per pactum quod pecunia que exacta et levata fuerit de dict. sextariis bladi
debeat bene et fideliter custodiri et conservari et expendi in necessitatibus et causis supradict. et aliis dicte ville Montilii, prout predicti..
custodes et rectores... duxerint ordinandum : hoc salvo et expresse
dicto et retento inter predict. dom. Geraudum Adzem. pro se et successoribus suis, et concesso et promisso per dict. Durantum et Gau-
fridum custodes et rectores pro se et successoribus suis.., quod pecunia que levabitur de dict. sextariis bladi non ponatur nec expendatur
nec poni nec expendi debeat contra dict. dom. Geraudum nec ejus
successores nec officiales nec familiares suos quoscumque, ymo si,
quod absit et Dominus avertat per suam graciam, contingeret inter
dict. dom. Geraudum vel ejus successores ex una parte et inter dict.
universitatem... ex parte altera questiones, lites seu causas aliquas
suscitari, quod de illa pecunia, quecumque sit et quantacumque esset
et reputetur.. et collecta sit.. etiam pro comuni, in questionibus sive
causis premissis contra dict. dom. Geraudum nec successores suos
nec familiares seu officiales suos predicti.. custodes et rectores... possint, debeant nec teneantur aliquo tempore se juvare, etiam sub

contractu mutui nec aliquo alio quocumque modo quesito colore. Item
fuit actum et per dict. dom. Giraudum Adzem... expresse et per pactum concessum predictis... custodibus et rectoribus..., nomine suo et
aliorum custodum et rectorum dicte ville et universitatis.., quod
dicta levatio dicti denarii pro quolibet sextario quod moliretur apud
Montilium et in ejus tenemento duret et durare debeat tamdiu quamdiu dict. custodibus et rectoribus... vel majori parti dicte universitatis placuerit, et quod etiam cesset et cessare debeat quando dicta
universitas vel major pars ipsius voluerit et indicerit cessationem
predict. vel rectores presentes vel futuri.., ita tamen quod post cessationem predict. in futurum quandocumque et cocienscumque placeret
sive placuerit predicte universitati.. vel majori parti.. vel custodibus
et rectoribus dicte ville... videbitur sive videretur et placeret faciendum, fiat et fieri debeat levatio supradicta in modum supradict. et
ipsa levatio duret et durare debeat tamdiu usque quo per dict. custodes seu rectores... esset revocata vel retractata. — Et suplicaverunt
predicti Durantus et Gaufridus custodes et rectores predicti, nomine
suo et universitatis predicte, predicto dom. Geraudo Adzem. ut ipsis..
et per ipsos eorum successoribus daret licentiam congregandi quandocumque et quocienscumque voluerint universitatem predict. ex
causis predict. et pro predict. ordinationibus faciendis ; qui predict.
dom. Geraudus Adzem., attenta suplicatione predicta et eam reputans
fore justam et multis periculis et laboribus obviantem et rei publice
dicte ville Montilii et universitati ejusdem fore utilem, deliberatione
habita diligenti et concilio provido, per se et suos successores concessit omnia supradicta suplicata juxta formam predict... predictis..
custodibus et rectoribus, stipulantibus et recipientibus nomine suo et
suorum successorum : salvo et retento, ut superius est expressum,
quod pecunia que levabitur.. non possit poni nec expendi contra
ipsum dom. Geraudum nec ejus successores nec familiares sive officiales quoscumque eorundem. Verum cum custodes et rectores hominum predict. dicte universitatis Montilii et ipsius.. singulares persone.. usque in presenti retroactis temporibus, prout fertur, consue-
verint facere devesia de rebus suis, ut pote de terris, vineis, pratis,
pascuis, nemoribus, blachiis, ortis et aliis quibuscumque, idem dom.
Geraudus Adzem. per se et suos successores voluit et concessit predict. Duranto et Gaufrido custodibus et rectoribus.., quod ipsi faciant
et facere possint quandocumque et cocienscumque devesium et res
et possessiones predictas in devesio habere perpetuo et tenere et
deffendere a pastoribus et aliis quibuscumque prout eis videbitur

faciendum. Et fuerunt sollempniter protestati predicti Durantus et Gaufridus.., quod propter predicta.. non intendunt derogare libertatibus suis quibuscumque.., ymo quod salve et integre perpetuo remaneant in sua plenaria firmitate, quod predict. dom. Geraudus Adzem... voluit et concessit. Que omnia universa et singula predict. dom. Geraudus.. per se et suos successores perpetuo rata et firma habere et tenere et inviolabiliter observare et contra non facere... predict. custodibus et rectoribus... convenit et promisit et super sancta Dei Euvangelia a se corporaliter sponte tacta juravit, et renunciavit... omni errori juris et facti... et omni auxilio cujuslibet juris canonici et civilis..; et voluit et per pactum concessit... quod ego notarius infrascript. possim de predictis unum sive plura facere et reficere et dictare instrumenta... Acta sunt hec in castro d'Espelucha, Tricastrinen. dyocesis, in hospicio Petri de Vaesco ; testes fuerunt presentes predict. Petrus de Vaesco, Petrus Larocha et Falco de Turnone, domini dicti castri, Raymundus de Montealto de Alondo domicellus, Jacobus Blanchardi, Guido Escoferii et Poncius Coremhs de Montilio.

† Et ego Henricus de Montilio, auctoritate SS. Romane ecclesie ac S. imperii et predicti dom. Ger. Adzem. domini Montilii notarius publ., predict. omnibus presens interfui et hanc cartam publ. scripsi et signo meo signavi et bulla dicti dom. Ger. bullavi.

† Ego vero Poncius de Crudacio, actorit. imper. et nobilis viri dom. Geraudi Adem. dom⁺ Montilii, notarius publ., predictis... presens fui et ea una cum dicto notario, de consensu dicti nob. d. Geraudi et ad requisitionem dict. custodum et rectorum et ad comodum ipsorum et dicte universitatis hominum suorum de Montilio, recepi in prothocollis meis et facta collatione decenti de contentis in pres. instrumento ad contenta in nota mea huic pres. instrumento manu propria me subscripsi et signavi.

(') Original parch. de 74 lig., coté let. C (*Invent.* de 1662, f° 1 v°), sans trace de bulle ; au dos : (*Lictera*) *libertatum concessarum per dom. Ger(aldum) Adzem. hominibus suis de Montilio.* — Copie dans les recueils A, A⁸ et B, où cette ch. est suivie d'une *Donatio* 20° *cum confirmatione præcedentium facta per magnif. et potent. d. d. Hugonem Adhemarii, dominum pro indiviso urbis Montilii in Valdania,* en date du 8 décemb. 1326, « extr. des arch. de La Garde, d'un liv. cot. *Infeudationes,* f° R 43, in arm. Mont. » et non non moins fausse que les précéd. indiquées comme provenant de la même source. La suivante, *Donatio* 21° *franchesiarum confirmata per magnif. Hugonetum Ademarii de Montilio, barone baroniæ Gardæ Adhemarii, de expresso mandato magnif. fratris sui Lamberti ex patre tantum, dominum Montilii et baronis de Chalma,* datée du 25 mars 1335 et extr. du même reg., f° 271, n'offre pas de meilleures garanties d'authenticité.

XLII.   *11 janvier 1334.*

(Testamentum Hugonis Adhemarii, domini Montilii et Gardæ)*.

In Dei nomine, amen. Anno ab Incarnatione ejusdem millesimo trecentesimo trigesimo tertio, videl. die undecima mensis januarii, magnificus et potens vir dom. Hugonus Adhemarii, dominus Montilii et Gardæ bonæ memoriæ quondam, fecit suum testamentum ultimum nuncupativum licet in scriptis redactum seu suam ultimam voluntatem et dispositionem et ordinationem de se ipso et de omnibus bonis et rebus suis, et corpori suo elegit sepulturam in ecclesia abatiæ Aquæbellæ, diœcesis Tricastinensis, et pro anima sua et penitus suorum in dicto testamento accepit et voluit elargiri sex millia libras, talis monetæ quod xx^{ti} denarii valeant unum turonem argenti dom. regis Franciæ cum o. rotundo, bonæ legis et boni ponderis; in quo testamento plura legata fecit et inter certa legata fecit quædam legata ecclesiæ Sanctæ Crucis de Montilio Adhemarii, diœcesis Valentinen., per hunc modum : item ordinamus et volumus quod in ecclesia Sanctæ Crucis de Montilio Adhemarii fiat et constituatur una capellania, et pro illa facienda et constituenda de dict. sex millibus libris de quibus emantur centum solidi annuales vel annui redditus vel quantum heredi poterit, et ordinamus et volumus quod heres vel dominus Montilii illam cappellaniam consecrat perpetuo uni ex cappellanis dictæ ecclesiæ de quo sibi magis videbitur expedire et sui heredes,et perpetuo successores, et rogamus et volumus quod ille cappellanus qui in dicta cappellania fu(er)it institutus pro anima nostra et penitus nostrorum dicta officia celebret atque dicat; item legamus de dict. sex millibus libris xv libras operi dictæ ecclesiæ parrochialis Sanctæ Crucis de Montilio, et C solid. pro libris emendis in dicta ecclesia semel tantum; item legamus et ordinamus unam diem anniversarii perpetuo faciendi in die obitus nostri in dicta ecclesia Sanctæ Crucis de Montilio annis singulis, et volumus quod illa die in dicta ecclesia omnes sacerdotes et clerici vocentur et quod coram majori altari dicta majori missa faciant processionem, et dentur cuilibet cappellano xii denarii et diaconibus vi denar., correriis iii den. et clericis ii den. solvendi de dict. sex millibus libris; item ordinamus, disponimus et volumus quod in ecclesia prædicta Sanctæ Crucis de Montilio fiat una cappellana ad honorem Omnipotentis Dei et beatæ Catherinæ, in qua cappellanus qui cappellaniam nostram tenu(er)it et in qua fu(er)it

institutus... pro anima nostra et penitus nostrorum debeat celebrare,
et pro dicta cappella facienda et pro uno calice et quibusdam vestimen-
tis sacerdotalibus emendis legamus de dict. sex millibus libris C et
xx libras. Deinde in dicto testamento continetur quædam clausula
quæ talis est ut ecce : item volumus et ordinamus quod omnia legata
ad pias causas per nos facta per executores nostros... post obitum
nostrum solvantur et omnia forescaria et clamores emendentur, et
ordinamus et volumus quod dicti clamores et forescaria, si qui vel
quæ apparuerint, simpliciter et de plano et absque quolibet strepitu
judicii et figura emendantur et cedantur et satisfaciant, et pro predict.
legatis... et foresciis et clamoribus emendandis et persolvendis quam
.primum si poterit post obitum nostrum legamus et dimittimus omnem
vaycellam nostram argenteam et auream quam habemus de præsenti.., et volumus quod incontinenti post obitum nostrum executores nostri seu guadiatores vel duo ex ipsis... dict. vaycellam seu
vasa nostra argenti et auri cum inventario accipiant et ad manum
suam ponant pro solvendis legatis.. et pro emendandis et sedandis
forescis et clamoribus nostris, et ultra prædict. vaycellam... si non
sufficient ad prædicta... volumus et ordinamus quod dicti executores
nostri vel duo ex ipsis... accipiant pedagium nostrum villæ Montilii
per terram et aquam et omnia emolumenta ejusdem, et tamdiu illud
pedagium teneant et percipiant in pace et sine contradictione cujuscq.
donec omnia legata et foresca et clamores fuerint persoluti et p-ta,
sedati et s-ta et integraliter emendati et e-ta. Et in dicto testamento
suos heredes instituit per hanc formam : item Lambertum filium
nostrum primogenitum instituimus nobis heredem, ipsum ore nostro
proprio nominando, in fortalitio nostro et villa Montilii et in honoribus, mero et mixto imperio et jurisdictione omnimoda, pedagiis et
aliis juribus et pertinentiis quibuscq. quæ habemus vel habere possumus seu debemus in villa prædicta et territoriis et districtu intus et
extra, item in pluribus aliis locis et castris ut in dicto testamento
latius continetur, et in omnibus aliis bonis, juribus sive rebus mobilibus et immobilibus seseque moventibus et in feudis et retrofeudis
quæ habet et habere potest et debet in diœcesibus Valentinen., Diensi,
Vapincen., Cistricensi quæcumque..; et eidem dom. Lamberto substituit.., si non haberet liberos masculos legitime procreatos, dom.
Gaucherium de Montilio militem, filium suum, et ejus liberos masculos in omnibus bonis prædictis; item Hugonetum filium nostrum,
quem suscepimus ex prædicta Stephania uxore nostra, nobis heredem
instituimus, ipsum ore nostro proprio nominando, in omnibus juribus

sive rebus quæ et quas habemus habereque possumus et debemus in diœcesibus Tricastinensi, Vaysionensi, videl. in castris, locis et villis infrascript., scil. in castro de Guarda Adhemarii et in hominibus degentibus in eodem, mero et mixto imperio et jurisdictione omnimoda et aliis juribus, pedagiis et pertinentiis suis quibuscq..., item et in pluribus aliis locis et castris ut in ipso testamento plenius continetur... ; et dicto Hugoneto substituit, si non haberet liberos masculos legitime procreatos, Amedeum filium suum et ejus liberos masculos in omn. bonis prædict. Item in dicto testamento dict. dom. Hugo fecit suos executores per hunc modum : executores seu guardiatores nostros seu præs. nostri testamenti facimus, disponimus et ordinamus rev^dos in Christo patres et dominos dom. Dragonetum miseratione divina episcopum Vapincens. et dom. Petrum Dei gratia episcopum Aurazicen. et dom. episcopum Tricastinen. qui nunc est vel pro tempore fuerit, et vener. in Chr. patrem dom. abbatem Aquæbellæ, et relig. virum guardianum Fratrum Minorum de Montilio Adhemarii, et nobilem et magnif. virum dom. Reymundum de Agouto militem, dominum Vallis Saltus, et nob. virum dom. Lambertum de Raco militem, condominum dicti loci de Raco, quibus omnibus vel duobus ex ipsis... damus plenam, amplam et liberam potestatem exequendi omnia per nos ad pias causas et pro salute animæ nostræ ordinata et legata, *etc.* Et in fine testamenti sequitur quæd. clausula quæ est talis : hac auctoritate testamentum nostrum nuncupativum his scriptis redactum seu hanc ultimam voluntatem nostram valere volumus... omni jure.. ; et si quod testamentum, codicillum vel aliam quamlibet ultimam voluntatem seu dispositionem.. fecimus, illum et illam et illud cassamus, irritamus et anullamus... Acta fuerunt hæc apud Campum Medium, diœcesis Tricastinen., in camera dicti dom. testatoris ; testes ad hæc interfuerunt vocati et rogati, scil. Reymundus Guilhelmi et Ripertus de Podio, jurisperiti, et nobilis vir dom. Lambertus de Raco miles et ven^lis vir d. Reymundus Jarente, canonicus Vivarien., et d. Pontius de Petraiata presbiter et nob. domicelli Adhemarius Gontardi, Joannes Giraudi de Guarda et Giraudus Reynii, habitatores de Guarda Adhemarii, Franciscus Bompar de Roenaco et Reymundus de Raco, filius dom. Lamberti de Raco, et mag. Joannes Andreæ de Arauzia notarius. Ego Jacobus Guarini de Vivario, notar. publ. auctor. imper., ea omnia.. in protocollis meis recepi et ad requisitionem procuratoris prædictæ ecclesiæ Sanctæ Crucis supra scriptas clausulas extraxi...

(*) *L'Invent.* de 1662 mentionne sous le n° 156 (f° 37) ce testament ou

plutôt cet extrait *parte in qua*, sur lequel a été faite la copie très-défec-
tueuse du recueil B (n° 29), que nous sommes réduit à publier, en la cor-
rigeant parfois, faute de mieux.

XLIII. *8 juillet 1336.*

Recognicio dom[i] Lamberti de Montilio domini[*].

In nomine Domini, amen. Anno Incarnacionis ejusdem mill'o
CCC°XXXVI° et die viii julii, constitutus nobilis et potens vir dom.
Lambertus Adzemarus, dominus Montilii Adzemarii, filius et heres
universalis bone memorie dom[i] Hug(onis) Adzemari condam,
domini Montilii et Guarde, in presentia egregii et potentis viri dom[i]
Ay(mari) de Pict(avia), comitis Valentini et Diensis, dixit, confessus
fuit et recognovit ex certa sciencia ipsi dom° comiti presenti et recipienti se tenere et tenere debere et velle ab ipso dom° comite in feudum francum et nobile, et predecessores suos a quibus causam habuit
ab antiquo tenuisse a predecessoribus dicti dom[i] comitis, videl. partem seu parariam quam (habet) in loco de Montilio Adzemari, cum
fortalicio suo et medietatem castri de Savassia, et id quod habet in
castro de Ancona et totum castrum de Monte Bocherio et illam partem seu parariam quam habet in castro de Sancto Gervasio cum
fortalicio dicti castri, et totum castrum de Roynaco et id quod habet
in Podio Sancti Martini in feudo, et proprietatem et feudum castri de
Clivo on Andrans et feudum de Sauzas et feudum castri de Bastida
Valentinen. dyocesis, cum eorum fortaliciis, territoriis et districtibus
universis et cum omnimoda juridictione, mero et mixto imperio et
aliis juribus suis quibuscumque; et pro predict. castris, locis, feudis
et retrofeudis et aliis recognitis dict. nobilis dom. Lambertus fecit
dicto dom. comiti, presenti et recipienti pro se et suis, homagium
ligium contra quascumque personas, et etiam de persona sua propria
stando pedes, tenendo manus suas junctas inter manus ipsius dom[i]
comitis, osculo pacis interveniente, et sacramentum fidelitatis eidem
prestitit atque fecit, cum omnibus suis capitulis in forma fidelitatis de
jure et de consuetudine comprehensis; item recognovit et confessus
fuit dict. dom. Lambertus ipsi dom° comiti dicta castra et feuda et
fortalicia reddibilia esse dicto dom° comiti secundum formam et modum in antiquis et predict. recognicionibus contentam atque contentum, prout in instrumento inferius designato plenius continetur. Et
fuit actum et conventum inter dict. dom. comitem et dom. Lambertum quod in et sub recognitione presenti sint et intelliguantur inesse

et expresse et adjuncte omnes condiciones, pacta et conventiones inter ipsos vel predecessores eorum facte seu in aliis recognicionibus esse reperirentur et quod pro incertis et expressatis et appositis, auexis et adjunctis perpetue habeantur. Insuper dict. nobilis dom. Lambertus convenit sollempniter et promisit dict. dom. comitem juvare et sibi valenciam facere atque fieri de placito et de guerra contra omnes homines natos et nacituros, ad expensas tamen proprias ipsius dom[i] comitis supradicti; et versa vice prefatus dom. comes promisit atque juravit in manibus dicti dom. Lamberti, super sancta Dei Evangelia ab ipso gratis tacta, juvare ipsum dom. Lambertum et sibi valenciam facere de placito et de guerra contra omnes homines natos et nascituros, et cum toto posse suo et cum tota terra sua, ad expensas proprias ipsius dom[i] comitis. Et fuit actum et declaratione conventum quod, si contingeret dict. dom. Lambertum vel suos contra Hug(onem) Adzemarum fratrem suum vel suos guerram facere vel habere, vel econverso, quod absit, quod cum dict. dom. comes sit comunis dominus utriusque fratris, quod de placito vel de guerra unum contra alterum juvare non teneatur nec debeat, set tanquam de vassallis suis justiciam ministrando curare et facere cum effectu quod omnis guerra, disœncio et contencio quam inde naci contingeret totaliter sopiatur; item dict. dom. comes promisit et convenit dicto dom. Lamberto atendere, servare et complere omnia pacta, uniones, conventiones factas et facta et contenta in quodam instrumento publ. inde facto et signato per manum Guigonis Bruni, notarii publ., sub anno Domini mill'o CC°LXXXIII°, pridie kalendas octobris, continente infeudacionem et recognicionem feudorum omnium predict., cujus quidem recognicionis antique contente in dicto instrumento proxime designato conventiones etiam sint salve et repetite in recognicione presenti et prout in dicto instrumento plenius continetur. De quibus quidem ompnibus tam dict. dom. comes quam dict. dom. Lambertus pecierunt sibi fieri publ. instrumentum. — Acta sunt hec apud Castrum Novum Dalmassani, infra fortalicium dicti loci dicti dom[i] comitis, in camera sua, testibus nobilibus viris dom. Amedeo de Pict(avia), Gaucherio de Mercalio, Ay. de Carlinhano, domino Ruppis Fortis, Guig(one) domino Montaysonis, G. Fabri, domino de Russaco, Lantelmo de Austuduno, Hug(one) domino de Bastida Rollandi, militibus, dd. Olivario de Laya judice, Pon. Pencherii, procuratore dicti dom[i] comitis, Rostagno de Prato Comptali, Francisco Bomparus de Roynaco, Philibertus et magistro Bernardo de Figueria, notario publ. de Montilio...

(*) Arch. de la Préfecture de l'Isère, reg. *Secundus Homagiorum recep-
torum per Reymondom Bermundi*, f° j : « Primo homagium dom¹ Lamberti
Adhemarii, condomini Montillii Adhemarii, de parte sua dicti loci Montillii
Adhemarii, Savassie, Anconne, de castro de Monte Bocherio, de Sancto
Gervaysio, de Roynaco, Podii Sancti Martini, castri de Clivo, feudum de
Sauzis, feudum castri de Bastida, Valentinen. et Dyensis. »

XLIV*.   *20 juin 1337.*

(*) Original parch. disparu des arch. de la mairie, ainsi analysé dans
l'*Invent.* de 1662 (f° 55) : « Plus auons trouué l'instrument en latin de
l'art. 273 dud. In^re, contenant comme Giraud Adheimar, seigneur du Montelimar, vend à Mathieu et Guillaume de Lyon le droict du tauernage et les
en affranchit pour le prix de 8 fl., acte receu par Guilhaume Perot no^re le
20me juin 1337 et cotté aud. In^re par n° 247. » Le sceau en plomb existait
encore, d'après une note de M. de Planta.

XLV.   *6 octobre 1340.*

INSTRUMENTUM VENDICIONIS FACTE PER DOM.
GIRAUDUM ADHEYMARII, DE TERTIA PARTE TRIUM PARTIUM
MONTILLII ADHEYMARII, DOMINO NOSTRO PAPE*.

IN nomine Domini, amen. Anno Nativitatis ejusdem mill° trecent°
quadragesimo, indictione octava, die sexta mensis octobris, pontificatus sanctissimi patris domini nostri dom. Benedicti divina providente clementia papæ duodecimi anno sexto; in præsentia... nobilis
vir dom. Gerardus Adhemarii miles, dominus castri de Montilio in
tribus partibus ejusdem castri, Valentinen. diœcesis, pro se suisque
heredibus et successoribus in perpetuum, de licentia, voluntate et
concensu rev^di patris dom. Henrici, Valentin. et Diensis episcopi
atque comitis, ibidem præsentis, a quo nomine dict. ecclesiarum
Valentin. et Diensis dictæ tres partes tenentur et recognoscuntur, de
quibus.. constat per publ. instrumentum.., vendidit et titulo puræ et
perfectæ et in perpetuum valituræ venditionis tradidit, liberavit et
concessit præfato domino nostro dom. Benedicto papæ XII^mo ejusque
successoribus Romanis pontificibus canonice intrantibus dumtaxat
ac ven^bus patribus dd. Gasberto Arelatensi archiepiscopo, camerario,
Joanni episcopo Avenionis et Jacobo de Broa, archidiacono Limacensi
in ecclesia Bitterrensi, thesaurariis suis mihique notario.., stipulantibus et recipient. vice et nomine dicti dom. nostri papæ et successorum suorum dumtaxat, tertiam partem dict. trium partium quas

habet dict. dom. Girardus in dicto castro de Montilio ejusque territorio, districtu et mandamento ; quæ quidem tertia pars, ut dict. dom.
Gerardus asseruit, est quarta pars totius dicti castri de Montilio,
territorii, districtus et mandamenti ipsius, cum omni mero et mixto
imperio ac omnimoda jurisdictione alta et bassa, et cum omnibus juribus quæ dict. dom. Gerardus habet et habere potest et debet in dicto
castro ejusque terr^rio, dist^to et mand^to ratione dictæ tertiæ partis, in
pedagio terræ et aquæ et leuda, sestayralgio, hominibus, furnis, molendinis, censibus et in quibuscq. aliis emolumentis ad dominium et
jurisdictionem spectantibus in dicto castro.., ita quod dom. noster
papa et successores sui tantum ex præsenti venditione habeant tertiam partem dict. trium partium liberam et quitiam ab omni onere
creditorum, aliis duabus partibus remanentibus dom. Gerardo venditori prædicto et suis heredibus et success. ; quam quidem tertiam
partem venditam... dict. dom. Gerardus promisit et convenit per
solemnem stipulationem facere valere in redditibus annuatim dicto
dom° nostro papæ et successoribus suis octingentos florenos auri de
Florentia boni et recti ponderis, juxta communem et fidelem extimationem de ipsis faciendam arbitrio bonorum virorum a dict. dom°
nostro papa et Girardo communiter et equaliter eligendorum toties
quoties opus erit, ita quod extimatio semel facta concorditer... perpetuam ex tunc obtineat roboris firmitatem ; quodque statim quam cito
comode fieri poterit huj^di venditionis celebrato contractu, fiat divisio
hominum, reddituum dictæ terciæ partis venditæ a dict. duabus partibus remanentibus nobili...: precio videl. viginti quatuor mille florenorum auri de Florentia boni et recti ponderis, solvendorum eidem
dom. Gerardo pure, integre et libere statim facta æstimatione reddituum prædict. et divisione hominum ipsorum, traditione possessionis
vel quasi et apprehensione dicto dom° nostro et suis successoribus, ut
præfertur, ac illi vel illis cui vel quibus dict. dominus noster duxerit
committendum ; quod quidem pretium sive summam... dicti dd.
camerarius et thesaurarii... promiserunt et convenerunt bona fide
solvere realiter et tradere de pecunia dicti dom. nostri papæ et
cameræ apostolicæ statim, omni difficultate sublata, facta extimatione
et divisione et reali traditione et apprehensione vacuæ possessionis
liberæ et expeditæ dictæ tertiæ partis venditæ et reddituum prædict..:
dicto autem dom. Gerardo et suis remaneant aliæ duæ partes dict.
trium partium una cum suis prædiis rusticis et urbanis, cultis et
incultis quæ idem nobilis nunc tenet ad manum suam, quæ non comprehendantur nec veniant in venditione prædicta, illis dumtaxat

exceptis quæ pro summa dict. octingentorum floren. auri in redditibus annuatim... extimari continget. Fuit autem et incontinenti
actum et expresse conventum inter partes prædict. quod si res exti-
mandæ per dict. bonos viros pro dicta tertia parte vendita excedant
in redditibus annuis summam dict. octingentorum floren. auri vel
non attingant ad illam, quod tunc pro augmento vel diminutione
unius floreni auri in redditibus solvantur vel detrahantur ultra vel
infra pretium supradict. triginta floren. auri, et quod dicitur de
floreno hoc intelligitur de denario, solido sive libra. Fuit etiam ibidem... actum expresse et deductum in pactum inter dict. partes..
solemni stipulatione vallatum, quod dict. dom. noster papa et successores sui eorumque futuris temporibus officiales in dicto castro de
Montilio possint pro dicta tertia parte vendita facere et quocumque
titulo acquirere fortalicia et quæ fecerint vel acquisiverint habere et
tenere, nec non carceres et alia necessaria vel opportuna pro exercenda jurisdictione hominum dictæ tertiæ partis, et etiam possint
recipere homagia tam a suis hominibus dictæ tertiæ partis quam ab
alienigenis undecumque venientibus, exceptis hominibus duarum
partium nobilis supradicti ; item, quod officiales dicti dom' nostri
papæ et successorum suorum homines suos dicti castri et dict. nobilis
homines suos dicti castri in criminalibus et civilibus habeant judicare,
et quod ratione submissionis vel alia causa officiales dicti dom' papæ
se nullatenus intromittant : punitio vero et custodia extraneorum in
dicto castro ejusque mandamento delinquentium pertineat ad communem curiam dict. dominorum, pro rata cujuslibet partis ; item,
quod in dicto castro non fiat devetum per gentes dicti dom' papæ de
non extrahendo blado, vino vel rebus aliis absque consilio et accensu
aliorum dominorum, nec econverso per officiales aliorum dominorum
sine consilio et accensu officialium dom' nostri papæ ; item, quod
inquisitiones pendentes inchoatæ per curiam dicti nobilis in quibus
responsum vel inquisitum vel processum usque ad litis contestationem
v. q., usque ad diem præs. venditionis, remaneant dicto nobili dum
tamen infra annum judiciali sententia vel concordia terminentur, alias
ex tunc in antea emolumentum ex inde proveniens ad dict. dominum
de Montilio pro duabus partibus et dicto domino nostro pro tertia
parte debeat pertinere ; item, quod officiales dicti dom' nostri papæ...
possint tenere et ponere tot servientes pro custodia et executionibus
faciendis quot voluerint et ipsis placebit, et illi tales servientes possint
in duabus partibus dicto domino de Montilio remanentibus arma
quæcumque portare libere et absque impedimento et alia exercere

quæ ad eorum officium pertinebunt quodque idem in servientibus
dicti domini de Montilio observetur ; item, quod quotiescumque
continget officiales dicti dom¹ nostri papæ facere aliquam executionem
criminalem de aliquo suo homine habitante in dicto castro, quod
illum possint ducere sub voce præconia per dict. duas partes dicto
domino de Montilio remanentes, et simili modo dict. dominus de
Montilio quando casus occurret per dict. tertiam partem ; item, quod
officiales dicti dom¹ nostri papæ possint in territorio sive mandamento
dicti castri de Montilio erigere furcas et alia ad jurisdictionem altam
et bassam spectantia pro executionibus faciendis de hominibus suæ
jurisdictioni subjectis ; item, quod pro custodia banorum extrinse-
quorum debeant per officiales tam dom¹ nostri papæ quam domini de
Montilio pro rata custodes sive banderios deputari et ab eis, ipsorum
dominorum nomine, accipere juramentum ; item, præconisationes
omnes quæ fient in dicto loco de Montilio, in quantum respiciunt res
communes dicti dom¹ papæ et dicti domini de Montilio, fiant sub
nomine dict. dominorum, neminem proprio nomine nominando et
per præconem communem : præconisationes vero aliæ quæ respicient
singulos dominorum prædict. fiant sub ipsorum nomine et per præconem suum ; item, quod officiales deputandi super falsis mensuris
et ponderibus et aliis quæ publicam utilitatem respiciunt, debeant per
officiales utriusque dominorum prædict. communiter deputari ; item,
quod custodia dicti loci de Montilio tam de die quam de nocte, quantum ad prædict. tres partes, communiter pertineat ad officiales et
servientes dominorum prædict. ; item, quod si aliqui alienigeni,
præter de terra dicti domini nostri papæ vel dicti domini de Montilio,
veniant ad habitandum in loco de Montilio, quod licitum sit eis eligere
sub quo domino velint esse et quod uno electo alius dominus nisi in
rebus communibus non possit supra tales sibi jus aliquod vendicare ;
item, quod si contingat aliquem vel aliquos de dicti dom¹ nostri papæ
ratione... habere unum, duo, tres vel plures filios masculos et velint
aliquem vel aliquos emancipare vel ipso patre vivente velint per se
tenere domicilium aut post mortem patris velint dividere et habitare
per se, quod tunc in quocumque loco essent in Montilio ipsi et eorum
successores remaneant homines et sub jurisdictione dicti dom¹ nostri
papæ, et econverso idem observandum existat de hominibus dicti
domini de Montilio : item, quod quotiescumque per officiales dicti
dom¹ nostri papæ contingat fieri aliquod arrestum de personis seu
bonis aut rebus, quod ab arresto relaxare non possint nisi vocatis et
consentientibus curialibus dicti domini de Montilio, et econverso

præsens capitulum in omnibus observetur per curiales dicti domini
de Montilio ; item, quod homines habitantes in Montilio qui non fecerunt homagium dicto dom. Gerardo ac regi et gubernari consueverunt per curiam dicti domini de Montilio, pro tertia parte regantur
et gubernentur per curiam dicti dom¹ papæ et ad homagium recipiantur et dividantur pro supradict. partibus quando erit de ipsis
divisio facienda ; item, quod quotiescumque in dicto loco de Montilio
ejusque territorio et mandamento fuerint mensuræ seu quæcumque
vasa et res aliæ signandæ, quæ hactenus signo dicti domini de Montilio signari consueverunt, quod illa signentur signo domini nostri et signo domini de Montilio præd. ; item, quod in quibuscumque locis territorii et mandamenti de Montilio, tamen jurisdictionis
et dominii quod habet dict. dominus de Montilio et licet eidem venari
vel piscari, nisi sint ipsius domini piscaria propria vel garenæ, liceat
etiam gentibus et officialibus dicti dom¹ nostri papæ absque contradictione ; item, quod uxor dicti dom. Gerardi, domini de Montilio, filius
emancipatus et omnes alii ad quos huj^di tertia pars vendita posset
quomodolibet pertinere seu eis aliquod jus competere, huj^di venditionem debeant ex certa scientia confiteri, approbare, ratificare et
confirmare ac etiam om. et sing. in hoc præs. instr^to contenta, cum
omnibus renuntiationibus, clausulis et cautelis ad hæc necessariis ;
item, quod officiales qui erunt pro tempore in dicto loco de Montilio
pro dicto dom° nostro papa in principio sui regiminis teneantur
jurare, custodire et servare fideliter om. et sing. cappitula supradicta,
et si contrarium facerent quod... prædicto dom. Gerardo et successoribus suis ea confestim debeant revocare, et idem per omnia juretur
et servetur per officiales de Montilio. Insuper dict. dom. Gerardus
Adhemarii voluit et expresse consentiit quod dict. dom. noster papa
vel alius seu alii quem vel quos ad hoc duxerit deputandum vel
deputandos.., facta extimatione dict. reddituum... et divisione hominum dicti loci, authoritate propria dict. tertiam partem cum omni
mero et mixto imperio et omnimoda jurisdictione alta et bassa ac
omnibus juribus et pertinentiis supradict. et ejus possessionem possit
apprehendere corporalem s. q. absque licentia seu requisitione, et
donec... apprehenderit... constituit se.. possidere... ; et pro evictione
in solidam partem contingentem et pro omnibus univ. et sing.
supradict. tenendis, complendis et inviolabiliter observandis obligavit, hypothecavit... se et suos et omnia bona sua... Verum si dicta
tertia pars vendita plus valet vel sit in posterum valitura pretio supradicto, totum illud plus valens et magis valiturum dict. d. Gerar-

dus... dedit, cessit, finivit et desamparavit... ; fuitque.. confessus.. quod in præsenti venditione nullus dolus, nulla fraus seu deceptio justi pretii intervenit.., et renunciavit.. omni juris canonici et civilis auxilio...; et ad majorem roboris firmitatem idem dom. Gerardus sponte et ex certa scientia juravit ad sancta Dei Evangelia.. omnia et singula præsente publ. instrumento contenta attendere, complere et observare... Acta fuerunt hæc Avenioni, in palatio apostolico ubi tenetur consistorium, anno, die, mense, indict., pontif. prædictis, præsentibus rev^{dis} patribus dd. Dei gratia Henrico Valentinen. et Diensis episcopo atque comite, Bonifacio episcopo Mutinensis Seven. et discretis viris dd. Joanne de Vilars, fratre dom. Henrici episcopi, Durando de Sancto Salvatore, canonico Valentin. et s. palatii auditore, Raymundo de Lauduno, domino de Montefalcone, Pontio Clari, Bertrando Paucerii, militibus legum doctoribus, Joanne Audeguerii, milite Avenionensi, Hugone Adhemarii, fratre dicti dom. Geraudi et archidiacono de Ruello in ecclesia Tullensi, Ludovico de Petragrossa archipresbytero, Petro de Serra Scuderio, canonico ecclesiæ Vivarien., Guilhermo de Bos, præposito Forojuliensi, Guilhermo de Pictavia, canonico Riviensi, curiæ dicti dom! papæ clericis et notariis publ., Arnaudo Geppi de Florentia, fratre Petro de Romanis, priore de Ayguno, Pontio Marcelli, licentiato in legibus, Joanne Picardi jurisperito, Andrea Gaucelini, clerico Vivariensi, et Guilhermo Perrotti, clerico dicti loci de Montilio et notario publ., testibus ad præmissa vocatis et rogatis. Et ego Petrus Stephani, clericus Narbonensis, publ. appostol. auctor. notarius, hoc præs. publ. instrumentum prout in protocolo d. Michaelis Recomani, cameræ dicti d. papæ clerici, publ. apost. auct. notarii,... in publ. formam redegi.

(*) Recueil B, n° 31, d'après un acte des arch. de Mont. (que l'*Invent.* de 1662 ne mentionne pas) extrait des actes existants dans les arch. de la chambre apostolique du comté Venayssin séante à Carpentras, le 18 mars 1623, sur la demande des consuls, communauté et hommes de Montélimar faite aux recteur du Comtat et procureur fiscal, qui y firent droit sous la clause « de non utendo præinserto venditionis extractu contra Suam Sanctitatem neque contra regem Franciæ » ; signé De Cabanis. Voir la ch. xlvi.

XLVI.   *19 janvier 1841.*

(Instrumentum de eadem venditione ut supra)*.

IN nomine Domini, amen. Anno a Nativitate ejusdem mill° trecent° quadrag° primo, indictione nona. die decima nona mensis januarii,

pontiflicatus SSⁱ patris et domini dom. Benedicti divina providente
clemencia pape XIIIⁱ anno septimo; *noverint universi quod, cum*
nobilis vir dom. Geraldus Ademarii miles, dominus castri de Montilio
Ademarii in tribus partibus *(fere ad verbum ut in ch. præced., p. 103,
l. 6)... (l. 33)* successoribus, sub certis pactis, modis, conventionibus, promissionibus, renunciationibus et obligationibus contentis in
quod. publ. instrumento recepto et confecto per me notarium infrascript.; et inter cetera inter dict. dom. Geraldum venditorem ex parte
una et dict. dd. camerarium et thesaurarios.. esset actum et conventum expresse quod dict. dom. Geraldus dict. terciam partem *(l. 35)...*
ponderis; *(l. 45)* quod *(l. 62)...* libra, prout hec et alia in dicto instr^{to}
venditionis plenius et seriosius continentur. Dict. dominus noster pa-
pa, volens de huj^{di} rebus venditis earumque conditionibus et valoribus
aliisque circumstantiis circa hec attendendis plenius ante quam ad
perfectionem contractus procedatur ulterius informari, rev^{do} in
Xpisto patri dom. Petro Aurasicensi episcopo, comitatus Venayssini
rectori, discretis viris dd. Petro Ricani, canonico Sancti Ruffi et
priori prioratus de Untirica, Avinionen. diocesis, et Ludovico de
Petragrossa, archipresbitero Vivariensi et procuratori fiscali dicti
domⁱ nostri pape, de voluntate et concensu expresso predicti dom.
Geraldi, comisit per suas litteras et mandavit quod ad dict. locum de
Montilio personaliter se conferrent et res venditas huj^{di} propriis
subicientes aspectibus, de ipsarum et cujuslibet ipsarum conditionibus valoris, comodis et emolumentis sertis et insertis ac honeribus
pro eis incunbentibus, nec non si, qualiter et per quem modum
tercia pars predicta vendita quantum ad territorium, districtum et
mandamentum, focos et homines tam infra quam extra castrum predict. dividi ab aliis partibus poterit, et demum de omn. et sing. cir-
cumstanciis super predict. attendendis solertem et fidelem informationem reciperent clare, particulariter et distincte illamque in scripturam
redactam publ. dicto dom° nostro deberent remittere vel refferre, ut
per ipsam relationem de premissis omn. et ea quomodolibet tangentibus dict. dominus noster plenarie informatus videre et cognoscere
posset an sibi et suis successoribus utile esset et expediens quod
huj^{di} contractus sortiretur effectum. Facta igitur per dict. dd. episcopum, priorem et Ludovicum super predictis in dicto loco de Montilio,
ut dixerunt, inquisitione sive informatione solerti juxta supradict.
mandatum apostolicum eisdem factum eaque per notarium publ.
redacta in scriptis, demum de ipsius domⁱ nostri pape mandato, ut
dixerunt, in presencia mei notarii et testium infrascript., presente

eciam ibidem dicto dom. Geraldo Ademarii, iidem dd. episcopus,
prior et Ludovicus dixerunt palam et publice quod ipsi per inquisitionem diligentem et solertem quam fecerant, invenerunt quod omnes
redditus, exitus, proventus et emolumenta que dict. dom. Geraldus
perceperat, percipiebat et percipere poterat in dicto loco de Montilio
ejusque territorio, districtu et mandamento ratione dict. trium partium... in pedagio terre et aque ascendendo et descendendo, in
emolumentis bancarum ubi panis venditur, bancharum macellariorum, bancarum ubi venduntur solulares, mensuris bladi, sestayrolgio,
bernagio, censibus in pecunia, censibus in blado et tasquis, vino et
partibus vincarum, trezenis et laudimiis, bannis, polveragiis, furno,
molendinis, esmasutis et reddilibus carnum et linguorum porcorum
recencium et salsorum, incantus bedalagii, clamorum, contractuum,
sportularum, bulle, sigilli, penis mandatorum, condempnationum et
compositionum ac in omnibus aliis que ad dict. dom. Geraldum in
dicto castro de Montilio... poterant quomodolibet pertinere, omnibus
deductis expensis, ad duo milia ducentos octuaginta floren. auri de
Florencia assendebant in redditibus annuatim ; predictaque per eos
relata et que per inquisitionem eandem invenerunt in presencia dict.
dd. camerarii, thesaurariorum et Geraldi Adem... dixerunt esse vera
et ita constare per inquisitionem predict., quorum omnium reddituum
proveniencium et emolumentorum... tercia pars ad septingentos
sexaginta floren. auri in redditibus annuatim assendit; retulerunt
eciam quod in dict. tribus partibus, quas in dicto loco dict. dom.
Geraldus habebat, erant homines sui litgii sine focis nonginti octo,
item quinque homines comunes per medium inter ipsum dom. Geraldum et dom. Lambertum de Montilio, qui habet quartam partem in
castro predicto; item, quod erant in dicto castro centum octuaginta tres
homines sine focis, qui non subsunt ratione juramenti fidelitatis sive
homagii alicui de dominis supradict. : qua quidem relatione per supradict. dd. camerarium et thesaurarios nec non et per preffat. dom.
Geraldum Adem. diligenter audita et intelecta, idem dom. Geraldus
reputans dict. relationem factam particulariter et distincte... in omnibus et per omnia esse veram et veraciter et diligenter factam ipsamque... approbans et confirmans, sertifficatus ad plenum de omnibus
supradict., non deceptus... nec.. circumventus, gratis et ex certa
sciencia, titulo pure et perfecte vendilionis imperpetuum valiture,
sub eisdem pactis, modis, formis, conditionibus, promissionibus,
obligationibus et renunciationibus contentis in alio instrumento de
quo supra fit mencio, ad quod et contenta in eo se reffert, non inten-

dens predicto contractui... derogare set ipsum expresse.. confirmare, vendidit, tradidit et concessit dicto dom° nostro summo pontifici ejusque successoribus canonice intrantibus ac preffatis dd. camerario, thesaurariis et michi notario... dumtaxat terciam partem dict. trium parcium quas habebat in dicto castro de Montilio ejusque territorio, districtu et mandamento.., cum omni mero et mixto imperio et omnimoda juridictione alta et bassa et cum omnibus juribus que... habere poterat et debebat... racione dicte tercie partis vendite in pedagio terre et aque, leuda, sestayralgio, hominibus, furnis, molendinis et aliis emolumentis superius expressatis et aliis quibuscq. emolumentis ad dominium et juridictionem spectantibus quoquomodo.. ; quam quidem terciam partem venditam dict. dom. Geraldus promisit dicto domino nostro ac preffatis dd. camerario et thesaurario... dimitere liberam et quitiam ab omni honere creditorum, aliis duabus partibus remanentibus dicto dom. Geraldo venditori et suis heredibus et successoribus; que quidem tercia pars vendita, juxta inquisitionem et informationem predict. et juxta extimationem bonorum virorum... comuniter electorum, valet in redditibus annuatim, omnibus deductis expensis, septingentos sexaginta florenos auri de Florencia boni et recti ponderis, pro precio videl. viginti duorum milium octingentorum floren. auri de Florencia boni et recti ponderis, solvendorum eidem dom. Geraldo statim facta reali traditione et apprehentione pocessionis v. q. dicte tercie partis vendite, cum juribus, redditibus, proventibus et emolumentis superius nominatis, et facta ratifficatione venditionis predicte per nobilem dom. Alaydem uxorem dicti d. Geraldi et Giraudonum filium emancipatum dicti d. Geraldi et Matildam ejus uxorem et alios quibus in dicta tercia parte vendita jus competet vel posset competere quoquomodo : quod quidem precium *(ut l. 50)* reddituum proveniencium et emolimentorum predict. et facta ratifficatione predicta ; dicto autem *(l. 51)*... remanentibus... Et ibidem dict. dom. Geraldus Adem. de dicta tercia parte... cum omnibus suis juribus, redditibus, proventibus et emolumentis et de omni jure... se devestivit penitus et in totum, ac de ipsa... per cirothecam unam dict. dd. camerarium, thesaurarios et me notarium... investivit, voluitque et expresse concessit quod dict. dominus noster vel ille vel illi cui vel quibus.. comisserit ex nunc per se ipsos autoritate propria possint dicte tercie partis vendite pocessionem v. q. apprehendere et alia facere et exercere que ad dominium et juridictionem... possint quomodolibet pertinere. Insuper cum dict. dom. Geraldus, ad hoc ut facilius et liberius possit fieri divissio hominum suorum ratione trium parcium predict.., qui erant sui homines ligii, ab hominibus dicto tercie partis vendite, omnes homines prelibatos numero ut preffertur nongenti octo homines, ipsos diviserit in tres partes, conscribendo in tribus rotulis nomina hominum pro qualibet trium parcium predict. dedissetque potestatem et licenciam, ut ipse dom. Geraldus asseruit, quod dict. dom. noster papa aut preffati dd. camerarius et thesaurarii pro dicta tercia parte vendita possent eligere homines in quolibet dict. rotulorum nominatos, videl. unum ex dict. rotulis quem vellent et homines nominatos in eo, dicti dd. camerarius et thesaurarii.., deliberatione habita inter se et cum dd. rectore et priore ac Ludovico, elegerunt... homines contentos in rotulo in quo scripti sunt et nominati trescenti duo homines, videl. ducenti nonaginta octo Xpistiani et quatuor Judei, et in quo primo scriptus est Memorius Castri Novi et in fine.. nominatus est Senhoronus de Vengres : illos autem homines contentos in rotulo supradicto pro hominibus dicti dom¹ nostri pape et successorum suorum perpetuo elegerunt; qua electione sic facta.., dict. dom. Geraldus gratam habens.. et acceptam, ibidem.. pro se et suis imperpetuum dict. homines... ab omni homagio et juramento fidelitatis quo sibi ratione dict. trium parcium... erant astricti liberavit penitus et quitavit, eisque et eorum cuilibet potestatem dedit et licenciam faciendi homagium et prestandi fidelitatis juramentum dicto domᵒ nostro pape et successoribus suis tamquam eorum dominis et eis subjectis.., jure semper salvo et remanente dicto domᵒ nostro et suis successoribus in tercia parte medietatis dict. hominum qui pro indiviso sunt medio per medium inter dict. dom. Geraldum et Lambertum de Guarda, dominum pro quarta parte castri de Montilio, nec non et in aliis hominibus et rebus comunibus de quibus in presenti instrumento cavetur expresse ; item promisit dict. dom. Geraldus.., dict. dd. camerario et thesaurariis... litem, controversiam aut questionem de dicta tercia parte vendita aut aliquo ejus jure nullo tempore inferre nec infferenti concentire, sed ipsam terciam partem... tam in proprietate quam in pocessione ab omni persona et universitate legitime deffendere, auctorezare et expedire, vacuam et liberam pocessionem de predictis tradare et ipsos emptores in pocessionem facere possiores.., et propterea ypothecavit et obligavit specialiter et expresse duas partes dicto dom. Geraldo in loco de Montilio remanentes.., submisit se.., plus valens.. dedit.., renunciavit... et voluit... Acta fuerunt hec Avinioni, in aulla superiori nova ubi tunc tenebatur consistorium, anno, die, mense, indict. et pontifficatu predict., presentibus revᵈᵒ patre dom. Petro, Aurasicensi episcopo et comitatus Venayssini rectore, nobilibus viris dd. Raymundo de Lauduno milite, domino Montisfalconis, Avinionen. diocesis, Bertrando Planterii milite, legum doctore; et discretis viris dd. Hugone Ademarii, archidiacono de Rivello in ecclesia Tullensi, Ludovico de Petra Grossa, archipresbitero Vivariensi et procuratore fiscali dom[i] pape, Petro Ricani, priore prioratus de Buturrica, Avinionen. diocesis, Guillelmo de Bes, preposito Forojulensi, Guillelmo de Peterlia, canonico Rivensi, clericis camere dom[i] pape, Arnaudo Jeppi de Florencia, Duranto Mercatoris, rectore ecclesie de Monteclatone, Caturcen. diocesis, et dom. Michaelle Recomanni, preposito Valentino, clerico et notario publ. camere dom[i] pape, testibus ad premissa vocatis specialiter et rogatis; et magistro Guillelmo Perroti condam de Montilio, actor. imper. notario publ., qui de predictis notam recepit requisitus per dict. condam bone memorie dom. Giraudum Adeym., dominum Montilii, et qui morte preventus..; ego vero Esmido Saramandi, clericus de Montilio, actor. imper. notar. publ., subrogatus in notis et prothocollis dicti magistri, extraxi et scribi feci per Guillelmum de Marssana not. publ. fidelem et juratum substitutum meum, requisitus per virum nob. et pot. Giraudum Adeym., dominum Montilii, filium viri nob. et pot. dom. Giraudi Adeym. domini de Greynhano, cujus interest.

(*) Original parch. à la Biblioth. Impér., ms. lat. 9239, n° 25; au dos : *De facto homagii domini Montilii dom° episcopo Valentinen.*

XLVII. *8 octobre 1340.*

CONFIRMACIO LIBERTATUM HOMINUM MONTILII ADHEMARII FACTA PER DOM. LAMBERTUM ADH. CONDAM DOMINUM DICTI LOCI[*].

IN nomine Domini, amen. Anno Incarnationis ejusdem millesimo tricentesimo quadragesimo, videl. die octava mensis octobris, vir nobilis et potens dom. Lambertus Adem(arii), dominus Montilii, Valentin. diocesis, hac die presenti vocatis suis hominibus de Montilio et coram eo existentibus, videl. Rostagno de Pratocomitali, Poncio de Pratocomitali, Francisco Bonpar, Johanne Pareti, Guillelmo de Crudacio, Duranto de Crudacio fratre suo, Petro Motanelli, Petro Corneti, Mounerio, Duranto Bernoni, Bertholomeo Ruphi, Hugone Corneti, Guillelmo de Auruolo, Michaele Burriani, Petro Melli, R(aymu)ndo

Chapucii, Guigone de Serro, Guillelmo de Meyssano, Duranto Cha-
pucii, Ulerio, Jacobo Bessonis, Hugone Palhisse, Andrea la Rossa,
Johanne Reynaudi, Poncio Gorde, Martino Mandaros, Perroto de
Salis, Johanne Pelliparii, Hugone Agni, Nicoleto de Scloza, filio
Nicholeti de Scloza, Guillelmo Nicol, Petro Andree, Guillelmo Boys-
soni, Andrea Augerii, Tibaudo Bergondionis, magistro Petro daus
Eyssars, Henrico lo Sartre, Poncio Veolhi, Johanne Bolanha, Johanne
Pelati, Guillelmo Pupeti, Guillelmo Chani, Johanne Moterii, Duranto
Chapucii, Johanne Benayas, Johanne Benedicti, Poncio Avalos, Guil-
lelmo Raynaudi, Hugone Pichoni, Petro Benedicti, Petro de Mes, Guil-
lelmo Gruestra, Jacobo Metensi, Johanne Aussuperii, Berthono Ambu-
latoris, R(aymu)ndo Pelliparii, Poncio Herodis, Andrea Lacosta,
Johanne Ceminho, Johanne Laplassa, Hugone Lacosta, Petro Rueza,
Petro Botelha, Hugone Ruphi, Juliano de Torno, Johanne Picardi,
Johanne Arnaudi, Nicholao de Corp, Duranto Balerat, Petro de Fonte
Bona, Jacobo Grassa, Lamberto Bergundionis, Johanne Malauris, Petro
Porreti, Bertholomeo Maurelli, Benedicto Richardi, Stephano de Mal-
ves, Vitali de Sala Viridi, Johanne Escoferii, Guillelmo Andree, Petro
Bernardi, Petro Monaudi, Guillelmo filio Guillelmi Autru, Aymarono
Chambonis, Stephano Garengalis, Duranto Lamolieyra, Petro Ancel-
mi, Stephano Brocherii, Guillelmo Ruphi, Gileto de Plano, Johanne
Audefre, filio dicti Johannis, Giraudo Chays, Guillelmo Guiberta, Petro
Gonteut, Bertholomeo Gili, Toma de Sancto Boneto, Guillelmo Sara-
mandi, Jauserando Benayas, Bernardo Agni, Stephano Guigonis,
Petro Radulphi, Petro Grassa, Thoma Pelliparii, Guillelmo Sextoris,
Nicholao de Prato, Bertrando Pelliparii, Petro Jauserandi, Armando
Lynendi, Matheo de Lugduno, Andrea et Giraudo Franceycha fratri-
bus, Bonthozio Hospitis, Andrea Pufaudi, Aymarono Bornoni,
Johanne Reynaudi, Bertholomeo Florencii, Poncio Aragonis, Petro
Herodis, Guillelmo Bornoni, Stephano Francescha, Perroto Monaudi,
Guillelmo Autru, Hugone Ruphi, Armando Pelati, Poncio Petri, filio
Petri Thome, Petro Alamandi, Andrea Arnaudi, Bertrando Hugonis,
Petro Herodis, Michaele Coyroni, Guillelmo Barnaudi, Giraudo
Burriani, Jacobo Galvanhi, Johanne Natalis, Johanne ejus filio,
Johanne Ayglini, Johanne Bonoudi, Johanne Michaelis, Johanne de
Villa Francha, Hugone Garcini, Johanne Jauserandi, Poncio Ymberti,
Matheo Sazi, Petro Penchinerii, Guillelmo Reynaudi, Bertrando
Rovini, Andrea Fabri, Mondono Raynerii, Stephano Bocini, Petro
Arnao, Petro Sextoris, Stephano Thome, Peyroto Thome, Johanne
Thome, Poncio Arnaudi, Guillelmo Audefre, Hugone de Lagarda,

Giraudo de Salhens, Petro de Ulmo, Guillelmo Guillelmi, Martino
Bergudionis, Johanne Chalneti, Petro Chapaci, Petro Berolli, Guil-
lelmo Berolli, Johanne Bonerii, Guillelmo de Ulmo, Martino de Ulmo,
Stephano Balbi, Rostagno Francescha, Stephano Baduelli, Johanne
Garengalis, Poncio Massoti, Jacobo Herodis, Stephano Roylini, Petro
Chalanconis, Mondono Polhini, Martino Ambulatoris, Poncio Gon-
tardi, Martino Gorda, Guillelmo Ruphi, Jacobo Bicardi, Johanne
Chapusii, Duranto Guigonis, Arnaudo Grasse, Johanne Garengalis,
Giraudo Grossi, Bertholomeo Florencii, R(aymu)ndo Grescia, Ros-
tagno Barba, Guillelmo Bornoni, Johanne Moterii, Anthonio Jauleti,
Hugone de Longaserra, Johanne Aussuperii, Philipo Restoris, Valo-
reto Dun, Guillelmo Maurini, Guillelmo de Cradacio, Eymoneto
Boni Amici, Bertholomeo Albici, Arnaudo Bacis, Michaele Milonis,
Johanne Bocherii, Johanne Collani, Guillelmo Barbe, Michaele Barbe,
Stephano Chapuzii de Sancto Girvasio, Alamando de Laya, Petro
Bona Vianda, Guillelmo Crozeti, Johanne Sextoris, Johanne Thibaudi,
Poncio Lagleyza, Petro Laschabanas, Petro Reynaudi, Lhautourdo de
Mercoyrol, Bertrando Juliani, Guillelmo Chalholi de Roynaco, Poncio
de Laras, R(aymun)do Bocherii, Johanne Berollo, Martino de Ulmo,
Petro Berolli, Guillelmo Collaherii, Mondono de Crunas, Duranto
Guigonis, Petro Umec. Egregius et potens vir dom. Lambertus preffatus requisivit dict. homines suos instanter, quod eidem dom. Lamberto dicti homines et eorum quilibet faciant homagium et prestent
fidelitatis sacramentum ; et dicti homines, conciderantes et attendentes se fore liberatos ab omni homagio et fidelitatis juramento
faciendo sive prestando eidem dom. Lamberto, francheziarum virtute
olim per predecessores dicti dom. Lamberti datarum et concessarum
hominibus antedict., nichilominus tamen.. volentes requisitioni dicti
dom. Lamberti facere et ejus voluntati benivole complacere, protestato primitus et expresse retento quod per aliqua que dicant seu
faciant non intendunt.. libertatibus. francheziis, inmunitatibus et
privilegiis olim datis et concessis ipsis hominibus per predecessores
dicti dom. Lamberti, condam dominos Montilii, in aliquo tacite vel
expresse renunciare, sed sibi predict. francheziis, libert., inmunit.
et privilegiis in singulis capitulis ipsarum salvis sibi remanentibus et
illezis. confessi fuerunt et publice recognoverunt dicti homines et
eorum quilibet dicto dom. Lamberto presenti, stipulanti sollempniter
et recipienti pro se et suis successoribus, se esse et esse velle et debere
homines ligii ejusdem dom. Lamberti et fuisse predecessorum suorum
in loco de Montilio de personis eorum et cujuslibet eorum tantum ;

et ulterius predicti homines per se et suos successores et eorum quilibet juraverunt in manibus dicti dom. Lamberti ad sancta Dei Euvangelia corporaliter manu tacta esse boni et fideles dicto dom. Lamberto
et suis successoribus sub omnibus capitulis in sacramento fidelitatis
comprehensis et contentis. Et dict. dom. Lambertus, attendens et
conciderans dilectionem et verum amorem quem et quam predicti
homines gerunt erga ipsum et quem et quam dict. dom. Lambertus
habet effectualiter et cordialiter erga homines suos antedict., gratis et
ex sua certa sciencia et voluntate sponthanea premeditatusque pluries
et previsus, ut dicebat, certifficatus ad plenum de omnibus et singulis
libertatibus, franchéziis, immunitatibus et privilegiis olim datis et
concessis per predecessores dicti dom. Lamberti, condam dominos
Montilii, idem dom. Lambertus... liberali animo et grata mente predict. franchezias, libertates, immunitates et privilegia predict. hominibus suis... laudavit, emologavit, ratifficavit et eciam confirmavit et
eas ratifficando et confirmando... de novo dedit et concessit... prout
melius, sanius, uberius et utilius dici, dictari, intelligi et interpretari
poterit ... ; quibus libertatibus, *etc.* predict. dom. Lambertus.. voluit
et concessit.. dict. homines suos Montilii... gaudere et inviolabiliter
uti decetero et perpetuo cum omnibus capitulis et condicionibus
comprehensis in instrumentis.., volens eciam et concedens... quod in
et sub confirmacione presenti sint et intelligantur adesse et expresse
ac eciam adjuncte omnes et singule franchezie, *etc.*... olim per predecessores suos dict. hominibus date et concesse... Et insuper... voluit
et expresse concensiit et in libertatem et franchoziam dedit hominibus
suis... quod omnes officiales sui regentes juridictionem et curiam
Montilii dicti dom. Lamberti presentes et qui pro tempore futuro
fuerint jurent et jurare debeant et teneantur ad requisicionem sapientum virorum Rostagni de Pratocomitali et Guillelmi de Crudacio
rectorum et consulum ville Montilii pro parte dicti dom. Lamberti
necnon et post ipsorum mortem ad requisicionem successorum..
corumdem... predict. franchezias.., immunitates, libertates et privilegia servare, custodire et attendere inviolabiliter ; et confestim predict. dom. Lambertus fecit et precepit jurare in manibus suis ad
sancta Dei Euvangelia nobilem Durantum Audoardi bajulum suum
Montilii et me Petrum Hugueti notarium suum, regentes curiam et
juridictionem Montilii ejusdem dom. Lamberti, quod dict. franchezias, *etc.* inviolabiliter... custodiamus et observemus. Predict. autem
franchezias, *etc.* olim per predecessores dicti dom. Lamberti condam
dominos Montilii datas et concessas.., predict. dom. Lambertus...

complere et inviolabiliter observare et nunquam contra facere vel
venire.. nec contra venire volenti opem vel auxilium prestare, sed
totis suis viribus obviare per sollempnem bona fide stipulacionem
convenit et promisit; et renunciavit.. omni errori juris sive facti,
etc.; et de predictis... pecierunt sibi fieri public. instrumentum...
Acta fuerunt hec Montilii, in fortalicio dicti dom. Lamberti, testibus
presentibus Raymundo Fornerii, domicello de Monte Bocherio, Lamberto Armandi dicti loci, Johanne Maleti, Arnaudo Bac. et Petro
Hugueti, notario condam de Montilio, qui de predictis notam recepit
sed morte preventus illam in mundum redigere nequivit; ego vero
Petrus Guiberti, notarius publ. imper. actorit. et dalph. costitutus,
de notis et cartulariis dicti condam P. Hugueti michi comissis per
virum egregium dom. Gaucherium Adhemarii, dominum Montilii,
hoc instrumentum scribi et extrahi feci per fidelem substitutum
meum et juratum actoritate michi concessa, et facta diligenti collacione
hic me subscripsi...   P † G

Tenor vero instrumenti continentis franchesias, libert., immunit.
et privilegia olim datas et concessas per predecessores dicti domini
hominibus suis.. sequitur et est talis : « In nom° *(supra, ch. XXVIII,
p. 64-7)*... firmitatem. » Ita est. Petrus Guiberti.   P † G

(*) Original parch. composé de 2 peaux, coté n° **42** (*Invent.* de 1682,
f° 14 v°). — Copie dans le *Cartul.*, f°* 50-6. — Autre abrégée dans les
recueils A. A³ et B (n° 32) : *Donatio 22ª facta per magnif. et pot. dom.
Lambertum Adhemarii de Garda, dominum Montilii.* « Extr. des arch. de
Grignan, d'un liv. cot. *Privilegia*, f° 108 et in arm. Mont. »

XLVIII.   *28 février 1341.*

(PERMUTATIO INTER DOMINOS MONTILII ET GRAYNHANI)*.

Anno Domini millesimo tricentesimo quadragesimo primo, scil. die
ultima mensis februarii, existente domino civitatis Avinionensis
illustriss. principe dom. Rotberto, Dei (gracia) Jherusalem et Cicilie rege ac comitatuum Provincie et Folqualquerii domino, noverint universi
quod, cum olim inter viros spectabiles Giraudum Adhemarii, dominum
Montilii Adhemarii, Valentin. dyocesis, ex parte una, et Giraudum
Adhemarii, dominum Graynhani, Dyensis dyocesis, ex parte altera, de
facienda permutatione invicem concordissent, ad ipsum idem processerunt effectualiter in hunc modum, quod dominus Graynhani illam pareriam quam habebat in castro de Alondo, Tricastrinen. dyocesis, cum

juridictione alta et bassa, hominibus et vassallis et aliis juribus quibuscumque, transtulit in dict. dominum de Montilio, et vice versa
dict. dominus de Montilio ex causa permutationis dicto domino Graynhani concessit et dedit jus percipiendi annis singulis in pedatgio de
Montilio centum libras Viennenses annis singulis inperpetuum, scil.
quadraginta libras Viennen. in festo Omnium Sanctorum et sexaginta
in festo Pascatis; hoc acto inter eos quod dominus Graynhani et sui
deberent percipere in dicto pedagio tam terre quam aque per manus pe-
dagiarii constituti ad percipiendum et levandum pedagium supradict.,
et quod pedatgiarius teneretur jurare ad requisicionem domini Graynhani et suorum in manibus dominorum predict., et quod dominus
Montilii teneretur facere juramentum prestari per dict. pedatgiarium
constitutum vel constituendum aut constituendos inposterum de solvendo dict. centum libras domino Graynhani et suis; acto etiam et
convento quod dominus Montilii promisit se facturum et curaturum
quod ille pedatgiarius solveret dicto domino Graynhani dict. C. libras
et alteri cuicq. ejus nomine recipienti, et si hoc non fieret promisit
solvere dict. C. libras in pace et sine litigio, faciens pactum de non
petendo libellum nec aliquam dilationem vel exeptionem petere aut
opponere, sed quod posset conveniri in quacq. curia, nulla fori exep-
tione proposita vel alia quacq., et ressarcire omne dampnum, interesse et expensas et de ipsorum quantitate credere simplici verbo suo
et successorum suorum, alia probatione qualibet non petita; acto
vero quod predicte C. libre deberent tenere in feudum a domino
Montilii et in certa forma recognitionem facere : generaliter fuit actum
quod teneretur servare, attendere et conplere permutationem predict.
et jurare dict. dominus Graynhani, et hoc idem teneretur semper
dominus Montilii, cum facta esset recognitio antedicta. Et predicta
omnia et sing. et subsequencia promiserunt invicem observare sub
obligacione omnium bonorum suorum et sub pena C. marcharum
argenti boni et fini.., et alias dicta permutatio fuit sollempnisata et
jurata sollempnitatibus debitis et cauthelis, et fidejussores inde dati
hinc inde, prout hec omnia continentur ad plenum in quodam publ.
instrumento ex inde confecto sub anno Domini M°CC°XC°II°, scil. XIII°
kalendas augusti, quod incipit in 3ª linea « inperpetuum » et in
6ª « .fidelitat. », factum et scriptum manu Henrici de Montilio, et
bullatum bullis nobilium predict. plumbeis cum filo serico et annexis
instrumento predicto. *Postque nobilis vir Giraudus Adhemarii de
Montilio, dominus Graynhani et de Alpibus, et nobilis Blonda ejus
uxor, domina de Alpibus, et Giraudus eorum filius recognoverunt*

nobili viro dom. Giraudo Adhemarii, domino Montilii Adhemarii, se
tenere in feudum francum castra, mansos et loca, feuda et alia multa
subsequencia, quibus feudis enumeratis, recognicione facta et homagio prestito et recepto, et promisso quod esset bonus dominus eisdem,
dict. dominus Montilii pro recognitione predicta et ex causa predictorum dict. conjugibus et eorum filio dedit in feudum francum et
honoratum LXᵃ libras in dicto pedatgio, attestando quod ab antiquo
percipiebat dominus Graynhani xxᵗⁱ libras et C. ex causa permutacionis predicte, et illis sex viginti ad invicem LXᵃ et econverso et omnibus computatis que dicti conjuges et eorum filius antea percipiebant
in pedatgio Montilii, concessit et donavit quod decetero perci-
pient IX. xxᵗⁱ libras et specialiter fuerunt subjuncte et comprehense dicte C. libre ex causa permutationis predicte et xx. quas
percipiebat ab antiquo; acto etiam quod IX. xxᵗⁱ libre deberent
solvi IIII. xxᵗⁱ in festo Pascatis et in festo Omnium Sanctorum C ; prout de predict. omnibus constat instrumento publ.
inde facto manu Bernardi de Graynhano et est confectum sub anno
Domini MᵒCCCᵒVIIIᵒ, videl. vurᵃ die mensis junii, et incipit in 3ᵃ
linea « Adhemarius » et in 6ᵃ « Graynhani ». Post vero, de anno
presenti, cum contingisset pro necessitatibus inminentibus viro
magnifico dom. Guidoni Adhemarii, domino Montilii pro tribus partibus, ipse terciam partem dict. trium partium quas habebat in villa
et territorio et pedaegio vendidisset domino nostro pape et suis gentibus pro eodem, acto quod creditores et alii qui haberent obligationes
eas remiterent sic quod terra franca remaneret et libera ab honere
creditorum dicto domino nostro pape, et ageretur quod .dicta jura
que habebat nobilis et potens vir dominus Graynhani in dicta parte
vendita domino nostro pape remiteret et quitaret, et ipse hec facere
vellet dum tamen dict. dominus Montilii eum securum faceret super
percepcione dict. IX. xxᵗⁱ librarum, ipseque dominus Montilii agnos-
cendo bonam fidem pro se et suis antecessoribus hoc se facturum
liberaliter concordaret; hinc est quod, ipsis ambobus dominis Montilii et Graynhani presensialiter constitutis, in modum qui sequitur
convenerunt, ante etiam protestando quod nolunt nec intendunt in
premissis pactis et conventionibus... aliquam novacionem facere, sed
quod omnia et sing. ut supra sunt scripta in sua plena, firma et perpetua remaneant firmitate et totali integritate : qua protestatione semper salva.., dict. dominus Montilii ex pactis expressis voluit et
concessit atque promisit quod dominus Graynhani et sui heredes et
in perpetuum successores percipiant et percipere debeant in dicto

pedatgio tam terre quam aque, per manus pedatgerii constituti ad percipiendum et levandum pedatgium supradict., dictas IX. xx^{ti} libras terminis et solutionibus supradict., videl. in festo Omnium Sanctorum C. libras et in festo Pascatis IIII. xx^{ti} lib. monete que percipitur in pedatgio supradicto, et quod pedatgerius constitutus et constituendus... teneatur jurare super S. Dei Euvangelia, ad requisitionem domini Graynhani et suorum successorum post eum aut eorum procuratorum, in manibus eorumdem dominorum legaliter et integre solvere et prestare dict. IX. xx^{ti} libras terminis, solutionibus et temporibus supradict.; promitens ipse dominus Montilii, pro se et suis inperpetuum successoribus, se facturum et curaturum quod omnes et sing. pedatgerii statim quod fuerint constituti, ad requisitionem tamen domini Graynhani et suorum, infra decem dies post requisitionem factam curabit et faciet dict. pedatg(er)ium de solvendo dict. IX. xx^{ti} libras juramentum prestare..; convenit etiam et promisit se non prestaturum inpedimentum.., et si in premissis.. defficeret et omnia non compleret et non observaret aut contra veniret.., promisit reficere dampna et expensas et interesse, et de ipsorum quantitate stare simplici verbo suo aut sacramento procuratoris sui atque suorum. Et pro prediet. IX. xx^{ti} libris solvendis, tradendis et reddendis.., et pro omn. et sing... tenendis et observandis se submisit dominus de Montilio curiis omn. et sing. dominorum illustrium regis Fransie et regis Cicilie et comitatus Provincie, et domini nostri pape; ipse tamen dominus Montilii expresse dixit quod non intendebat se submitere curie parvi sigilli Montis Pessullani domini regis Fransie nec curie comuni de Alondo nec de Montilio domini pape...; sed ad observandum premissa omnia voluit coherceri, conpelli et cogeri summarie et de plano... et quod nullam exeptionem proponet.., non reclamabit, non appellabit nec contradicet quominus... conpelli valeat et exequcio realis fieri... Quod autem predicta omn. et sing. vera essent et ea attenderet et conpleret et servaret.., sic convenit et promisit dicto domino Graynhani... et juravit ad S. Dei Euvangelia gratis et sponte.., obligando et ypothecando expresse omnia bona sua.., renunciavit... fori sui privilegio... et generaliter omn. utriusque juris auxiliis.... De quibus.. dict. dominus Graynhani petiit sibi fieri publ. instrumentum per me.. notarium.. nec non per mag. Bertrandum de Graynhano notar., et dict. dominus de Montilio per mag. Guillelmum Perreti notar. publ. imper. auctor. Actum fuit hoc apud Avinionem, in hospicio habitationis rev^{di} patris domⁱ fratris Pastoris, Dei gratia archiepiscopi Ebredunensis, testibus presentibus dicto dom° archiepiscopo, nobilibus viris dd. Raymundo de Lauduno milite, domino Montis Falconis, dom. Bertrando Planterii, milite et legum doctore de Avinione, dom. Guillelmo Fabri milite, domino de Roceto, venerabilibus viris dom. Petro de Serro Scuderio, canonico Vivariensi, dom. Pontio Maurelli, licensiato in legibus, dom. Johanne Pataudi, jurisperito de Valriaco, et pluribus aliis ; et me Alberto de Bertrando, publ° imper[ii] auctor[e] et civitatis Avinionis notario, qui... hanc cartam... in publ. formam redegi et signo meo solito signavi et bullavi.

(*) Texte dans le recueil C, de M. Morin-Pons, f°° 10 à 19.

XLIX.   *30 janvier 1344*.

INSTRUMENTUM SUPER REVOCATIONE PRECONISATIONIS PAPALIS*.

In nomine Domini, amen. Anno Incarnationis ejusdem Millio CCC°XLIIJ°, indictione xi[a] et die xxx mensis janoarii, pontifficatus SS[mi] in Xpisto patris et domini nostri dom. Clementis divina providencia pape VI[i] anno ii°, super eo videl. quod hiis diebus jam proxime lapsis quedam preconisacio publica et voce preconia per locum Montilii et loca consueta ac per Stephanum Guiberti, incantatorem dicti loci, facta et executa fuisset pro parte et de mandato speciali ven[lis] et circumspecti viri dom. Raymundi Girardi, legum doctoris, baylivi et judicis dicti loci Montilii pro domino nostro papa predicto ab eodem specialiter deputati, scil. quod nemo seu quovis alia persona et utriusque sexus dicto domino pape subjecta in dicto loco Montilii ausa sit vel esset ab inantea aliquam personam quamcumque ejusdem jurisdictionis ad curiam Valentinam vel ad aliam alienam per viam citacionis vel alias extra forum et jurisdictionem papalem predict. trahere vel alias vexare seu convenire, sine licencia dicte curie papalis seu dom. baylivi ejusdem seu sui locum tenentis, et in derogacionem juris et honoris curie predicte papalis postquam in illa curia sub cujus jurisdictione concistit et nisi prius dicta curia requisita : et hoc sub pena xxv librar. dicte curie aplicanda et comitenda pro qualibet vice et persona qua contrarium fecerit. Qua facta, paulo post eodem die et inmediate, quamcito ad noticiam nobilis et discreti viri Johannis Rovilhi de Montilio, consulis et rectoris universitatis dicti loci et pro parte dicti domini nostri pape, pervenit, oppinans quod ipsa preconisacio facta in dampnum, prejudicium, derogacionem, lesionem et enervacionem juris et honoris dicte universitatis... et suarum franchesiarum et libertatum ac eorum bona consuetudine merito et quamplurimum redundaret et prejudicaret ac per inposterum prejudicari posse, ubi sustineretur talis nova inposicio et nisi super dicta preconisacione et ipsius revocatione habenda pro parte dicte universitatis provideretur de remedio opportuno; hinc est quod instante et instigante dicto nob. Johanne Rovilhi, consule et rectore predicto et nomine dicti ejus consolatus, volens uti officio ejus consolatus et jure ac honore ejusdem et pro evidenti utilitate dicte universitatis et hominum, jurium, honorum, bonorum suorum, ut dicebat, et ex sui officio incumbenti et moto fidelitate sua, et delliberato primitus cum certa parte burgencium et bonorum hominum et procerum universitatis predicte et ab eis eorum consillio, licencia et consensu obtentis, et specialiter cum nobilibus et discretis viris Laugerio Saramandi, Jacobo de Monteluello, Poncio Premonis, Johanne Alisandi et Guillelmo Carbonerii, presentibus et predicta fieri postulantibus ac dict. consulem requirentibus, promoventibus, inducentibus, ad presenciam dicti dom. baylivi et judicis una cum dict. burgensibus simul et ex causa predicta accesserunt, et coram eo... personaliter constituti inter ceteros.. dict. consul... ipsi dom. baylivo et judici significavit conquerendo et presertim de modo, forma et nova inposicione dicte preconisationis facte et per eundem fieri mandato et concesse.., de quibus merito omnes admirabantur et admirati fuerunt, dicens et proponens... quod dicta preconisatio... est et quod tempore esse posset prejudicial et periculosa et in lesione et derogatione libertatum et franchesiarum dicti loci Montilii et in earum enervationem redundare posset, et multum esset extraneum atque novum ipsam preconisationem sustinere, cùm juxta tenorem dict. libertatum ulli officiali quorumcq. dominerum dicti loci nec etiam alicui ex dict. dominis licitum est facere seu permissum seu alias inponere malum usaticum seu novam inpositionem; et ad probandum predict. libertatem fore per dominos dicti loci, predecessores dominorum modernorum, concessam super novitate huj^{di} non inponenda et dicti dom. baylivi et judicis conscienciam informandam, exhibuit dict. consul.. quemd. rotulum pargameni magnum et publicum.., universales libertates et franchesius dicti loci continentem, vigore cujus et eo producto petiit et requisivit.. dict. preconisationem factam et pene inpositionem debere per dict. d. baylivum et judicem cum effectu revocari, ejus benignum officium super hec ·inplorando. Et dict. dom. baylivus et judex, cum libertatem huj^{di} fore concessam merito ignoraret et quod ad requisitionem et querelam quorumdam dicte juridictioni subditorum dicta preconisatio processerat, visa informacione dicti rotuli publ. clausulam facientem pro dicta libertate, in se continentem propter quod dict. preconisationem inpedire habet et totaliter tollere, nollens dict. libertates si que fuerint dicte universitati in aliquo infringere nec etiam revocare, ymo potius quantum fieri poterit cum justo juris remedio opportune servare seu ampliare, ideo instante et requirente dicto consule et ad preces dict. burgensium et procerum dicte universitatis et ejus precibus admissis, dict. preconisationem cum toto ejus effectu, quantum dict. libertatum et franchesiarum enervationem tangere posset, suspendit et ex toto revocavit ac eam amovit.., salvo... honore dicte curie et juridictionis dicti dom. nostri pape... De qua... Actum Montilii Ademarii, in domo Templi, scil. in camera superiori dicti dom. baylivi, presentibus testibus discretis viris Guillelmo Bues domicello, vicebaylivo et locumtenente generali dicti d. baylivi, Bertrando Suanis, notario de Vabr., Guillelmo Agerii, notario Montilii, et Fulcone de Bonilis, domicello dicti d. baylivi; et me Arnaudo Timotz clerico, habitatore Montilii, auct^{re} imp^{li} et curie papalis Montilii Adem. ac SS. Rom. ecclesie notario publ... ✝

(*) Original parch. coté n° **169** (*Invent.* de 1662, f° 40). Au bas : « Tax-(atum) *per me G. Bues vicebaylivum curie papalis, atenta qualitate facti.* VIII^{to} *turon. argenti. Fuit retaxatum per nob. Johannem Rovilhi, de concilio d. Johannis Pataudi, ad medium florenum.* »

L. *7 juillet 1343.*

(Epistola Fratrum Minorum Montilii Humberto dalphino)[*].

ILLUSTRISSIMO et excellentissimo principi dominoque suo reverendissimo dom. Humberto, dalphino Viennenci, comiti Albonis dominoque de Turre ac comiti palatino, frater Bertrandus humilis gardianus Fratrum Minorum Montillii Adhemarii, una cum humili conventu, salutem et pacem que finis est et premium omnium meritorum. Quia devocionis vestre sinceritas a devotis parentibus quodam naturali decursu ad ordinem nostrum vestris innata precordiis et nichillominus super infusa divinitus, quam devocionem ad conventum nostrum loci predicti efficaciter obstendistis vestram gratam helemosinam et Domino Jhesu Xpisto acceptabilem tribuendo, videl. qua-

dringentos florenos auri pro loci ampliacione et augmento, et devote
petendo missarum suffragia pro dono singulari ; ideo nos, attendentes
et cupientes annuere vestre magne et effectuose devocioni et merito
volentes reddere vicissitudinem salutarem, de Dei misericordia confici,
de voluntate et assensu revᵈⁱ patris nostri fratris Bartholomei, minis-
tri nostre provincie Burgondie, quia vestra devocio hec requirit,
concedendo ordinamus ut quatuor fratres in predicto conventu commorantes in qualibet septimana successive ponantur in conventus
tabula, qui perpetuis temporibus secundum intencionem vestram
tam pro vivis quam pro mortuis missas celebrare teneantur, orantes
et deprecantes Creatorem altissimum ut per bona temporalia quo hic
agitis ad eterna gaudia pervenire valeatis, amen. Datum Montilllii,
vii die mensis jullii, anno MᵒIIIᶜXLIIJ, cum apposicione sigilli conventus nostri.

(*) Arch. de la Préfect. de l'Isère, reg. *IIᵘˢ liber copiarum Valentinen.
et Dyensis* A.A (B. 289), fᵒ IIᶜ IIIIˣˣ xviij, avec ce titre : *De quatuor missis
perpetuis omni edomada datis per dom. gardianum et fratres Minores conventus Montillii Adhemarii illustrissimo dom. Humberto dalphino et suis;*
en marge : « Sciatur si celebrentur dicte iiiiᵒʳ misse qualibet septimana. »

LI.   *19-28 avril 1344.*

(Baillivi regii executoria contra dominum Montilii)*.

Bertrandus Barbaste, domicellus, bayllivus regius Vivarien. et
Valentin., Jacobo de Valle Clara, Pontio Salvatge, Johanni de
Costa, servienti regio, et eorum cuilibet salutem. Cum constet nobis
instrumento publ. recepto... manu mag. Alberti de Bertrando notarii
publ... nobilem et potentem virum dom. Giraudum Adhemarii, dominum Montilii et Ruppis Maure, olim solvere promisisse nob. et pot.
vire Giraudo Adhemarii, domino de Graynhano, quingentas libras
Turonen., talis monete quod xvi denarii valerent i grossum Turon.
argenti et econverso, certis terminis et solutionibus jam elapsis, et ex
certis causis... et pro premissis se et bona sua obligasse viribus, com-
pultioni et cohertioni quarumcq. curiarum domⁱ nostri Francorum
regis, exepta curia parvi sigilli regii Montis Pessulani dumtaxat;
idemque dominus Montilii dict. peccunie quantitatem solvere recusa-
verit dict. terminis pluries requisitus, parsque dicti domini de
Graynhano curiam nostram regiam Ville Nove pro exequtione pre-
misse peccunie contra dict. dominum Montilii duxerit eligendam :

vobis igitur precipimus et mandamus quatenus requisitis requirendis
compellatis per bonorum suorum captionem, vendilionem et distrac-
tionem profat. dominum Montilii ad solvendum et reddendum dicto
domino de Graynhano summam peccunie antedict... Datum in Villa
Nova de Berco, die xixᵃ *(al.* xxvuɪᵃ*)* aprilis, anno Domini MᵒCCCᵒXLᵒ
IIIIᵒ. —ⰓReddite literam portitori. Audegerii *(al.* Boyrelli). ●

(*) Texte dans le recueil C, fᵘ 38 rᵒ et fᵒ 36 vᵒ.

LII.   *21 octobre 1345.*

Instrumentum comunie facte per homines universitatis Montilii.

Quoniam sanctissimum nomen Domini, ad ipsum est tamquam ad
benedictionis fontem in operis cujuscumque primordio recurren-
dum; in nomine igitur sancte ac individue Trinitatis, Patris et Filii
et Spiritus Sancti, amen. Ne morte cognitorum publica fides depereat,
set viva durabiliter maneat ad posteros transmittenda, presentis ergo
scripture testimonio declaretur presentibus et postremis quod, anno
ab Incarnacione Dominica millesimo tricentesimo quadragesimo
quinto, indicione decima tercia et die xxi mensis octobris, pontifficatus
SSᵐⁱ in Xpisto patris domini nostri dom. Clementis divina providencia pape VIⁱ anno iiiⁱᵒ, infrascripti homines jurisdictionis papalis
castri Montilii Ademarii ac homines ligii domⁱ nostri pape in et de
loco predicto, pari concensu et unanimi concordia ad infrascripta
coadunati ac pro infrascriptis unum corpus et unum collegium facientes, videl. Lagerius Saramandi domicellus, Jacobus de Monte Luello,
Poncius Premonis, Michael Herodis, Stephanus Xpistiani, Guillelmus
Coterii, Guillelmus Charbonerii, Guillelmus Alamandi, Stephanus
Fabri, Jacobus Mannassii, Mondonus Bertholomey, Andreas Andree
alias Chausa, Stephanus Bordelli, Franciscus Meyssani, Johannes de
Vienna, Andreas Juliani, Johannes Dalchier, Bernardus Pellicerii,
Jacobus Spiardi, Gametus Aymarii, Giraudus Laurecii, Ferrar[......]-
conis, Armandus Daguech, Durantus Bancha, Andreas Probani,
Petrus Moyrenc, Giraudus Basseti, Michael Probani, Durantus Ray-
naudi, Durantus Laurencii, Poncius Audoardi, Petrus Bondoni, Bernardus Meyssani, Lantollmus Fabri, Stephanus Guiberti, Memonus
Coperii, Jacquerius Lulerii et Monnous Garrolli, una cum assensu,
consilio et licencia nobilis et discreti viri Johannis Rovilhi, consulis

et vicebaylivi loci predicti de Montilio Ademarii pro parte dom. nostrum papam tangente, quem quidem dom. vicebaylivum et consulem super infrascriptis concedendis cum instancia quanta decet requisiverunt; et ab eodem super ipsis obtenta licencia prenominati, inquam, omnes et singuli cum eodem nob. Johanne Rovilhi.., nominibus ipsorum propriis ac etiam.. omnium et singul. personarum universitatis loci predicti.. jurisdictionis papalis... ipsis adherencium et adherere volencium in hac parte, sollempniter tamen primitus protestato quod nichil intendunt facere nec tractare in prejudicium seu lesionem ejusdem. domini nostri.., et protestato eciam quod subscripta que facere intendunt grata sint et beneplacita dom. baylivo curie prelibate et quod hiis ipse consensiat, et eo casu quo idem dom. baylivus non concederet seu quomodolibet subscripta moleste gereret atque grave quod omnia habeantur pro non factis et nullis, pro bono comuni et utilitate necessaria ac utili et evidenti necessitate comunitatis sive universitatis jam dicte et pro negociis opportunis universitatem seu comunitatem predict. in et pro generali bono tangentibus, videl. pro procurando et procequendo apud beate sedis apostolice celcitudinem confirmacionem atque ratifficationem libertatum, franchesiarum atque inmunitatum comunitatis et universitatis jam dicte, nec non et pro aliis rebus quibusdam universitatem et comunitatem necessario tangentibus.., prout.. omnes constanter asseruerunt, fecerunt inde, constituerunt et tractaverunt ordinationem, constitutionem sive comunitatem talem inter eosdem per modum qui sequitur deconplendam, videl. quod quilibet de universitate jam dicta solvat, tradat seu tribuat quallibet septimana seu quolibet mense certam peccunie portionem, quantitatem sive tributum in quo seu qua talliatus sive taxatus extiterit per probos et nobiles viros per dict. dom. consulem ad hujusmodi deputandos et illis collectoribus qui similiter per dict. dom. consulem et alios ad quos pertinuerit fuerunt super hiis deputati; quam quidem portionem peccuniariam, collectam sive tributum solvere teneatur et debeat quillibet de comunitate sicut per dict. probos talliatores et taxatores deputandos ordinatum extiterit et collectoribus seu levatoribus, ut premittitur, ordinandis pacifice et quiete, et sine omni molestia et contradictione. Hanc autem ordinationem, comunitatem sive collectam inter eosdem... durare et permanere voluerunt prefati constituentes et ordinantes.. per annum unicum et unici anni spacium tantum incipiendum et primordiandum videl. a proximo festo Sanctorum Omnium in antea numerandum et non ultra. De quibus... Acta quidem et recitata, publicata fuerunt hec

omnia in predicto loco Montilii Ademarii, videl. infra domum sive
conventum sancte religionis Beati Francisci de inibi, testibus presentibus ad hoc specialiter vocatis et requisitis magistro Johanne de Rivo,
notario de Sancto Martino Supperiori, Vivarien. diocesis, nunc tamen
habitatore Montilii Adem., fratribus et dom. Rostagno Scoferii et
Matheo de Rivo, ordinis et conventus Fratrum Minorum de Montilio
Adem.

Et me Armando Timotz clerico habitatore Montilii, auct^{te} imp^{li} et
curie papalis Montilii Adem. ac SS. Rom. ecclesie notario publ... ✝

(') Original parch. coté 299 (*Invent.* de 1662, f° 65) ; taxe comme ch. XLIX.

LIII.   *15 novembre 1347.*

(CONFIRMATIO LIBERTATUM PER DOM. GERAUDUM ADEMARII)*.

IN NOMINE Domini, amen. Anno Incarnationis ejusdem millesimo
tricentesimo quadragesimo septimo, videl. decima quinta die mensis
novembris, cum olim per predecessores magnifici et potentis viri
dom. Giraudi Ademarii nunc domini Montilii certe libertates, inmunitates et franquesie date fuerint et concesse hominibus suis de Montilio presentibus et futuris sub eorum jurisdictione et dominio existentibus, inter quas libertates date fuerint et concesse libertates, inmunitates et franquesie inferius expressate, videl. quod mulieres de
Montilio sub eorum jurisdictione et dominio existentes possent libere
in matrimonium collocari et nubere in Domino cum quocumque
vellent sub aliena jurisdictione existente, cum matrimonia debeant
esse libera et etiam absoluta et dicat Apostolus quod mulier nubat in
Domino cum quocumque voluerit; item, quod homines sui in villa
Montilii... possint de bonis suis sive rebus quibuscumque disponere
et testari pro suo libito voluntatis, et si aliquis ab intestato decederet,
quod bona illius sic decedentis ad liberum vel liberos si haberet vel
alios inferiores dessendentes pervenirent, et si dessendentes non
haberet ad assendentes vel ad collaterales, consanguineos et agnatos,
secundum quod essent proximiores in gradu, ipsius hereditas perveniret secundum quod juris ratio hoc dictaret ; item, quod nullus subditorum suorum... possit seu debeat arrestari seu detineri, dum
tamen caveret ydonee et cautiones prestaret de parendo juri coram
curia seu judice nobilis supradicti, nisi in casu criminali et in quo
delatus esset criminaliter puniendus : prout hec omnia in instrumentis

dict. libertatum lacius dicuntur contineri. — Predictusque nobilis
dom. Giraudus Ademarii, nunc dominus Montilii, aliquibus vicibus
et a paucis temporibus citra abusus fuerit, ut ipse asserit, libertatibus
superius expressatis, videl. inhibendo et inhiberi faciendo et penas
sive multas imponendo et imponi faciendo subditis suis mulieribus de
Montilio... et earum parentibus et amicis, ne ipse mulieres in matrimonium collocarentur cum hominibus alterius jurisdictionis et dominii existentibus; item etiam, quod quandocumque aliquem de suis subditis de Montilio decedere contingebat ex testamento vel ab intestato,
idem nobilis et sui officiales nuncios et servientes ponebant et mite-
bant et miti et poni faciebant et mandabant in hospiciis deffunctorum et sazinas et sequestrationes faciebant et fieri faciebant : qui
servientes et que sazine et sequestrationes tam diu infra hospicia deffunctorum morabantur et extabant, sumptibus et expensis bonorum et rerum infra dicta hospicia existencium, donec illi
ad quos bona et res deffunctorum pertinebant cum dicto nobili et
suis servientibus convenissent; item etiam, quod quandocumque
aliquis de suis subditis et hominibus de Montilio fuisset per officiales
seu curiales suos., captus, arrestatus seu detentus, cum cautionibus
ydoneis non poterat liberari seu relaxari. Predictus, inquam, nobilis
personaliter constitutus in presencia mei notarii et testium subscript.,
attendens et conciderans dilectionem et affectionem quas.. habet erga
suos homines et subditos de Montilio, et predicti sui homines et subditi habent erga ipsum, et grata obsequia et servicia, gracias et amores que et quas predicti sui homines et subditi eidem nob. fecerunt
temporibus retroactis, conciderans eciam et attendens quod predicte
libertates et franquesie date et concesse predict. suis hominibus
et subditis a suis predecessoribus liberaliter processerunt, volens
dict. nobilis, cupiens et affectans cum suis predecessoribus pari
pasu ambulare et predict. suis hominibus et subditis in recompensatione dict. serviciorum impensorum merita reddere licet
pauca, idcirco predict. nobilis per se et suos heredes et imposterum
successores promisit expresse et per pactum validum et sollempne...
discretis viris Guillelmo Passamarii et Poncio de Crudatio, consulibus
et rectoribus ville Montilii Ademarii.., nomine suo et aliorum hominum et mulierum ac subditorum et incolarum ipsius nobilis... presencium et futurorum stipulantibus sollempniter et recipientibus, et
michi notario tanquam persone publice.., quod ipse nobilis non im-
ponet nec imponi faciet seu sustinebit penas sive multas nec minas
aliquas inferet.. nec prohibebit, impediet seu deffendet... directe vel

indirecte suis mulieribus subditis de Montilio... quin ipse possint et
valeant libere contrahere et in matrimonium collocari cum quocumque voluerint, prout eis et earum parentibus et amicis placuerit et
videbitur faciendum, ymo voluit et concessit dict. nobilis... quod
predicte mulieres.. possint et valeant ab inde in antea libere contrahere et in matrimonium collocari cum quocq. voluerint absque
comissione pene alicujus sive multe, cum matrimonia debeant esse
libera et eciam absoluta ; promisit eciam dict. nobilis.... quod quocienscumque et quandocq. ab inde in antea aliquem de suis hominibus, mulieribus et subditis de Montilio ejusque territorio et districtu..
decedere contingerit sive mori ex testamento vel ab intestato, quod
ipse non ponet nec poni faciet seu permitet custodem aliquem vel
servientem, custodes vel servientes vel aliquos alios ex suis officialibus
seu curialibus in hospiciis suorum subditorum moriencium seu decedencium.. sic ex testamento vel ab intestato nec suzinam aliquam vel
sequestrum faciet seu fieri faciet vel permitet, nisi tamen ad instanciam partis credentis se jus habere in bonis et hereditate sic decedentis
de hoc fuerit requisitus, ymo voluit et concessit nobilis supradict...
quod bona et hereditas moriencium seu decedencium ad illum et ad
illos libere perveniant et ad quem et ad quos de jure ex testamento
vel ab intestato pervenire poterunt et debebunt, omni impedimento
cessante penitus et remoto ; item voluit et concessit nobilis supradict... quod nullus subditorum suorum tam marium quam mulierum
sub jurisdictione sua et dominio in Montilio et ejus territorio et districtu.. existencium et habitancium possit seu valeat arrestari, detineri sive capi, qui cavere seu fidejubere velit et presentet ydonee de
parendo juri coram suo judice de delicto de quo fuerit acusatus, dum
tamen delictum non sit tale propter quod delatus fuisset notorie et
criminaliter puniendus ; et si contingeret.. ad inde in antea aliquem
detineri, arrestari sive capi, voluit et concessit dict. nobilis.. quod
detentus, arrestatus sive captus prestita caucione ydonea in continenti
relaxetur et liberetur, nisi in casu ut supra.., et quod officiales sui...
dict. caucionem teneantur recipere nec eam possint seu debeant recusare. Quas libertates et omnia.. supradicta dict. nobilis per se et suos
heredes et imposterum successores rata et firma tenere perpetuo et
habere, et ita attendere, servare et complere et numquam per se vel
per alium contra facere vel venire nec alicui contra venire volenti
dare seu prestare opem, auxilium, consilium vel favorem dict. Guillelmo Passamarii et Poncio de Crudacio et michi notario... bona fide
et sub obligatione omnium bonorum suorum promisit et juravit,

tactis Dei Euvangeliis corporaliter sacrosanctis, cum omni renunciatione juris ad hoc necessaria pariter et cauthela; volens et concedens
dict. nobilis quod ego notarius infrascr. de predict. omnibus possim
et debeam facere.. publica, si necesse fuerit, instrumenta. Actum
Montilii, extra fortalicium in logia dicti nobilis, testibus presentibus
ven[ll] et discreto viro dom. Johanne Pacaudi, judice ipsius nobilis,
Rostagno Escofferii, vice-bajulo ipsius, Matheo de Jangolieu notario,
Guillelmo Raynoardi alias dicto Vanhas, Rostagno Charpieu de Ruppe
Maura.   ι

     † Et magistro Johanne Arnulphi, auct[e] imp[ll] et nob. et pot. viri
dom. Giraudi Ademarii, domini Montilii condam, notario publ., qui
de predictis notam recepit et qui morte preventus... instrumentum
extrahere nequivit; quocirca ego Petrus Arlacani de Valentia, habitator Montilii, auct. imp. et nobilis suprad. notarius publ., de dicta
nota... requisitus per Arnaudum Remusati de Montilio, hominem
litgium dicti nob. d. Giraudi, hoc instrumentum publ... extraxi ipsumque feci et grossavi signoque meo consueto signavi in testimonium
premissorum.

LIV.   *23 juin 1348.*

HOMAGIUM DOM[i] GAUCHERII ADHEMARII, DOMINI MONTILII, MILITIS (DOM° HUMBERTO DALPHINO)*.

IN nomine Domini nostri Jehsu Xpisti, amen. Per hoc pres. publ.
instrumentum universis et singulis tam present. quam fut. appareat evidenter quod, anno ejusdem Dom[i] M°CCC°XLVIII°, die XXIII[a]
mensis junii, indictione I[a] pontificatusque SS[mi] in Xpisto patris et
domini nostri dom. Clementis digna Dei providencia pape VI[i] anno
VII°, constituti personaliter ill[ti] princeps dom. Humbertus dalphinus
Viennensis, ex una parte, et nobilis et potens vir dom. Gaucherius
Adhemarii miles, dominus Montilii, ex altera, coram me notario et
testibus..; dictus enim dom. Gaucherius, sciens, prudens et spontaneus,.. ex certa sciencia et voluntate sua spontanea et libera... confes-

sus fuit et publice recognovit, confitetur et publice recognoscit tamquam in judicio, per se, heredes, successores et posteros suos ac causam habentes ab eo et habituros imposterum, se esse et esse debere et velle hominem ligium dicti dom¹ nostri dalphini, heredum et successorum suorum ante omnes dominos, salvis tamen et exceptis.fidelitate et homagio quibus tenetur viro mag⁰⁰ dom. comiti Valentinen. et Diensis ; quod quidem homagium ligium de persona.. fecit, prestitit et impendit memorato dom⁰ nostro dalphino presenti, stipulanti et recipienti.., stando pedes more nobilium junctisque manibus inter manus dicti dom¹ nostri dalphini et oris osculo interveniente inter ipsos in signum federis et amoris ; et promisit et juravit dictus dom. Gaucherius, per se, heredes et successores suos, tactis Euvangeliis per eumdem, per juramentum suum ad sᵘ Dei Euvangelia per eum prestitum et vallatum, esse de cetero dicto dom. dalphino, heredibus et successoribus suis hobediens firmiter et fidelis eisdemque facere, attendere, complere et servare fideliter et perfecte omnia illa que in capitulis de forma fidelitatis nova et veteri continentur, videl. incolume, tutum, utile, fassile, possibile pariter et honestum, et omnia que bonus vir et probus vassallus suo domino tenetur facere et servare ; confitens et recognoscens dictus dom. Gaucherius.. se tenere et tenere debere et velle et se tenere constituit ab ipso dom⁰ nostro dalphino in feudum ea omnia universa et singula que bone memorie dom. Lambertus, dominus condam Montilii fraterque condam ipsius dom¹ Gaucherii, tenebat et tenere debebat et consueverat tempore sui obitus ab eodem dom⁰ nostro dalphino, secundum pacta et conventiones dudum habitas et inhitas inter eumdem dom. nostrum dalphinum et suos predecessores ex una parte et dictum dominum Lambertum condam suosque predecessores ex altera, et omnia et singula alia etiam que dictus dom. Lambertus alias tenore posset et deberet quomodocumque in feudum a dom⁰ principe memorato : de quibus omn. et sing.... dictus dom. noster dalphinus per se, heredes et successores suos investivit dictum dom. Gaucherium tamquam fratrem et successorem legitimum dicti dom. Lamberti condam... et retinuit in vassallum. Que siquidem pacta, conventiones et pactiones dudum habitas et celebratas... dominus noster dalphinus et dom. Gaucherius... confirmaverunt, approbaverunt et acceptaverunt totaliter.., promittentes et jurantes.. hinc et inde per juramenta sua.. et sub obligatione et ypotheca omnium bonorum suorum... predict. pactiones et conventiones... vicissim et equa lance perpetuo tenere, actendere, servare et effectualiter adimplere, renunciantes.., mandantes, volentes et preci-

pientes... Acta fuerunt hec in castro Quiriaci, Lugdunen. diocesis, in
presencia et testimonio nobilium virorum dd. Johannis de Grolea,
domini Neyriaci, Raynaudi Falavelli, Guichardi de Chissiaco, Johannis de Podio, Rollandi de Bastida, Rollandi Bosonis de Porta Trionia,
Jacobi de Dya, militum, Raymondi Chaberti jurisperiti, Guioneti de
Gruleya domicelli et plurium aliorum fidedignorum Lugdunensis,
Viennensis, Gebennen., Valentinen. et Gronopolitane dyocesum, per
me subscr. notarium vocatorum et rogatorum testium ad premissa;
et ego Johannes Nicoleti, publ. notarius.. premissis omnibus interfui, etc.

(*) Arch. de la Préfect. de l'Isère, Reg. I^{us} *Homagiorum Johannis Nicoleti* 1349 (B. 18), f° xviij. — Dans le même reg. se trouve (f° iij). ainsi que
dans le reg. Pilati (B. 13), cah. 99, sous la date du 15 septemb. 1349, indict. 2, un hommage du même Gaucher Adhémar au nouveau dauphin
Charles, dont voici un extrait :

«... vir potens et nobilis dom. Gaucherius Adhemarii, dominus Montilii,..
confitetur et recognoscit.. se esse... hominem ligium illi^u principis dom.
Karoli, primogeniti primogeniti Francorum regis, dalphini Viennensis, excepto tamen homagio cui primo tenetur, ut asserit, viro mag^{co} dom. comiti
Valentin. et Diensis ; quod homagium.. prestitit... stando pedes junctisque
manibus suis inter manus.. dalphini et oris osculo interveniente in
signum federis et amoris.. ; recognoscens.. se tenere... castra de Vers, de
Revesto, de Monte Froco et de Curello... et alia olim recognita per ho.
me. d. Lambertum Adhemarii, condam dominum Montilii germanumque
ipsius d. Gaucherii... Acta fuerunt hec apud Pisancianum prope Romanis,
in castro viri magn. d. Amedei de Pictavia, domini Sancti Valerii, in presencia et testimonio RR. in X° PP. dd. Henrici de Vilars, archiepiscopi et
comitis Lugdunensis, Johannis Grationopolitani episcopi, et pott. virr. dd.
Amedei de Pictavia pred., Guillelmi domini Turnonis, Yvonis domini de
Garanceres, Johannis Richerii, magistri requestarum hospicii regii, legum
doctoris, Francisci de Parma, utriusque juris professoris. domini Asperi-
montis, cancellarii Dalphinatus, Amblardi domini Bellimontis, Bertrandi
de Tauligniacio, Rollandi de Bastida, Rollandi Guidonis de Loyse (al.
Leuse), Francisci de Thesio, Francisci de Revello, Aymonis de Chissiaco,
militum, Petri Guiberti, Petri de Vercors, domicellorum... »

LV.   *10 avril 1352.*

(Confirmatio libertatum per d. Gaucherium Adhemarii)*.

In nomine Domini, amen. Anno Incarnationis ejusdem millesimo
tricentesimo quinquagesimo secundo et die decimo mensis aprilis,
noverint universi et singuli... quod costituti personaliter in presen-

cia mei notarii et testium infrascript. vir magnificus et potens dom.
Gaucherius Adhemarii, dominus Montilii Adhemarii, dyocesis Valentinen., ex una parte, et dom. Guillelmus de Prato Comitali miles ac
Guillelmus Barnaudi et Johannes Alardi de Montilio, consules universitatis hominum Montilii, nominibus suis propriis et nomine universitatis predicte.., necnon Durantus de Crudacio, Jacobus Barnaudi,
Guillelmus de Lugduno, Petrus Rocherii, Andreas Larnacii, Laurencius
Maure, Bonellus Agnin, Johannes de Rivo, Guillelmus Autruci, Laurencius Bornoni, Johannes Bauteaqui, Petrus Monnerii alias Corneti,
Henricus de Losona, Jacobus de Orto, Anthonius Jauleti, Petrus
Pereti, Bertrandus Larnacii, Guillelmus Jausaudi, Johannes Sartoris,
Raymundus Pellicerii alias Columbeayre, Michael Coyroni, Petrus
Grasse, Jacobus Ganalhi, Simonetus Alamandi et Johannes de Lengres,
marescallus de Montilio predicto, homines dicti dom. Gaucherii, ex
parte altera; produxerunt, obtulerunt et presentaverunt prenominati
homines... dom. Gaucherio presenti, audienti et intelligenti quoddam
publicum instrumentum continens libertates et franchezias datas et
concessas hominibus Montilii per predecessores condam dom. Gaucherii, dominos dicti loci Montilii; quod quidem instrumentum dict.
dom. Gaucherius et eciam homines predicti... pro lecto et pro publicato habuerunt, cujus inst^d libertatum tenor de verbo ad verbum
sequitur et est talis ad plenum, nichil addito, remoto seu mutato :
« In nomine *(vide sis supra, ch. XXVIII, p. 64-7)...* firmitatem. »
Et ibidem incontinenti prefatus dom. Gaucherius Adhemarii, dominus
Montilii, non deceptus nec coluctus nec in aliquo circumventus, non
errans in jure nec in facto, sed certus et certificatus de utroque ad
plenum, sciens, prudens, spontaneus et bene premeditatus, attendens
et conciderans dilectionem et amorem quam et quem predicti homines
et alii omnes Montilii habent erga ipsum, ac eciam attendens multa
grata servicia per dict. homines suos Montilii sibi acthenus inpenssa
et que cotidio inpenduntur.. incessanter, dict. siquidem dom. Gaucherius per se et successores suos perpetuo, certificatus primitus ad
plenum, ut dicebat, de omnibus et singulis libertatibus, francheziis,
immunitatibus et privilegiis datis et concessis hominibus Montilii per
predecessores ipsius dom. Gaucherii, dominos condam Montilii, prout
in instrumento supra scripto continetur et eciam quibusd. aliis publ.
instrumentis contineri dicuntur,... gratis et sponte predict. franchezias, privilegia, immunitates et libertates hominibus suis ac eciam
michi notario ut persone publice... approbavit, laudavit, ratificavit,
emologavit et eciam confirmavit prout melius, sanius et utilius dici,

intelligi et interpretari potest ad majorem utilitatem et perpetuam
firmitatem hominum suorum Montilii presencium et futurorum.
Quibus libertatibus, francheziis, immunitatibus et privilegiis antedict... preffatus dom. Gaucherius per se et successores suos quoscq.
perpetuo voluit et concessit... predict. homines et alios suos quoscq.
Montilii.. gaudere et inviolabiliter uti, cum omnibus capitulis, conditionibus et pactis contentis et comprehenssis in quibuscq. instrumentis.. ; volens eciam et concedens... quod in et sub presentibus
confirmacione, ratifficatione et emologacione sint et intelligantur
expresse et comprehendantur adjuncte omnes et singule franchezie,
libertates, immunitates et privilegia per predecessores.. date et concesse... ac si de verbo ad verbum et eciam ad plenum in hoc pres. instrumento particulariter et distincte essent scripte, inserte et adjuncte...
Et insuper preffatus dom. Gaucherius.., volens, cupiens et deside-
rans cum effectu et sine deffectu quod predicte libertates, immunitates,
franchezie et privilegia hominibus suis Montilii.. perpetuo observentur...,precepit et voluit quod omnes officiales sui tam presentes quam
futuri, regentes juridictionem et curiam Montilii predicti dom. Gaucherii, jurent et jurare debeant ad requisicionem... rectorum et
consulum ville Montilii pro parte ipsius dom. Gaucherii... servare,
custodire et inviolabiliter atendere omnes franchezias et singulas,
libertates, immunitates et privilegia omnibus hominibus Montilii...
Et ibidem confestim preffatus dom. Gaucherius... ad requisitionem
dict. consulum... voluit, precepit et fecit jurare ad sancta Dei Euvangelia Durantum Audoardi, bajulum suum Montilii, et me Petrum
Guiberti, notarium infrascrip., regentes curiam et juridictionem
Montilii dicti dom. Gaucherii, ac eciam Stephanum Darintalis et
Poncium Avalozii, servientes dicte curie Mont.., quod dict. franchezias, libertates, immunitates et privilegia in singulis capitulis ipsarum
inviolabiliter custodiamus et observemus... contraque per nos vel
alium... non faciamus modo quolibet seu veniamus : quod nos dicti
officiales juravimus incontinenti. Quas quidem omnes franchezias,
libertates, immunitates et privilegia.., ac eciam omnes alias et omnia
alia per predecessores dicti d. Gaucherii.. datas et data.. idem dom.
Gaucherius per se et successores quoscq. dominos Montilii prenominatis hominibus suis... attendere et complere et inviolabiliter observare et contra nullo unquam loco vel tempore facere, dicere vel
venire... bona fide promisit et juravit tactis per eum corporaliter Dei
Euvangeliis SS., cum omni juris et facti renunciatione pariter et cauthela.... De quibus omn. et sing... prenomin. consules et homines..

pecierunt et dict. d. Gaucherius concessit fieri publ. instrumentum..
et tot quot habere voluerint... donec et quousque predicta omnia
obtineant plenam et omnimodam firmitatem. Actum Montilii, infra
fortalicium dicti dom. Gaucherii, testibus presentibus nobili Francisco
de Meduluone de Sancto Vincencio, Durando Germani notario de
Monte Froquo, Sistaricen. dyocesis, Johanne Adam, Andrea Amalrici
de Montilio et pluribus aliis hominibus dicti loci.

Et me Petro Guiberti, notario publ. imp[li] actor[e] et dalphinali cos-
tituto, qui de predictis notam recepi et actoritate michi concessa hoc
instrumentum hic scribi feci per fidelem substitutum meum et juratum in duobus pargamenis hic ligatis et signo meo signatis, quorum
primum finit « sub virtute », secundum vero incipit « prestiti juramenti », et manu mea propria hic me subscripsi et signo meo
signavi.   †

(*) Original parch. composé de 2 peaux, coté E (*Invent.* de 1682, f° 1 v°).
— Copies dans les recueils A, A* et B (n° 34) : *Donatio 24° facta per
magn. et pot. dom. Gaucherium Adhemarii, dominum Montilii et Garda.*
« Extr. des arch. de La Garde, ad uno pargam. cot. *Montelimart*, in arm.
Mont. et in sac. donat., et in lib. cot. *Infeudationes*, f° X 272. »

LVI.   *2 février 1354.*

Ibidem sunt inserta plura instrumenta libertatum ville
Montillii Adhemarii originalia*.

ɪN nomine sancte et individue Trinitatis, Patris et Filii et Spiritus
Sancti, amen. Serenissime vetustatis decrevit auctoritas rerum ges-
tarum seriem in publica redegi munimenta, ne lapsu proclivi temporis memoria labilis oblivione ledatur. Noverint igitur univ. et sing.
presentes pariter et futuri hoc pres. instrumentum verum et publ.
inspecturi, quod anno Incarnationis Domini nostri Jhesu Xpisti
milles° trescen. quinquagesimo tercio, videl. secunda die mensis
febroarii, magnificus et potens vir Giraudus Ademarii domicellus,
dominus Montilii Ademarii, Valentin. diocesis, non errans in aliquo
nec deceptus nec aliquibus machinationibus seu seductionibus circumventus, sed gratis suaque mera, libera et spontanea voluntate motus,
certus de facto et cercioratus de jure, ut dicebat, plenius et instructus;
actendens et considerans homines suos Montilii et eorum predecessores
valde fideles sibi suisque predecessoribus extitisse, et ipsius ac predecessorum suorum serviciis jugiter ac fideliter inheruisse tamquam
boni homines et fideles, ideoque tam egregium et potentem virum dom.
Giraudum Ademarii militem, ipsius Giraudi nunc domini Montilii

genitorem, quam nobilem et potentem virum Guigonem Ademarii, illium quondam nob. et pot. viri dom. Lamberti Ademarii militis, quondam domini Montilii memorie recolende, quam eciam alios predecessores ipsius nob. Giraudi nunc domini Montilii, dictos eorum homines Montilii et successores ipsorum et alios quoscumque futuros pluribus et diversis franchesiis et libertatibus decorasse; volens, cuppiens et intendens idem nobilis Giraudus dominus Montilii dict. predecessorum suorum sequi vestigia prout decet, et nedum libertates et franchesias per predecessores suos quoscq. dict. eorum hominibus datas et concessas inviolabiliter observare, ymo eciam ampliare, cum virtutum premia merentibus conveniat tribui ut boni effici cuppiant meliores, eciam propter multa grata varia et diversa servicia sibi domino Montilii facta et impensa per homines suos Montilii, ut ipse asserebat, volens eisdem meritum reddere licet mancum, liberali animo et grata mente, per se et suos heredes et imposterum successores, dedit et donavit cessitque et concessit donatione pura et simplici, rata, grata, firma et irrevocabili inter.vivos, imperpetuum valitura nullaque causa ingratitudinis seu quavis alia imposterum quomodolibet revocanda, Raymundo Arnaudi et Esmidono Saramandi, rectoribus loci Montilii pro parte ipsius nob. Giraudi, nec non Francisco Lhautoardi, Arnaudo Remusati, Petro Bornonis, Guillelmo de Alayraco, Dalmacio de Bastida, Johanne Bolgarelli, Guidono Gontardi, Jacobo Escofferii, Guillelmo Sismondi, Poncio de Jas, Petro Juliani, Raymundo de Fonte Venna, Pauleto Remusati, Raymundo Richardi, Michaeli Dayguechio, Stephano Chalamelli, Johanni Jaquerii, notariis, Petro Asterii, Petro Menghonis, Johanni Bergondionis alias Chafferii, Johanni Tapiani, Petro Vine, Johanni Riperti, Petro de Rivo alias Usso, Petro Dalcheyr, Petro Pupini, Armando Ruffi, Jacobo Valayrani, Guillelmo Thome alias Chauchadent, Johanni Queve, Johanni Chabicatoris, Martino Luppi, Johanni lo Grep, Stephano Vidalis, Michaeli Chaslarii, Armando Chaylarii, Jacobo de Folco, Matheo Roverie, Bertrando Doumaghe, Guillelmo Thome de Castro, Goneto Museti, Johanni Valriaci, Guillelmo Monerii, Johanni Asselini, Richardo de Plano, Goneto Chaironols, Henrico Binhani, Stephano Laurencii, Moneto Martini, Johanni Palhassa, Bertholomeo Bochini, Berthono Ranchinerii, Giraudo Boscheti, Johanni Jovini, Laurencio Rebolli, Stephano Solerii, Bertrando Amalrici, Guillelmo Roncini, Evequino de Braybantio pellipario et Petro Servientis, hominibus suis de Montilio, presentibus, stipulantibus sollempniter et recipientibus nominibus suis propriis et heredum et successorum suorum, et nobis notariis publicis infrascriptis ut personis publicis... pro libertate et franchesia, videlicet — § *1)* quod dicti rectores et custodes loci Montilii, qui nunc sunt et eciam qui pro tempore fuerint in infinitum, possint et valeant libere et impune eligere et ponere tociens quociens opus fuerit banneatores et porcherios, nec dict. nobilis Giraudus seu sui successores banneatores seu porcherios eligant neque ponant, nec eligere sive ponere possint nec debeant : qui banneatores et porcherii eligendi jurare debeant in manibus bajuli ipsius nob. Giraudi et successorum suorum.., quod in eorum officiis excercendis bene et fideliter se habebunt; confitens et recognoscens idem nob. Giraudus dominus Montilii, quod libertas predicta alias data fuerat et concessa per predecessores ipsius G. hominibus suis de Montilio, et de predict. banneatoribus et porcheriis ponendis et eligendis ipsi homines Montilii erant et steterant in possessione pacifica et quieta et per tantum tempus quod de contrario memoria hominum non existit. — § *2)* Item, cum esset consuetudo in loco de Montilio et obtentum per tantum temporis spacium quod memoria de contrario non existit nec erat, quod homines Montilii et eorum quilibet debitores suos vel quemlibet erga quem aliquam rancuram haberent seu haberet auctoritate sua propria pignorare possent sine pena legali, et si aliquem injuste pignorarent licet pignus reddi opporteret non inde penam aliquam incurrere deberent neque dampnum, voluit et concessit idem nob. Giraudus dom. Montilii... dict. rectoribus et custodibus et aliis hominibus suis de Montilio..., quod homines sui de Montilio presentes et futuri per imperpetuum possint et valeant et quilibet ipsorum... uti, frui eciam et gaudere libere et impune libertate predicta et franchesia, prout et quemadmodum faciebant ante tempus hujusmodi contractus et absque aliqua pena per dict. homines... pro promissis comitenda seu ab eis aut eorum altero modo aliquo exigenda ; ita tamen quod si pignus aliquod seu pignora aliqua ab aliquo forensi seu aliquibus forensibus capiebant ipsi homines aut alter ipsorum, quod illud pignus seu illa pignora a forensibus capienda curie Montilii ipsius nob. Giraudi et successorum suorum apportare seu adducere debeant seu faciant adduci vel apportari pro justicia de ipsis forensibus recipienda coram curia prelibata. —§ *3)* Sane cum antiquissimi predessores ipsius nob. Giraudi hominibus eorum de Montilio libertatem et franchesiam dedissent et concessissent, quod homines eorum de Montilio possent facere pro regimine tocius loci predicti sex rectores, custodes sive conservatores et modo pro parte domini nostri pape et nobilis et

potentis viri dom. Gaucherii Ademarii, dominorum Montilii pro medietate, sint quatuor rectores seu custodes per homines partis ipsorum
in ipso loco Montilii deputati et electi, voluit et concessit idem nob.
Giraudus... predict. hominibus suis..., quod ipsi homines sui de Montilio presentes et futuri ac eorum imperpetuum successores possint et
valeant pro parte ipsius nobilis Giraudi facere, constituere et creare
quatuor rectores, custodes seu conservatores et juramentum ab ipsis
recipere et de eorum officiis fideliter excercendis, prout alias in talibus
in ipso loco Montilii extitit observatum, licentia, consilio et voluntate
ipsius nobilis Giraudi et suorum imperpetuum successorum seu alicujus eorum offic(ialium) minime expectata seu in aliquo requisita. —
§ 4) Rursus, ut omnis materia infringendi et violandi franchesias et
libertates jam dictas et eciam infrascriptas per officiales quoscumque
dicti domini Montilii et suorum successorum penitus amputetur, dicteque libertates inviolabiliter observentur, donavit, voluit et concessit
dict. nobilis Giraudus dominus Montilii... per imperpetuum hominibus
suis predict... franchesiam et libertatem infrascriptam, videl. quod
bayllivi et judices et bajuli Montilii notariique curie ac servientes dicti
loci et omnes et sing... ipsius domini Montilii et suorum imposterum
successorum jurent jurareque teneantur et debeant incontinenti, ad
simplicem requisicionem rectorum... de seu pro parte domini antedicti... seu alterius eorumdum, dict. franchesias et libertates et earum
quamlibet ac eciam infrascriptas omnes et singulas custodire et inviolabiliter observare ac numquam quamdiu in dict. manebunt officiis
contrafacere seu venire ; et si officiales ipsi seu eorum aliqui recusarent dict. juramentum prestare, dict. dominus qui nunc est et alii
qui pro temporibus fuerint successores ejusdem, illos officiales recusantes jurare compellant et compellere teneantur ad prestandum juramentum predictum. — 5) Et insuper pretensus nob. Giraudus, certus
et certificatus ut supra, exhibitis sibi in presencia nostrorum notariorum public. ac testium subscriptorum novem publicis instrumentis
continentibus libertates et franchesias dict. hominibus de Montilio per
predecessores dicti nobilis olim datas et concessas : uno videl. scripto
et signato, ut in eo legitur, manu et signo magistri Ysoardi publici
notarii dom. Giraudi Ademarii, domini Montilii, bullatoque bulla
plumbea impendenti dicti d. Giraudi Ademar. dom. Montilii, ut prima
facie apparebat, recepto et confecto sub anno ab Incarnatione Domini
M°CC°XXVIII°, XIII° kalend. januarii; b) item, alio instrumento
scripto, recepto et signato... per mag. Petrum Arnulphi notarium
publ. dom. Lamberti Ademar. domini Montilii ac per mag. Petrum

Chabraria notar. publ. nob. viri d. Giraudi Ademar. domini Montilii, bullatoque impendenti bullis plumbeis dict. d. Lamberti et d. Giraudi Ademar. dominorum Montilii... ac recepto sub anno Domini M°II°LXX°V°, videl. pridie idus octobris ; *c)* item, alio instrumento scripto... et signato per mag. Johannem Arnulphi notarium publ. auct¹° imp¹¹ et nob. viri d. Giraudi Ademar. domini Montilii, de quo quidem instr¹° notam sumpsit et recepit mag. Petrus Arnulphi notar. pub. condam, sub anno Incarn. Dom¹ M°CC°LXXIX°, scil. die lune post festum beati Mathie apostoli; *d)* item, alio publ. instrumento scripto... et signato manu et signo mag. Petri Chabraria notarii publ. d. Giraudi Ademar. domini Montilii, ac recepto sub anno ab Incarn. Dom¹ M°CC°LXXX°, scil. III° idus augusti ; *e)* item, alio instrumento scripto, recepto... et signato per mag. Petrum Arnulphi notarium publ. d. Lamberti Ademar. domini Montilii et per mag. Henricum notar. pub. nob. viri d. Giraudi Ademar. dom. Montilii, ac bullato bullis plumbeis dict. d. Lamberti et Giraudi Ademar. dom. Mont. impendenti et recepto sub anno Incarn. Dom¹ M°CC°LXXX, scil. die lune post Natale Domini ; *f)* item, alio instrumento publ. scripto, recepto... et signato manu et signo mag. Petri Chabraria notarii publ. d. Giraudi Ademar. domini Montilii, sub anno Incarn. M°CC°LXXX°, scil. VIII kalend. febroarii ; *g)* item, alio instrumento publ. scripto... et signato per mag. Petrum Arnulphi auct¹° imp¹¹ notarium publ. ac bullatum impendenti bulla plumbea nob. viri dom. Guigonis Ademar. domini Montilii condam... receptoque sub anno Incarn. Dom¹ M°CC°LXXX°V°, videl. sexto ydus decembris; *h)* item, alio instrumento publ. scripto... et signato manu et signo mag. Esmidonis Saramandi notarii publ. auct¹° imp¹¹ et viri magnif. et pot. Giraudi Ademar. domini Montilii, de quo notam sumpsit mag. Henricus de Montilio condam notar. publ., sub anno Dom¹ M°CCC°XX°, scil. VII die mensis junii ; *i)* item, alio instrumento publ. scripto... et signato per mag. Petrum Arlacani de Valencia, habitatorem Montilii Ademar. auct¹° imp¹¹ et nob. et pot. viri d. Giraudi Ademar. domini Montilii publ. notarium, de quo quidem instr¹° notam sumpsit mag. Johannes Arnulphi notar. publ. condam, sub anno Incarn. Dom¹ M°CCC°°XL° VII°, videl. xv die mensis novembris; omnes et singulas libertates et franchesias in dict. novem instrumentis et eorum quolibet contentas... necnon omnes alias universas et singulas que reperirentur per predecessores ipsius nob. Giraudi seu eorum aliquem olim date seu concesse fuisse, ex ejus certa sciencia, per se, heredes et successores suos quoscumque, approbavit ratifficavit et eciam confirmavit, cum omnibus capitulis, pactis in instrumentis dict. franchesiarum contentis et eciam expressatis, et prout melius, clarius et firmius potest intelligi sive dici, ad utilitatem hominum predict. presencium et eciam futurorum ; volens et concedens expresse, specialiter et per pactum dict. nobilis Giraudus, quod omnes alie.. libertates, immunitates et franchesie que reperirentur in quibuscq. publ. instrumentis seu licteris auctenticis alias date seu concesse hominibus antedictis, habeantur et ita firmiter observentur ac si essent inserte et de verbo ad verbum expressate in hoc presenti publ. instrumento, et ea voluit (pro) insertis et expressatis haberi. Promitens idem dominus Montilii pro se et heredibus et successoribus suis universis, rectoribus antedict. et aliis hominibus dicti loci Montilii.. nobisque notariis... partis ipsius domini Montilii.., se dict. franchesias et libertates omnes et singulas tenere et custodire ac inviolabiliter observare nunquamque contra facere vel venire... nec contravenire volenti.. consentire, ymo contravenienti.. totis viribus obviare, sub juramento per ipsum prestito sponte tactis Dei Euvangeliis corporaliter sacrosanctis. — *6)* Porro voluit et expresse concessit dict. nobilis Giraudus Ademar. dominus Montilii per nos notarios infrascriptos et nostrum quemlibet poni, inseri ac redegi de verbo ad verbum tenores dict. novem instrumentorum sibi exhibitorum dictasque libertates et franchesias continencium in hoc pres. pub. instrumento, ipsisque tenoribus... fidem plenariam, validam et inconcussam haberi et eciam adhiberi, et tantam quantam esset originalibus adhibenda.., ita quod decetero originalia ipsa exibere non sit opus, sed contentis in hoc pres. pub. instrumento imposterum plena fides adhibeatur, omnibus excepcionibus, subterfugiis et excusacionibus juris et facti cessantibus penitus et exclusis ; renuncians idem nob. Giraudus super predict. omnibus scienter et consulte et sub virtute.. prestiti juramenti... excepcioni non sic celebrati contractus... et omni actioni et exceptioni doli, vicii et erroris juris et facti... et omnibus clausulis, capitulis atque causis contentis in titulo.C. de donationibus revocandis et cuicumque juris canonici et civilis, divini et humani ac eciam consuetudinarii beneficio et auxilio... — *7)* Preterea prefatus nobilis Giraudus Ademar. dominus Montilii volens, cuppiens et intendens predict. libertates et franchesias... aclendere et inviolabiliter observare, tam per se quam per ejus successores dominos Montilii, et quod eciam ejus officiales presentes et futuri eas observare debeant et teneantur, voluit et precepit, instantibus et requirentibus Raymundo Arnaudi et Esmidono Saramandi, rectoribus supradictis, ven[m] viro dom. Guigoni Poncii,

utriusque juris perito, judici suo Montilii, ac nobili domicello Hugueto de Montilio, bajulo dicti loci, ac magistro Guillelmo Perroti,
notario curie dicti loci ipsius nob. Giraudi, necnon Guillelmo Silvi,
Raymundo Truellerii et Nicholao Aoudi, servientibus dicte curie ibidem presentibus, quatenus predict. franchesias et libertates jurent ad
s* Dei Euvangelia et quamlibet earumdem actendere, complere et inviolabiliter observare... ; qui quidem dom. judex et bajulus ac servientes
predicti ipsas et singulas libertates et franchesias actendere, complere
ac inviolabiliter observare, et contra modo aliquo non facere seu
venire nec venire volenti aliquathenus consentire, ymo contravenienti totis viribus obviare promiserunt et juraverunt, et magister
Guillelmus Perroti notarius... similiter tactis Dei Euvangeliis per
ipsum sponte tactis. De quibus omnibus et singulis predicti rectores
et alii homines.. pecierunt eis et eorum cuilibet, si et prout habere
voluerint, fieri unum seu plura publ. instrumenta,.. que pretensus
nob. Giraudus... fieri et tradi concessit per nos notarios... — 8)
Tenores vero prediet. novem instrumentorum, de quibus supra
habetur mencio, de verbo ad verbum per ordinem sequntur et sunt
tales; et primo tenor primi instrumenti sequitur et est talis : « Anno
(vide sis supra, ch. XV, p. 26-9)... (l. 7) totam v. quest... *(l. 17)*
Euv... *(l. 34)* accap... *(l. 35)* consi... *(l. 45)* Licio *(l. 57)* per-
cuti,.. vel ei vel c. n... *(l. 67)* precip... sigillavi. » Item sequitur
tenor secundi instr^{ti} in hec verba : « Anno... *(vide ch. XXII, p.
40-4)...* prediet. » Sequitur eciam tenor tercii instr^{ti} in hunc modum :
« In nomine... *(vide ch. XXIII, p. 44-6)...* et cet... premissorum. »
Sequitur autem tenor quarti instr^{ti} in hunc modum : « In nomine...
(vide ch. XXIV, p. 47-51)... dom. Gir. » Item sequitur tenor quinti
instr^{ti} in hunc modum : « In nomine... *(vide ch. XXV, p. 51-3)...*
omnium prediet. » Item sequitur tenor sexti instr^{ti} ut ecce : « Noverint... *(vide ch. XXVI, p. 54-5)...* scribi feci. » Sequitur vero tenor
septimi instr^{ti} et est talis : « In nomine... *(vide ch. XXVII, p. 56-64)...*
prediet. » Sequitur eciam tenor octavi instr^{ti} in hec verba : « In
nomine... *(vide ch. XXXVIII, p. 88-94)...* signavi. » Item sequitur
tenor noni et ultimi instr^{ti} et est talis : « In nomine... *(vide ch. LIII,
p. 127-30)...* premissorum. » Acta fuerunt hec Montilii Ademarii, in
aula fortalicii antiqui ipsius domini Montilii, presentibus testibus
nobilibus et circumspectis viris dom. Guigone Ademarii domino
Sancti Albani, Hugone Ademarii domino Tilii, patruis ipsius domini
Montilii, Aymario Ademarii fratre dicti domini Montilii, Raymundo
Trenelhani legum doctore, Petro Melheti de Vivario jurisperito, et

magistro Guillelmo Perroti notario, qui de predict. omnibus et singulis una mecum Guillelmo de Cruce notar. pub. subscripto debet
conficere unum seu plura publ. instrumenta.

† Ego vero Guillelmus de Cruce, clericus Claromonten. dyocesis,
habitator dicti loci Montilii auct^{le} imp^{li} notarius publ., predictis..
dum sic agerentur... presens interfui et predicta novem instrumenta
publ. superius inserta vidi, tenui atque legi et de predictis.. notam
sumpsi et recepi, de qua hoc pres. instrumentum publ. in istis undecim pellibus pergameni simul unitis et ligatis ac in qualibet junctura
ipsarum signo meo solito signatis extraxi et in hanc publ. formam
redegi, et facta diligenti collatione... hic manu propria fideliter me
subscripsi signoque meo solito signavi in testimonium premissorum.

† Ego vero Guillelmus Perroti dicti loci Montilii, auct. imp. et
curie Montilii prefati nob. Giraudi.. publ. notarius, premissis... interfui et inde notam recepi et... ad requisicionem predict. Esmidonis
Saramondi et Raymundi Arnaudi, rectorum dicti loci pro parte dicti
domini Montilii, et mandato et voluntate ejusdem domⁱ Montilii hic
me subscripsi et in qualibet junctura dict. pellium circa finem ac in
pede hujus ultime pellis juxta subscriptionem meam huj^{di} signum
meum apposui consuetum ad robur et testimonium omnium premissorum.

(*) Original coté let. H (*Invent.* de 1662, f° 2 v°), composé de 11 peaux
de parch. réunies par des lanières. — Copie dans le *Cartul.*, f° 26 v° à 49
v°. Autre incompl. dans le recueil B (n° 35).

LVII.   *2 février 1354.*

INSTRUMENTUM ORIGINALE LIBERTATUM CONCESSARUM PER ALTERUM EX DOMINIS MONTILII ADHEMARII*.

IN nomine Domini, amen. Noverint univ. et sing. hoc pres. publ.
instrumentum visuri et audituri, quod anno Incarnationis Domini
M°CCC°° quinquagesimo tercio et die secunda mensis febroarii,
magnificus et potens vir Giraudus Ademarii domicellus, dominus
Montilii Ademarii, Valentin. dyocesis, actendens et considerans homines suos Montilii et eorum predecessores valde fideles sibi suisque
predecessoribus extitisse et ipsius ac predecessorum suorum serviciis
jugiter ac fideliter inheruisse tanquam boni homines et fideles, actendens eciam plurima et diversa servicia sibi facta et impensa per dict.
homines suos et que de die in diem facere non cessant, volens eisdem

suis hominibus retribucionem reddere ut boni ipsi homines effici
cupiant meliores, omnes univ. et sing. libertates, franchesias, inmunitates olim datas et concessas per predecessores ipsius.. hominibus suis
de Montilio present. et fut. ratifficavit, emologavit pariter et confirmavit, ac aliquas de novo dedit franchesias et libertates medio juramento
sicut lacius continetur in quod. publ. instrumento *(ch. præced.).*
Verum cum idem dominus Montilii cuilibet de hominibus suis present. et fut. habere volenti concesserit fieri publ. instrumentum de
ipsis libertatibus et propter prolixitatem verborum, quia dicte libertates erant in novem instrumentis comprehense modoque in uno ins-
tr^{to} sunt reducte, ne ipse [liber]tates perire valeant et ad eternam rei
memoriam perhabendam, idcirco capitula dict. libertatum per ordinem inferius sunt descripta ut facilius intel[ligi et] reperiri valeant ac
prolixitates abreviari; et primo idem dominus Montilii dedit et concessit dict. hominibus suis de Montilio present. et fut. [pro libertate]
et franchesia, videl. quod rectores et custodes loci Montilii, qui nunc
sunt et qui pro tempore fuerint infinitum, possint et valeant libere et
[impugne] eligere et ponere tociens quociens opus fuerit banneatores
et porcherios, ne dict. nobilis Giraudus seu sui successores banneatores seu [porcherios] eligant neque ponant nec eligere sive ponere
possint nec debeant ; qui banneatores et porcherii eligendi jurare
debeant in manibus bajuli ipsius [nob. G]iraudi et successorum suorum... quod in eorum officiis excercendis bene et fideliter se habebunt. — § 2) Item, cum esset [consuetudo in] loco de Montilio [et
obtentu]m per tantum temporis spacium quod memoria de contrario
non existit nec erat, quod homines Montilii et eorum quilibet [debi-
tores suos ve]l quemlibet erga [quem aliqua]m rancuram haberent
seu haberet, auctoritate sua propria pignorare possent sine pena legali, et si aliquem injuste [pignorarent, licet pign]us [reddi oporteret,
non in]de penam aliquam incurrere deberent neque dampnum, voluit
et concessit idem nob. Giraudus... quod homines sui de Mont... [et
quilibet eorum]... possit et valeat uti, frui eciam et gaudere libere et
impugne libertate predicta... absque aliqua pena... exigenda, ita quod
si pignus aliquod... ab aliquo forensi.. [caperetur,] quod illud [pignus
seu] pignora a forensibus capienda curie Montilii ipsius nob. Giraudi
et successor. suor. [apport]are seu adduc[ere debe]at seu faciant adduci
[seu apportari..] de ipsis forensibus recipienda coram curia prelibata.
§ 3) Sane cum antiquissimi predecessores ipsius Giraudi hominibus
eorum de M[ontilio libertatem e]t franchesiam dedissent et concessissent, quod homines eorum de Montilio possent facere... sex rec-

tores, custodes sive conservatores, et modo pro parte dom[i] nostri
pape et nob. et pot. viri dom. Gaucherii Ademarii, dominorum
Montilii pro medietate, sint quatuor rectores seu custodes per homines
partis ipsorum in ipso loco Montilii deputati et electi, voluit et concessit
idem nob. Giraudus... quod ipsi homines.. ac eorum imperpetuum
successores possint et valeant pro parte ipsius nob. G. facere, constituere et creare quatuor rectores, custodes seu conservatores, et
juramentum ab ipsis recipere et de eorum officiis fideliter [exerc]endis,
prout alias in talibus in ipso loco Montilii extitit observatum, licencia,
consilio et voluntate ipsius nob. Giraudi et suorum imperpetuum
successorum seu alicujus officialis minime expectata seu in aliquo
requisita. § 4) Rursus ut omnis materia infringendi et violendi franchesias et libertates jam dictas et eciam infrascript. per officiales
quoscq. dicti domini Montilii et suorum successorum penitus amputetur, dicteque libertates inviolabiliter observentur, donavit, voluit et
concessit dict. nob. Giraudus, dominus Montilii,.. per imperpetuum
hominibus suis dicti loci Montilii franchesiam et libertatem infrascript., videl. quod bayllivi et judices et bajuli Montilii notariique
curie et servientes dicti loci... ipsius domini Montilii... jurent jurareque teneantur et debeant.., ad simplicem requisicionem rectorum...
seu cujusvis eorumdem, dict. libertates et franchesias et earum
quamlibet ac eciam infrascrip. omnes et singulas custodire et inviolabiliter observare ac nunquam, quamdiu in dictis manebunt officiis,
contrafacere seu venire; et si officiales ipsi seu eorum aliqui recusarent dict. juramentum prestare, dict. dominus... officiales recusantes
jurare compellant et compellere teneantur ad prestandum juramentum predict. — Sequntur eciam libertates et franchesie per predecessores dicti nob. Giraudi Ademarii, domini Montilii, date et concesse
hominibus eorum de Montilio present. tunc et fut., contente in novem instrumentis scriptis et subscriptis per diversos notarios, ac per
ipsum nob. Giraudum.. ratificate et confirmate medio juramento
prout superius est pretactum. § 5) Et primo per predecessores dicti
nob. Giraudi hominibus suis de Montilio.. fuit data et concessa talis
libertas, ne decetero totas vel questas vel aliqua nova exactio vel prava
usatica in eis facerent vel aliquo modo fieri permiterent, nec eis per
vim vel per aliquam forciam gravamen aliquod vel jacturam, nisi
juris vel justicie debito, conarent inferre : quod si ipsi predecessores
vel aliquis eorum successorum predict. libertatem quocq. modo violare
temptaverit, jamdict. omnes homines suos et res eorum in villa [Mon-
tilii sub dominio eorum in pres]enti vel infuturum existentes ab omni

jure et fidelitate et hominio absolverunt. § 6) Item donaverunt [et concesserunt..].. qued homines sui de villa Montilii predia sua *(p. 27, l. 23)*... *(l. 25)* senoria eorumdem vel eorum infuturum et sunt... censu, sine consilio predecessorum predict. et suorum successorum. § 7) Item concesserunt et donaverunt predict. hominibus suis in villa Montilii existentibus *(p. 28, l. 6-10)*.... hom. suo v... vel ei vel e. n. e... const. dict. predecessoribus vel successoribus suis in... ipsius. § 8) Item dederunt et concesserunt *(p. 40, l. 10-24)*... eamdem. § 9) Concesserunt eciam *(l. 25-38)*... potestatem omnibus... prestent rectoribus ville Montilii, quod ipsi... et levare. § 10) Item voluerunt et concesserunt ac dederunt plenam et liberam potestatem dict. rectoribus ut ipsi possint ordinare *(p. 41, l. 5-34)*... expedire. § 11) Item voluerunt et dederunt libertatem *(p. 41, l. 35-9)*... mortui. § 12) Post hec predecessores dicti nob. Giraudi promiserunt quod ipsi *(p. 42, l. 24-37)*... procurabunt. § 13) Item, cum predecessores dicti nob. Giraudi abusi fuerint quamvis indebite et injuste prohibendi ne mulieres que eorum erant jurisdictionis collocarentur in matrimonium hominibus domini Montilii, parerii ipsorum, absque eorum voluntate et concensu ; item, quod si aliqui homines starent in villa Montilii ibidem *(p. 45, l. 1)*... extorquebant... ipsis... *(l. 7)* : igitur predecessores predicti per se et successores suos imperpetuum promiserunt quod ipsi non abuterent decetero *(l. 13)*... non prohibent, *etc*... voluntate. § 14) Item per predecessores dicti nob. Giraudi sing. hominibus et mulieribus habitantibus et habitaturis imposterum fuit concessum pro privilegio *(p. 48, l. 5-17)*... brevi predecessorum dicti nob. G. in... presencia predecessorum predict. et suorum successorum seu officialium. § 15) Item dom. Giraudus Ademarii bone memorie condam, dominus Montilii, per se et successores suos voluit et concessit *(p. 48, l. 28)*... q. tunc morabantur... *(l. 35)* simplicem... *(p. 49, l. 10)* homin. suis... de dominio ac brevi ipsius dom. Gir. § 16) Item dict. dom. Giraudus condam bone mem... predict. hominibus franquesiam et libertatem dedit *(p. 49, l. 11)*... *(l. 15)* inmiti.., inferri... *(p. 50, l. 10)* successorum. § 17) Item dict. dom. Giraudus *(ibid.)*... hominibus. § 18) Post hec nobilis dom. Giraudus Ademarii bone memorie condam, dominus Montilii, promisit bona fide et sub obligatione omn. bonorum suor. medio juramento, quod ipse nobilem dom. Lambertum, dominum Montilii, et homines *(ch. XXV, l. 9)*... fac.; promisit et... *(p. 52, l. 2)* faciendorum. Et vice versa dict. dom. Lambertus, dominus Montilii, predicta convenit et promisit dicto dom. Giraudo, domino Montilii, et hominibus suis de Montilio. § 19) Item nob. vir Giraudus Ademarii, dominus Montilii bone memorie condam, per se et successores suos imperpetuum concessit (*p. 54, l. 32*)... (*p. 55, l. 1*) gachare... sarcham... al. nec tran... deportare. § 20) Item per dom. Guigonem Ademarii bone memorie condam, dominum Montilii,.. fuit promissum cum juramento quod ipse estancham (*p. 58, l. 24*)... n. faceret... deportare. § 21) Item promisit idem dom. Guigo Ademar. condam... se non compellere directe (*l. 33*)... s. ejus d., *etc*... pretermissis. § 22) Item, si contingeret quod per curiam dicti dom. Guigonis daretur tutela aliqua sive cura, promisit quod si expense alique leventur quod moderate habeantur et inmoderatis expensis abstinebit. § 23) Item voluit et concessit quod homines sui de Mont... possint infra (*p. 59, l. 7*)... eorumdem. § 24) Postque nobilis et potens vir dom. Giraudus Ademarii, dominus Montilii bone memorie condam, fecit convenciones et ordinationes et pacta infrascriptas et in-ta et concessit hominibus dicte ville Montilii et omn. incolis et habitantibus in eadem, et primo fuit ordinatum et concessum per dict. d. Giraudum unacum nob. viro et pot. dom. Hugone Ademarii, domino Montilii, per se et suos successores quod draperii (*ch. XXXVIII, l. 15*)... (*l. 23*) berruetis... (*p. 89, l. 3*) famulorum... (*l. 18*) decoustit... (*l. 27*) b. possint assum... (*p. 90, l. 20*) minuitim... concordare. § 25) Item magnif. et potens vir dom. Giraudus Ademarii, dominus Montilii, predecessor dicti nob. Giraudi,.. (promisit) quod quocienscumque (*p. 129, l. 9*)... requisitus. § 26) Item voluit et concessit dict. dom. Giraudus... quod nullus (*p. 129, l. 23*)... recusare. § 27) Date vero et concesse fuerunt iiii^or prime libertates et alie subsequentes ratifficate et confirmate (per) prefat. nobilem Giraudum Ademarii, nunc dominum Montilii,... cum juramento ac debitis renunciationibus.., in aula fortalicii antiqui ipsius dom^i Montilii, presentibus testibus nobilibus et circumspectis viris dominis Guigono Ademarii, domino Sancti Albani, Hugone Ademarii, domino Tilii, patruis ipsius dom^i Montilii, Raymundo Trenelhani, legum doctore, Petro Melheti, jurisperito de Vivario, et magistro Guillelmo Perroti, notario...

G. Et me Guillelmo de Cruce, clerico Claromonten. dyocesis, habitatore dicti loci Montilii, auctor. imper. publ. notario, qui... requisitus per Pon. Malisanguinis, hominem dicti dom^i Montilii, libertates supradict. et capitula earumdem... in hanc formam publ. in istis tribus pellibus pergameni simul junctis et ligatis redegi... et signo meo consueto tam in fine.. quam in junctura pellium signavi.

✝ Ego vero Guillelmus Perroti de Montilio, auctor. imper. et dicti dom' Montilii publ. notarius... me subscripsi et signo meo consueto signavi et bulla plumbea dicti dom' Montilii bullari feci in testimonium premissorum.

(*) Original parch. formé de 3 peaux réunies, avec trace de bulle pendante sur cordon vert à double queue, coté let. F (*Invent.* de 1662, f° 2, qui mentionne qu' « au bout du 3° et dernier parch. est aussi le cachet dud. Giraud Adhaymar, y estant representé d'un costé a cheual tenant d'une main l'espée et de l'autre l'escu marqué de ses armes, qui sont d'or à trois bandes d'asur, et de l'autre costé sont graués ces mots GIRAVDI ADEMARII MILITIS DOMINI MONTILII »); au dos : *Confirmatio libertatum.*

LVIII. *13 juin 1352.*

Pro domino Grinhani super pedagio Montilii*.

Noverint univ... quod anno Incarnat. Domini mill'o tricentesimo quinquagesimo secundo et die videl. xiii mensis junii, constitutus nobilis vir Berengarius Artoleni, dominus Merceyracii, bayllivus terre viri magnif. et potentis Giraudi Ademarii, domini Graynhani et de Alpibus, apud Montilium in presencia magn. et pot. viri Giraudi Ademarii de Montilio, domini dicti loci, dicens, signifficans et exponens idem nob. Berengarius bayllivus predict., nomine et vice et ad opus dicti dom' Graynhani, quod idem dominus Montilii tenetur, debet et facit et ipse et sui predecessores faciunt et facere consueverunt dicto domino Graynhani et suis predecessoribus annis singulis novies viginti libras percipiendas et levandas in et super pedagio Montilii terre et aque dicti dom' Montilii, monete que levatur et persipitur in et pro dicto pedagio.., solvendas per solutiones infrascriptas, videl. in festo Omnium Sanctorum C. libras et in festo Pasquatis sive Resurectionis proxime subsequentis IIII^{xx} lib.., annis singulis perpetuo.. ipso domino Graynhani et suis successoribus.. : pro quibus solvendis... levator quicumque fuerit.., pedagiator seu perseptor... jurare tenetur et debet ac obligare se et bona sua de satisfaciendo dict. IX^{xx} libras... ipsi domino Graynhani et suis vel alteri certo ejus nuncio speciali et de non amovendo emolumenta, redditus et obventiones dict. pedagiorum per se nec alium donec et quousque ipsi dom° Graynhani.. fuerit... plenarie satisfactum; unde petit, suplicat et requirit idem nob. Berengarius bayllivus.. quatenus... pactiones, conventiones et promissiones inter ipsos dominos Montilii et Graynhani inhitas jurare faciat pedegatoribus, levatoribus et perseptoribus pedagiorum predict. et obventionum eorumdem cum effectu de solvendo sive satisfaciendo dicto dom° Graynhani... dict. IX^{xx} libras. Qui quidem dominus Montilii, auditis et intellectis requisitionibus et signifflcationibus eidem factis consonantibus rationi, dixit, respondit et nunciavit dicto bayllivo quod levator sive pedagiator Montilii Adem. in et pro terra direxit gressus suos Avinyonem et absens est a loco Montilii, quare presentiam ejusdem habere non potest, set ibidem dum venerit, licet ipsum pedagium eidem arrendaverit certo tempore, paratus se offert ut convenit et tenetur facere dicto pedegeatori prestare juramentum...; tamen ibidem et in ejus presencia venire et vocare fecit Michellem Thome de Ancona, perseptorem et levatorem pedagii Montilii in et pro aqua.., cui precepit ut *supra :* qui dict. Michel pedagiator... promisit, bona fide et sub obligatione omnium bonorum suorum, dicto nob. Berengario... eidem dom° de Graynhano... solvere predict. IX^{xx} libr. annis singulis.. quamdiu levaverit pedagium... et juravit... Et nichilominus dictus nob. Berengarius... fuit sollempniter protestatus quod dicto dom° Graynhani sit salvum jus juramentum recipiendi et obligationem ac cetera alia... De quibus... Acta fuerunt hec Montilii, in fortalicio dicti domini, videl. in aula inferiori, testibus presentibus Vitali Fabri de Albenassio, scutifero dicti dom¹ Montilii, Jacobo Escoferii, mag. Johanne Jaquerii notario et me Petro Barasti, publ. imperyali auctor. notario...

(*) Original parch. à la Biblioth. impér., ms. lat. 9289, n° 29.

LIX. *(1853).*

(HOMAGIUM AYMARI DE PICTAVIA INNOCENTIO VI PRESTITUM)*.

IN nomine Domini, amen. Noverint univ... quod anno etc., pontificatus SS^{mi} in Xpisto patris et dom¹ nostri d. I(nnocentii) digna Dei providencia pape VI anno primo, spectab. et magnif. vir dom. Aymarus de Pictavia, comes Valentin. et Dyensis, in presencia dicti dom. n. pape personaliter costitutus, confessus fuit et in veritate publice recognovit se tenere tenereque velle et debere a dicto dom. n. papa et dd. cardinalibus et sancta Romana ecclesia, racione comitatus Venayssini, in feudum et nomine feudi castra de Garda et de Raco cum omnibus juribus et pertinenciis eorumdem, videl. omnia jura que nobilis vir Huguonetus Adeymarii condam habebat in dicto

castro de Raco : que castra tenet in feudum nobilis vir dom. Hugo
Adeymarii miles, dominus de Garda, filius dicti Huguoneti condam, a
dom. comite Valentin. et Dyensi prefato; item castrum de Montilio
Adeymarii, videl. omnia jura et rationes que et quas dict. d. comes
habet et dict. Hugonetus condam habebat et habere videbatur in
dicto castro Montilii Adeym., territorio et pertinenciis ejusdem, tam
in mero et mixto imperio et omni alia juridictione quam omnibus
que pertinent seu pertinere videntur ad dict. castrum, et partem
castri de Savassia que condam fuit dicti Hugoneti Adeym., domini
Montilii, et omnia jura que quondam dict. Hugonetus habebat in
ipso castro : quas partes dict. castrorum Montilii et Savassie nunc
tenet in feudum ab eodem dom. comite Valentin. et Dyensi nobilis
vir dom. Galcherius Adeymarii, filius dicti Hugoneti condam ; item
omnia jura que dict. Hugonetus Adeym. condam habebat........ De
quibus castris et partibus castrorum et feudis prefatus dom. comes
fecit homagium dom° nostro pape... et fidelitatis prestitit juramentum, cum omn. et sing. capitulis que in fidelitatis forma plenius
continentur, ponendo manus suas infra manus dicti dom. nostri pape,
receptus idem dom. comes ad pacis osculum per dict. dom. papam..;
fuit tamen dict. dom. comes sollempniter protestatus.., de voluntate
et expresso concensu dicti dom. pape, quod licet ipse d. comes ob
reverenciam sanctitatis dicti dom. pape faciat eidem presens homagium flexis genibus, eidem dom. comiti suisque successoribus ob hoc
nullum prejudicium generetur seu valeat generali.... *(Sequitur homagium quod prestitit 5° novemb. 1346, a. 5 Clementis VI, Aymarus de Pictavia, comes Valentin. et Diensis, Hugoni de Ruppe militi,
rectori comitatus Venayssini; deinde bulla Bonifacii papæ VIII,
data Romæ apud Sum Petrum, 3° non. aprilis, pontificatus sui a. 2,
directa Aymaro de Pictavia, comiti Valentino, et Hugoni nato condam Hugonis Adeymarii, domini Montilii Adeym., super castris de
Garda et de Raco, de Savassia et Castrinovi Dalmaceni : in qua inse-
ritur ch. XXXII, p. 74-6)...* Actum, etc.

(*) Arch. de l'Isère, reg. *II^{us} homagiorum receptorum per Reym. Humberti* (B. 29), f° **xxxix** ; en tête : « Homagium prestitum per dom. Hugonetum (!) comitem Valentinen. et Dyensem dom° nostro pape, pro castris
de Garda, de Raco et suis juribus et pertinenciis, necnon castra Montillii
Adhemarii, item de parte castri Savassie, castri de Sauzeto, Castri Novi
Dalmaceni, de Petrafapta, de Rossacio et de Valauria. »

LX.   *21 décembre 1356.*

Privillegium concessum per imperatorem (Karolum IV) dom° Gaucherio Ademari de Montilio*.

In nomine sancte et individue Trinitatis, feliciter, amen. Karolus quartus, divina favente clemencia Romanorum imperator semper augustus et Boemie rex, ad perpetuam rei memoriam. Etsi quorumlibet vota fidelium libenter admittat imperialis serenitas, illorum tamen preces liberalius exaudit quorum exaudiri graciosius sincera quam ad nos et sacrum gerunt imperium fides et devocio promerentur. Sane nobilis Gaucherius Ademari de Montilio, noster et imperii sacri fidelis dilectus, majestatem nostram accedens, humiliter supplicavit ut nonnulla jura ac certa pedagia infra scripta, quorum possessionem pacificam et quietam, a tanto tempore de cujus contrario memoria hominum non existit, se et progenitores suos habuisse asserit, sibi, heredibus ac successoribus suis imperiali auctoritate approbare, ratifficare, innovare, de novo concedere et confirmare dignaremur. Jura vero et pedagia, que dictus Gaucherius sibi, heredibus et successoribus suis rite competere et in quorum possessione se et progenitores suos debite fuisse asserit ut prefertur, sunt hec: in primis quod quocienscumque a prima vel secunda sentenciis a quibuscumque judicibus in terris sibi immediate vel mediate subjectis in judicio prolatis appellari contingeret, quod ad ipsum, suos heredes et successores hujusmodi appellacio debeat interponi ; item quod quocienscumque aliquis ballivus, castellanus, judex vel officialis quicumque, cujuscumque dignitatis, preheminencie, condicionis, gradus aut status extiterit, in terris ipsi Gaucherio immediate vel mediate ut predicitur subjectis, in ipsorum officiis aut extra delinquerint quovis modo, quod ipse Gaucherius, sui heredes et successores ipsum delinquentem coram judice seu judicibus ydoneis competentibus et expertis super ipso excessu impetere et in jus vocare debebunt, et si per deffinitivam sentenciam dicti judicis vel judicum, legitima tamen prius et plena cause cognicione super eo prehabita, apparuerit declaratum et sentenciatum fuerit predictos ballivos, castellanos, judices et officiales culpabiles et reos fore, et quod extunc idem Gaucherius, sui heredes et successores hujusmodi delictum punire ac delinquentem castigare et corrigere valeant, prout delicti natura et circumstanciarum qualitas postulant et requirunt ; item pedagia pretacta sunt hec, videl. pedagium Montilii, pedagium quod appellatur Ensos de Savassia, pedagium Montis

Bocherii, pedagium de Royna et pedagium de Montefroco. Nos vero multiplicia merita probitatis et preclaro devocionis insignia quibus Gaucherius et sui progenitores prefati nos et sacrum Romanum imperium dignis quidēm honoribus venerari studuerunt limpidius intuentes, peticioni predicte cum rationi sapiat favorabiliter annuentes, dicto Gaucherio suisque heredibus et successoribus singula jura et pedagia prescripta, si et prout eadem ipse Gaucherius et progenitores sui ut asseruit juste et rationabiliter habuerunt et pacifice ac eciam ut prefertur possiderunt, animo deliberato, non per errorem, sed ex certa nostra sciencia, de innata nobis benignitatis clemencia, auctoritate cesarea et de imperialis plenitudine potestatis prout digne possumus, apprŏbamus, ratifficamus, innovamus, de novo concedimus et tenore presencium graciosius confirmamus. Ceterum, ut Gaucherius, sui heredes et successores predicti tanto amplius ad nostra et imperii sacri incitentur obsequia quanto ampliora se a nostro culmine beneficia senserint recepisse, ipsis ex dono gracie specialis duximus concedendum quod si aliquis ballivorum, castellanorum, judicum vel officialium predictorum in terris prefatis crimen lese majestatis consilio, auxilio, opera aut alias nephario ausu quomodolibet notorie perpetrarent, quod ipse Gaucherius suique heredes et successores nostra imperiali auctoritate suffulti, hujusmodi forefactum quocienscumque per dictas personas et in terris prefatis perpetratum fuerit et de perpetracione hujusmodi notorie et legitime constiterit, punire et atroci pena pro nostro et imperii sacri honore ita valeant vindicare ut tam notabilis maleficii pena aliis transeat in exemplum. Nulli ergo omnino hominum liceat hanc nostre majestatis paginam infringere vel ei ausu temerario quomodolibet contraire, sub pena centum marcharum puri auri quas ab eo qui contravenire presumpserit quociens tociens contrafactum extiterit irremissibiliter exhigi volumus, et earum medietatem imperiali erario, residuam vero partem injuriam passorum usibus applicari.

Signum serenissimi principis et domini dom. Karoli quarti, Romanorum imperatoris invictissimi et gloriosissimi Boemie regis.

(L. M.).

— Testes hujus rei sunt venerabiles Boemundus Treverensis, Gerlacus Maguntinensis et Wilhelmus Coloniensis ecclesiarum archiepiscopi, illustres Rupertus senior, comes palatinus Reni et dux Bavarie, Rudolphus dux Saxonie et Ludovicus dictus Romanus, marchio Brandenburgensis, principes electores, venerabiles Johannes Argentinensis, Ademarius Metensis, Hugo Tullensis, Bertrandus

Virdunensis et Henricus Lubucensis ecclesiarum episcopi, Henricus Fuldensis, Theodericus Prumiensis, Androlonius Cluniacensis et Everhardus Wissemburgensis abbates, illustres Rupertus junior, comes palatinus Reni et dux Bavarie, Johannes dux Magnopolensis, Wilhelmus Juliacensis et Fridericus Missenensis marchiones, spectabiles Burghardus Magdeburgensis, imperialis curie magister, et Albertus Nurembergensis burggrivi, Adolphus de Nassovo, Albertus de Anhalt, Valramus, Johannes de Spanheim, Henricus de Svartzburg, Johannes de Katzen Elembogen, Salentinu de Seyne, Fridericus de Lyningen, Gerhardus de Virneburg et Johannes de Salmen comites, et alii quamplures principes, comites, barones, nobiles et fideles nostri et sacri Romani imperii supradicti; presencium sub bulla aurea typario imperialis nostre majestatis impressa testimonio licterarum. Datum Metis, anno Domini millesimo trecentesimo quinquagesimo sexto, viii° indicionis, xii kalendas januarii, regnorum nostrorum anno undecimo, imperii vero secundo.

(*) Copie du XVI° siècle, aux arch. de l'Isère, reg. Quartus liber copiarum Valentin. et Diensis IIII (B. 291), cah. xxxvj; à la fin : « et sigillatum sigillo aureo in quo est figura dicti imperatoris, collacio facta fuit cum proprio originali per me Guyon ». — Autre du XVII°, à la biblioth. de Carpentras, mss. de Peiresc, t. X, f° 24 (Catal., III, 137). — Autre du XVIII°, à la même biblioth., liasse 636, à l'an 1346 (Catal., 1,446); à la fin : « Cor(recta) p(er) Jo(hannem) d(e) Prusmcz, in tergo per d(om.) prepositum Magnonensem Rudolphus de Frideberg ».

LXI.   *10 avril-29 octobre-23 novembre 1359.*

Salva gardia hominum de Montillio*.

In nomine Domini nostri Jhesu Xpisti, amen. Noverint univ. et sing... quod, anno ejusd. Domⁱ mill'io CCC° quinquagesimo nono, inditione duodecima mutata cum anno, die vicesima nona mensis octobris, pontificatus SS^{mi} patris et domⁱ d. Innocencii pape anno v°, constituti in presencia magnifici viri dom. Guillelmi de Vergeyo, domini Mirabelli, locumtenentis ill^{is} principis dom. Karoli, Francorum regis primogeniti, dalphini Viennensis, et coram me notario et testibus.. Guillelmus Perroti et Stephanus Chalamelli de Montilio Adhemarii, actores et actorio nomine nobilis Tassiete de Baucio, relicte viri nobilis Giraudi Adhemarii, condam domini dicti loci Montilii, tutricis Giraudeti filii comunis Giraudi et Tassiete predict., fidem facientes de eorum actoria per quod. publ. instrumentum,

cujus tenor inferius est insertus, eidem dom. locumtenenti et consilio
dalphinali exposuerunt quod dicta tutrix, considerans personam et
bona sua et dicti sui pupilli filii ac hominum suorum multis periculis
subjacere, eo presertim quod nonnulli eorum emuli, nulla causa ra-
tionabili precedente, set pocius iniqua et tirannica voluntate commoti,
alienis ditari facultatibus molientes, in castris, territoriis, hominibus,
possessionibus et bonis aliis dicti pupilli et hominum suorum de
Montillio, de Alondo et de bastida de Verro spoliaciones plurimas et
predaciones hominum, animalium et bonorum aliorum, quandoque
patentibus armorum insultibus et frequenter occultis, paratis insidiis
graviter intulerunt, unde per experienciam preteritorum discrimina
majora sibi et dicto pupillo ac hominibus suis et bonis eorumdem
metuens affutura, cupivit multociens et adhuc cupit ex deliberatione
plurium amicorum, hominum et subditorum suorum et dicti pupilli
excellencie dalphinalis, ut sub ipsius salvegardie, proteccionis et
tuitionis vigore queant vivere pacifice deffensi ab hujusmodi oppressionibus, graciam implorare ; pro cujus obtentu dicti actores ad prefatum dom. locumtenentem fuerunt, ut asserunt, presentialiter destinati, supplicantes actorio nomine quo supra dict. tutricem ejusque
predict. pupillum filium ac castrum suum de Montilio, pro parte ad
eum pertinente, castrum de Alondo cum ejus territorio, pro parte
que tenetur in feudum a dom° episcopo Valentino, et bastidam predict. de Verro nec non homines et mulieres dict. locorum, mandamentorum et territoriorum suorum, una cum eorum... familiaribus
et bonis mobilibus et inmob. quibuscq... recipi per dict. dom. locumtenentem in proteccione et salvagardia dalphinali. Qui quidem dom.
locumtenens, auditis expositione et supplicatione predict. eisque per
eum et dalphinale consilium infrascr. matura deliberatione digestis,
attentis plurimis gratis et acceptabilibus serviciis per dict. Giraudum
condam et ejus predecessores impensis tam dom° nostro dalphino
quam ejus predecessoribus dalphinis Viennensibus in eorum guerris
et aliis multis modis, et quod ipsi fuerunt ab antiquis temporibus
sicut et ipse Giraudetus et ejus successores esse debent homines et
vassalli dicti dom¹ nostri dalphini et successorum suorum, annuens
desiderio prenominate tutricis ejusque supplicationi predicte.., ipsam
tutricem dict.que Giraudetum ejus filium et castrum suum de Montilio pro parte ad eum contingente, castrum de Alondo pro parte que
tenetur in feudum ab episcopo Valentino et bastidam predict. de
Verro, una cum eorum mandamentis et territoriis et cum hominibus,
mulieribus, et personis quibuscq. present. et fut.., una etiam cum

familiaribus, rebus et bonis mobilibus et inmob. personarum predict.., in salvagardia, protectione, deffensione, guidagio et conductu predicti dom¹ nostri dalphini usque ad decem annos inclusive-proxime et continue sequturos, tenore presentis publ. instrumenti posuit et recepit, sub modis et condicionibus infrascriptis, videl. quod dicta tutrix sua durante tutela ipseque Giraudetus dum ad etatem legitimam pervenerit pubertatis teneantur et debeant, pretextu et occasione dicte salvegardie, anno quolibet dicto durante decennio dare et solvere prefato domᵒ nostro dalphino vel ejus thesaurario aut alii cui duxerit ordinandum quinquaginta florenos auri comunis ponderis dalphinalis terminis infrascriptis, videl. Lᵃ floren. pro primo anno dicte salvegardie hinc ad proximum festum Purificationis beate Marie, et alios Lᵃ flor. pro secundo anno ipsius salveg. in festo Omnium Sanctorum extunc inmediate sequenti quod erit anno Domᵢ MᵒCCCᵐᵒLXᵒ, et sic de anno in annum in dicto festo Omnium Sanctorum Lᵃ floren. auri usque ad decem soluciones dumtaxat pro x annis predict. quibus durare debet, ut premictitur, salvagardia supradicta; nec non de et cum omnibus et singulis hominibus dict. castrorum, mandamentorum et territoriorum Montilii et Aloudi... et bastide de Verro prefatum dom. nostrum dalphinum in guerris suis, quas in Dalphinatu vel occasione Dalphinatus haberet, sequi et juvare teneantur et debeant contra quascumque personas, exceptis dominis suis a quibus predicta loca tenentur, videl. per octo dies integros expensis et stipendiis ipsorum tutricis, Giraudeti et hominum suorum, et ulterius eciam lapsis dict. octo diebus quantum dicto dom. nostro dalphino placuerit, expensis tamen ipsius d. n. dalphini, quocienscumque durante dicto decennio per ipsum d. n. dalphinum vel ejus locumtenentem aut bayllivum super hoc fuerint requisiti; et inde pro premissis actendendis dare debeant et teneantur hinc ad unum mensem proximum dicto d. n. dalphino... fidejussiones, obligaciones et securitates decentes. Quibus predict. mediantibus, voluit et concessit dict. dom. locumtenens nomine dalphinali quod prenominati tutrix, pupillus et eorum homines locorum predict. possint et sibi liceat ubicumque locorum tocius Dalphinatus ire, redire, conversari et negociari cum eorum rebus et bonis quibuslibet tute et secure, absque illicita molestia qualicq.; mandans itaque ipse dom. locumtenens tenore presentis instrumenti universis et singulis bayllivis, judicibus, castellanis et ceteris officialibus ac subditis, nobilibus et innob. tocius Dalphinatus.., modernis pariter et futuris, maxime bayllivo et judici baroniarum Medullionis et Montis Albani et castellano Cabeoli vel eorum locatenentibus, quos et eorum quemlibet insolidum gardiatores et exequtores predicte salvegardie specialiter deputavit, quatenus prenominatos tutricem et pupillum eorumque castra, loca, homines, mulieres et bona eorum mobilia et inmob. in pres. salvagardia comprehensos et c-sa a quibuscq. oppressionibus, injuriis et molestationibus indebitis, a vi armorum et potencia laycorum sicut proprios homines et alios garderios dalphinales viriliter protegant et deffendant; et si quid a quoquam temere factum vel presumptum fuerit aut fieri contigerit contra formam et tenorem salvegardie presentis, id celeri remedio ad statum prestinum revocari faciant et procurent, absque alterius expectatione mandati, ipsamque salvamgardiam in locis quibuscq. ubi expedierit et per dict. tutricem vel ejus actores fuerint requisiti faciant per familiares curie dalphinalis cum exhibicione pres. instrumenti vel ejus copie publice intimari, cum inhibicione penali omnibus et sing. de quibus requisiti fuerint facienda sub pena M marcharum argenti fini dalphinali curie applicanda.., ne quis audeat vel presumat dict. salvamgardiam dalphinalem infringere nec dict. garderios in personis vel rebus offendere quoquomodo, et in signum protectionis et salvegardie suprad. penuncellos armis dalphinalibus insignitos ponant in locis et bonis predictis... Dicti vero Guillelmus Perroti et Stephanus Chalamelli, actores prescripti, actorio nomine quo supra promiscrunt sub obligatione bonorum omn. et sing. tutricis et pupilli predict. et juraverunt tactis per eos.. Euvangeliis SS. in animam dicte tutricis predicto dom. locumtenenti... predictos L⁵ floren. anno quolibet solvere modo et terminis suprascript. pro dicta salvagardia, nec non predict. juvamen de hominibus locorum predict. facere et prestare ipsi dom. nostro dalphino in et pro guerris suis Dalphinatus, prout superius continetur, seque facturos et procuraturos cum effectu quod ipsa tutrix cum exhibicione et insertione sue tutele ratifficabit et confirmabit omnia et sing. supradicta, et pro eis actendendis se obligabit et plures ex melioribus et potencioribus hominibus et subjectis suis et dicti Girandeti, cum auctoritate si opus fuerit dominorum et superiorum suorum fidejussores dabit et faciet efficaciter obligari erga dom. nostr. dalphinum seu deputatos ab eo... De quibus... Acta fuerunt hec apud Viennam, in abbacia Sancti Andree monachorum, presentibus nobilibus viris dd. Hugone de Gebenna, domino de Anthone, Amblardo domino Bellimontis, Damivo Gotaffredi, militibus, Guillelmo de Montefalcone, canonico Aurelianensi, et Johanne de Bonenco, jurisperito, consiliariis dicti dom. nostri dalphini, vocatis et rogatis testibus ad premissa. —

Tenor vero dicte actorie talis est : In nom° Dom¹, amen. Anno Incarnac. ejusdem M°CCC°LIX° et die xvi mens. aprilis, nob. et pot. dom° Tassieta de Baucio, domina Montilii, relicta viri nob. et pot. Giraudi Adhemari, condam bo. me. domini Montilii, tutrixque testamentaria viri nob. et pot. Giraudi Ademari, domini dicti loci M. A., filii et heredis universalis dicti cond. dom¹ Montilii, constituta in presencia ven¹¹ᵉ et circumsp. viri d. Petri de Bosanis, legum doctoris et officialis Valentin.,... significavit.. quod ipsa habet de presenti et sperat habere infuturum plures et diversas causas, lites et questiones cum plur. et div. personis pro dicto dom° Montilii,.. et propter honestatem, statum et sue persone conditionem personaliter non posset comode interesse, quamobrem supplicavit... predict. d. officialem ut sibi velit et debeat dare et concedere licenciam et auctoritatem creandi, faciendi et constituendi actores, factores et negociorum gestores... Actum Montilii, in fortalitio dicti dom¹ Montilii, in camera dicte nobilis constituentis, presentibus testibus viro nob. et pot. d. Guillelmo Artaudi milite, domino de Aquis, d. Guillelmo Perreti, militibus et pluribus aliis, et me Esmidone Saramandi... notario. — Postque, anno quo supra M°CCC°LIX°, indit. xiiᵃ, pontificatu et regnante d. imperatore predictis, die xxiii mens. novembris, apud Viennam, in abbacia Sancti Andree monachorum, eoram me notario et testibus, videl. ven°ᵇᵘˢ et nob°ᵇᵘˢ viris dd. Leuczone de Lemps, preposito Ulciensi, Odoberto domino Castri Novi, Guillelmo de Montefalcone, canonico Aurelianensi, et Johanne de Bonenco, advocato dalphinali, ad supplicacionem humilem suprascript. Guill¹ Perroti et Steph¹ Chalamelli, actorum... supplicancium et asserencium se in supplicacione et peticione salvegardie suprad. oblitos fuisse facere mencionem de castro, mandamento et territorio Espeluchie, quod asserunt teneri in feudum inmediatum a suprascr. Giraudeto domino Montilii, et petencium ipsum adjungi et poni cum suprascriptis in salvagardia dalphinali, suprascr. dom. locumtenens eorum supplicationi annuens, gratiose predict. castrum, mandamentum et territorium Espeluchie cum hominibus et mulieribus... et cum familiaribus, bonis et rebus eorum quibuslibet... addidit, posuit et subjunxit... in suprad. salvagardia dalphinali, sub pensione annua et sub aliis modis, formis et conditionibus..., precipiens... Et ego Humbertus Pilati de Buxeria, clericus Grationopol. dyocesis, apost°ᵃ, imp¹¹ et dom¹ Franc. regis auctorit. notarius publ.

(¹) Archives de l'Isère, reg. *Pilati* MCCCLV-LIX (B. 16), f° 11ᵉ; à la fin : « Grossata est semel pro illis de Montilio. »

LXII.   *17-18 juin 1360.*

(Permutatio feudorum inter Tassietam de Baucio, nomine Giraudeti Adem. pupilli, et Innocentium papam VI^{um}, cum homagio)*.

IN nomine Domini, amen ; anno a Nativitate ejusdem Dom. M°
CCC°LX°, indictione tercia decima, die decima septima mensis junii,
pontificatus SS^{mi} in Xpisto patris et domini nostri dom. Innocencii
pape VI^i anno octavo. Noverint univ. et sing. pres. pariter et fut. hoc
pres. ver. et publ. instrumentum inspecturi et audituri quod, existens et personaliter constitutus... ven^{lis} et circumsp. vir dom. Petrus
de Bossanis, legum doctor, archidiaconus et officialis Valentinensis,
procurator et nomine procuratorio rev^{di} patris in X° et dom^l d. Ludovici de Vilars, electi ecclesiarum et comitis Valentinen. et Diensis,
et capitulorum ecclesiarum predict.., et presente egregia dom^a Tassieta de Baucio, domina Montilii Ademarii, Valentin. diocesis, tutrice
testamentaria nobilis Giraudeti Ademarii filii sui impuberis, succes-
soris universalis egregii viri Gir. Adem. bone memorie condam
domini Montilii, ad infrascripta suum prebente concensum quantum in ea est nomine tutorio quo supra et de jure potest, ex parte
una, et egregio viro dom. Guillermo de Ruffilhaco, rectore comitatus
Veneyssini pro dicto dom° nostro papa et ecclesia Romana SS., ex
parte altera, idem dom. officialis nominibus quibus supra... dixit et
asseruit quod illa pars castri et territorii Montilii Ademarii et perti-
nentiarum ejusdem, una cum septem partibus sive pareriis pro indi-
visso de decem et octo castri de Alondo, Tricastrinen. diocesis, necnon
feuda et quicquid habet in castris de Condilaco et de Sauzeto et de
Calma, de turri vocata de Verre, et quicquid habet in castro seu mandamento de Mirmanda, et generaliter omnia alia que dict. Giraudetus habet, tenet seu possidet citra Rodanum que non tenet ab alio
domino et que dict. condam pater dicti Gir. dum vivebat tenebat et
possidebat... sunt et fuerunt de feudo dicti dom. electi et comitis et
ecclesiarum predict. et pro quibus debebat fieri et prestari licgium
homagium et fidelitatis juramentum dicto dom. electo.., et pro dict.
feudis tenetur dict. pupillus et tenebatur dict. ejus pater dum vivebat juvare dict. dom. electum et comitem et ecclesias suas in placitis
et in guerris, et est dict. pupillus et erat dict. ejus pater dum viveret
astrictus medio juramento ad illa capitula de quibus vassallus fidelis

tenetur domino suo tam de consuetudine quam de jure, sub certis tamen formis et condicionibus contentis in infeudatione seu feudorum receptione predict.; et actentis supplicationibus et requestis sepe sepius interpositis dom° nostro pape, factis per incolas et habitatores castri et ville de Montilio, tam de juridicione et dominio dom' nostri pape, quam eciam dicti Gir. quam egregii viri dom. Gaucherii Ademarii, dominorum dicti loci Montilii Ademarii, asserencium se fortificari et claudi velle villam et castrum predict., ad quorum clausuram licet necessariam et utilem dict. incolis et toti patrie domini dicti loci discordarunt et discordant, et nonnulli habitatores ejusdem quasd. causas super discordia pretendentes et specialiter propter diversitatem feudorum et dominorum superiorum, scil. dicti dom. electi et comitis, magn' viri dom. Ademari de Pictavis, comitis. Valentin. et Diensis, qui sepe guerram et discordiam invicem habent et hactenus habuerunt, ad quorum guerram dicti habitatores habent concurrere diversimode, nonnulli juvantes partem dicti dom. electi et comitis, scil. illi de dominio dicti Giraudi, aliqui de parte dicti dom. Gaucherii pro dicto d. Ay. comite contra partem dicti d. electi et comitis et ecclesiarum suarum, prout quemlibet tangit ratione feudorum predict., ex quibus juvaminibus multa incomoda, dampna et pericula, strages et homicidia occurrerunt et occurrere verisimiliter formidantur, et ne contingat discordiam in futurum fleri, si feudum predict. ipsius Giraudi in manu dom' nostri pape ponatur omnia discrimina cessare habebunt et discordie inter ipsos et in unitate et concordia communi perseverabunt incole supradicti pres. et fut., maxime cum totus locus et territorium castri Montilii erit tam in proprietate quam juridicione feudi et retrofeudi dicti dom. nostri pape et sue Romane ecclesie SS., et clausura et fortificatio dicte ville de Montilio flet concorditer et de comuni concensu habitancium dicti loci circumdabitur locus ille qui sollempnis et populatus est et eminens inter loca patrie et diocesis Valentinen. et, quod Deus advertat, si contingeret malignas gentes per patriam incedere, prout interdum auditur ab aliquibus murmurari, locus de Montilio et gentes fortificati et clausi tucius et securius se deffendent et adversantibus si qui essent resistent validius muniti et clausi et fortius quam disparsi; actento eciam quod dicto Gir. et successoribus suis est longe utilius et honorabilius esse sub feudo et dominio immediato dom' nostri pape quam ecclesiarum Valentinen. et Diensis, et forcius sub feudo et dominio dom' nostri pape contra suos adversarios se defendere poterit si sit opus infuturum, et gaudebit libertatibus et privilegiis indultis et concessis vassallis dicti dom.

nostri pape et ecclesie sue SS. Romane; actento eciam quod dictus
Gir. seu sui imposterum successores non astringentur esse de guerra
dict. dd. electi et Ay. comitum seu alterius eorumdem, set libere
prout ipsis Gir. et successoribus ejus placuerit remanebunt; actento
etiam commodo pecuniario quod dictus Gir. a dicto dom. nostro papa
reportat exinde sibi utili et necessario pro suis honerosis debitis exsol-
vendis, ad que solvenda eumdem opporteret de suis proprietatibus in
ejusdem dispendium et gravamen alienare dampnose; actento eciam
commodo dicti d. electi et comitis et ecclesiarum suarum, quod ex
infrascripta permutatione cum dicto dom. nostro papa seu ejus rectore Veneysini... reportat et perpetuo reportabit. Dictus, inquam,
dom. officialis.., presente et consenciente.. dicta dom. tutrice.. ex
causis predict. que vere sunt pro dicti pupilli utilitate, consulentibus
et present. nobilibus et circumspectis viris dd. Hugone Ademarii,
archidiacono de Rivello in ecclesia Tullensi, et Ludovico Ademarii,
canonico Aurelianensi, et nonnullis aliis amicis et fidelibus dict. tutricis et pupilli, feudum et feuda et retrofeuda ad que dictus Gir.
pupillus tenetur predicto dom. electo et comiti et suis ecclesiis, et
dict. pater suus dum vivebat tenebatur ad homagium et fidelitatis
juramentum pro premissis, et omnia jura alia et dominia ad que et
pro quibus tenebantur tam dictus Gir. quam dict. ejus pater dum viveret et teneri possent infuturum ejus heredes et successores, sponte
et libere ex causa permutationis infrascripte in dominum nostrum
papam et ejus ecclesiam Romanam SS. ac dict. dom. rectorem, pro
ipsis stipulantem et recipientem, titulo pure, perfecte et irrevocabilis
permutationis transtulit, cessit et concessit ac tradidit s. q., nichil
juris, possessionis seu proprietatis in eisdem modo aliquo retinendo,
set totaliter transferendo, et se devestiens de premissis per traditionem cujusdam berreti dict. dom. rectorem... investivit. Versa vice dict.
dom. rector, asserens se habere pro dicto dom. nostro papa et ejus ecclesia Romana SS. castrum et territorium de Condilhaco, Valentin. diocesis, cum pertinentiis ejusdem, prout ad dom. abbatem et conventum ac
eciam pitanciario Crudacii, Vivarien, diocesis, ordinis Sancti Benedicti, pertinebat et pertinere consueverat, cum juribus et pertinentiis
suis univ. et prout specifice continetur in quod. publ. instrumento
inde per me... notarium recepto anno, indict. et pontif. predictis et
die sabati xiiia pres. mensis junii, ex causa pres. permutationis et pro
dict. homagio et feudo superius specificatis eidem dom. officiali...
pure, libere et irrevocabiliter dedit, transtulit, cessit et concessit et
tradidit s. q. predict. castrum de Condilhaco, cum omn. juribus et

pertinentiis suis, nichil juris, pocessionis seu proprietatis... retinendo... se devestivit et... per traditionem cujusd. berreti pleno jure
investivit ; dantes et concedentes partes... ad invicem auctoritatem
apprehendendi posessionem..; promittentes..: que omnia univ et sing...
partes.. attendere, tenere et in nullo contrafacere vel venire... promiserunt et juraverunt.., sub omni renunciatione... Quibus sic peractis, prefatus dom. officialis... liberans, quitans et absolvens dict.
tutricem... et per eam dict. ejus filium et successores suos ab omni
nexu homagii et juramento fidelitatis et aliis quibuscq. ad que dicto
d. electo et comiti et ejus ecclesiis tenebantur, precepit ac eciam expresse in mandatis dedit dicte d. tutrici.., quatenus dicto dom. nostro
pape seu dicto d. rectori nomine ejusdem recognicionem dict. feudorum faciat cum homagio licgio et fidelitatis juramento et omnibus
aliis...; et versa vice dict d. rector liberans et absolvens dict. homines
de Condilhaco ab omni nexu homagii et fidelitatis juramento.., precepit et in mandatis dedit dict. hominibus quatenus homacgium et
fidelitatis juramentum... faciant atque prestent... prefato d. electo et
comiti... Post hec vero, dicta tutrix.., auditis et intellectis omn. et
sing. superius descriptis, volens parere mandamento et licencie predicti d. officialis, attenta in hac parte utilitate et commodo evidenti
dicti filii sui impuberis ac urgenti neccessitate.., ex causis superius
expressatis recognovit dict. Giraudetum filium suum tenere et tenere
velle et debere a prefato dom. nostro papa et ejus Romana ecclesia
SS., licet absenti, et dicto d. rectori... et suis successoribus in comitatu Veneysini in feudum et homagium licgium, videl. quicquid
habet et habere debet in castro, loco, mandamento, territorio et districtu Montilii Ademarii, et septem parerias sive dominia que habet in
castro et territorio de Alondo, Tricastrin. diocesis, ultra illas quas
habet pro indiviso cum dom. rege et regina Jerhusalem et Cisilie,
sive sint fortalicia, homines, census, servicia, prata, nemora, terre
culte vel inculte, pacua, pascua, decursus aquarum et quecq. alia
jura, res et servitutes, merum et mixtum imperium et omnimodam
juridicionem quam habet in locis predict. ac eciam quicquid habet in locis de Condilhaco, de Sauzeto, de Calma, de Mirimanda,
de Turrim dal Verre, Valentin. diocesis, et omnia univ. et sing.
que habet aut visus est habere citra Rodanum, que tamen ab aliis
dominis non tenet in feudum, et pro premissis feudis facere promisit... dicto dom. nostro pape homacgium ligium, manus suas infra
manus dict. dom. nostri pape tenendo et pedis et manus et libri
in honorem sancte sedis appostolice, hosculo interveniendo et

juramentum fidelitatis tactis Dei Euvangeliis cidem prestare, cum omnibus capitulis que in capitulo fidelitatis novo et veteri continentur, sub
pactis, conventionibus et retentionibus... retentis et... ad salvum dicti
Giraudeti... concessis ; acto et protestato per dict. tutricem et per dict.
d. rectorem concesso quod si, quandocq. et quocienscq. contingerit
dict. Giraudetum et ejus successores facere recognitionem et homagium pro predictis et juramentum fidelitatis prestare persone dicti
dom. nostri pape et successorum suorum, quod... tunc facere tenea.
tur genibus flexis et oris hosculo interveniente ; si vero contingeret
fieri dict. homagium et recognit. dicto rectori seu alteri deputato
a dom° nostro papa, quod tunc fieri debeat... stando pedes more nobilium et oris hosculo interveniente; et primo retinuit prefata tutrix...
quod ipsa necnon et prefatus nobilis Gir. et imposterum successores
ejus habeant et habere debeant nunc et imperpetuum in locis et castris et mandamentis et districtibus dict. locorum Montilii Adem. et
de Alondo merum et mixtum imperium et omnimodam juridicionem,
cohertionem et omne exercitium juridicionis, et cognitionem et punitionem portationis armorum, false monete scusse et scudende, expense et expendende et ejus captionem, portus et fluvium ac hobfense
in personam ipsius nobilis Gir. et successorum suorum, officialium et familiorum suorum quorumcq. faciende, et cujuscq. alterius criminis publici vel privati, ordinarii et extraord^rii, sive in
itineribus ac viis publicis, laminibus seu portibus seu alibi ubicumque infra mandamenta et districtus dict. locorum comissa fuerint
per quascq. personas seu imposterum comitantur, et omnia jura
regalia, et predicta competant eidem Giraudeto et suis successoribus imposterum in omnibus hominibus et mulieribus suis present. et fut. loci Montilii et pareriorum Alondi, et pro medictate
in omnibus hominibus et mulieribus dominum non habentibus in
loco Montilii, et pro partibus in quibus est dominus in aliis locis predict., in personis extraneis seu commorantibus in locis predict. nunc
et infuturum, que homagium non fecerunt ante crimen comissum seu
comitendum parerils predicti Gir., ita quod dom. noster papa ac sui
successores ut superiores dicti Gir. et success. suor. nullam habeant
cognitionem, pugnitionem et exequtionem de predictis nec alias dictum Giraud. impedire valeant in eisdem, nisi in casu negligencie et
secundarum appellacionum vel ressorti prout inferius declaratur; item
retinuit dicta tutrix.., quod dict. nobilis Gir. et post eum ejus successores habeant et habere debeant judicem appellationum in terris
supra recognitis, ad quem immediate appellabitur cum contingerit

appellari ab eo et ejus judice, bajulo aut aliis officialibus suis et aliis... subdictis, et si a dicto judice appellationum appellari contingerit, illa appellatio immediate devolvatur ad rectorem comitatus Veneysini nomine dom. nostri pape.., de qua non poterit nec debebit cognoscere in locis et mandamentis de Montilio aut de Alondo nec infra aliam terram superius recognitam, set alibi infra comitatum Veneycini : et si a dictis Giraud... vel a judicibus vel bajulis.., de facto obmisso judice appellationum, ad dict. d. rectorem seu alium officialem dom¹ nostri pape appellari contingerit, non teneat appellacio nec dict. d. rector nec alii officiales papales de ea cognoscere possint, ymo requisiti in quocq. statu dicte cause fuerint judici appellacionum dicti Gir^{dt} et successorum suorum remitere teneantur; item fuit actum et expresse per dict. tutricem... retentum quod dict. Giraudus et sui successores in subditis dicti Giraudi juridictionem habentibus infra terram recognitam... perpetuo habeant ressortum et primam et immediatam superioritatem, nec per gentes seu curiales dom¹ nostri pape impediantur, nisi in casu appellacionis, negligencie vel ressorti; item fuit actum et conventum et expresse per dict. tutricem.. retentum, quod cognitio, punitio et correctio judicum, bajulorum, notariorum, scriptorum, servientum et aliorum officialium, servitorum et familiariorum suorum... ad dict. Giraudum et successores suos seu deputandos ad eisdem in solidum pertinebit, licet officiales ipsi delinquerent sua officia exercendo seu alias ut privati, nec officiales papales de hiis intromictere se possint nisi in casu negligencie vel ressorti..; item fuit actum et conventum et expresse per dict. tutricem.. retentum et per dict. rectorem concessum, quod per querelam simplicem subdicti justiciabiles dicti nob. Giraudi et successorum suorum non poterunt nec debebunt recedere a cognitionibus et ordinationibus dicti Giraudi vel success. suor. nec officialium suorum, nec per querelam simplicem dict. subdictorum dict. rector Veneycini nec alius pro dom° nostro papa ipsos audire debebit nec cognoscere, nisi per viam appellacionis ab iniquo judice vel ab iniqua sententia interposita negocium ad dict. d. rectorem devolveretur... et in casu negligencie ipsius Giraudi.., in quo casu si... negligentes fuerint primus recursus habebitur ad judicem appellacionum dicti Giraudi.., qui.. justiciam ministrabit, et si ipse judex appellacionis eciam negligens extiterit, tunc devolvetur potestas cognoscendi ad dom. rectorem Veneycini; item fuit actum et conventum et per dict. tutricem expresse retentum quod dom. noster papa seu ejus officiales dare non debeant in prejudicium ipsius Giraudi vel successorum suor. salvas gardias,

privilegia vel alias inmunitates subdictis dicti Giraudi.. propter quas
in eis.. possint juridictionem exercere, alias vero salv. gard. et immun.
et priv., sine prejudicio tamen dicti Giraudi.., possit concedere dom. n.
papa pro suo libito voluntatis ; item fuit actum et conventum et expresse
per dict. tutricem retentum et per dict. d. rectorem concessum, quod in
casibus in quibus juridictio pertineret ad dom. nostrum papam seu ad
rectorem Veneycini.., dict. Giraudus et ejus successores ejusque terra
et subdicti mediate et immediate... sint perpetuo liberi et exempti a
potestate, juridictione et cohercione ordinaria et delegata baylivorum,
judicum, vicariorum papalium Montilii, de Palude et de Petralapta
et de Valriaco et aliorum quorumcq. officialium temporalium papalium.., nisi ratione deliti vel contractus comissi vel inhiti extra loca
recognita dict. baillivis... in dict. Giraudum... competeret juridictio :
dict. vero Giraudus... et subdicti immediate... sint subdicti domo
nostro pape et rectori Veneycini.., qui per se seu per alios ydoneos
dum locus fuerit cognoscere non debeat in mandamentis, locis et
territoriis Montilii et Alondi nec infra aliam terram recognitam set
infra comitatum Veneycini, et quod dict. Giraudus... dict. judicibus...
preterquam rectori Veneycini in aliquo minime teneatur obedire,
nec cause tangente(s) dict. Giraudum... possint eis comiti seu dele-
gari; item fuit actum et conventum (et) expresse per dict. tutricem
retentum, quod dict. d. rector Veneycini... habeat cognitionem,
exequtionem et punitionem causarum criminalium ipsius Giraudi et
succes. suor. eciam quo ad primam cognitionem, et eciam habeat
superioritatem in dict. terris recognitis in casu negligencie et cogni-
tionis secundarum appellacionum et ressorti, salvis tamen dicto Gir...
supra et infra scriptis et salvo quod in delictis et criminibus, in
quibus curia procedit ex officio ex solo cursu temporis, dict. Giraudus... non reputetur esse in deffectu et negligencia justicie nisi esset
accusator legitimus vel nisi dict. d. rector trina monitione premissa
cum intervallo cujuslibet monit. decem dierum dict. Giraudum vel
suos officiales constitueret in deffectum; item fuit actum... quod
dict. Giraudus ejusque successores et subdicti possint extrahere proprium bladum et vinum et propria animalia et alias quascq. mercatu-
ras proprias de terra recognita, non obstante quacq. prohibitione seu
proclamatione facienda in contrarium per gentes dom¹ nostri pape ;
item fuit actum... quod si dict. Giraudus vel ejus successores haberent guerram pro se seu pro suis amicis, quod non impediantur quominus ipse et ejus subdicti ire et accedere possint ad exercicium dicte
guerre et redire cum armis et equis pro libito voluntatis, nisi tange-
ret curiam Romanam ; item fuit actum... quod dict. rector, judex

major et procurator fiscalis comitatus Veneycini... jurent servare et tenere predicta et infrascripta inconcussa, et si requisiti jurare noluerint eisdem non obediatur inpuno donec et quousque predict. prestiterint juramentum; item fuit actum... quod dict. Giraudus et ejus successores dom° nostro pape seu deputato ab eodem vel rectori Veneycini... recognitionem de dict. feudis et non aliter facere teneantur juxta formam in pres. instr^to contentam, ita tamen quod dom° nostro papa ultra montes vel alibi in remotis agente, dict. Giraudus vel sui success. sint liberi et immunes faciendo recognitionem et homagium rectori qui.. fuerit in comitatu; item fuit actum... quod dict. Giraudus et sui success. semper teneantur prefato dom° nostro pape.. ad homagium licgium faciendum pro feudis et terris superius recognitis in qualibet mutatione domini vel vassalli infra tempus a jure statutum; item fuit actum... quod dict. Giraudus et ejus succes. non teneantur valere cum sua gente SS. Romane ecclesie, nisi de guerra propria et placito quam haberet Rom. ecclesia in comitatu Veneycini et locis in dicto comitatu adjacentibus et in parte quam habet dom. noster papa in loco Montilii, et tunc dict. Giraudus et ejus succes. teneantur tantum valere ecclesie Rom. cum sua persona et quatuor hominibus cum armis et equis, ad expensas et emendam Rom. ecclesie et dom^i pape, et cum hominibus omnibus dicte terre quam recognoscit in feudum, loco de Montillo remanente munito, qui eciam homines postquam exierint Montilium essent ad expensas proprias dicte ecclesie Rom. et dom^i pape, nisi dict. Giraudus vel sui succes. vellent facere guerram dom° nostro pape; item fuit retentum... quod dict. Giraudus et ejus succes. in mutatione domini vel vasselli teneantur recognoscere dict. feudum et terram dom° nostro pape seu deputato ab ipso vel rectori Veneycini... cum modificacionibus superius et inferius expressatis et facere de dicta terra seu feudis homagium licgium et juramentum secundum formam fidelitatis, et dict. d. papa.. seu rector Veneycini... versa vice teneatur promitere dicto nobili.. attendere et actendant pacta et conventiones sive .condiciones retentas et appositas.., et quod omnibus modis et condicionibus in quibus secundum formam fidelitatis dominus tenetur vassallo ipse dom. papa et sui succes. teneantur ipsi Gir..., et quod si dict. Giraudus.. paratus... recognoscere dict. feudum a s. sede apostolica... se offerret et dict. d. papa... dict. recognitionem nollet recipere.., quod ex tunc ipsi Gir... prejudicium in dicto feudo esse non possit nec ex eo dict. feudum cadere in comissum..., et quod in dicta recognitione dict. Giraudus et ejus succes. teneantur fortalicia Montilii seu alterius terre

que esset de dicto feudo reddere nec gentes suas expellere ex dict.
fortaliciis seu removere, et quod dom. noster papa... seu rector Veneycini... solus cum uno socio in dict. fortaliciis... intrare possit ad
interponendum vexillum suum seu baneriam suam, et ipsam ban-
neriam possit ibidem tenere per tres dies continuos tantum et ipse
possit ibi tantum per tres dies morari : hoc tamen salvo quod dom.
papa... aut deputandi ab eodem vel rector Veneysini quociens placuerit se receptare possint in burgis dict. castrorum cum sociis suis et
familia quam ducere voluerint cum vel sine armis, tempore pacis vel
guerre, hoc eciam acto... quod dom. noster papa et succes. non possint in terra vel feudo predicto aliquas proprietates acquirere seu aliquid jus vel dominium nisi de voluntate ipsius Gir. v. succces. suor.;
item fuit actum... quod si homines dicti feudi super franchesiis seu
libertatibus eisdem concessis per ipsum Gir. vel ejus predecessores
convenirent eumdem.., quod idem papa.. seu rector Veneycini.. non
audiant nec audire permictant per curiam suam, nec super ipsis libert.
et franch. observandis nec confirmandis ipsum... compellant, nisi in
casu appellacionis, deffectus justicie vel ressorti; item fuit actum...
quod homines dicti Gir. morantes in dict. feudis... non possint convenire nec conveniant in curia dom¹ episcopi Valentinen. et Diensis...
nec dict. d. episcopus vel ejus curia conquerentes audire debeat,
ymo... remissionem facere teneatur eciam sine requisicione quacq.;
item fuit actum... quod homines dicti feudi super gravaminibus si que
dicerent eis inferri vel illata fuissent tempore preterito extra judicium per dict. Giraudum.., ipsum Gir... convenire non possint coram dom° papa vel ejus curia.. seu d. rectori Veneysini quamdiu
ipse paratus esset facere justicie complementum per judicem suum
seu per curiam.., nisi in casu deffectus justicie vel ressorti ; item fuit...
actum quod si contingeret ipsum dom. nostrum papam et ejus
succes. habere discordiam sive guerram contra dom. Gaucherium
Ademarii seu ejus succes., quod prefat. Giraudus aut sui succes. non
teneantur valere dicto d. pape de propria persona set de hominibus suis
de dicto feudo,.. *ut superius*; item fuit... concessum quod dict. d. papa
et ejus succes. et ipso in remotis agente dict. rector Veneysini dict.
Giraudum et ejus succes. de placito et de guerra contra omnem
personam ad deffentionem dicti feudi valere teneatur ad expensas
dom¹ pape et ecclesie Rom. SS., et quod dictus Gir. et succes. sui
cum armis et sine armis quandocq. vellent morari possint et se recipere et receptare cum gentibus et bonis suis in castris et villis comitatus Veneysini, nisi eorum adversarii vellent coram s. sede aposto-

lica facere justicie complementum ; item fuit retentum... quod per
curiam domᵢ pape... vel rectoris Veneysini... ab ipso Gir. v. succes.
suis pro litigiis quibuscq. ordinariis et extraor-is sportule alique non
possint exigi vel levari ; item fuit eciam retentum... quod quandocq.
contingeret quod dict. Giraudus v. succes. ejus valerent pro guerra
cum armis vel cum gente sua dom° pape.., habeant primum bellum
et primo liberentur seu honorentur et collocentur, nisi de voluntate
ipsius Gir... aut permissione.. aliter ordinaretur; item fuit... concessum quod homines et mulieres ipsius Giraudi et succes. suor. habitantes in fendis predict.. habeant libertates, privilegia, immunitates
quas homines et incole comitatus Veneysini; item fuit retentum...
quod si aliqua pacta seu conventiones aut promissiones intervenis-
sent inter predecessores ipsius Gir et dom. Gaucherium Ademarfi,
condominum Montilii, seu ejus predecessores, seu si aliqua fierent inter dictum Gir. v. ejus succes. et ipsum d. Gaucherium v. ejus succes., quod ipse dom. papa.. ea que facta fuerint contra pactiones... per
dict. d. Gaucherium.. debeat facere revocari et ipsum Gir... in suo jure
deffendere et juvare..; item fuit retentum... quod dict. dominus noster
s. ejus succes. non possint transferre predict. feudum in aliquamcq. personam, universitatem, ecclesiam vel conventum, quod si faceret non
valeat translatio et idem Gir. et succes. sui ex tunc ipso facto liberati
sint ab homagio et fidelitate predict., nisi dom. papa.. niteretur
alienationem predict. totis viribus revocare; item fuit retentum...
quod si dict. d. Gaucherius.. partem quam habet in Montilio seu
aliam terram suam de novo reciperet in feudum a dom° nostro papa
s. ej. succes.. et idem dom. papa.. predicto d. Gaucherio.. occasione
dicti feudi plures libertates, ordinationes, privilegia seu imunitates daret vel concederet..., quod illas easdem dominus noster.. dare debeat
dicto Giraudo.. et hominibus ejusdem, dummodo ab eo.. fuerit requisitus, et ex nunc.. illas... dat et concedit dict. d. rector.., salvis et
retentis..; item fuit retentum... quod omnes liberi Giraudi predicti et
successorum suorum et agnati et cognati utriusque sexus... possint
et debeant succedere in dicto feudo ab intestato cum locus affuerit et
eciam ex ordinationibus dicti Gir.., sive per testamentum, codicillum
vel per donationes vel alias ultimas voluntates fuerit ordinatum..;
item fuit retentum... quod si contingeret dict. Giraudum et ejus
successores dict. feudum in solidum seu pro parte alicui dare vel legare, quod dom. papa... seu rector Veneysini... illam donationem
et illud legatum laudare teneatur sine prestatione alicujus laudimii,
ita tamen quod illa persona cui donatio vel legatum fieret.. ad ea que

dictus Gir... teneatur ; item fuit retentum... quod ipse Giraudus seu imposterum ejus succes. habeant plenam et liberam potestatem emendi C libras Viannen. reddituum annuales cum dominio et juridictione in locis et castris comitatus Veneysini et terre eidem adjacentis, in quibus eis magis placuerit.., sine prestatione laudimii....; item fuit actum... quod in recompensatione certarum retencionum et conventionum aliarum contentarum in instrumentis infeudationum Giraudi Ademarii, proavii dicti Gir., et Guigonis Ademarii, predecessoris Gir. predicti, que de presenti ex certis causis et sufficientibus amoventur et quibusd. pactionibus predict. antiquis additur et detrahitur, et eciam pro solvendis debitis dicti Gir. quibus sucurri minime poterat sine dampno ejusdem, prout dicta tutrix asserebat, quod dict. dom. noster papa det et solvat dicte tutrici, recipienti... ad salvum dicti Gir.., vid. mille florenos auri boni ponderis atque legis, quam summam prefat. rector Veneysini voluit et jubuit solvi de pecunia camere dom^l nos. pape per thezararium ejusdem ; item fuit actum... quod si per aliquem officialem seu subdictum dom^l nos. pape... seu per dictum Gir. seu ejus successores, officiales et subdictos... aliquid contra tenorem contentorum in hoc publ. instrumento.. attemptari seu facere contingeret, de facto illud pro infecto et irrito et nullo habere debebit... Promitens dicta tutrix... predicta.. facere ratifficari et emologari, approbari ac eciam confirmari per dictum Gir. filium suum, cum fuerit etatis legitime, et homacgium et recognitionem de dict. feudis facere dom° nos. pape et juramentum fidelitatis prestabit modo et forma superius expressatis. Quibus peractis, dictus dom. rector Veneysini ac ven^{lis} dom. Hugo de Valle, judex major Veneys., predicta... attendere, servare et non contra venire... promiserunt et juraverunt tactis Dei Euvangeliis SS. De quibus... Acta fuerunt hec Avinione, infra palacium, in magno tinello ejusdem pal., presentibus rev^{mis} in Xpisto patribus dominis permissione divina Stephano archiepiscopo Aralatensi, Philippo Cavallacensi, Michaelle Barchinonensi et Reginaldo Eduensi et Raymundo Elnensi episcopis, ac ven^{bus} viris dominis de Nexorio, Averbiensi in Cameracensi, Guillelmo de Benevento, de Ardena in Leodinensi ecclesiis archidiaconibus, ac Guillelmo de Cavhanaco, canonico Caturcensi, clericis camere prefati dom. nostri pape, nec non nob^{bus} viris dd. Petro de Maubernado, Hugone de Mauriat, militibus, Cemonen. diocesis, ac Johanne Balisterii, servienti armorum dom^l nostri pape, et Hugueto de Montilio, domicello, ac dom. Johanne Palasini, notario appostol., una mecum Guillelmo Perroti, notario...— Tenores vero dict. procurationum sunt tales : *1° par Louis de Villars, élu et comte de Valence et de Die, à Pierre de Bosas, archidiacre et official de Valence* : act. et dat. in castro St Cirici in Monte Aureo, dioc. Lugdun., d. 4ª m. maii, a. D. 1360; *2° par le chapitre de Valence (le doyen absent en voyage) au même* : act. Valen. in ecclesia B° Marie de Rotundo, a. I. 1359, ind. 13 et d. 5° m. decemb. ; *3° par le chapitre de Die (le doyen Hugues de* Luncio [*al.* Laurato] *malade), au susdit Pierre de Bosas, à Giraud du Bois, à Nicolas Corteis et à Raymond Rochier :* act. in capella B° Marthe, a I. 1359, ind. 13, d. 7° m. dec.— Post hec, anno, indict., pontif. predictis et die xviiiª mensis junii, regnante ser^{mo} principe dom. Johanne, Dei gracia rege Francorum, existentibus et personaliter constitutis in presencia dicti dom¹ nostri pape... dicta dom. tutrix... ex una parte et dicto dom. Petro officiali.. ex parte altera, supradict. permutationem et recognicionem fidelitatis et ligii homagii, cum omn. suis capitulis, pactionibus, retentionibus, conditionibus... partes predicte... rata, grata, firma (habentes), ea omnia et sing. actendere et complere et non contrafacere... promisserunt et eciam convenerunt ; et nichillominus dicta tutrix nomine quo supra eidem dom° nostro pape... pro dict. feudis.. recognitionem... necnon homagium fecit, manibus suis infra manus dicti dom. n. pape interclusis et genibus flexis, pedem et manum ejusdem atque librum in signum pacis hosculando, et juramentum... prestitit tactis Dei Euvangeliis, cum omn. et sing. capitulis in sacramento fidelitatis novo et veteri contentis ac eciam express., cum protestatione sollempni... Predicta quoque omnia et singula... prefatus dom. noster papa, nomine suo et successorum suorum, rata habens atque firma, predicta homagium et recognicionem et juramentum... recepit et ea.. laudavit et aprobavit ac etiam confirmavit... De quibus... Acta fuerunt hec apud Villam Novam, Avinionen. diocesis, infra hospicium dicti dom. n. pape, in camera bassa paramenti dicti dom. n. pape, presentibus rever^{mis} in X° patribus dd. Petro Penestrino, Petro Hostiensi episcopis, et Helia tituli Sancti Stephani in Selio Monte presbitero, S° Romane ecclesie cardinalibus, necnon Bertrando Convenarum, Reginaldo Eduensis et Raymundo Elnensis ecclesiarum episcopis, et ven^{bus} patribus dd. Guillelmo Sancti Germani Anticiodorensis et Jaquino S¹ Crispini Majorris Suessiensis civitatis et Giraudo Beate Marie de Crudatio, Vivarien. diocesis, ordinis Sancti Benedicti, monasteriorum abbatibus, et ven^{bus} viris dd. Guillelmo de Benevoco, archidiacono de Ardena in ecclesia Leudinensi, ac Guillelmo de Cavanaco, canonico Caturcensi, camere apostol. clericis, Guillelmo

Bragoso, decretorum doctore, archidiacono Mirapicensi et Johanne de
Baro, cappellanis commensalibus dom¹ n. pape, Hugo(ne) Ademarii,
archidiacono de Rivello in ecclesia Tullensi, Ludovico Ademarii, canonico Aurelensi, Guillelmo de Rovihaco, preposito Beneventi monasterii, Limovicen. diocesis, rectore comitatus Veneyssini, et Hugone
de Valle, licenciato in legibus, judice majori comitatus predicti, ac
pluribus aliis ibidem agregatis testibus ad premissa vocatis et rog...
Ego vero Guillelmus Perroti de Montilio Adem., auct^te imp^li et reg.
publ. notarius... Ego vero Johannes Palaysini, clericus Caturcen. diocesis, auct^le app^ca notarius... — Ego vero Guillelmus Sobrandi de Montilio, auct^te imp^li et mag^el et pot. viri d. Giraudi Adem., Montilii et
Graynhani dom¹, notarius publ...

(¹) Minutes de Me Long, notaire à Grignan, vol. coté *Atque* f^os xv à xxiij
(XIV° siècle). — Biblioth. de Grenoble, *Documents mss.* de Guy ALLARD,
t. XIV, f° 163 à 170 (XIV° s.). — Recueil B (n° 36), *parte in qua* de l'acte
en 4 peaux aux arch. de Mont. — Voir l'acte du 23 août 1485.

LXIII.   *11 juillet 1369.*

(INSTRUMENTUM SUPER LEVATIONE VINTENI PER X AN.)*

IN nomine Domini, amen. Anno Incarnationis ejusdem Millio tricen^mo
sexagesimo nono, indictione septima et die undecima mensis julii,
pontificatus SS^mi in Xpisto patris et domini nostri dom. Urbani divina
providentia pape quinti anno septimo,.. veniens et personaliter existens in loco Paternarum, Carpentoract. dyocesis, et in presencia nob.
et circumsp. viri dom. Riconis de Mauriaco, armorum militis, baylivi
Montilii Ademarii pro dom° nostro papa ac comissarii ad infra scripta
deputati, ut idem dom. Rico dicebat et asserebat, per rever^mum dom.
Philippum cardinalem Sabianensem, olim rectorem comitatus Venessini, prout.. asserebat.. constare quibus(dam) licteris... Petrus
Bernardi de Montilio Ademarii, Valentin. diocesis, qui... nomine suo proprio et nom° ac de precepto dom. consulum Montilii,
ut asserebat, et universitatis Montilii predicti et pro utilitate publica
dicti loci Montilii dixit, significavit, supplicavit et exposuit verbothe-
nus prefato d. Riconi militi, baylivo et comissario.., quod ad requisitionem et supplicationem dom. consulum Montilii, mag^d et pot. viri
dom. Hugo Ademarii, Montilii et Gardo dominus, Ludovicus Ademarii, Montilii et Ruppismaure dominus, concesserunt levandum et

licenciam prebuerunt dict. consulibus, nomine universitatis Montilii, impositiones et sochetum vini quod venditur in loco Montilii, prout et quemadmodum in quad. papiri cedula continetur, quam cedulam ipse Petrus Bernardi peciit et requisivit per me notarium dicto d. baylivo et comissario publice in presentia testium infrascript. legi et declarari, et quam cedulam ego notarius.. publice et alta voce ibidem... legi, cujus quidem cedule tenor sequitur et est talis : In primis ordinatur quod vintenum tam bladorum quam vinorum levetur per decem annos continuos, hoc tamen retento quod homines de eorum mercede nullum prestent vintenum, incipiendos a festo beati Johannis Baptiste proxime lapso et in antea numerandos per modum alias levari consuetum ; item, quod leventur impositiones alie minute quarumcumque aliarum mercaturarum, videl. pro ·medietate sicut alias fuit consuetum ; item, quod impositio vini vocata *lo sochet* eciam levetur per dict. decem annos ut supra numerandos, hoc tamen retento quod nulla levetur seu persolvatur impositio vini predicti nisi quando vendetur et mensurabitur ad minutum, et si contingat vendere vinum ad grossum pro portando seu extrahendo dict. locum, quod eo tunc solvatur impositio ; item, quod durante tempore predicto nullum vinum seu vindemia de alieno territorio intret dict. locum nisi de propriis vineis illius qui dict. vinum seu vindemiam intrare faceret locum predict., hoc tamen retento quod si tempore vindemiarum saumata vini valeret ultra unum florenum, quod eo tunc possit quilibet pro sua provisione et non alias ponere vinum in loco predicto : sic quod in predictis nulla fraus commitatur, videl. quod si haberet vineas unde suam posset facere provisionem pro suo hospicio, quod eo tunc nullum vinum seu vindemia de alieno territorio infra dict. locum ponere possit, et si in predictis fraus aliqua comiteretur ita quod fieret contrarium, quod levetur ex inde pena viginti quinque florenorum auri contra contrarium facientes, cujus pene due partes sint dominorum et tercia pars sit illius qui dict. fraudem revelaret ; item ordinatur quod emolumenta quo ex dict. vintenis et impositionibus proveniont durante tempore predicto, ponantur et convertantur in clausura et fortificatione dicti loci et aliis que tangunt utilitatem publicam nisi esset contra dominos Montilii et dicti loci utilitatem et comodum eorumdem : et subsequenter hoc quod supererit, facta et completa fortificatione, in debitis persolvendis domino nostro pape et aliis quibus est obligata universitas dicti loci, nisi dicti consules haberent de arreragiis aliorum emolumentorum, quod sciatur per reddictionem compoti, et eciam de hiis que levaverint de tem-

pore predicto dict. decem annorum futurorum, et si sufficiant ad
solutionem dict. debitorum incontinenti levari cessent emolumenta predicta ; item quod nullus vendere debeat vinum sine licencia levatorum
dictarum impositionum et eo casu quo contra faceret, quod eo tunc con-
trafacientes solvant impositionem pro pleno vase, et si de vino quod
venderet aliquid retinere vellet pro suo potu quod in hoc vocetur impo-
sicionator, alias solvat pro pleno vase : hoc tamen retento quod si imposi-
cionator semel requisitus venire contempnat, vendat quicumque vinum
suum sic impune et credatur suo juramento. Item ordinatur quod nullus possit pro dict. emolumentis trahi seu conveniri nisi per curias dominorum Montilii et sub pena superius expressata. Qua quidem cedula
lecta et per dict. dom. Riconem comissarium et baylivum audita, ipse
Petrus Bernardi eidem d. baylivo et comissario, nomine universitatis
Montilii, humiliter supplicavit quatenus omnia illa que in ipsa cedula
continentur confirmet, laudet, laudare et confirmare velit et dignetur,
et per modum ac formam superius dictam et per alios condominos
Montilii traditam et concessam ; et cum prefatus d. Rico... omnia et
singula in dicta cedula contenta ac scripta audiverit, actento quod
ipsa... ad utilitatem et comodum rei publice et loci predicti Montilii ac
eciam locorum circumvicinorum et tocius patrie sunt introducta et
adinventa, actento eciam et considerato quod locus Montilii predictus
est locus insignis et clavis comictatus Venessini, actento eciam quod
ceteri condomini Montilii in predict. impositionibus et socheto vini
concesserunt et licenciam ac auctoritatem dict. consulibus levandi
imposiciones predict. prebuerunt.., igitur gratis et ex ejus certa
sciencia, actenta utilitate publica, nomine domini nostri pape et sancte
sedis Romane ecclesie, omnia.. in dicta cedula contenta... confirmavit,
laudavit, approbavit, ratum et gratum habuit et ea fieri voluit et mandavit et perfici et compleri juxit et concessit sicut alii condomini Montilii, supplicationi dicti Petri Bernardi... annuendo, actento quod
locus predict. Montilii magna indiget reparatione et edificio, volens..
dict. d... comissarius quod ego notarius... valeam apponere et inse-
rere licteras sue comissionis quas convenit michi in loco Montilii
aportari facere ; promictensque.. omnia.. in hoc publ. instrumento
contenta rata habere et numquam contra facere, dicere vel venire per
se vel per alium, juravit cum omni juris et facti renunciatione debita
ad hec necessaria pariter et cautela. De quibus... Acta fuerunt hec et
recitata in loco Paternarum, in curte hospicii dotalis prefati dom.
Riconis, testibus presentibus vocatis et rogatis magistro Raymundo
Amellii notario, nobilibus Raymundo Malisanguinis et Petro Malisan-

guinis alias Barca, domicellis de Paternis ; ac me Amedeo Guicheti
clerico de Arlone, Gebennen. dyocesis, habitatore Montilii predicti,
notario auct^o imp^li publ. qui in predict. supplicatione, requisitione,
lectione, confirmatione et laudatione... presens fui et inde ad requisitionem dicti P. Bernardi...

                       ✝

(*) Original parch. coté n° 193 (*Invent.* de 1662, f° 44 v°) ; à la fin, taxation du lieutenant du bailli de Montélimar, pour le notaire 2 florins, pour
lui 1 gros 12 den.

LXIV.

9 juillet 1372.

(Homagium Ludovici Adhemarii Gregorio XI° papæ)*.

In nomine Domini, amen. Anno a Nativitate ejusdem M°CCC°LXX°II°,
indictione x^a et die nona mensis julii, pontificatus SS^mi in Xpisto
patris et dom^i nostri d. Gregorii divina disponente clementia pape
XI^mi anno secundo, nobilis et potens vir Ludovicus Ademarii, dominus Montilii Ademarii, Valentinen. diocesis,.. gratis et ex ejus certa
scientia et voluntate spontanea, per se et suos heredes et successores,
attendens se teneri ad faciendum recognitionem, homagium legium
et prestare fidelitatis juramentum prefato dom° nostro pape, de et
pro certis rebus, modo et forma expressatis in quod. publ. instrumento recepto... per magg. Guillelmum Perroti et Johannem Palaysini,
notarios publ., 1 et ejus successoribus et Romane ecclesie SS...., existens.. in presentia dicti dom^i nostri pape et ven^llum notariorum public...
necnon et testium infrascript., flexis genibus, junctis manibus inter
manus dicti dom^i n. pape, ad osculum pedis et manus orisque osculo
interveniente, fecit homagium legium et fidelitatis prestitit juramen
tum eidem dom° n. pape, cum omnibus capitulis in capitulo fidelitatis
novo et veteri contentis et etiam expressatis, tactis per eum Dei Euvangeliis SS., cum protestationibus, conditionibus, retentionibus et
pactionibus in ipso instr^to contentis et expres. remanentibus semper
salvis ; et recognovit se tenere a dicto dom° n. papa et successoribus
suis et SS. Romana ecclesia ea que habet in dicto loco Montilii et
ejus territorio seu districtu et alia in dicto instr^to contenta in feudum
et homagium licgium, et promissit facere observari... omnia et sing.
in eo.. contenta ; et prefatus dom. noster papa dict. nob. Ludovicum
Ademarii, dominum Montilii, ad dict. recognitionem, homagium et
fidelitatis juramentum benigne admittens, promisit, voluit et mandavit, per se et successores suos, observare, attendere et complere omnia

et sing. in dicto instr^to contenta..., sine tamen prejudicio juris alterius.
De quibus... Acta fuerunt hec Avinione, infra palacium appostolicum,
in magna camera paramenti ejusdem pal., presentibus testibus
rever^mis in Xpisto patribus et dominis dd. R(aymundo) Penestrino,
A(nglico) Albanensi episcopis, Petro tituli Sancti Laurencii in Dama-
sio, Guillelmo tituli S^i Vitalis presbiteris, Petro S^i Heustachii et
Guillelmo S^i Angeli diaconibus S^e Romane ecclesie cardinalibus, Petro
Bituricensi, dicti dom^i n. pape camerario, et Symone Turonensi ar-
chiepiscopis, Guidone Pictavensi episcopo, nob^bus et pot^bus viris dd.
Ademario de Pictavia, comite Valentinen. et Diensi, rectore comitatus
Veneyssini, Hugone de Rupe, domino de Cornelio, magistris hospicii
dicti dom^i n. pape, militibus et aliis pluribus personis ecclesiasticis et
secularibus, ac dd. Petro de Albiartz et Guillelmo Acberti, notariis
publ. et clericis camere appostol., et me Pontio Acgerii.

(*) Minutes de Me Long, notaire à Grignan, vol. coté *Atque*, f^o xv. —
Bibl. de Gren., *Documents mss.* de Guy ALLARD, t. XIV, f° 163. — Recueil B
(n° 38) extrait comme la ch. xlv, p. 108. — (1) Ch. lxii, p. 157-169.

LXV.

23 mars 1374.

INFEUDACIO MONSTILII ADEMARII*.

GREGORIUS episcopus, servus servorum Dei, dilecto filio nobili viro
Ademaro, comiti Valentinen. et Diensi, salutem et apostolicam
benedictionem. — Rationi congruit ut continuantes fidelitatis et devotionis obsequia, premii et favoris sentiant incrementa, quia tunc
bene agendi probetur exemplum cum virtus et obsequium remune-
rationis premio gratulantur. Sane infra nostri claustra pectoris grata
reminiscentia revolventes qualiter nuper quamplura castra, territoria
et tenimenta et loca alia, que a nullo ut dicebas recognoscebas, a
nobis et Romana ecclesia nonnulla ex eis in feudum et alia que a te
in feudum tenebantur in retrofeudum te tenere recognovisti et pro
eis ligium homatgium nobis prestitisti, et propterea personam tuam
prosequi volentes favoribus graciosis, cum etiam inter nos et te sicut
consuetum fuerit triginta milia florenorum auri de camera, quamvis
etiam ex causis premissis castrum, villam et locum de Montilio Ademari, Valentin. diocesis, et quicquid nos et Romana ecclesia in hujusmodi castro, villa et loco ejusque territorio, mandamento et districtu
cum ejus omnimoda juridictione alta, media et bassa habebamus,
tibi donaverimus in feudum nobile, homatgio ligio, fidelitatis jura-

mento, superioritate ac ressorto nobis et successoribus nostris Romanis
pontificibus in eisdem retentis, et cum quibusdam aliis conventionibus
et retentionibus, ac octo milia florenorum auri vel circiter, in quibus
ratione mutui tibi per felicis recordationis Clementem papam VI predecessorem nostrum facti nobis et camere nostre apostolice tenebaris
remiserimus et etiam donaverimus, auctoritate apostolica ex certa
scientia tibi, de fratrum nostrorum sancte Romane ecclesie cardinalium consilio, conferimus et donamus; mandantes venerabili fratri
Petro episcopo Magalonensi, thesaurario nostro, et cuicumque ejus
in hujusmodi officio successori ut hujusmodi triginta milia florenorum tibi tradat realiter et persolvat. Nulli ergo... hanc pag. nostre
collationis, donationis et mandati...; si quis... Data apud Villamnovam, Avinionen. diocesis, x. kalendas aprilis, pontificatus nostri
anno quarto.

(*) Original parch. aux arch. de la Préfect. de l'Isère; au bas : *V — V —
V' Maynardi;* au repli : *Ascultata cum regestro et concordat.* Johannes
DE PESTELLO.

LXVI.   *5 mars 1375.*

QUITACIO SEPTEM VIGINTI FLOR. AURI PRO DESCLUSIS[*].

IN nomine Domini, amen. Anno incarnacionis ejusdem Millio tre-
cen^mo septuagesimo quarto, indictione tredecima et die quinta mensis marcii, pontificatus SS^mi in Xpisto patris et domini nostri dom.
Gregorii divina providencia pape XI^i anno quinto, cum fuerit ita quod
nobilis Baudonus Ademarii, Sancti Gervasii dominus, prestiterit et
mutuo tradiderit nobili Ludovico de Sclusis, de Montilio Ademarii,
Valentin. dyocesis, septem viginti sex franchos auri boni et legalis,
ponderis justi dom^i Francorum regis, pro redempcione persone dicti
nobilis Ludovici, nuper anno presenti incarcerati seu captivi et apre-
sonati in loco Ancone per Britones qui dict. locum acceperant vi armorum, prout predicta predicti nobiles Baudonus et Ludovicus asserebant fore vera; sic est quod personaliter constitutus prefatus nob.
Baudonus Ademarii, gratis et ex ejus certa sciencia, attendens et
considerans multa, grata, varia et diversa servicia eidem nob. Baudono
facta et impensa per dict. nob. Ludovicum retroactis temporibus et
que de die in diem facere non cessat, non volens.. de tantis et tot
serviciis esse ingratus, set sibi Ludovico reddere meritum licet pau-
cum, per se et suos heredes et successores, in remuneracione et

recompensacione dict. serviciorum dedit, donavit, cessit, concessit, remisit et tradidit seu quasi dicto nob. Ludovico... predict. VII^{xx} vi franchos auri, donatione pura... et irrevocabili que dicitur et habet fieri inter vivos, nulla causa ingratitudinis seu quavis alia imposterum revocanda, et ecium ad corroborationem dicte donacionis prefat. nob. Baudonus ad cautelam confessus fuit habuisse eosdem VII^{xx} et vi franchos auri et realiter recepisse.., taliter quod tenens se.. pro contento plenarie et pagato dict. nob. Ludovicum... quitavit, liberavit perpetuo penitus et absolvit.. ; et renunciavit... omni errori calculi.., promittens... Que omnia... attendere, tenere, servare, complere... promisit et ad S. Dei Euvangelia juravit; et renunciavit... De quibus... Actum Montilii, in domo habitationis mei notarii infrascr., testibus presentibus voc. et rog. ven^{ll} viro dom. Bonello de Licgione, jurisperito, et Baudeto de Opere, clerico, ac me Amedeo Guicheti, clerico de Arlone, Gebennen. dyocesis, habitatore dicti loci Montilii, notario auct^{te} imp^{ll} publ...   †

(*) Original parch. coté n° 62 (*Invent.* de 1662, f° 19 v°); en haut : G. LXVIIII.

LXVII.   *28 juin 1376.*

(FACULTAS GIRAUDO ADEMARII DATA HOMAGIUM FACIENDI)*.

GREGORIUS episcopus, servus servorum Dei, dilecto filio nobili viro Giraudo Ademari militi, domino loci de Graynhano, Diensis diocesis, salutem et apostolicam benedictionem. Cum sicut accepimus in ratione partis castri, ville seu loci Montilii Ademari, Valentinen. diocesis, ad te pertinentis et in qua parte nuper jure hereditario successisti et pro qua predecessores tui Romane ecclesie, a qua dict. partem tenebant in feudum, homagium fecerunt et fidelitatis juramentum prestiterunt acthenus, dilecto filio nobili viro Ludovico de Pictavia, comiti Valentinensi, ad quem castrum, villa et locus predicta et omnia jura que nos et eadem ecclesia in dict. castro et loco olim habebamus justo titulo devenerunt, sine nostra licentia homagium facere et juramentum fidelitatis prestare non velis, nobilitati tue significamus quod placet nobis et volumus quod tu preffato comiti, pro dicta parte ipsius ville, homagium facias et juramentum huj^{di} prestes, ut est in talibus fieri consuetum. Data apud Villam Novam, Avinionen. diocesis, iiii^a kalendas julii, pontifficatus nostri anno sexto.

(*) Inséré dans l'acte du 17 juillet 1876 (ch. LXVIII).

LXVIII.   *17 juillet 1376.*

HOMAGIUM FACTUM DOM° VALENTINO PER DOMINUM MONTILII.*

IN nomine Domini, amen ; anno Incarnacionis ejusdem M°III'LXXVI°, vid. die XVII mensis julii, pontifficatus SS^mi in Xpisto patris et domini nostri dom. Gregorii, divina disponente clemencia pape XI, anno sexto. Noverint univ. et sing. quod constitutus magnifficus et potens vir dom. Giraudus Ademarii miles, Montilii et Graynhani dominus, in presencia illustris, magn^d et pot. viri dom. d. Ludovici de Pictavia, comitis Valentinen. et Diensis.., signifficans et exponens.. quod olim mag. R. Vialis notarius, nomine dicti d. comitis, quasd. licteras in pergameno scriptas dicti dom^i nostri pape bullaque plumbea cum cordono canapis more SS. Romane ecclesie inpendenti bullatas dorssoque earum hec verba vel consimilia descripta : « Dilecto filio nobili viro Giraudo Ademarii militi, domino loci de Graynhano, Diensis diocesis, » eidem dom. Giraudo presentavit et exibuit, quarum... tenor de verbo ad verbum sequitur et est talis : « Gregorius *(ut supra ch. LXVII, p. 175)*... sexto, »; et volens ac cupiens dict. dom. Giraudus mandata dicti dom^i nostri pape et contenta in suis predict. licteris adimplere,... gratis et ex ejus certa sciencia et voluntate spontanea, per se et suos heredes et successores, prefato dom. comiti ratione contentorum in supradict. licteris papalibus ac pro villa et loco Montilii Adem. et sibi.. pertinentibus et spectantibus, et modo ac forma contentis s. express. in quod. publ. instrumento sumpto per mag. Poncium Atgerii cond. notarium, scripto et signato.., in tribus membranis peciis pergameni conglutinatis per mag. Guillelmum Sobrandi de Montilio,.. notarium publ.., stando pedes, junctis et complozis manibus inter manus dicti d. comitis, oris osculo interveniente, fecit homagium ligium et fidelitatis prestitit juramentum eidem dom. comiti cum omnibus capitulis in capitulo fidelitatis novo et veteri contentis et eciam expres., tactis per eum Dei Euvangeliis SS., cum protestationibus, conditionibus, retentionibus et pactionibus in ipso instr^to... expressatis remanentibus semper salvis ; et recognovit se tenere a dicto d. comite et successoribus suis ea que habet in dicto loco Montilii et ejus territorio seu districtu in feudum et homagium ligium, et promisit facere observare... Et preffat. dom. comes dict. nob. dom. Giraudum... ad dict. recognitionem et homagium et fidelitatis juramentum benigne admitens, voluit, promisit et juravit super S. Dei

Euvangelia... observare, attendere et complere omnia... Et ibidem in continenti, absque aliquo intervallo, nobilis vir dom. Guigardus Berlhionis miles, dominus de Orchano, bayllivus terre dicti d. comitis, et ven^lis ac circumsp. vir dom. Guillelmus Eguaterie, in legibus licenciatus, judex major comitatuum predict., cum... voluntate preffati d. comitis, eciam omnia... pro parte dicti d. Giraudi.. faciencia observare, attendere et complere promiserunt et juraverunt... De quibus... Acta fuerunt hec in conventu Fratrum Minorum loci Criste Arnaudi, testibus presentibus nob^bus et rel^dis viris dd. Maximino Ventereoli, preceptore Vallis Poieti, ordinis beati Johannis Jherusalem, Johanne de Castro Veteri, priore Sancti Marcelli prope Sauzetum, nob^bus Disderio de Besinhano, domino dicti loci, Eynerio de Podio milite, domino Audifredi, Stephano de Alto Vilari, Dalmacio de Vaesco, militibus, nob^bus Aymario Duson, domino Podii Selari, Hugone Falco de Grana, Johanne de Vasivo, de Stella, Aymario Berlionis de Orchano, Garino Aymarii, Petro de Turnono, R. de Alberia, de Montillo, Bert. de Blacozio, Poncio de Graynhano, dicti loci, et mag. Raymundo Vialis, notario.., et me Petro Barasti de Graynhano, publ. notario. — Tenor vero instrumenti de quo supra habetur mentio de verbo ad verbum sequitur et est talis : « In nomine *(supra ch. LXIV et LXII, p. 172-3 et 157-69)...* »

(*) Minutes de Me Long, notaire à Grignan, vol. coté *Atque*, f° xiiij.

LXIX. 17 juillet 1376.

(Requisitio auxilii comiti Valent. a domino Montilii)*.

IN nomine Domini, amen. Anno Incarnacionis ejusdem M°III°LXXVI et die vid. xvii mensis julii, constitutus nobilis, magnificus et potens vir dom. Giraudus Ademarii miles, Montilii et Graynhani dominus, in presentia ill^ls et magn^ci dom. d. Ludovici de Pictavia, comitis Valentinen. et Diensis, idem dom. Gir. dixit, significavit et exposuit quod secundum relationem nonnullorum nobilium et innobilium sibi factam et sepius, nobiles viri domini de Vouta et Montis Falconis jaçtati sunt et dixerunt, in pluribus et diverssis locis et personis, sibi dicto domino Montilii et Graynhani dapnum inferre quod poterunt in personis et bonis et guerram facere, unde dictus dom. Gir. Montilii et Graynhani cum instantia quanta potest et debet requisivit dict. dom. comitem sibi dare et prestare contra prenominatos auxilium, concilium et juvamen, prout hac die presenti et loco et co-

ram testibus infrascript. idem dom. comes promisit et juravit de sua
potencia et facere ad que tenetur, et prout continetur in instrumento
recognitionis et homagii sibi per eundem dominum Montilii et
Graynhani et pro dicto loco Montilii ipsi dom. comiti jam facte..; et
dict. dom. comes respondit dicto domino Montilii et Graynhani se
paratum fore eidem et adversus eum facere et prestare auxilium,
concilium, juvamen et ea omnia... ad que tenetur et ultra. De quibus... Acta fuerunt *(ut. p. 177, l. 8)*... Aynerio... Audefr... Alta
Villa... Urchano... Turnone... notario publ.

(*) Minutes de M* Long, notaire à Grignan, vol. coté *Atque*, f° xxiij v°.

LXX.

3 avril 1878.

(Littera gubernatoris Dalphinatus super salvagardia)*.

KAROLUS, dominus de Bovilla, gubernator Dalphinatus, locumtenens ill^{is} principis dom. Karoli, dalphini Vyennensis, locumtenentis et vicarii generalis ser^{mi} principis dom. Karoli quarti, dyvina
favente clemencia Romanorum imperatoris semper augusti, dilectis
nostris dd. Amedeo de Mota militi et Raynaudo Raymundi, domino
Cigoterii, bayllivo et judici baroniarum Medullionis et Montis Albani,
dalphinalibus consiliariis, vel ipsius bayllivi locumtenenti, salutem.
Ex literarum et rescriptorum imperialium bulla aurea bullatorum et
aliorum legitimorum et evidentissimorum documentorum inspectione
nobis et visione congrua innotuit, quod olim per imperialem celcitudinem nobilis Giraudus Ademarii de tota terra avi et patris suorum
extitit investitus, et inde fidelitatem et homagium prestitit dict. Geraldus Ademarii imperatorie magestati, ita quod dicta terra nulli alteri
subjacere valeat extranee potestati vel aliquam personam in dominum
aut potestatem habere nisi solum imperatorem et ipsius imperii successores, prout premissa continentur in dict. imperialibus literis et
rescriptis et aliis legitimis documentis; quam equidem terram nunc
possidet vir potens et nob. dom. Giraudus Ademarii, Montilii et
Graynhani dominus, ipsius d. Giraudi Adem. bone mem. specialis successor. Cum itaque dict. d. Giraudus, Graynhani dominus, sibi offendi
timeat in castris, terris et bonis suis ab aliquibus suis emulis verisimi-
libus conjecturis, sicut ex ipsius parte nobis extitit intimatum, dictus-
que dominus noster teneatur ipso jure et nos ejus nomine pariter
teneamur dict. dominum Graynhani, fidelem imperii et vassallum, et

ejus terram predict. custodire et defensare ab omnibus oppressionibus,
invasionibus et lesionibus indebitis quorumcumque ; ea propter vobis
et vestrum cuillibet insoludum, ad instanciam et requestam dicti
dom. Giraudi, ex parte dicti dom' nostri imperatoris, comittimus
et mandamus quatenus, ad partes Valentinesii vos personaliter transferentes, dict. terram feudalem ipsius dom. Giraudi custodiatis,
servatis, defendatis et protegatis ut melius et forcius poteritis ab in-
curcibus, invasionibus et lesionibus quorumcumque, vi et potencia
imperiali ; insuper in castris, domibus, fortaliciis et rebus que tenentur de feudo, retrofeudo et dominio ipsius dom. imperatoris, ponatis
et affigatis seu poni et affigi faciatis vexilla et pennoncellos armis
imperialibus et dalphinalibus depictos et depicta in signum gardie et
protectionis ac securitatis habende, quando et quociens pro parte
dicti dom. Giraudi inde fueritis requisiti. Ulterius equidem, ad requisitionem dicti dom. Giraudi vel alterius ejus nomine ad presenciam
viri magnif. dom. Ludovici, comitis Valentinen. et Dyensis, dom' nostri imperatoris fidelis et vassalli, et aliorum quorumcq. de quibus
ex parte dicti dom. Giraudi extiteritis requisiti vos personaliter transferentes, eidem dom. comiti et quibusvis aliis, quibus dict. d. Giraudus voluerit, ac eciam eorum cuillibet ex parte dicti domᵼnostri imperatoris, dom' nostri dalphini, ejus vicarii et locumtenentis, et nostra
inhibeatis, sub fidelitate qua dicto (domᵒ) nostro imperatori tenentur
et sub pena confiscationis rerum feudalium et bonorum que tenent in
feudo vel alias ab imperatoria magestate, necnon centum marcharum
auri purissimi, quibus et eorum cuillibet tenore presencium pariter
inhibemus, ne dicto dom. Giraudo, uxori, liberis, gentibus, subditis,
servitoribus et familiaribus ipsius quibuscq. in personis, terra, rebus
vel bonis suis feudalibus offendere audeant vel presumant per se vel
suos valitores et sequaces, offerentes eisdem quod nos parati sumus et erimus eisdem (et) eorum cuillibet de dicto d. Giraudo promp-
tam justiciam exhibere ; mandantes et expresse ac specialiter injun-
gentes univ. et sing. officialibus, justiciariis et subditis imperialibus,
quatenus vobis et vestrum cuillibet in premissis et circa p-sa prestant
et faciant auxilium, consilium et juvamen, pareant efficaciter et in-
tendant. Presentes quippe, si et quando voluerit dict. d. Giraudus,
voce preconia in locis publicis preconisari et notificari publice faciatis, ac de verbo ad verbum in curiis dalphinalibus registrari, ne
quis ignorantiam pretendere valeat de eisdem, et de inhibitionibus,
intimationibus et preconisationibus hujᵈᵗ ac aliis premissis fieri faciatis publ. instrumenta. Datum Gratianopoli, die tercia aprilis anno Do-

mini M° CCC LXXVIII°. — Per dom. gubernatorem, locumtenentem dom¹ vicarii imperialis predicti, J. N.

(¹) Arch. de l'Isère, reg. *Pilati* 1360-68 (B. 17), f° **xxxv**.

LXXI.   *7-12-14-15-16 mai 1378.*

LICTERE EXCEQUTORIE (SALVEGARDIE IMPERIALIS ET DALPH.)¹

Raynaudus Raymundi, castrorum Cigoterii et Montis Rotundi dominus, consiliarius dalphinalis, bayllivus ac judex major baroniarum Medullionis et Montis Albani, comissarius in hac parte per virum magnificum et spectabilem dom. Karolum dominum de Bovilla, gubernatorem Dalphinatus, locumtenentem ill᷎ principis dom. Karoli dalphini Vyennensis, locumtenentis et vicarii generalis ser᷎ principis dom. Karoli quarti, dyvina favente clemencia Romanorum imperatoris, viris nobb. Johanni Virduni, condomino de Vinsobriis, procuratori fiscali dict. baroniarum, et Jaqueto de Casali, alias de Sabaudia, castellano de Nihonis pro dicto dom. nostro dalphino, dilectis nostris carissimis, salutem et mandatis nostris ac proprius imperialibus et dalphinalibus firmiter obedire. Licteras dicti dom. gubernatoris et locumtenentis pro parte domini Graynhani nobis nudius presentatas, sanas et integras ac sigillo autentico impendenti cera rubea sigillatas nos cum quanta decuit reverencia recepisse noveritis in hec verba : « Karolus (*ut in ch. seq.*)... d. Raynaudo Raymundi, bayllivo et » judici baroniarum Medullionis et Montis Alban, vel ejus locumte » nenti *iterato mandat* defendere castra, fortalicia, terram, opida et » bona... atque jura nob. viri d. Giraudi Ademarii, Montilii et » Graynhani domini, imperialis vassalli... Dat Gracionopoli, d. vii m. » maii an. Dom¹ MCCCLXXVIII; per d. gubernatorem in concilio. » J. N.¹ » Quibus visis et diligenter attentis, in excequutionem earumdem vobis harum serie districtius injungimus et mandamus, sub fidelitate et juramento quibus d. n. dalphino tenemini, quatenus omnia univ. et sing. in dict. licteris contenta faciatis, compleatis et excequamini cum effectu.., vos inter cetera ad locum de Montilio Ademarii personaliter transferentes et ad alia loca de quibus vobis videbitur expedire, cum illis quos in vestra comitiva duxeritis eligendos..; mandantes... officialibus et subditis imperialibus et dalphinalibus... Datum Buxi, sub magno sigillo curie majoris dict. baroniarum, die xii mensis madii anno Domini M°CCCLXXVIII°. R. R.

Subsequenter vero, scil. die xiii[a] mensis madii, dicti dd. comissarii et exequtores accesserunt de Graynhano apud Montilium Ademarii, ad requisitionem predict. et pro dict. licteris excequendis, et modicum post horam meridiey, cum fuerunt ante portale vocatum portale Nostre Domine de Ayguno, custodes ejusdem inter quos erat Mondonetus Barnaudi interrogavit eos qui ipsi erant, et dicti comissarii et excequtores responderunt : « Nos sumus ad dominum meum gubernatorem Dalphinatus, locumtenentem domini nostri dalphini, vicarii dom[i] imperatoris, et volumus intrare et repascere equos nostros ». Tunc dict. Mondonetus, qui tenebat claves in manu dicti portalis, clausit dict. portale et serravit cum clave, relicto guicheto aperto, et inde exivit foris dicendo : « Domini, parcatis, ego non auderem vos intrare permitere sine licencia gencium domini mei comitis Valentinensis, sed mitto ad eas ut vos intrare permitant ». Deinde, cum quidam homines dicti loci dicerent dicto Mondoneto : « Male factum est, quia non permictitis intrare istos dominos sicut alii intrant, et quadam vice intrabunt ipsi sicut et alii », dict. Mondonetus, qui se gerebat custodem pro dicto dom. comite, dixit intrando infra et guichetum cum clave serrando : « Pro certo ipsi non intrabunt sine licencia » ; et cum plures alie persone de infra et de foris veniebant, dict. custos eas intrare et exire permitebat. Et deinde cum dicti dd. comissarii et excequtores iterum venirent ad dict. portale pedes et dicerent ei : « O custos portalis, intrabimus nos adhuc? » ipse custos respondit : « Pro certo non auderem vobis aperire sine licencia ». Et paulo post exiverunt foris nobiles Garinus Ademarii donatus et Guillelmus de Curnierio de stabilita fortalicii Montilii pro domino Graynhani et dixerunt: « Domini, vos bene veneritis ; gentes domini mei Graynhani bene volunt ut vos intretis et quantum in eis est portale est vobis apertum, sed remanet in gentibus dom. comitis Valentinen. qui hodie habent et tenent claves dicti portalis ». De quibus dicti dd. procurator et castellanus pecierunt sibi fieri publ. instrumentum. Actum ante dict. portale, prope bareriam inferiorem ; testes fuerunt presentes dicti Disderius, Girardus et Anthonius. — Ceterum, paulo post venerunt de infra per dict. guichetum nobiles Disderius dominus Besinhani, Petrus de Fontanis et Petrus de Tornono de stabilita predicta et dixerunt : « Domini procurator et castellane, vos bene veneritis », capucia de capitibus amovendo et sibi magnam reverenciam faciendo, dicendo eciam : « Hic est frater dom. Guillelmi Bastardi, capitanei hujus loci pro dom. comite », et responso : « Ipse bene venerit », dicti dd. comissarii et exequtores ite-

rum dixerunt: « Quid est hoc dictu, non intrabimus nos qui sumus
ad dom. imperatorem, dom. dalphinum ejus vicarium, filium regis
Francie, et ad dom. gubernatorem Dalphinatus, et qui sumus officiales dalphinales, et alie cetere gentes intrant? » ; tunc prenominati de
dicta stabilita responderunt : « Domini, nos pro certo bene volumus
et nobis placet ut vos intretis, et non remanet vel remanebit in nobis
nec quoad partem domini Graynhani. » Ipse   frater predict. tunc respondit : « Pro certo frater meus, qui est capitaneus hujus loci, eciam dom. bayllius dom¹ mei comitis Valentinen. non sunt
in loco presenti, ego me de aperiendo vobis intromitere non auderem ». Et eo tunc dicti dd. officiales fecerunt extrahi de maleta dicti
d. procuratoris literas preinsertas de duobus massapanis fuste et os-
tendendo easdem et sigilla earumdem dixerunt : « Ecce literas impe-
riales, dalphinales et potestatis nostre; postquam non vultis nobis apperire, nos precipimus ex parte imperatorie magestatis et virtute
potestatis hactenus nobis date vobis omnibus et singulis hic presentibus, qui subestis dicte magestati imperatorie, et per vos dom. comiti
Valentin. et suis gentibus absentibus infra existentibus, sub penis
quas incurrere possetis et possent erga imperialem celcitudinem, ut
nobis apperiatis ac nos intrare permitatis pro mandatis excequendis
imperialibus et complendis juxta nobis traditam potestatem, aut pro
certo nos illa publicabimus hic et excequemur nostro posse, quicumque velit videre vel ne, et pro certo jam hoc esset quod nos non esse-
mus nisi ad dict. dom. gubernatorem ut dominum de Bovilla, credebamus quod in bono vicariatu aperietis nobis » ; qui de stabilita et
   frater responderunt ut supra. Et cum vellent publicare et
excequi illuc dicta mandata, dict. dominus Besinhani et
frater dixerunt eisdem : « Rogamus vos ut modicum expectetis,
et nos ibimus loqutum super hoc aliis sociis qui sunt infra pro
dom° meo comite ». Et eo tunc intrarunt et hoc facto dict. Mondonetus dict. guichetum clausit et serravit cum clave. De quibus... Actum ante dict. portale; testes fuerunt pres. qui supra et
Martinus Eustachii predict. — Ex post vero, per spacium meatus
unius leuce vel circa, dict.   frater rediit infra ad fixuram dicti
portalis et dixit eis : « Pro certo ego locutus fui sociis ut intraretis,
sed non audent se intromitere super eo, sed ego faciam vobis mitti
de victualibus deforis pro vobis et vestris roncinis ». De quibus...
Actum et testes ubi et qui supra..., et plures alii circumstantes. —
Successive dicti dd. officiales dalphinales retraxerunt se ac recesserunt
de illuc ultra pontem itineris Avinionis ante ecclesiam supradict. ubi,

per magnam pausam et tantam quod ex post non iverunt de die nisi unam leucam, steterunt et expectarunt; et interim venerunt plures gentes domini Graynhani, deinde dicti dom. comitis secum afferentes panem unum, pices et advenam, de quibus fuerunt ipsi dd. officiales cum suis roncinis repassi. Et hoc facto, hiidem dixerunt nobili Matheo de Dei Adjutorio et marescallo equorum dicti d. Guillelmi et aliis il- luc excistentibus de gentibus dom. comitis : « Vos alii domini, permi- tetis nos adhuc intrare infra Montilium? Si faceretis, vos essetis sa- pientes pro vobis et dominis vestris » ; qui responderunt : « Pro certo nos non possumus aliud facere »; gentes vero domini Graynhani dixerunt: « Pro certo non remanet vel remanebit in dom° meo Graynhani nec in nobis ». De quibus... Actum ante ecclesium supra dict., testes qui supra proxime nominati et plures alii circumstantes. — Preterea nocte apropinquante, videntes quod intrare non poterant dict. locum, versus Speluchiam recesserunt ubi jacuerunt in hospitio nobilis Gaufredi de Ruppe, condomini de inhibi, ubi propter reve- renciam imperialem et dalphinalem fuerunt bene et honorifice recol- lecti. In crastino vero dd. officiales dalphinales ad dict. locum et ipsum portale Montilii redierunt circa horam prime, et interrogaverunt cui- dam de familia dicti d. Guillelmi, qui erat ad barreriam vestitus de quad. veste partita de limbo et burello et ferebat unum capucium de burello cum uno quaterno de blano, cui dixerunt : « Amice, sunt intus dom. comes Valentinen. ac dictus bayllius et capitaneus? » ; qui respondit : « Pro certo dom. comes non est, sed dom. meus Guillel- mus et bayllius recedunt ab hinc, qui circuerunt locum et intra- verunt per aliud portale, et michi dixerunt quod quia heri vos vide- ram et noscebam, quod si veniretis mitterem ad eos et facerem ipsos scire, sed mitto incontinenti ad ipsos, ad sciendum si vos intrabitis ». Et misit unum peditem armatum, de illis qui erant infra ad portale, dicendo sibi : « Vadatis ad dom. meum d. Guillelmum et ad d. bayl- lium, et dicatis eis quod gentes dalphini qui heri fuerunt hic, sunt modo ad portale et si intrabunt ». Et post magnam pausam venit unus famu- lus dicti bayllivi, indutus quod. tabardo de burello, portans ansem ad latus, cum caligis de pelle viridi pedaciata que dicebatur esse de Ve- lay, ad dict. barreriam et dixit eis : « Vos alii creditis intrare infra, sed non intrabitis; in vanum speratis » ; cui responderunt : « Amice, forsam magistri tui magis graciosam nobis facient respontionem quam tu » ; qui respondit eis : « Vos non habebitis hodie aliam respontio- nem, quia magister meus bayllius ivit versus dom. meum comitem et d. Guillelmus sic ordinavit ». Et cum dixerent ei : « Qualiter vocaris et qui es tu qui ita respondes? » ipse famulus animo multum elato et superbo respondit : « Ego sum homo habens manus et pedes sicut unus alius » ; cui dixerunt : « Si tu non vis nobis dicere qui tu es, et nos diximus tibi quod nos sumus procurator Baroniarum et castellanus de Nihonis, dalphinales missi pro parte imperatorie magestatis ». Ipse vero respondit ut supra : « Quiqui vos sitis vel ne non curo, hodie non intrabitis nec aliam respontionem habebitis » ; et inde recedens intravit locum. Deinde dicti dd. officiales dalphinales interrogaverunt in eorum legalitate Poncium Alardi alias Malarcat et Poncium Chabrerii, probos homines hic presentes, sic : « Dicite vos alii probi homines, scitis vos si permitant nos intrare infra ? » ; qui in eorum veritate ita responderunt : « Pro certo fuit per bayllium et per d. Guillelmum ordinatum quod vos alii de dom. dalphino non intretis nec quod aperiatur vobis et quod omnes alii intrant ». Et tunc ipsi dd. officiales videntes hoc et quod jam multum expectaverant, et quod dom. cancellarius dom. ducis Andegavensis et dom. senescallus Tholosanus, ut comuniter dicebatur, venerunt ad dict. portale de versus Avinionem, quibus dict. d. procurator dixit : « Domini mei precarissimi, vos estis ad dominum nostrum regem et dom. Andegavensem ejus fratrem, et sumus ad dom. nostrum dalphinum vicarium imperialem, et sumus hic aliqua peracturi pro eodem, sed gentes comitis nos intrare non permitunt; supplicamus vobis ut, si placet, dicatis vel per vestras gentes dici faciatis eisdem quod nos intrare faciant et permitant » ; qui responderunt : « Si intrabimus nescimus, sed si intramus libenter; ubi est nunc dom. gubernator ? » et responso eis per eum : « Apud Gracionopolim, prout credo », portale fuit apertum et ipsi cum suis gentibus intraverunt. Equidem dicti dd. officiales post hec per longum tempus expectaverunt et nullam respontionem habuerunt ; quod advertantes, licteras potestatum suorum officiorum necnon originales licteras preinsertas una cum requisitione predicta publicaverunt alta voce multum et intelligibili ante dict. portale ac excequti fuerunt, sic dicentes : « Ad requisitionem viri nobilis dom' Giraudi Ademarii, Graynhani et Montilii domini, nos procurator Baroniarum et castellanus de Nihonis, comissarii et excequtores ad infra scripta specialiter deputati, ex parte dom. gubernatoris Dalphinatus, locumtenentis dom' nostri dalphini, vicarii generalis imperialis, notum facimus vobis omn. qui hic infra estis presentes, quod dict. dominus Graynhani cum uxore, liberis, familia, castris, villis, terra, opidis, bonis, rebus et juribus suis, subditis quibuscq. sunt in speciali salva gardia et protectione imperialibus et dalphinalibus..., et

precipitur vobis et per vos comiti Valentinen. ac bayllivo et capitaneo
ceterisque suis valitoribus et sequacibus, qui subestis et subsunt imperatorie magestati, et sub pena CC marcharum auri purisstmi ac
omni alia quam audistis.., ut nullus vestrum vel eorum dict. salvam
gardiam audeat violare aut aliqua indebita in ejus prejudicium at-
temptare, ymo quod requisiti debeatis et debeant ad ipsam conser-
vandam dare dicto dom° Graynhani auxilium et favorem, et nihilominus per exhibitionem et publicationem presenc. licterarum appositio-
nem vexillorum et penuncellorum armis imperialibus et dalphinalibus
depictorum in fortalicio Montilii et dicti dom¹ Graynhani appositorum
vigore ipsarum aprobamus et penitus confirmamus ac per has de novo
ponimus et pro positis habemus, omn. et sing. subditis dicti dom¹
Graynhani... expressam auctoritatem et licenciam concedentes similia
vel alia et similes dict. armis depictos in suis domibus, hospiciis, po-
cessionibus, bonis et rebus ponendi et affigendi... in signum potencie
et celcitudinis imperialis ac salve gardie memorato; precipiendo nihilominus sub pena predicta dict. d. comiti et suis gentibus, ut vio-
latores et infractores ejusdem existentes penes eos remitant pro justicia
ministranda, aut quod ex eis sint taliter tuti et muniti quod remitti valeant in tuto dicto d. locumtenenti et fieri per eundem justicia de eisdem ». Quod inhibitum et preceptum fuit ibidem semel, secundo,
tercio et exhabundanti et per certa intervalla; et tandem dicti dd. comissarii et excequtores copias dict. requisitionis, potestatum et licterarum manu dict. notariorum decretatas et collacionatas per ipsos
posuerunt infra locum per quand. fixuram que erat inter duas portas
ejusdem portalis in quod. papiri quaterno scriptas per dict. Johannem Die, precipientes ibidem sub qua supra pena presentibus ibidem
ad portale ut illas quamcicius comode poterunt dict. d. comiti et suis
gentibus portant, tradant et notificent, ne ignoranciam pretendere
valeant de eisdem. De quibus... Item, cum misissent quesitum dict.
dominum Besinhani et nob. Arnaudum Remusati, bajulum domini
Graynhani, secum loquturos, custodes dicti portalis eos exire vel lo-
qui cum eis non permiserunt. Acta et publicata fuerunt hec ante portale predict. ; testes fuerunt presentes Vidalis Arnaudi, custos dicti
portalis, Guillelmus Archiasii, de Castro Novo de Rodano, Johannes
Gauterii, habitator Montilii, Gonetus hospes albergerie de Charolis,
Petrus Cuniculi de Chasta, Johannes Ricardi, de Monte Bocherio, et
dicti Disd., Gir., Anth. et Mart... — Eadem die, dict. dominus Besinhani ad requisitionem dicti d. procuratoris misit secrete per dict. Johannem Die ipso d. procuratori quand. papiri cedulam, cujus tenor

sequitur et est talis : Hec sunt illata per gentes dom. comitis gentibus
fortalicii dom. Giraudi. Primo die xxiii mens. aprilis, gentes stantes
in hospitio Garini pro dom. comite (*ut ch. seq., § 6)*..; item, ante diem
(*ut § 5)*..; item (*ut § 7)*..; item, dicta die dominica, nomin. Petit
Meschis, Morellus et plures alii qui fuerunt pro dicto d. comite in hospicio Garini (*ut § 8)*... Et predicta fuerunt facta in presencia nobb.
Petri de Fontaynas, Petri de Turnone, Garini Ademarii, necnon et
Petrus Lavi nominatus Gabriel, Guillelmus Galhardi alias Carcant, qui
eorum veritate deposuerunt predicta fore vera. Item (*§ 9)*...Item (*§ 10)*
... projeccer. nominatus Jacomi, qui erat in turrim castri novi, et
plures... Item (*§ 11)*... scutifer bayllivi et presbiter suus... Item
(*§ 12)*... bayllius d. comitis... ipso absente a domo sua quia erat in
domo Pon. Fabri ubi comedit..; et in crastinum (*§ 13)*... Item gentes dicti d. comitis (*§ 14)*... Item Florimondus de Alta Villa qui est
pro d. comite in loco Montilii, una cum pluribus aliis (*§ 15)*... Rursus, anno et die supra prox. descriptis, dicti dd. comissarii et excequtores existentes et personaliter constituti prope locum Spelluchie, scil.
ante portale ad barreriam, qui locus subjasset imperiali celcitudini
ac de retrofeudo d. comitis et feudo dicti domⁱ de Graynhano existit,
dict. salvam gardiam fecerunt voce preconia publice intimari per An-
thon. Reuchi, quem preconem publ. hactenus creaverunt, cum inhibitionibus, intimationibus, penis et preceptis similibus quibus supra,
et in signum salve gardie,.. quend. parvum penuncellum dict. armis
depictum, cum tunc alium non haberent, fecerunt in porta portalis a
parte orientali affigi et upponi per dict. Martinum Heustachii. De quibus... Actum et publicatum prope prox. dict. barreriam ; testes fuerunt pres. nobiles Gaufridus de Rocha, condominus dicti loci, dom.
Petrus de Conchiis presbiter, Guillelmus Gachoni, Poncius Roncini,
Stephanus Rossani, Andreas Roncini, Petrus Bordosii, Petrus Bernardi et Guillelmus Johannini... — Subsequenter, anno et die quibus
supra, in magna aula Graynhani, dict. dominus Graynhani dict. dd.
comissarios et excequtores presencialiter et personaliter requisivit ut
dict. salvam gardiam die crastina in nundinis do Nihonis et expost
in loco de Buxo faciant voce preconia et publice intimari... Et ibidem
venit quidam de Montilio vocatus Guillelmus Gachoni et publice ibi
dixit et suo medio juramento deposuit loquendo dicto dom° Graynhani : « Ego veni de Montilio Adhemarii et hodie, postquam comissarii
dalphinales fuerunt ante portale, dom. Guillelmus Bastardus et nonnulli alii de gentibus comitis dixerunt gentibus vestris (*ut § 17, etc.)* »
— Post hec, an. et die quib. supra, in itinere veniendo de Grayn-

hano versus Nihonis, prope riperiam Lesii, in territorio Graynhani,
Bertrandus Rupphi et Michaletus Moreni, habitatores de Salis, inter-
rogati per dict. dd. comissarios suis juramentis dixerunt quod dudum locus et habitantes de Salis fuerunt et sunt in salva gardia
dalphinali et quod xv die infra Quadragesimam de anno preterito vel
circa, filii dom. Karoli de Pictavia et d. Guigardi Lebourt d'Auroche
et quid. vocatus Jacobus de Bosco, de Taulinhano, et plures alii cum
armis venerunt apud Salis et ibi jacuerunt et salvam gardiam viola-
runt, homines dicti loci predando de pluribus que scribere longum
esset, ipsos verberando et quatuor roncinos mercatoribus Dalphinatus
amovendo... et plura alia mala faciendo, etc. — Expost, die xvi et
xvii dicti mens. madii, nob. magister Petrus Barasti de Graynhano,
constitutus apud Buxum in presencia dicti d. procuratoris, in camera
fornelli de retro, tradidit et realiter presentavit quand. papiri cedulam, requirens quod huic processui adjungatur, cujus tenor subscribi-
tur sub hiis verbis : Die xv mens. madii qua fuerunt comissarii imper.
et dalphin. ad portale Ayguni et dimiserunt copias literarum suarum infra portale, quas cum pede gentes comitis de subtus januam extra projesserunt; dict. copias post aliquod intervallum unus famulus
bayllivi dom. comitis cepit et secum portavit in presencia Pon. Alardi
alias Malarea et Petri Fabri. Item post predicta, die dominica que fuit
xvi madii, bayllius prediet. cepit et capere fecit homines dicti domⁱ
Graynhani et ipsos apud Narbonam duxere fecit, donec solverent ad
libitum tam vina quam pecunias ; item quod ipsa die nomin. Boysso,
Amedeus de Breyssieu, Gust., Amedeus de Monte Rignudo et Florimondus de Alta Villa, qui sunt de Dalphinatu, ceperunt animalia hominum dicti d. Giraudi per vim et violenciam, et hominem cujus
erant verbaverunt ipsos traynando et alias male tractando, et specialiter Petrum de Rivo alias Usso..; item quod bayllius prediet. dixit et
cominavit homines dicti d. Giraudi quod si sint ausi se reducere ad
fortalicium dicti d. Giraudi neque ire, quod ipse faciet eis amputare
capud... Testes fuerunt pres. Franciscus de Peladrudo, Pon. Alardi
alias Malarea, Vidaletus Arnaudi, Petrus Fabri, Johannes Rovilhi,
Pon. Caprarie, Guillel. Silvi. Et ego Johannes Dic, publ. auct^{te} imp^{li}
notarius ac dalphin. curie de Nihonis juratus,... Ego vero dict. Auge-
rius Lechii de Forcineto, notar. publ. auct. imp. ac dalph. et curie
Mirabelli...

(*) Arch. de l'Isère, reg. *Alius liber copiarum Brianczonesii, Ebredu-
nesii, Vapincesii et Baroniarum BBB* (B. 299), cah. xxxv; en tête : « Hoc est
transcriptum intimationis salve gardie domini Graynhani facte per dom.

procuratorem Baroniarum et castellanum de Nihonis, comissarios in hac
parte, et attemptatorum contra ipsam per gentes comitis Valentinen. in
loco de Montilio et alibi prout infra. »

Le 12 mai, « Johaannes de Miscone, habitator de Nihonis » exhiba
les lettres patentes de Charles de Bouville « impendenti cera rubea
sigillatas, in cujus sigilli medio erant effigies cujusd. aquile, in et super
ejus pectore vero arma regia et dalphinalia, et super cauda subtus illa inter ambas tibias sive crura ipsius aquile arma dicti domini de Bovilla impressa ». — Le 13, les commissaires, délégués par le bailli des Baronnies,
donnèrent acte d'acceptation : « Act. in fortalicio Graynhani, scil. in alays
aule contiguis a parte orientis. »

LXXII*. *25 mai — 5-10 juin 1878.*

Sᴇǫᴜɴᴛᴜʀ comissio facta per virum magnificum spectabilem dom.
gubernatorem Dalphinatus, locumtenentem subscriptum, partium
Baroniarum et comissario infra scripto, nec non articuli super viola-
cione et fractione salvegardie inperialis et dalphinalis domino Greynhani et Montilii concesse et pro ejus parte traditi in effectu, et denuo
informaciones secrete recepte athenus per eundem prout infra per seriem describetur.

Et primo tenor dicte comissionis sequitur in hec verba :

Kᴀʀᴏʟᴜs, dominus de Bovilla, gubernator Dalphinatus, locumtenens excellentissimi principis et domini dom. Karoli, domini nostri Francorum regis primogeniti, dalphini Vianensis, locumtenentis et
vicarii generalis serenissimi principis et domini dom. Karoli quarti,
divina favente clemencia Romanorum imperatoris semper augusti, in
toto Dalphinatu predicto, dyocesibus Valentinensi et Dyensi nec non
in toto regno Arelatensi, eorumque limitibus et pertinenciis quibuscumque, dilecto nostro magistro Johanni Virduni, procuratori baroniarum Medullionis et Montis Albani, salutem. Ad nostrum nuper pervenit auditum quod, notificata debite et inthimata spectabili et magnifico viro dom. Ludovico comiti Valentinen. et Dyensi et suis officialibus salvagardia et protectione imperiali et nostra, in qua suscepimus
nobilem et potentem virum dom. d. Hugonem Adhemarii, dominum
de Garda, nec non nob. et potent. virum dom. d. Giraudum Adhemarii, Montilii et Greynhani dominum, cum eorum uxoribus, familia,
bonis et juribus suis, idem dom. L. comes per se, suos sequaces et
coadjutores, in vilipendium et contemptum imperialis celcitudinis et
excellentie dalphinalis, dict. salvagardiam temere infringendo plures
in[sultus] cum armis more hostili contra dict. garderios et plurima at-
tentata fieri fecit : de vestra igitur diligencia et discrecione ad ple-

num confidentes, volentes super dict. attemptatis. certifficari pro
honore et juribus imperialibus et dalphinalibus quantum poterimus
conservandis, fidelitati vestre serie presencium precipimus, comiti-
mus et mandamus quatenus ad loca opportuna accedentes super premissis omnibus et singulis innovatis et attemptatis a tempore notiffi-
cationis, inthimationis et inhibitionis dicte salvagardie factarum citra
informaciones secretas debito recipiatis et in scriptis redigatis seu redigi et describi faciatis, quas nobis apud palacium Coste Sancti Andree
fideliter interclusas hinc ad festum beati Johannis Baptiste proxime
venturum apportetis aut transmitatis. Datum Grationopoli, die xxv
mensis madii, anno Domini M° III° septuagesimo octavo.

Per dominum gubernatorem in consilio quo erant domⁱ Ja. de Ro-
gnis et Bergadanus de Muriclis. — Neulley.

Quibus quidem literis die septima mensis junii ejusdem anni dicto
dom. procuratori et comissario presentatis eisque receptis cum
reverencia et honore quibus decuit per eundem, obtulit se paratum
eisdem efficaciter hobedire prout sibi comittitur et mandatur.

Deinde vero, die x mensis predicti junii, fuerant dicto dom. procuratori et comissario presentate alie litere quedam clause, ab ipso
dom. gubernatore et locumtenente emanate, tenor quarum subscribi-
tur pro hac forma :

Amico nostro carissimo Johanni Virduni, procuratori baroniarum
Medullionis et Montis Albani, gubernator Dalphinatus.

Amice carissime. Dominus Greynhani nobis per suas literas presentibus interclusas rescripsit, prout in eisdem videbitis contineri ; cui
rescribimus quod ad informaciones premissorum habendas una cum aliis
gravaminibus eidem et domino Garde illatis post inthimacionem salvegardie vos deputavimus comissarium, quorum si voluerit ministrare
testes dict. informaciones recipietis nosque in quantum factum domi
nostri dalphini concernit tantum faciemus quod honor ipsius nostro
posse conservabitur : quantum enim ipsum dominum Greynhani res-
picit, si in dieta comiti Valentinen. apud Costam in crastinum beati
Johannis assignata voluerit interesse et aliquid dicto comiti petere,
eidem ministrabimus bonam justiciam. Quapropter volumus et vobis
injungimus quatenus quocienscumque ipse dominus Greynhani voluerit vobis ministrare testes, dict. informaciones recipiatis et nobis
cum aliis per vos sumere ordinatis apud Costam die prescripta apportetis, et in hoc taliter vos habeatis quod de diligencia debeatis comen-
dari. Dominus vos conservet. Scriptum Grationopoli, die quinta junii.

Quibus quidem literis eciam cum quibus decet reverencia et honore receptis, idem dom. procurator et comissarius reverenter obtulit se paratum eas efficaciter exequi juxta vires.

[Articuli] vero de quibus supra fit mencio per seriem subscribuntur: Contra magnificum virum dom. Ludovicum de Pictavia, comitem Valentinensem, nobiles dom. Guillelmum de Pictavia alias Bastardum, capitaneum guerre, Aymonum de Ruppe Moyria, bayllivum Montilii pro dicto dom. comite, ipsiusque scutifferum vocatum Barsilone, quendam alium dictum Petit Meschi, Floremondum de Altavilla, quend. alium dictum Boyso, Mondonetum Barnaudi,

Beroyer, scutifferum dicti d. Guillelmi, Audibertum pedatgerium Auriple et cancellarium Narbone, Johannetum   , servientem dicti d. comitis, Ludovicum dominum Ruppis Fortis, Guillelmum Guigonis, Petrum Boyssonis, de Margays prope Romanis, ac suos valitores, complices et sequaces et quemlibet in solidum eorumdem, omnesque alios univ. et sing. qui de criminibus et facinoribus subdescriptis potuerint principaliter, accessorie, auxilio, consilio, favore vel alio modo quovis culpabiles reperiri.

In Xpisti nomine, amen. Universis et sing... lucide perpendatur quod, anno Incarnacionis Dominice M° III° LXXVIII°, et die decima mensis junii, indicione prima, excel^{mis} et illus^{mis} principibus et dominis nostris dd. Karolo div. fav. clem. quarto Romanorum imperatore semp. aug. et Karolo Dei grat. Francorum regis primogenito, dalphino Vianense, locumtenente imperiali et vicario generali, regnantibus et existentibus, mandatoque magn^d et spect^{lis} viri dom. Karoli domini de Bovilla, gubernatoris Dalphinatus, locumtenentis domⁱ locumtenentis et vicarii memorati, comissionumque vigoribus predict. fuit presens inquisicio incohata et ad inquirendum inceptum pro parte imperatorie magestatis et exellencie dalphinalis, prout spectat et pertinet ad eosdem,... contra prenominatos.., super et pro eo videl. quod ipsi.., in dedecus, vilipendium et contemptum ac prejudicium manifestum imperatorie magestatis et dalphinalis exellencie, predict. salvegardie protectionisque imper. et dalphin... domino Greynhani et Montilii concesse.., quid plura! canonum et legum transgracionem fecerunt, perpetrarunt, comiserunt, perpetrari et comiti fecerunt, concensierunt et sciverunt crimina et delicta gravia et atrossia que sequuntur. — In primis quia, die XIX^a mensis aprilis proxime preteriti, cum dom. Hugo de Oriis jurisperitus, imperialis et dalphinalis comissarius specialis, super dicta imper. et dalphin. salvagardia excequenda in loco de Montilio et ad excequcionis ejusdem excerssicium vacaret, ipsi delati vel alter eorum in presencia dicti d. comissarii

Johanni de Abcherio, servienti generali dalphinali, escutetum argen-
teum armis regiis et dalphinalibus depictum cum liliis et dalphinis in
pectore deferenti apparenter et de ipsius d. comissarii comitiva exis-
tenti, dixerunt : « Vos venistis in ista villa pro accipiendo informaciones per gentes hujus ville contra dominum nostrum Valentinensem,
sed in vere Deo faciemus vobis fieri fidem de tonsura vestra antequam
exeatis a loco Montilii, et ulterius si tu amplius locaris, nos tibi occu-
lum de capite extrahemus »; prout hec instrumento publ. scripto
manu Johannis Dye notarii publ. continentur. — 2) Item, quod ipsi
delati alter eorumve, die xxᵃ mensis ejusdem aprilis, dicto d. comissario ad dicte excequcionis excercissium vacante, eidem maliciose et
injuriose dixerunt : « Vos, domᵉ comissarie, bene hostenditis quod
parum diligitis dominum nostrum comitem quod facitis ultra vobis
comissa, et per Deum! si debere(t) constare dict. comitatum dicto
dom. comiti, vos luetis de corpore et de bonis, et sicut vos recipitis
informaciones contra dict. dom. comitem et ejus gentes, quod non
continetur in vestra comissione, sic recipientur contra vos »; prout
constant... —3) Item, quod ipsi delati plures eidem d. comissario minas
alias intulerunt, ob quas ipse excequcionem sibi acthenus comissam
ad plenum excequi non potuit seu complere, ymo aliqualiter preter-
misit ;... — 4) Item, quod vexillis et penuncellis armis imperialibus
et dalphinalibus depictis in et super fortalicium Montilii dicti domini
Greynhani positis et affixis, dictisque salvis gardiis inthimatis ad eorumque perventia notissiam et deductis, ante ipsum fortalicium ob-
sessum posuerunt et tenuerunt in hospicio nobilis Garini Adhem. ac
eciam barrerias ante ipsius fortalicii intratgium sive portas, ut qui infra
et deforis existebant prout antea faciebant victum non possent intrare
fortalicium vel exire aut alias succursurum aliquem obtinere. — 5)
Item, quod die xxiii pred. mens. aprilis aut alias post premissa, ceperunt Arnaudum Remusati, hominem ligium dicti domini Greynhani, ac
ipsum captum per certum temporis spacium tenuerunt. — 6) Item,
quod Richardum de Plano et Stephanum de Serroscuderio, homines
ligios ipsius domini Greynhani, ceperunt et incarsserarunt, eos nichilominus redimere fecerunt. — 7) Item, quod die dominico qui fuit d.
xxvi ipsius mens. aprilis, ceperunt et incarcerarunt Johannem Solerii
alias Cuchelo, hominem ligium domini sepe dicti, et ejus uxorem
eosque captos et incarsseratos per aliqua tempora tenuerunt. — 8)
Item, quod die ipso invaserunt Poncium de Juers, nominatum Brunet
et magistrum puerorum dicti domini Greynhani ipsiusque subjectos,
ad posteriam dicti fortalicii cum glaviis, bayssatis, lapidibus et aliis

armorum gencribus variis et diversis, clamantes : « A l'arma! a l'arma! » et dicentes quod erant ibidem pro dicto dom. comite, et ulterius contra alios existentes in dicto fortalicio jacierunt. — 9) Item, quod quoddam hospicium nobilis Garini Adhem., ipsius domini Greynhani subditi et fidelis, in quo flebat stabulum diruerunt fustasque inde ceperunt et secum denuo portarunt. — 10) Item, quod die veneris sequenti duos cayrellos traxerunt seu emiserunt ac plures lapides projecerunt contra fortalicium memoratum ipsiusque custodes, guerra(m) illicitam vel quasi propter ea faciendo. — 11) Item, quod die dominico quo fuit d. ix madii, Bertrandus Fogeti, hominem ligium dicti domini Greynhani, acriter verberarunt et in capite vulneraverunt, unde sanguinis effusio emanavit. — 12) Item, quod die xi dicti mens. madii, serotine ac de nocte et hora tarda venerunt cum armis ac (*leg.* ad) modum vis publice et hostilis ad hospicium dom[t] Bonelli de Ligione jurisperiti, hominis licgii et appellationum judicis in Montilio dicti domini Greynhani, in absentiaque ejusdem, et portas vioulenter fregerunt hospicii et ipsum intrarunt, in quo duo vel tria treylicia et duo baucalia ac de aliis utencilibus prout sibi placuit acceperunt et secum eciam portaverunt. — 13) Item, quod in crastinum eidem dom. Bonello dixerunt quod sua pignora redimeret et quod vice qualibet qua defficeret venire ad. excubias eorumdem, cum realiter pignorarent non obstante quod esset judex appellationum domini antedicti. — 14) Item, quod Stephanum Symondi, qui ducebat ligna ad fortalicium memoratum, eciam verberarunt ac suum caputium lacerarunt. — 15) Item, quod Stephanum Mangonis, ipsius domini subditum et fidelem, vi publica et armata acriter invaserunt ; quem forcitum occidissent nisi se salvasset ad ecclesiam Sancte Crucis. — 16) Item, quod diebus xiiii[a] et xv mens. madii, supradicti delati portas portalis Montilii de Ayguno nobilibus Johannis de Virduno, procuratori dalphinali Baroniarum, et Jaqueto de Cazali, castellano de Nuoniis, comissariis imperialibus et dalphinalibus specialiter ad hec missis, clauserunt et cum clave in eorum face et presencia sarraverunt illosque infra intrare et suam comissionem imper. et dalphin. excequi permitere ac certo proposito recusarunt, in tantum quod comissionem huj[di] ante dict. portale excequi opportuit per dd. comissarios memoratos, licet gentes dicti domini Greynhani quantum in ipsis erat eisdem introitum expedirent. — 17) Item, quod die pred. xv dicti delati dixerunt gentibus dicti domini Greynhani : « Nos credebamus tractare concordiam inter dom. nostrum comitem Valentin. et dominum Greynhani, qui facit ista fleri per dalphinum et ejus comissarios sive gentes, se(d) postquam talia facit nos restringemus vobis bridam ac acorgabimus vobis getos, et non facietis sic ad libitum vestrum sicut ante adventum istorum comissariorum faciebatis pariter et fecistis ». — 18) Item, quod nisi fuerunt similiter et conati homines ligios Montilii dicti domini Greynhani ad prestandum homagium et fidelitatem dom° comiti prelibato. — 19) Item, quod post predicta cadem die xv eciam preceperunt ut omnes de foris venientes locum Montilii intrarent, exceptis illis de dalphino qui heri fuerant ante portam. — 20) Item, quod copias per dict. dd. comissarios infra dict. locum per fixuram portalis positas publice infra locum, manu alterius ipsorum notariorum scriptas ac amborum manibus decretatas, tenorem imperialium et dalphinalium licterarum super salvagardia inemorata et ipsorum dd. comissariorum potestatibus continentes, vituperose cum pedibus inpixerunt certis propositis eorumdem et de foris emiserunt. — 21) Item, quod mercurii die xix madii predescripti, dicti delati vel alter eorum Girardum Salvaci, hominem licgium dicti domini Greynhani, aripuerunt, extraerunt fortiter versus eos et cum dict. Girardus diceret se hominem memoratum dederunt ei de uno baculo supra spatulas ictum magnum. — 22) Item, quod die xx dicti mensis, per vim et potenciam quodd. hospicium in burgo novo Montilii et quod pro duabus partibus indivise a duobus dicti domini hominibus tenebatur disrui preceperunt ac eciam disruerunt. — 23) Item, quod nichilominus dicta die per vim et potenciam, prout supra, sarralham porte hospicii Rostagni la Fa, hominis ejusdem domini, fregerunt, a quo quidem hospicio xx^ti frumenti sestaria extraerunt, que secum apud Narbonam portaverunt. — 24) Item. quod die xxi dicti mensis Poncium Nonays, hominem ejusdem domini, in uno ligone et uno poto stagni pignorarunt seu pignorari fecerunt. — 25) Item, quod dicta die de nocte sarralham porte hospicii Arnaudi Ortolani, hominis sepedicti domini, (fregerunt) illudque intrarunt, et si dict. Arnaudum invenissent forsan eum cepissent ad Narbonamque duxissent. — 26) Item, quod ipsa die preceperunt sub pena xx^ti solid. Stephano Audoardi, homini ejusdem domini Greynhani, ut esset coram bayllivo dicti dom. comitis in crastinum bene mane ad predict. portale Ayguni. — 27) Item, quod die dominico immediate sequenti, nisi fuerunt et conati interficere Mondonum Corenhi, hospitem Campane, hominem ipsius domini Greynhani, nisi fuissent acthenus resistentes, et nichilominus eidem duas alapas prebuerunt et sue matri vidue mulieri cum baculo in brachio quod illud dicitur fractum fore. — 28) Item, quod die martis sequenti, dom. Reymundum Symondi,

ejusdem domini Greynhani, cum una aperchia et uno baculo in capite taliter percusserunt quod eum interficere crediderunt nisi gentes
alique affuissent. — 29) Item, quod die lune sequenti Laurencium Vi-
loni, ejus hominem, quia non permitebat eosdem sua bona propria
capere pro libito voluntatis, felociter vulnerarunt. — 30) Item, quod
die sabati ex post subsequta Stephanum Grumeti, hominem suum,
cum una massa in brachio taliter percusserunt quod ex eo quasi in-
potens est effectus. — 31) Item, quod pratum dicti domini Greynhani,
aque Robyonis et fossatis dicti loci Montilii contiguum, et ejus erbam
de die in diem secant, destruunt et debastant ac faciunt debastari, in
eo iter novum publicum facientes. — 32) Item, quod plura et diversa
alia, res et bona hominum dicti domini in dicto loco Montilii rapue-
runt ac eisdem hominibus alia varia gravamina intulerunt. — 33)
Item, quod ultra omnia alia et singula supradicta dicti delati et maxime Petrus de Ruppe, alias lo Borc de Rocha, filius domini Guigardi
Berlhonis bastardus, donatus domⁱ Karoli de Pictavia et Jacobus de
Boscho de Taulinhano, cum equis et armis, multitudine copiosa territorium et locum de Salis dicti domini Greynhani, sub dalphinali ab
olim et nunc imperiali et dalphinali protectione et salvagardia constituta, intrarunt in ipsoque loco jacuerunt, in quo tam gentibus dicti
loci quam nonnullis merchatoribus Dalphinatus fena, sivatas, an-
gillos, pectinas, gallinas ac animalia equina et mulatina predonisse
capuerunt, que quidem animalia apud dict. Montilium duci et reduci
fecerunt per certos homines de Alondo. — 34) Item, quod alia vice
in dicto loco de Salis xiii animalia bovina que erant nobilis Michaleti
Symondi et in bovali reposita existebant, similiter capuerunt ac ad
locum de Raco postea reduxerunt, dicto nob. Michaleto inscio et invito cujus erant. — 35) Item, quod hiidem delati predicta facinora et
crimina perpetrando et alia infra scripta, in comitatu Valentin. et
Dyensi, vice comitatu Ucesie et alias in regno Francie et imperio eorum fecerunt imprezias pertinaces, congregationes et uniones ac se in
illis reduxerunt presencialiterque reducunt una cum personis predict.,
averibus et aliis bonis raptis post inthimacionem salvegardie et protectionis predict. ac inhitarum et penas factas hacthenus et inflictas. —
36) Item, quod dicti et infra scripti delati plurima alia similia et pe-
jora fecerunt et perpetrarunt ac sunt perpetrare et facere assueti, fieri
et perpetrari sciverunt et concenscierunt tam in dict. locis et territoriis
de Montilio, de Salis, de Greynhano quam aliis adjassentibus sub.
protectione, dominio et jurisdictione selcitudinis et exellencie predict. — 37) Item, quod ipsi delati de premissis omn. et sing. et aliis

criminibus sunt publice diffamati, illaque sunt vera, notoria et manifesta et de eisdem est publica vox et fama in locis predict. et aliis circumvicinis, maxime inter habentes notissiam de premissis. — Unde,
etc. — *Igitur, etc.* — *Super quibus advertendum est quod constat de
salvagardia...* — *Suit l'interrogatoire des témoins :* Stephanus Superii, Raymundus Symondi, Michaletus Symondi, Guillelmus Cilvi sartor, Bauctius de Luperia, Camberien. dyocesis clericus, Johannes Solerii alias Cucheto, Bertrandus Fogeti, Poncius Alardi alias Malarea,
nobilis Petrus de Fontaynis, habitator Graynhani, Arnaudus Remusati, Richardus de Plano, Guillelmus Sabrandi, Petrus Fabri faber,
nobilis Johannes Rovilhi, nobilis Guillelmus de Pino, Stephanus
Mengonis, nobilis Petrus de Turnone, Johannes de Sabaudia, dom.
Raymundus Simonis presbiter.

Arch. de l'Isère, reg. *Alter liber copiar. Vallen. et Diensis, Gratia plena*
(B. 294), f° 97, ss.

LXXIII°.   *15 février 1381.*

Petrus de Altovilari, domicellus baylivusque Montilii Adhemarii et
ressortorum totius Valdayniæ pro dom° nostro comite Valentinen. et Diensi, Henrico Benedicti, præconi et servienti dicti d. n.
comitis.., salutem. Cum, ut nobis constat legitima informatione cum
fide dignis testibus super infra scriptis recepta, ad requisitionem nonnullorum hominum et personarum dicti loci etiamque pro utilitate
totius rei publicæ ejusdem loci Mont., quand. trabem esse interpositam in platea loci Montilii præd., tangentem ab una parte quartonem
hospicii Guilhermi Perroti quondam et ab alia parte quadrantem hospicii heredum Alberti de Fonte, ibidem stantem in transata, ut aquæ
descendentes et obvenientes de carreria recta Alamanderiæ et a partibus castri Montilii venientes per carreriam Sabateriæ recte curre-
rent et ceciderent, suos faciendo meatus absque carreriam Pratorum
Comitalium, quo tendere poterant minori dampno : quod si transi-
rent seu alibi suos facerent meatus vel aliàs per aliam carreriam ef-
fluere haberent, tunc cum trabes prædicta bassata fuit, ob quod aquæ
prædictæ [absque] effluxione transiendo et meatus suos faciendo alibi
præterquam per prædict. carreriam dict. Pratorum Comitalium,
multa dampna irreparabilia causa præmissa faciendo, quæ cadunt in
totius rei publicæ dampnum, ob quod etiam requisiti fuerimus quod
dict. trabem ibidem [curaremus] facere, quod facere de præsenti di-

lati sumus nisi pridem vocatis evocandis; propterea cupientes prædictis ut tenemur occurrere, instantibus prædict. hominibus et personis, vobis [injun]gendo [mandamus] quatenus ad trivia et loca Montilii supra talibus destinata accedentes, ibi voce tubæ præconia præconisetis, ad finem ne quis de ignorantia se valeat excusare, si fuerit aliquis qui præmissis se opponere velit seu aliquod [impedimentum proferre] vel allegare cur trabes prædicta in loco prædicto bassatu ibidem [remanere] non debeat vel aliquid aliud erga ea dicere et opponere voluerit, diem martis proximam apud Montilium Adhemarium, in ressortorio curiæ, hora [vesperorum assignetis. Datum Montilii Adhem., in consistorio] curiæ nostræ, die xª vª mensis februarii, anno Domini MºCCCº octuagesimo. Jarenthonis Grasse.

(*) Recueil B (nº 40), copie imparfaite du nº 252 des arch. de Mont. (*Invent.* de 1662, fº 56). Cette lettre de Pierre d'Arvillars, bailli de Montélimar, est insérée dans la sentence prononcée par lui, le mardi 5 mars 1380 (a. s.), pour le placement de la susdite poutre.

LXXIV. *10 juillet 1381.*

PRO UNIVERSITATE MONTILII, DE RETROVALLATO PORTE FUSTI*.

IN nomine Domini, amen. Univer. et sing., indubitanter appareat manifestum quod, anno Incarnationis ejusd. MºCCCº octuagº primo et die xª mensis julii, spectab. principe et domº nostro d. Ludovico de Pictavia, comite Valentinen. et Dyensæ excistente.., cum questio, lis et controversia verteretur et major de die in diem verti speraretur inter magniff. et potentem virum Giraudum Adhemarii, Montilii et Granhani dominum, nomine suo proprio, ex una parte, et discretos viros Guillelmum Barnaudi, Ludovicum de Monte Luello, Jacobum Atgerii, Raymundum Arnaudi et Esmidonem Saramandi, consules et rectores universitatis dicti loci Mont., nomine dicte universitatis, ex altera parte, super et ex eo quia bone memorie dom. Giraudus Adhemarii, condam pater dicti nob. Giraudoni, concessit et auctoritatem et licenciam dedit predict. consulibus dicti loci, ut ipsi nomine dicte universitatis et ad opus ejusdem per imperpetuum et pro fortifficatione dicte ville possent facere et deberent quoddam retrovallatum sive fossatum in quod. prato suo scito juxta portale Fusti, quod confrontatur cum alio fossato ville qui ambit villam et cum aqua Robionis, et quod dict. retrofossatum sic factum... in vita dicti cond. d. Giraudi et ipso volente, vidente... ac opus et concensum dante, perinde sit aquisitum et

remanere debeat per imperpetuum dict. consulibus, nomine dicto
universitatis, ac si fuisset legitime aquisitum, et perinde voluit esse...
dicte universitatis..; pro quo quidem fossato dicti consules, in reconpensatione dampni quod inde posset dari in dicto prato, voluerunt et concesserunt eidem dom. Giraudo cond. et ad hoc per expressum se astrincgerunt facere quod. murum et claudere quemd. arcum
pontis Fusti prope aquam Robionis et a parte ejusdem pratt, ita quod
si fluxus aque vel inundatio aliquo casu fortuito eveniret, sicut sepe
contingit, quod non posset dict. pratum dampnifficari, dicto d. Giraudo se de et pro premissis tenente pro pagato et contento. Dictoque
nunc nob. Giraudo ejus filio, domino dicti loci, in contrarium dicente et allegante quod dict. cond. pater suus premissa facere non
potuit nec sibi licuit, cum premissa sapiant quodam modo alienationem et quod ipse est et fuit a longo tempore citra emancipatus per
dict. cond. patrem suum tempore quo vivebat in tota terra imperii
sua aquisita et aquirenda.., et quod in eadem mancipatione dict.
condam pater suus non retinuit nisi tantummodo usumfructum dicte
terre, et promisit et convenit aliquas proprietates, jura vel dominia
non alienare in prejudicium ipsius Giraudoni emancipati, et quia predicta... facta fuerunt in ipsius... prejudicium... debebant viribus ca-
rere.., dictisque consulibus dicentibus et asserentibus premissa non
obstare, cum premissa cederent in maximum comodum et utilitatem
dicti nob. Giraudoni et fortifficationis dicti loci in quo suam partem
habet, et etiam pluribus aliis rationibus loco et tempore proponendis.
Tandem dicte partes de comuni concensu earumdem.., mediante
tractatu amicabili ven^{lis} viri dom. Petri Beguini, utriusque juris pe-
riti, transegerunt, convenerunt et ad pacem et concordiam finalem...
in modum et formam sequentem, et primo transegerunt... quod dict.
retrovallatum sic... factum... sit et esse debeat et perpetuo remaneat
dicte universitatis cum suis juribus et pertinentiis, ita quod dict. nob.
Giraudonus nec sui successores de cetero nullam inquietationem seu
controverciam vel questionem movere possint contra dict. universitatem seu consules ejusdem.., et si contingeret quod... moverent aliq.
questionem occasione premissorum.., quod omnis vox, fides et au-
diencia eidem et suis succ^{bus} penitus casu pred. denegetur tanquam
temere venienti contra factum proprium et suum temerarium juramentum; item transegerunt... quod dicti consules, nomine jamd.
universitatis, pro predicto muro quem facere convenerant et debebant et ita, ut fertur, atendere promiserant ac etiam pro complacendo
dicto nob. Giraudo et ut de cetero aliq. questionem seu querelam

movere non possit... et etiam in reconpensatione dicti fossati... dent et dare debeant et teneantur dicto nob. Giraudo... LX* florenos auri, quemilbet valentem XXIIII soludos monete dom¹ nostri pape, et quod... se debeat tenere pro contento et etiam pro pagato..; item transegerunt...quod si... controvercia... super dicto fossato moveretur contra dict. universitatem, quod dict. nob. Giraudus eandem deffensare debeat... propriis sumptibus..; item transegerunt... quod, quia pro premissis dict. nob. Giraudus sayzierat et sayziri fecerat et mandaverat emolumenta socheti quod percipitur ab hominibus suis in dicto loco, ad opus dicte universitatis et pro solvendis debitis ejusdem, sint ab inde in anthea desayzita et debarrata, et quod sayzina et impedimentum appositum nulla et nullum sint..; item transegerunt... quod dict. nob. Giraudus jurare et promitere debeat per fidem sui corporis more nobilium et per juramentum suum ad S⁎ Dei Euvangelia quod... non sayziet nec barrabit, sayzire nec barrare mandabit nec permitet dicta emolumenta dicti socheti... Quam quidem transactionem, pacem et concordiam finalem dicte partes... ratam, gratam et placabilem plenarie habuerunt... et ratifficaverunt, emologav. et confirmaverunt.., juraverunt.., supposuerunt... cohercioni curiarum et sigillorum dom¹ nostri comitis Valentin. et Dyensis, dom¹ dalphini Viennensis, Cabeoli, S¹ Marcellini, Gratianopoli curiisque regiis Ville Nove de Berco, Bocey, parvi sigilli Montispessulani camereque dom¹ nostri pape, auditoris et vice auditoris ejusdem, Carpentorate.., renunciantes..; de quibus... Acta Montilii, ante domum Garini Adhemarii, testibus present. dicto Garino Adhem., Raymundo de Audefredo, Guillelmo de Pina, domicellis, magg. Guillelmo de Manso et Johanne Raynardi, notariis habitatoribus Montilii; et me Petro Bocherii, clerico dicti loci Mont., auct. imp. notario publ...

(*) Original parch., coté nº 50 (*Invent.* de 1662, fº 16 vº).

LXXV*.   *20 octobre (1383).*

Dilecto filio nobili Giraudo Ademarii domicello, domino Montilii Ademarii et Grahynani.

CLEMENS, etc. Dilecte fili, cum dudum ut nosti inter nonnullas gentes nostras et te, super excambio castri nostri de Grilhone, in comitatu Venaycini, ad partem quam habes in villa de Montilio Ade

marii, Vivarien. diocesis, et castrum tuum ejusdem loci, cum juribus
et pertinenciis eorumdem locorum habita fuit colloquium et tractatus,
et novissime inter nos ex una parte et dilectum filium magistrum
Ludovicum Pigueti, legum doctorem, pro te tractantem ex altera fuerint certa capitula super eodem negocio concordata, prout nobilitati
tue ex ejusdem mag. Ludovici, qui ad te propter hiis revertitur, relatibus plenius innotescet, et quia pro dicti commissione negocii dilectos filios magistrum Franciscum, sacri palacii appost. auditorem,
et Guillelmum Roverati, canonicum Rothomagensem, cappellanos
nostros, latores presencium ad partes illas presencialiter destinamus,
eamdem nobilitatem affectuose rogamus quatenus, juxta prolocuta et
concordata inter nos et ipsum mag. Ludovicum, partem et castrum
predicti Montilii Adem. prefatis gentibus nostris pro nobis et Romana
ecclesia tradas et realiter assignes : nos enim prefat. castrum de Grilhone cum territorio, juribus et pertinenciis univ. tibi per rectorem
comitatus nostri predicti tradi et realiter assignari mandamus, et litteras opportunas super ipsius translatione dominii et ceteris concordatis indilate tibi mictere et sine difficultate qualibet promictimus
bona fide. Iteratis affectatisque precibus te rogamus quatenus in premissis, que ad tui utilitatem cedere credimus, pro parte tua non sit
negligencia vel deffectus : in hoc enim, fili dilecte, nobis plurimum
complacebis et ad tuis annuendum precibus exnunc fortius nos constringes. Datum in castro Lercii, Avinionen. dyocesis, sub anulo nostro secreto, die xxª octobris. Ceterum, fili dilecte, quo ad compansationem per nos ulterius faciendam, scias quod juxta prolocuta et
concordata semper indubie faciemus quitquid fuerit rationis.

(*) Arch de l'Isère, reg. *Secundus liber copiarum de novo factarum H*
(B. 2465), f° ix. Cette lettre fut invoquée par le destinataire le 2 novembre
suiv. et transcrite par notaire A la fin : « In dorso autem dict. litterarum hic insertarum erant descripta talia verda : Dil... ani. » Acta fuerunt
in castro dom¹ nostri pape, quod olim fuerat dicti nob. Giraudi, in magna
camera ejusdem castri, presentibus... nobbus viris d. Guillelmo de Morgiis milite, domino Castellarii, Raymundo de Audefredo, Johanne de Litone et Petro de Fontanis, habitatoribus Graynhani, et me Guillelmo de
Manso, clerico Anicien. diocesis, publ. imp. auct. notar.

LXXVI.   *24 octobre 1383.*

DE FACTO MONTILLII ADHEMARII, DOMINI GRANYANI*.

IN nomine Domini, amen. Per hujus publ. instrumenti tenorem omnibus notum fiat anno a Nativitate Xpisti M° tercent° octogesimo tercio, die xxᵉ ıııı⸱ mensis octobris, inditione sexta, pontifficatus SS^{mi} in X° patris et domini nostri dom. Clementis, divina providencia pape VII', anno v°, personaliter constitutis ven^{bus} et discr. viris dd. Francisco de Laudo, utriusque juris doctore, sacri palacii appostol. causarum auditore, Nicosiensis, Coronen. et Montonensis, ac Guillelmo Toverati, Rothomagensis et Gebennen. ecclesiarum canonicis, collectoreque appostol. in Ebredunensi, Aquen. et Aralaten. provinciis, procuratoribus ut dicebant ejusdem dom' nostri pape et Romane ecclesie et ad.infrascripta speciale mandatum habentibus, ex una parte, et magnif. et pot. viro Giraudo Ademarii domicello, domino Graynhani et Montilii Ademarii, Valent. dyoc., pro media parte, ex altera, prefati dd. Franc. et Guil., dicentes et asserentes quod pro complemento, perfectione et validatione certi contractus de et super excambio castri de Grillione, in comitatu Venayssini, ipsorum d. n. pape et Rom. ecclesie, ad castrum ac mediam partem medie ville Montillii Ademarii, ejusdem nobilis, cum... juribus et pertinenciis.., per eumdem d. n. papam fuerant specialiter destinati, interrogaverunt eumd. nobilem an ad complementum, perfectionem et validacionem dicti contractus et excambii... vellet intendere et vacare, qui nob. respondit quod... volebat; et tunc... ego... notarius ipsa capitula... pausate altaque et intelligibili voce in liga callicana, ut tam ipse nob. quam alii astantes non literati ea plenius et clare capere possent et intelligere, recitavi. Quibus sic factis, prefati dd. procuratores... interrogaverunt eumdem nobilem, an predicta capitula et contenta in eis sibi placebant et an faciebat, promictebat ac excambiabat, transferebat et cetera adimplebat..; qui... respondit quod sibi placebant, *etc.* Et vice versa, eodem nobili interrogante dict. procuratores an eciam premissa eis placebant et an *etc.*, iidem dixerunt et responderunt quod ita eis placebant... Subsequenter verò et in continenti, sepedict. dominus Graynhani, volens... supradicta... realiter exequi et eficaciter adimplere, dominium, proprietatem et omne jus reale et personale predict. suorum castri et mediotatis ville Montilii Adem., cum ipsorum territoriis, hominibus et subditis, tam propriis quam communibus.., juridictione, feudis, retrofeudis, homagiis, censibus, redditibus, emolumentis, terris, prediis, fundis, pratis, possessionibus, fluviis, aquis, piscariis, nemoribus, pascuis, garenis, portubus, passagiis, districtibus, vectigalibus, pedagiis, juribus, proventibus, obventionibus, franchesiis, libertatibus, deveriis, furnis, molendinis, lapidis fondinis, metalli fondinis, deppendenciis, pertinenciis, et... in eumdem d. n. papam et Rom. ecclesiam in perpetuum transtulit et transmisit,

et se et heredes et successores suos... devestivit et... investivit, et...
per tradicionem realem clavium dicti castri et serarum porte principalis ejusdem... tradidit et realiter assignavit... Similiter eciam dd.
procuratores... dominium, proprietatem et omne jus... predicti castri de Grilhone... in eumdem nob. Girandum Adem. cesserunt;
transtulerunt et eciam in perpetuum transmiserunt. — Iliis autem sic
actis, prefati dd. procuratores... nob. virum d. Guillelmum de Morgiis
militem, dominum de Castellario, constituerunt et ordinaverunt bal-
livum dict. castri et ville Mont. Adem. clavesque... eidem realiter tradiderunt et custodiam commiserunt..; qui miles baillivus... statim et
illico Johannem Galhardi, alias Carcant, dicti loci preconem ad faciendum proclamationes... constituit, et incontinenti dicto preconi precepit quatenus per computa... ville ex parte SS^{mi} d. n. pape cum tuba
publice proclamaret quod quilibet vendens ad pondus vel mensuram
in eadem villa justa et legalia pondera et mensuras haberet, sub pena xxv librarum.

    TENOR VERO DICT. CAPITULORUM TALIS EST : Sequntur capitula ex-
tracta de pactis et comventionibus inhitis et habitis'inter dominum
nostrum Clementem septimum ex parte una et nobilem virum Giraudum Ademarii, pro duabus partibus Montilii Ademarii dominum, ex
altera, super excambio dict. duarum parcium cum terris Ecclesie faciendo. Primo et ante omnia dict. Giraudus tenetur dare et realiter
tradere racione dicti excambii possessionem castri sui Montilii Ademarii, cum suis juribus et pertinenciis, dom° nostro pape vel ejus
mandato; 2) Item tenetur assignare et dare in scriptis omnes homines suos, tam proprios quam communes cum suis paribus dicti loci
Montilii, cum homagiis, fidelitatibus, juramentis et ceteris obligationibus quibus eidem Giraudo tenentur et obligantur ; 3) Item tenetur
dare in scriptis omnes redditus et emolumenta dicti loci Montilii ; 4)
Item tenetur dare omnia instrumenta predict. duas partes suas dicti
castri tangencia ; 5) Item tenetur idem Geraudus inferius descripta,
sibi assignanda ratione supra dicti excambii, recognoscere in feudum
a prefato dom° nostro papa et ecclesia Romana ; 6) Item tenetur se et
suos in posterum successores obligare de expressa evictione assignan-
dorum per ipsum Giraudum in dicto excambio faciendo ; 7) Item, vice
versa prefat. dominus noster papa tenetur dare et realiter tradere
possessionem castri sui Grilhoni, cum omnibus juribus suis et pertinenciis, eidem Giraudo vel ejus mandato ; 8) Item idem dom. noster
papa tenetur dare in scriptis omnes homines suos dicti loci Grilhonis
prefato Giraudo ; 9) Item tenetur dare in scriptis omnes redditus et

emolumenta dicti loci Grilhoni; *10)* Item, omnia instrumenta dict.
locum quoquo modo tangencia; *11)* Item tenetur eidem Giraudo de
expressa evictione; *12)* Item per predicta pacta et convenciones dict.
locus Montilii sic excambiatus extra manus Ecclesie non debet poni
seu allienari; *13)* Item tradītiones predict. duorum castrorum mutuo
debent, quantum in facto est possibile, uno contractu fleri et expediri; *14)* Item predictus dom. noster papa tenetur eidem Giraudo de
minori valencia supradicti excambii, de valore ad valorem equalem
assignare in terris Ecclesie prope Graynhainum in loco minus damp-
noso eidem Giraudo; *15)* Item tenetur idem dominus noster dare
predict. excambium cum simillibus pactionibus quibus idem Giraudus
tenet dict. locum Montilii; *16)* Item teneantur predicte partes supradicta, quantum ad traditionem predict. castrorum, adimplere infra
octo dies a die vicesima instantis mensis octobris; *17)* Item, quoad
assignationem utiliorem dict. reddituum excambii supradicti, heedem
partes tenentur infra mensem a tempore adeptionis possessionis locorum predict.; *18)* Item una pars alteri parti tenetur reddere magis valenciam predict. duorum castrorum, quoad edifficia, munitiones,
provisiones et utensilia, juxta estimationem proborum in locis exper-
torum; *19)* Item fuit actum inter dict. duas partes quod si plura
feuda ratione alterius predict. locorum ab alia parcium quam ab alia
teneantur, alia pars in equivalenti tenetur recompensare; *20)* Item
tenentur dicte partes hinc inde bona fide premissa adimplere; *21)*
Item renunciaverunt partes; *22)* Item assumentur persone super dicta
majori valencia; *23)* Item jurabunt partes, etc.

Acta fuerunt hec in aula seu tinello inferiori predicti castri Montilii
Ademarii, parum ante solis occasum, anno, die, mense, indit. et pon-
tif. predictis, presentibus ven^bus viris d. Ludovico Pigueti, utriusque
juris doctore, nob^bus Raymundo de Albergia, Guillelmo de Pinu,
Esmideo Saramandi, Raymundo Arnaudi, Jacobo Argerii, Petro de
Turnone, Guillelmino de Marsana, notario, Jacobo Comitis, Raymundo
Corenchi, hospite Campane dicti loci Montilii, Bertrando Richardi de
Graynhano, Johanne Monachi, dyocesis Constantinensis, mag. Au-
gerio de Fortuneto, notario habitatore de Nionis, nobili Ysnardo de
Audefredo, condomino de Salis, Dyensis dyocesis, et me Guillelmo de
Manso, notario...

Eisdem anno et die, ven^les viri dd. Franciscus de Laudo et
Guillelmus Toverati, procuratores dom^i nostri pape.., attendentes
quod redditus et emolumenta Grilhonis non valent tantum quantum redditus, emolumenta ac obvenciones castri Montilii Ademarii et

medietatis ville ejusdem loci, voluerunt et expresse consencierunt...
magn. et pot. viro Giraudo Ademarii, Graynhani domino, quatenus
non obstante excambio... idem nob. Giraudus et sui mandati ac officiarii recipiant ac recipere debeant... emolumenta, fructus, redditus,
proventus et obvenciones provenientes in dicto loco Montilii.., donec... equivalencia dict. castri et ville reddituum, jurium et emolumentorum in dicto loco percipi... fuerint recompensata. Acta *ut
supra*, presentibus... Guillelmo de Morglis milite, domino Castellarii, et mag. Johanne Mureti, notario habitatore Avinionen...

(*) Même registre que pour la ch. précéd., f⁰ˢ ij à xj.

LXXVII. 1ᵉʳ août 1385.

INNOVATIONIS CONSULATUS MONTILII ADHEMARII*.

IN NOMINE DOMINI, AMEN. Noverint univ. et sing... quod orta aliqua-
lis discencionis materia inter universitatem loci de Montilio Adeymarii, Valentin. dyocesis, seu procuratores ejusdem ex una, et sapientes et discretos viros Guillelmum Barnaudi, Ludovicum de
Monte Luello, Esmidonem Saramandi, Jacobum Atgerii, Johannem
Audoardi et Reymundum Arnaudi, consules perpetuos loci predicti, et
eciam nonnullos alios de inibi ut et tanquam heredes nonnullorum
consulum deffunctorum, partibus ex altera, pretextu et ex causa red-
ditionis computorum de gestis et administratis de bonis et rebus universitatis predicte tam per consules predict. modernos quam per alios
deffunctos a xxIIII *annis citra et restitutionis reliquorum si que essent*, cum hoc ipsi consules heredesque pred. licet pluries super hoc
requisiti facere renuerent et eciam contradicerent, et inde suplicato
dom⁰ nostro summo pontiffici seu ejus camerario pro parte universitatis predicte. *Suit une lettre de commission:* « Franciscus, miser. div.
Gracionopolitanen. episcopus, dom¹ pape camerarius, revᵈᵒ in X⁰ patri dom. Henrico, ead. mis. episcopo Maurinensi, comitatus Venayssini ad Rom. ecclesiam nullo medio pertinentis rectori... Dat. Avinioni, d. xIIII mens. januarii, an. a Nativ. Dom¹ M⁰ trecent. octuag.
V⁰, indict. vIII⁰, Clementis VII¹ a. vII. » Accesso itaque per preffat.
dom. rectorem et comissarium personaliter ad locum predict. Montilii
Adeym. et convocatis coram se nob. viro Petro de Insula, bayllivo
dicti loci Montilii pro spectab. et magnif. dom. d. Ludovico de Pictavia, comite Valentinen. et Dyensis, ac venᵇᵘˢ et circumsp. viris dd.

Vincencio Eschandolacii et Petro Blayni, in legibus licenciatis, dicti dom. comitis consiliariis et procuratoribus pro jure et interesse dicti d. comitis dominique in parte loci pred. Mont., necnon discr. viris consulibus prenominatis, et d. Petro Heronis presbitero et Olivario Heronis ejus fratre, ut heredibus Michaelis Heronis, condam consulis loci pred. de Mont., contra universitatem predict. partem facientibus, quin ymo ven^bus viris dd. Poncio de Prato Comitali, baquellario in legibus, Bonello de Llegione, jurisperito, Ludovico de Esclusis, Petro Bocherii, notario, nob. Stephano Sextoris, Poncio Alamandi, Gonono de Ayguahnechio, Poncio Servientis, Poncio Fabri, Johanne Manescalli, Michaele Arnaudi, Guillelmo Molerii, Armandeto Perroti, Rostagno la Fe, tam loci pred. de Montilio quam habitatoribus de inhibi, nomine universitatis... parlamentum in dicto loco Mont. et in domo Fratrum Minorum in loco solito, voce preconia et sono namphili precedente, ut moris est, ad certam diem coram se et aliis... supradict. convocare propter ea fecit... Qua die, que fuit et intitulabatur d. martis 1ᵃ mensis augusti, currente anno a Nativit. Domini Mᵒ trecentᵒ octuagᵒ Vᵒ, indictione viiᵃ... Clementis VIIᵗ an. viiᵒ,... in quo parlamento interfuerunt personaliter atque presentes Jacobus de Esperone, Ludovicus de Sclusis, Symon de Tando, Petrus de Tornono, Guillelmus de Vienna, Guillelmus Sobrandi, Johannes Pinerii, Jacobus Lamberti, Bonthosius Alvernhaci, Mondonus Arnaudi, Rostagnus la Fe, Pochonus Porterii, Chatbertus Pocherii, Jarentonus Lamberti, Berthetus Anhelli, Bomatus de Montefloro, Memotus Tornayre, Ludovicus de Monteluello, serviens armorum, Stephanus de Rivo Columberii, Stephanus Molerii, Johannes Michaelis, Bartholomeus Balme, Poncius Genevo, Monetus Botelhe, Stephanus de Mercurol, Berthetus Alberti, Bartholomeus Bencii, Guillelmus Richardi, Bernardus de Clovenias, Petrus Rotberti, Tandonus Musardi, Berthonus Alardi, Johannes Quino, Raymundus de Fanans, Petrus Laurencii, Raymundus Boqui, Bartholomeus Ruffi, Guillelmus Degani, Raymundus Roelli, Gonetus Briffaut, Petrus Fabri, Rostagnus de Prato Comitali, Poncius Fabri, Martinus Magistri, Armandus Chaylarii, Berthetus Roverio, Petrus Roque, Monetus Misardi, Johannes Ruffi, Guillelmus Silvonis, Gonetus Bernardi, Mondonus Roncini, Poncius Palhassa, Berthonus de Ponte, Hugo Bernardi, Guillelmus Silvestri, Johannes Melares, Gonetus de Ayguahech, Johannes Thomacii, Bertrandus Goyraudi, Petrus Lan, Jacobus la Costa, Johannes de Candana, Stephanus Mercerii, Laurencius Vilho, Thomas Reynaudi, Johannes de Romelhieu, Matheus Blanqui, Johannes Fabri, Johannes

Mathei, Guillelmus Magiron, Johannes Simonis, Andreas de Alvernhia, Jacobus de Auchier, Petrus Gros Fabre, Johannes Galaura, Giraudus Bonerii, Gonetus la Costa, Guillelmus Bitulerii, Guillelmus Farsani, Guionctus Ribaudeti, Jacobus Alziarii, Guillelmus Fabri, Guillelmus Johannis, Guillelmus Solerii, Rivetus Disderii, Johannes Misardi, Johannes Jacobona, Michael Barbonis, Petrus Geremian, Stephanus Paponis, Bonthosius dal Chayne, Petrus Teni, Stephanus Porreti, Johannes de Rivo, Johannes Chaycii, Johannes Raberii, Mondonus Gontardi, Poncius Simonis, Johannes Heronis, Johannes Superii, Nicholaus Catalani, Slephanus de Cresto, Johannes de Salins, Gonetus Bressaqui, Baudetus de Noya, Bertrandus Fogeti, Petrus Borgueti, Gonetus Ysnardi, Raymundus Arnaudi, Petrus de Rocha, Jacobus Juliani, Michael Merchandi, Andreas Gotalh, Guigo de Serro, Guyo Coterii, Guillelmus Pellicerii, Petrus Dalmacii, Paulonus Saramandi, Petrus Reynaudi, Poncius Alardi, Matheus Guiberti, Petrus de Rivo, Guillelmus Gontardi, Johannes Albespini, Guillelmus Falconis, Pochonus Martini, Pochonus Laurencii, Stephanus Bedocii, Aliotus de Martis, Johannes Chavallas, Poncius Morre, Johannes Bornay, Anthonius Gauterii, Johannes Thomasso, Simoninus Guiberti, Berthetus Goyraudi, Gononus de Esperone, Petrus Barra, Vincencius de Bela Vila, Giletus Lioneti, Johannes Rotundi, Anthonius Benedicti, Gontardus Vinee, Bertrandus Chami, Monotus Milonis, Johannes Salvestri, Richardus de Plano, Johannes Carle, Johannes Martini, Johannes Jalmassii, Julianus de Ruppe, Petrus de Vianesio, Johannes Audefredi, Johannes Barnaudi, Stephanus Minjonis, Johannes Monardi, Guillelmus Fabri, Johannes de Ancona, Nicol Balbi, Mondonus Croza, Petrus Bondon, Petrus Audoardi, Bertrandus Guinberge, Raymundus Peytanini, Mondonus Truynacii, Girardus de Neydans, Stephanus Valantini, Johannes Doni, Durantus de Crudatio, Johannes de Ric Columbier, Bertrandus Guarini, Bertonus de Charlana, Guillelmus de Humans, Johannes Ronati, Petrus Arnaudi, Guillelmus Barnaudi, Mondonetus Barnaudi, Petrus Gauterii, Odonus Moterii, Johannes Manescalli, Guillelmus de Marsana, Petrus Bernardi, Durantus Armandi, Guillelmus Basterii, Guillelmus Molerii, Gonetus Rotberti, Michael Salvanhi, Johannes Thomacii, Johannes Palherii, Johannes Silvestri, Poncius Sorberii, Johannes Fornerii, Petrus Vitalis, Johannes de Ayguahuech, Aymarius Pagani, Guillelmus Textoris, Johannes Monachi, Johannes Chalonis alias Baro, Johannes Laurencii, Petrus Bruni, Johannes Guigonis, Johannes Taramassii, Petrus Gontardi, Armandus Invert, Mionetus Saramandi, Johannes Clauseti,

Raymundus Guinberga, Mondonus Eymerici, Guillelmus de Cornerio, Johannes Guirilheti, Jordanus Cortesii, Petrus Tapiani, Bartholomeus Barnaudi, Poncius la Mura, Petrus Asterii, Johannes Solerii, Gregorius Armandi, Guionetus Roverie, Johannes Botelhe, Poncius Reynerii, Simon Leynerii, Petrus Vincencii, Petrus Rosseti,
Poncius Lombardi, Stephanus Constantini, Jacobus Thomacii, Guillelmus de Ulmo, Gonetus la Mura, Guillelmus Chanuti, Gonetus Raynaudi, Johannes Sartoris, Johannes Fornerii, Johannes Gualhardi,
Rostagnus Textoris, Gonetus de Berna, Arnaudus Remusati, Nicholaus de Sancto Anthonio, Romanus Manhani, Odetus Belini, Vitalis
Armandi, Poncius de Quercore, Stephanus Alissacii, Johannes Bernardi, Armandus Sornini, Petrus Vinee, Franciscus de Lugduno,
Raymundus Johannis, dom. Bonellus de Licgione jurisperitus, Guillelmus Girardi, Johannes Gontardi, Petrus Rivatoris, Mondetus Guillelmi, Guillelmus Asterii, Guiononus Gontardi, Petrus Bruni, nob.
Guillelmus de Jausserant et Guillelmus Pelleti ; qui unanimiter et concorditer... asseruerunt esse plus quam duas partes hominum sive
universitatis loci pred. de Montilio, explicatoque eisdem primitus per
preffat. d. rectorem et comissarium actu speciali pro quo dict. parlamentum... congregari fecerat super creatione novorum consulum seu
rectorum universitatis pred. et consiliariorum ejusdem... et super
computis pred. reddendis et audiendis, protestatione prius premissa...,
factum extitit ut sequitur et etiam ordinatum : In primis, quod eligantur per dict. universitatem duo consules probi et sufficientes, qui
procurabunt, regent et etiam gubernabunt jura et negocia dicte ville
de Montilio et facient illa que ad communem utilitatem spectabunt...,
qui juramenta prestent inter se in manibus consulum et consiliariorum ipsius loci, prout est in talibus fieri consuetum ; item eligantur de
presenti per universitatem pred. sex boni et probi consiliarii, quorum consilio univ. et sing. dicte ville negotia tractentur, regantur et
disponantur; item, quod potestas ipsorum consiliariorum et consulum
duret tantum per annum et annuales sint et esse debeant, et quando
erit quasi in fine anni preffati consules et consiliarii eligant sibi successores, annis singulis et perpetuis temporibus, alios duos probos consules et sex consiliarios probos et ydoneos, quorum consulum unus
semper sit justiciabilis et de juridictione dom' nostri pape et alius eodem
modo dicti dom. comitis, et tres consiliarii etiam... d. n. pape et alii tres
dicti d. comitis, et si eligantur de juridictione comuni consules aut consiliarii servetur paritas omnino, scil. quod sint ambo consules comunes, et si contingat quandocq. quod omnes consiliarii non possent

eligi comunes, quod illorum qui non erunt comunes medietas semper
sit de justiciabilibus et de juridictione d. n. pape et alia medietas eod.
modo d. comitis; item, quod illi qui erunt consules et consiliarii uno
anno non possint esse consules seu consiliarii nec reverti in officio
illo de tribus annis continuis et completis post eorum depositum officium, et si contingeret unum vel duos ex consulibus seu consiliariis
decedere infra annum sue administrationis, quod superviventes possint loco deffuncti seu d-torum alios eligere et juramenta recipere prout
supra; item, quod consules ulterius in presenti loco eligendi, postquam
erunt functi eorum officio, reddant rationem de administratis per eosdem de bonis dicte universitatis consulibus et duobus consiliariis novis et duobus aliis de universitate quos eligent dicti consules et consiliarii... et reliqua restituant, et reddito computo et restitutis reliquis
que habebunt de superis dicti consules et consiliarii novi antiquos consules quitabunt... et non quitabuntur donec omnia restituerint: quod si
fieret contrarium, quitatio sit nulla ipso jure; item dicti consules et consiliarii habebunt potestatem indicendi vintena, faciendi tallias, impositiones et alias exactiones pro fortifficatione ville facienda, et alias pro
negociis ville publicam et comunem utilitatem tangentibus, et alias
prout in eorum libertatibus continetur vel per consuetudinem legiti
mam jus dicte universitati esset acquisitum; item, quod consules ipsi
levabunt vel levari facient vintenum, tallias, impositiones et alia emolumenta omnia universitatis pred. et munimenta aurumque et argentum custodient et expendent prout eis videbitur expediens et utile,
cum consilio tamen consiliariorum dicti loci aut majoris partis eorumdem, et sint equidem de juridictionibus... ut supra; item, quod dicti
consules et consiliarii et officiales curie dicti loci... non possint seu
debeant emere vintena aut alias impositiones in dicto loco indicendas
durante eorum potestate, nec participare in emptione pred. nec in
aliis que tangerent universitatem; item, quod abinde in antea consules ibidem fiendi et eligendi pro eorum labore recipiant et recipere
possint atque debeant ab universitate pred. pro eorum stipendiis anno
illo quo consules erunt de inibi, scil. ipsorum quilibet xx^{ti} v floren.
auri currentes, et si contingeret ipsos... pro negociis universitatis
extra ipsum locum Montilii accedere, sumptibus et expensis dicte universitatis accedere debeant et eciam negociari, dum tamen hoc pro-
cedat de voluntate et consensu consiliariorum pro tunc dicti loci aut
majoris partis eorumdem; item, quod illi qui ulterius in consules et
consiliarios eligentur ibidem, ipsum officium refutare non debeant,
sed illico facta eorum electione eorum officium, prout ad ipsorum

quemlibet pertinebit, in se assumere et eo uti debeant et teneantur,
sub pena L^a marcharum argenti fini aplicanda fortifficationi dicti loci,
nisi interveniret justa excusatio, et casu quo... defficerent seu ref-
futarent in dicto officio... excercendo et suscipiendo, quod ad hoc juris remediis compellantur per officiales curiarum sub quarum juridictione consistent; item, quod donec et quousque dicti novi consules
et consiliarii... prestiterint juramentum solitum et officium eorum
singulis destinatum atque datum susceperint, potestas predecessorum suorum in eorum officiis duret etiam periculo reffutantium seu
officium recipere cessantium; item, quod... deinde potestas dict. consulum et conciliariorum duret per annum, et quod fiat electio annis
singulis perpetuis temporibus... in die secunda festi Natalis Domini,
in domo Fratrum Minorum Montilii, et si dicta die electio fieri non
posset quod continue vaccent et vacare possint et debeant consules et
consiliarii antiqui in eorum officiis donec alios pro anno tunc proxime
sequenti elegerint; item, quod consules et consiliarii nunc eligendi...
juramentum ad sancta Dei Euvangelia in manibus consulum antiquo-
rum presentis loci de bene et fideliter in dict. eorum officiis excercendis se habendo prestare debeant et eciam teneantur; item, quod
per premissa minime derogetur ceteris libertatibus, usibus et consuetudinibus loci de Montilio seu juridictioni d. n. pape, domini superioris Mont., et d. comitis; item, quod premissa per ipsum d. rectorem... et d. comitem Valentinen. et Dien. debeant confirmari et eciam
ratifficari. Et hiis peractis et... lectis et in romana linga explanatis,
omnes superius nominati... fecerunt, creaverunt et eciam constituerunt... consules et rectores... sapientes et discretos viros Stephanum
Sextoris, domicellum, et Vincencium Riconis.., de juridictione comuni, et in consiliarios veros nobilem Petrum de Turnone, Guillelmum Basterii, Arnaudum Remuzati, de juridictione d. n. pape,
Johannem Marrescalli, Poncium Fabri et Gonetum de Aygualnechio,
de jurid. d. comitis.., dantes et concedentes.., promitentes... Quibus
premissis, preffat. d. rector voluit et ordinavit pro celeri expeditione
dict. computorum seu redditione eorumdem, quod ven^les et rel^d viri
frater Rostagnus Borjonis, miles milicie Sancti Johannis Jherusalem
et preceptor domus Hospitalis St Johannis in Montilio, dd. Rodulphus
Jallii, in decretis licenciatus, Auraycen. canonicus, Vincencius Eschandolacii, Petrus Blayni et Johannes Peyronaudi, in legibus licenciati, ut
tanquam private persone, non autem ut officiales dominorum predict., in ipsis computis audiendis et reddendis intersint, una cum
quatuor vel octo computorum auditoribus... Acta fuerunt hec publi-

cataque et etiam recitata per mag. Petrum Sabaterii.., in dicto loco
Montilii, in reffectorio domus Fratrum Minorum dicti loci, presentibus ibidem ven^bus viris d. Radulpho de Novo Castro, monaco Romani
Monasterii, rev^do patre mag. Maynerio Fabri, ordinis St Augustini,
magistro in sacra pagina, Johanne Majoris, Stephano de Ferrariis,
Guillelmo de Tribus Vallibus, domicello, preffati d. rectoris servitoribus.., et me mag. Petro Sabaterii, notar. publ...

(*) Original parch. de 135 lig., coté n° 135, avec sceau sur lemn. — Arch.
de la Préfect. de l'Isère, reg. *I^us liber copiarum comitatus Valentinen. et
Diensis DD* (t. 288), f° IIe xlvj. — *Cartul.* de Montél., f° 2 v°-12.

LXXVIII°.   *17 décembre 1388.*

UNIV. et sing... flat manifestum quod, cum molendinum dominorum Montilii Ademarii, prope portale Fusti dicti loci positum,
cesset molere et jam cessaverit spacio xx^ti mensium deffectu aque,
que venire seu fluere nequit propter destructionem sclause et bedalis
per quam venire consueverat ad dict. molendinum et molere, que
sclausa fuit totaliter inondacione aquarum destructa; et nos Berthetus Senhoreti, clavarius et procurator... spect^lis ac magn^ci viri d. Ludovici de Pictavia, comitis Valentin. et Dyensis, et Raymundus de
Aldefredo, procurator et receptor... pot. viri Giraudi Adhemarii, domini mei de Greynhano, attendentes quod predicta cedunt in prejudicium et dampnum dict. dominorum, qui nullum emolumentum de
dicto molendino a tempore supradicto habuerunt nec habere possunt,
nisi reparacio bedalis et sclause ac molendini predict. flat, et conciderantes quod dicta reparacio non potest fieri sine magno custu et
sumptu, et de presenti non habeamus peccunias nec alia emolumenta
pro dict. dominis, de quibus possit dicta reparacio fieri, idcirco trac-
tavimus et concordavimus ac pactum fecimus... cum prov. viris
Berthoneto Alardi et Armandeto Perroti, consulibus dicti loci Mont. et
nomine consulatus ac universitatis ejusd., et Hugone et Jacobo de
Sperone fratribus, nom^e eorum proprio, per modum et formam qui
sequitur : In primis, quod ipsi consules, Hugo et Jacobus... tradant
et expediant et deliberint peccunias necessarias pro reparacione dicte
sclause, bedalis et molendini, ac eciam pro emendis molis et aliis or-
namentis necessariis in dicto molendino, ad hoc ut molere possit..;
item.., quod omnes peccunias quas costabit fuisse traditas... per eosdem... pro reparacione pred. fienda per privatam scripturam... in
computum recipiemus seu recipi faciemus... et eisdem persolvi..;

item.., quod debeant et teneantur recipere insolutum de blado moture
in dicto molendino obveniendo usque ad summam et quantitatem...
quam tradiderint et deliberaverint.., ita videl. quod recipiant et recipere teneantur insolutum sestarium bladi moture... pro sex grossis,
eciam si plus vel minus tunc valeret : hoc eciam acto et convento...
quod dicti domini... aliquod bladum in dicto molendino obventurum
non recipient nec recipere facient, nec aliq. impedimentum presta-
bunt.., solutis tamen primitus moneriis qui dicto molendino ser-
vient..; item.., quod in dicto molendino sit una arca in qua bladum
mouture ponatur et in eadem sint due claves, quarum unam habeat
et custodiat Johannes Rovati per nos deputatus, aliam vero consules
... vel dicti Hugo et Jacobus : qui quidem Joh. tradat et deliberet bladum mouture... obveniendum predict. consulibus et Hugoni ac Jacobo
fratribus.., ad eorum simplicem requisicionem.., habita tamen... lictera confessionali..; item ulterius quod, eo casu quo dicta sclausa des-
trueretur iterato seu pluries, et pro reparacione ipsius seu bedalis et
molendini ac aliis necessariis... emendis consules... peccunias traderent.., quod possint capere bladum mouture per modum... suprascript... Datum et actum Montilii, die XVII mensis decembris, anno
Domini M°CCC°LXXX octavo. Et ita dico et afirmo ego Bertetus
Senhoreti, procuratorio nomine.., et manu mea propria presentem
feci subscripcionem. Et ita dico et afirmo ego Raymundus de Aldefredo...

(*) Inséré dans une confirmation de « Franciscus, miser.(div.) archiepiscopus Arelatensis, dom¹ pape camerarius, » adressée « bayllivo ac judici
ceterisque officiariis loci Montilii Adem... pro d. n. papa et Rom. ecclesia »
et accordée « quantum jus et partem d. n. pape et ecclesie Rom. ad quos
majus et directum dicti loci dominium noscitur pertinere... Dat. Avinione,
sub sigillo nostri cameriaratus officii, die XXI* mens. decemb. an. a Nativ.
Dom¹ M°CCC. LXXXVIII°.., Clement. VII¹ a. XI° ». Reproduite elle-même
dans un acte du 31 décemb. 1388 sur le même objet, « consensu provid. viror. Petri Laurencii alias Guischo, Johannis Thome, Guillelmi de Pratocomitali, Martini de Ulmis, Pon. de Clunheto et Johannis Rovati, nunc conciliariorum dict. modernorum consulum ». — Original parch. de 90 lig.,
coté n° 108; au dos : *Traditio facta olim consulibus Montilii per procuratores dominorum dicti loci de molendino dict. dominorum sito juxta portale Fusti.*

LXXIX *. 30 décembre 1390-10 janvier 1391.

ANNO Domini M° tercen^mo nonag° et die penultima mensis decembris, de voluntate consulum et eorum consiliariorum fuit positum
ad inquantum publicum per Henricum Benedicti, inquantatorem pu-

blicum loci Montilii, emolumentum farnacgii levare et exigere in presenti loco consuetum et per modum et formam sicut consuetum est ipsum levare, videl. a prima die mensis januarii proxime futuri in unum annum continuum et completum ac proxime futurum, et hoc ad duos centum floren. auri, cum pactis infrascript. : et primo, quod ille qui ipsum emolumentum emere voluerit, fidejubere ydonee teneatur persolvendo precium pro quo sibi extiterit deliberatum ; item, quod ille cui extiterit dict. emolumentum deliberatum solvere debeat dict. precium dict. consulibus de mense in mensem, ratam pro rata ; item, quod dict. inquantator ullam exitam recipere debeat sine licencia dict. consulum ; item et cum aliis pactis et condicionibus descriptis et contentis in licteris per dom. camerarium dom⠀ nostri pape et dom. nostrum comitem Valentinen. et Dyensem super dicto emolumento farnacgii exigendo et recuperando concessis et ab eisdem emanatis. Item, die x⠀ mensis januarii (anno Incarnac. M° CCC° XC°), fuit ordinatum per consules et eorum consiliatores, quod quicumque exire volens in dicto emolumento ab inde in antea, habeat et habere debeat quartam partem exite quam faciet si sibi non remaneat, si vero sibi remaneat quod nullam exitam nec aliquid de eadem debeat habere, et cum pacto quod dicti consules nullam exitam recipere debeant nisi esset profiguiosa dicte universitati.

(*) Inséré dans un acte du 18 janv. 1391 (n. st.), contenant l'arrentement du farnage par les consuls et recteurs de Montélimar « Petrus Vaucherii et Reymondus Barnaudi, filius condam Stephani Barnaudi », du consentement de leurs conseillers « Stephanus Sextoris, Vincencius Riconis, Poncius Servientis, Petrus Cheni, Petrus Grossi Fabri et Philippus Hugonis », fait « Johanni Spatule », pour le prix de 250 florins d'or. « Act. Montilii Adhemarii, in operatorio Petri Vaucherii consulis ». — Origin. parch. de 61 lig., coté let. **Q.** Au bas, sceau pendant sur lemnisque et plaqué sur papier ; écu écartelé de France et de Dauphiné : ✝ **SIGILLVM / CVRIE DE / CABEOLO.**

LXXX*. *5-6-7 mai 1393.*

INSTRUMENTUM COMPROMISSI FACTI INTER CONSULES ANTIQUOS ET CONSULES MODERNOS*.

ɪɴ Xpisti nomine, amen... Anno Incarn. Dom⠀ M°CCC°XC°III° et die v⠀ mens. madii.., Clementis VII⠀ an. xv°, cum diu est questio, discencio, controversia et rancura verteretur et esset orta... inter hon. et sap. viros Guillelmum de Pratocomitali et Johannem Thome, consules et rectores loci de Montilio Adem.., nomine dicte universitatis.., et prov. viros Ludovicum de Monteluello, Johannem Audoardi, necnon Petrum Saramandi, filium et heredem Esmidonis Saram., Raymundum et Anthonium Barnaudi, tutores Girardi et Petri Barn., filiorum et her. Johannis Barn., ipsorum R. et A. fratris, heredesque Guillelmi Barn. cond. eorum avi paterni, et Berthonetum Alardi, filium et heredem Johannis Al., ac ven. virum d. Petrum Herodis presbyterum et Johannem Herodis fratres, filios et coheredes Michaelis Her. cond., et Poncium, Aloysiam et Guillelmetam, filios et hered. Raymundi Arnaudi, olim consules et rectores dicti loci.., in et super eo quod dicti... moderni consules et rect... petebant... bonum et legale compulum et legitimam rationem reddere debere et restituere... per... eorum predecessores...; deindeque.., die vi^a mens. predicti, de mane.., in claustro Fratrum Minorum et in magno refrey derio ejusdem.., venientibus Henrico Benedicti et Johanne Galhardi alias Carquant, preconibus publ. dicti loci, qui... retulerunt... ipsis consulibus et consiliariis... cum tuba et voce preconia et per loca publ... talia fieri assueta se proclamasse et injunxisse, ex parte dominorum hujus loci et de mandato suorum superiorum et sub pena x solud. per contra facientem comitenda et fisco applicanda, die externa post solis ortum ut hac die mane quisque capud hospicii interesset et haberet venire in presenti claustro FF. MM.,.. audituri circa que ipsi dd. consules eisdem explicare intendebant et volebant.; quibus sic peractis, ibidem in continenti venerunt et comparuerunt coram dict. dd. consulibus et eorum consiliariis homines infrascripti.., et... faciendo et tenendo universitatem more solito inter se explicaverunt et dixerunt...·quod multum erat ipsi universitati expediens et comodosum huj^{di} questionem compromittere et in compromisso ponere.., quare pecierunt ab ipsis... quid eis videbatur super hoc faciendum..: qui quidem homines et persone... dixerunt... quod erat expediens et utile... et quod sic volebant et consenciebant.., ac incontinenti... concesserunt plenariam et liberam potestatem... ut ipsi cum consilio consiliariorum suorum... possint et valeant... eligere arbitros... Nomina vero personarum de quibus supra fit mencio sequntur seriatim : primo Johannes Gontardi, Petrus et Stephanus Laurencii fratres, Johannes Bolonha, Petrus Asterii, Jacobus Lamberti, Guillelmus Terracii, Petrus Marcelli, Michael Arnaudi, Stephanus Rollandi, Johannes Laurencii, peyrolerius, Johannes Melaresii, Monetus Misardi, Stephanus de Mercurollo, Audeherius de Eschalis, Johannes Caronis, Petrus Coterii, Ludovicus Disderii, Girardus Maurini, Stephanus Alexi, Johannes Micaelis alias Bareydo, Petrus Montelhonis, Guillelmus Salvonis,

Johannes de Fabis, Bartholomeus Ruffi, Duronus de Riomis, Juvenonus Chaycii, Petrus Columbentoris, Petrus Rebolli, Mondonus Gumberja, Gonetus Bernardi, Petrus d'Ayganechio, Johannes Cimundi, Poncius Vilhonis, Mermetus Mirolis, Tandonus Misardi, Petrus Gontardi, Petrus Cilvi, Johannes Rovati, Petrus de Capella, Petrus Jeromie, Johannes Grascionis, Johannes Alvernhacii, Stephanus Præerii, Johannes Rebolli, Johannetus Ruffi, Jⁿᵉˢ Ruffi de Ancona, Petrus Tapiani, Johannes de Ancona, Poncius Roverii, Poncius Laurencii, Guillelmus de Marsana, Stephanus Sextoris, Guillelmus Premonis, Petrus Bocherii, Guillelmus Gontonis alias Boget, Michael Barbonis, Johannes Chalo alias Barro, Rostagnus de Pratocomitali, Hugo de Arseris, Poncius et Johannes Servientis fratres, Johannes de Yllice, Hugo de Sperono, Mondonus Gontardi, Martinus Magistri, Guillelmus Solerii, Stephanus Bedocii, Guillelmus Giraudi, Mondonus Ronsini, Michael Merchandi, Petrus Leni, Johannes de Auriaco, Berthetus Archiacii, Nicolaus Ortolani, Johannes Tomacii de Chartrossa, Stephanus Alissacii, Nicolaus de Sancto Anthonio, Guillelmus Asterii alias Guiso, Petrus Theni, Armandus Cheylarii, Johannes Fabri, Johannes de Savoya vocatus l'Espanhol, Johannes Benedicti, Johannes Leneti, Johannes Albespini, Johannes Grangerii, Petrus Jaquemini, Johannes Hugoti, Gonetus Botelha, Petrus de Folco, Martinus Ferrerii, Guillelmus de Gap, Johannes Palherii, Guillelmus Magerondi, Guillelmus de Cornerio, Johannes Nadalis alias Canelo, Guillelmus Cismundi, Andreas de Quercore, Raymundus Crescentis, Mondonus Palherii, Petrus Fabri, Nicol Balbi, Johannes Brunerii, Johannes Bonerii, Johannes Vassini, Johannes Botelha, Bertrandus Chanuti, Bertrandus Veyrini, Johannes Audefredi, Guillelmus Bitulerii, Johannes Leneti, Anthonius Bitulerii, Petrus Savini alias Fuines, Guionetus Poverii, Symonetus Chapucii, Gonetus la Mura, Petrus Juliani, Guillelmus Armandi alias de Vuiso, Petrus Potondi, Guigo Raynaudi, Guillelmus Chanuti, Vidalonus Arnaudi, Volinus de Fable, barberius, Petrus Vine, Laurencius Chabacii, Johannes de Beles, Georgius Vernassa, Johannes Manescalli, Petrus Vaucherii, Raymundus Barnaudi alias Rachasso, Bonthosius Alvernhacii, Poncius Cismundi, Petrus Gauterii, Durantus et Guillelmus de Crudacio, Bartholomeus Bornonis, Guillelmus Basterii, Odetus Belini, Bartholomeus Mounerii, Johannes de Coldona serralherius, Guillelmus Farsani, Anthonius Asterii, Jacobus Comitis, Nicolaus Sornay, Poncius Porterii, Guillelmus Richardi, Johannes Herodis, Simonetus Guiberti, Simonetus Jenevesii, Gonetus Botelha, Stephanus Molerii, Gonetus Roberti, Johannes de Salis sartor, Johannes Ervoy, Richardus de Plano, Guillelmus Tronchini, Stephanus Fonteynelli, Gaspardus Alamandi, Arnaudus Saturnini, Guillelmus Contanheti, Bertonus Torneatoris, Raymundus Yrici, Giraudus Remusati, Johannes de Rivo, Petrus Gontardi, Stephanus Mengonis, Guillelmus Chabarandi, Petrus Grossi Fabri, Giletus Leoneti, Stephanus de Montargues, Stephanus Valentini, Chabertus Sucheti, Petrus Mengonis, fusterius, Guillelmus Johannis, Guigo Duci, Monetus Arnaudi, Raymundus Geneva alias Peytavi... Actum Montilii, in predicto refreytorio magno, testibus present. ven^bus viris dd. Johanne Disderii jurisperito, baylivo dicti loci pro d. n. papa, Hugon. Peyrolis jurisperito, locumtenente d. baylivi Montilii pred. pro d. comite Valentin. et Dyense, discr. viro Bertheto Senhoreti, clavario dicti d. comitis, et pluribus aliis... — Postque.., die VII^a mens. madii.., prenominate partes... compromiserunt et compromissum altum et bassum, validum et sollempne fecerunt in prov. et sap. viros Hugonem de Arseris, Guillelmum Busterii, Jacobum Comitis, Poncium Servientis, Armandetum Perroti et Hugonem d'Ayguachio, dicti loci.., quibus et eorum cuilibet dederunt, atribuerunt et concesserunt plenam, generalem et liberam potestatem ac speciale mandatum... Actum Montilii, in hospicio dicti Petri Bocherii, testibus present. Mondono Gontardi alias Casqual, Stephano Alissacii...

(*) Original parch. de plus de 100 lig , coté let. **S** ; au bas : « Anno Dom^i M°CCC^mo XC° V° et die XXVI julii, fuit sigillatum presens instrumentum contra Johannem Audoardi, pro CLXX floren.; item contra Petrum Saramandi, de summa CCCL flor.; item contra Ludovicum de Monteluello, pro CCCC flor.; item contra Bertonetum filium et heredem Johannis Alardi, pro CLXXV flor.; item contra heredes et bonatos Johannis et Anthonii Barnaudi, pro CCCC flor.

LXXXI*. *16 août 1393.*

IN nomine Domini nostri Jhesu Xpisti, amen... Cum dyu est questio *(ut in ch. præced.)*... Anno Incarnac. ejusd... M°CCC°XC°III° et die XVI^a mens. augusti.., Clementis VII^i an. XV°,.. ipsi dd. arbitri arbitratores et amicabiles compositores pacisque et concordie tractatores... ad eorum sentenciam arbitralem.., sedentes in quod. segio lapideo que est in logia Fratrum Minorum.., processerunt ut sequitur...: In primis... ordinaverunt, declarav. et... determinav. quod omnes consules et rectores antiqui seu eorum heredes et successores... solvant, tradant et expediant solvereque, tradere et expedire debeant et teneantur predicte universitati... et pro ipsa dict. modernis consuli-

bus et rectoribus... in universo duo milia floren. auri boni et fini et
de bono auro, de valore quolibet xx⁰ iiiᵒʳ solud. monete domⁱ n.
pape hodie currentis.., et quilibet ipsorum ratam suam inferius sibi
taxandam : et primo ordinaverunt... quod, quia Guillelmus Barnaudi
condam stetit consul ut fertur dicti loci Mont. levando et percipiendo
emolumenta et alia tributa ville.., vid. ab anno Dom. MᵒCCCᵒLᵒVIIIᵒ
usque ad an... MᵒCCCᵒLXXXᵒIIIIᵒ, certa vintena et impositiones... retinendo et solvere minime curando, ideo... heredes ipsius... solvant...
CCCC floren. auri, de quibus solvant incontinenti IIIIˣˣ flor. auri et
residuum restans... solvant.., scil. hinc ad festum Pasche proxime
futurum xxv flor. et vii gros. et v den., et in quolibet alio festo
Pasche... successive alios xxv fl. vii gr. et v den. donec... de dicta
resta... integraliter fuerit persolutum..; item, quia constat Ludovicum de Montcluello non stetisse tanto tempore in dicto officio consulatus.., vid. circa vi annos minus, tamen ex certis causis animum dict.
dd. arbitrorum moventibus, ipsi... ordinaverunt... quod dict. Ludovicus solvat... alios CCCC flor. auri... per modum et formam ac soluciones quibus supra..; item, quia constat Johannem Alardi cond.
stetisse consulem spacio xv annorum et postea subcessit in officio
Johannes Audoardi, et quando universitas voluit habere computa et
raciones a dict. antiquis consulibus, Bertonetus Alardi, filius et heres
ipsius, se totaliter submisit misericordie tocius universitatis, quare
mixtius est in facto suo procedendum, igitur ipsi arbitri... ordinaverunt... quod dict. Bertonetus... solvat... C et LXXV flor. auri, de
quibus solvat incontinenti XL fl. et residuum hinc ad festum Pasche
prox. x flor. ix gros. et xiiii den. et sic de anno in annum... quousque fuerit... satisfactum..; item, quia constat predict. Johannem Audoardi fuisse et stetisse consulem per xi annos vel circa et se oposuisse
temere contra universitatem et fuisse in parte causa plurium expensarum quas sustinuit dicta universitas, igitur ipsi... arbitri... deter-
minaverunt quod solvat... C et LXXV flor. auri, solvendos... primo Lᵃ
fl. hinc ad festum sancti Michaelis prox. et residuum... x flor. hinc
ad festum Pasche et de anno in annum..; item, quia costat Esmidonem Saramandi cond. stetisse tanto tempore consulem sicut predict.
Guillelmus Barnaudi, igitur ipsi... arbitri... pronunciaverunt quod
Petrus Saramandi, filius et heres predicti Esmid.., solvat... CCC et Lᵃ
flor. auri, solvendos.. C flor. auri hinc ad festum sᵗ Michaelis prox.
et residuum... hinc ad festum Pasche xx fl. et sic de anno in annum..; item, quia costat Michaelem Herodis cond. stetisse consulem
spacio vi annorum vel circa; igitur... arbitri... declaraverunt quod

heredes sui ipsius... solvant... LXXV flor. auri, de quibus solvant...
hinc ad festum s^t Michaelis prox. xxv fl. et residuum... hinc ad
festum Pasche IIII flor. et de anno in annum,.; item, quia costat Jacobum Atgerii stetisse consulem per IIII annos circa, ubi reperiuntur
aliqui deffectu(s) ex ignorancia, igitur ipsi... arbitri... ordinaverunt
quod heres dicti Jac. solvat... LXXV flor. auri, de quibus solvat *ut
proeced...* Pro residuo vero quod restat ad solvendum de dicta summa
II^m flor. auri, ordinaverunt dicti arbitri... quod dicti consules moderni... agant si velint contra heredes Reymondi Arnaudi cond. olim
consulis, qui non se compromiserunt... Item pronunciaverunt... quod
predicti II^c flor. auri quos incontinenti realiter... debent solvere heredes Guill^t Barnaudi, Ludov. de Monteluello et Berton. Alardi sint...
totaliter ad ipsos dd. arbitros.., de quibus solvatur eorum labor hujus negocii in quo laboraverunt et vacaverunt circą per IIII menses,
necnon et labor clericorum et dd. peritorum a quibus concilium habuerunt... et qui super hoc dictaverunt et allegaciones juris tradiderunt in scriptis.., et de quibus eciam solvantur certe expense quas
fecerunt... Item ordinaverunt... quod residuum quod restat ad solvendum... convertatur quolibet anno per... consules... in exonera-
cionem et solucionem debitorum in quibus universitas tenetur certis
et diversis creditoribus de tempore dicti antiqui consulatus... Acta
et recitata fuerunt hec in loco predicto conventus FF. MM., testibus
present. ven^bus viris dd. Johanne Disderii, Hugone Peyroli, jurispe-
ritis, ven^bus et rel^gis viris fratre Petro Reynaudi, fratre Petro Garsini,
fratre Petro de Mena, dyocesis Burgis in Spania, fratre Anthonio Lau-
sagna, ordinis Fratrum Minorum, nob. Berteto Senhoreti de Castronovo Dalmaceno et pluribus aliis... — † Et me Anthonio Coterii, dicti
loci Montilii publ. imper. auctor. notario...

(* Origin. parch en deux peaux, coté n° 116; au bas, sceau identique
à celui de la ch. LXXIX, avec cette note : « Anno XC° V° et die xxvi jullii fuit
sigillatum presens instrumentum pro ». Au dos : *Instrumentum compromissi et sentencie arbitrarie acte inter consules antiquos Montilii seu
eorum heredes ex una parte et Guillelmum de Pratocomitali et Johannem Thome alias Chauchadent, olim consules dicti loci.*

LXXXII.

1er décembre 1393.

INSTRUMENTUM QUITATIONIS COMPUTI CONSULUM *.

IN nomine Domini nostri Jhesu Xpisti, amen. Noverint univ. et
sing... quod, anno Incarnat. ejusd. Dom. M° trescent° nonag^o

III° et die I° mensis decembris, pontiff. SS. in X° pat. et dom. nostri d. Clementis div. provid. pape VII' an. XVI°, et spectab. ac magnif. dom. d. Ludovico de Pictavia, comite Valentin. et Dyense existente; cum ita sit quod nob. Stephanus Sextoris et Poncius Servientis dudum fuerint creati, constituti et ordinati consules et rectores universitatis Montilii Adhemarii, Valen. dyoc., et rexerint et gubernaverint emolumenta dicti loci a die I° mens. augusti an. Dom' M'CCCLXXXV' usque ad diem XXVI°ᵐ mens. decembris an. currente M°CCC°LXXXVI°, in quo termino sunt X et VII menses vel circa, infra quod tempus recuperaverunt et dispensaverunt quamplures summas pro negociis dicti loci et universitatis ejusdem, de quibus nondum computum et rationem reddiderint; hinc est quod... personaliter constituti nob. Guillelmus de Pratocomitali et Johannes Thome, alias Chauchaden, consules et rectores... anni presentis.., bene consulti et avisati.., ipsi... dixerunt, confessi fuerunt et publice recognoverunt quod dicti Steph. Sextoris et Pon. Servientis computaverant ac bonum et legale computum et legitimam rationem reddiderunt apud Montilium Adhem.., coram prenom. Guil. de Pratocomitali, Joh. Thome, consulibus.., nec non Guillelmo Basterii, Ludovico de Monteluello, consiliariis, Jacobo de Sperone et Petro Vaucherii, electis ad dicta computa audienda, de omn. emolumentis receptis, levatis, administratis, gubernatis et dispensatis... In quo computo... computaverunt recepisse de emolumentis: primo, pro intracgio vindemie dicti anni.., II floren. VIII grossos; item plus... de precio vinteni vindemie per eos venditi diversis personis.., III° LXX flor. X gros.; item plus, de tallia levata durante eorum tempore per Bonthosium Alvernhacii eorum nomine, VIII°ˣ III fl. IX gros. IX den.; item plus, a Guillelmo de Vinso pro portu sive de emolumento portus Rubionis, XL flor. auri; item plus, a Petro Fabri de elemosinis pontium, V flor.; item, a quodam elemosinerio dom. ducis Bituricensis, V flor. auri; item plus, a Goneto de Ayganechio de dicto emolumento dicti portus Rubionis, III flor. auri; item, a Petro Gauterii, I flor. auri; item, de tallia dicti Stephani Sextoris, III flor. I gros. dym.; item, de tallia Vincencii Riconis, V flor.; item, de tallia Petri Goyeti, I flor. auri; item, de tallia Petri Fabri alias Osto, XX gros.: et sic assendunt summe predicte in universo VI° II floren. IIII gross. dym. Deinde dicti Steph. et Pon. computaverunt expendisse et despensasse pro contentis in primo capitulo expensarum, pro diversis negociis... X et IX gros. cum dym.; item plus, in II° capit... in universo XI flor. XI gros. I den.; item, in III° titulo... IIII°ˣ et V flor. auri IIII gros. V den.; item plus, in IIII° titulo... consumptum fuisse II flor. V gros.; item, pro vᵒ capit. sive titulo... Cx flor. iii gros. ix den.; item, pro viᵒ titulo... xiiii flor. v gros. xxi den.; item, pro viiᵒ capit... lxxi flor. xi gros. iii quart.; item, pro viiiᵒ capit... x et viii flor. ii gros. iiii den.; item plus, pro quadam arca pontis Ayguni removenda, xlvii flor. iii gros. iiii den.; item, pro ixᵒ titulo... lxvi flor. iiii gros. xvi den.; item plus... pro scubiis et exoina facienda... VIIˣˣ ɪ flor. ix gros. xxi den.; item, pro ult. capit... xv flor. vi gros. c. dym. Sic et taliter quod, facto finali computo et arresto et calculatione ac deductione de receptis et missis per eosdem.., in quo nichil remanserunt debentes universitati neque universitas eisdem.., dicti consules.., cum... concensu provid. viror. Ludovici de Monteluelle, Goneti de Ayganchio, Guillelmi Basterii, Armandeti Perroti, Jacobi de Sperone et Johannis Alberti, eorum consiliariorum.., dict. Steph. Sextoris et Pon. Servientis... de predictis... nomine universitatis quitaverunt, liberaverunt perpetuo penitus et absolverunt..; renunciantes... Acta fuerunt hec apud Montillum Adhemarii, in hospicio Alsiacii de Pratocomitali, in aula a parte carrerie Macelli, present. testibus mag. Petro Bocherii notario, Petro Teni ypothecario, Berthoneto Alardi, Armandeto Perroti, Guillelmo Premonis, Guillelmo de Marssana, notar. dicti loci Mont... Et me Johanne de Podio, clerico, habitat. dicti loci, auctor. imper. et d. comitis publ. notario...   †

(ᵃ) Origin. parch. de 65 lig., coté nᵒ 155.

LXXXIII.   *19 février 1395.*

Pro universitate Montilii portus Robionis*.

Iɴ ɴᴏᴍɪɴᴇ Dᴏᴍɪɴɪ, ᴀᴍᴇɴ... Cunctis... fiat notum... quod, cum nuper per nobil. virum Guillelmum Flori, bayllivum superiorem Montilii Adhemarii, Valen. dioc., et tocius ressorti ejusdem pro domᵒ nostro papa et S. Romana ecclesia, et discr. viros Jacobum Comitis, clavarium ejusdem loci pro dicto d. n. papa, et Berthetum Senhoreti, clavarium predicti loci pro magn. et pot. dom. d. comite Valentin. et Diense, positus fuerit portus Rubionis seu fluminis ejusdem ad manum supradict. dominorum ejusdem loci Mont., pro eo quia ipsi dd. bayllivus et clavarii pretendebant dict. portum... esse debere dominorum supradict. et ad ipsos pertinere, ipsumque portum tradidissent et arrendavissent... ad et per certum tempus ac pro certo precio Guigoni Patronis, habitatori dicti loci.., an. Incarn. Dom. MᵒCCCᵒ XCᵒIIIIᵒ et die iiᵒ mens. novenbris; perinde vero requisiti fuerint memor. dd. bayllivus et clavarii per prov. viros Giraudetum Remusati et Guillelmum Premonis, consules et rectores modernos universitatis dicti loci, ut ipsum portum Rubionis eisdem consulibus... traderent et restituerent, cum, salva eorum reverencia, predict. portum Robionis indebite et absque causa racionabili ad manum dominorum predict. posuerint, cum dicta universitas fuerit in possessione paciffica et quieta dicti portus a die qua pontes dicti loci Mont. ad ruynam pervenerunt usque ad diem qua... ad manum... posuerunt et..., arrendaverunt. Hinc est quod, anno Incarnac. ejusd. Dom' M° tricent° nonag° quarto et die xix° mensis febroarii, pontif. SS. in X° pat. et dom. nost. d. Benedicti div. provid. pape XIII' an. i°, existentes et personaliter constituti... memor. dd. bayllivus et clavarii, attendentes et considerantes requisitionem eisdem per dict. consules... factam habitaque primitus diligenti informacione quod dict. portus Robionis est dicto universitatis et eidem pertinere debet et non ad memor. dominos dicti loci Mont., attendentesque eciam quod ipsum portum ob culpam dict. consulum seu suorum predecessorum ad manum predict. dominorum posuerant pro eo quia ipsum non tenebant portaneriis provisum, ex quo maxima dampna et pericula inde dicte universitati seu popularibus ejusdem sequi possent, nolentesque dict. consulibus seu dicto universitati in suo jure et justicia defficere, ymo pocius eisdem... justiciam ministrare, ideo gratis et ex eorum certa sciencia... dict. portum... eisdem... consulibus modernis... deliberaverunt, restituerunt et remiserunt... totaliter.., promitentes.., juraverunt... Acta fuerunt hec apud Montilium Adhemarii, in hospicio mag. Guillelmi Sobrandi notarii, in quo tenetur curia dicti loci d. n. pape, present. dicto mag. Guil° Sobrandi not., nob. Guillelmo de Pinu, Nicolao Fornay, tam dicti loci quam habitatoribus ejusd.; et me Pauleto Ruffi.., auct. imp. notar. publ.   †

(*) Origin. parch. de 71 lig., coté n° 180; « au bas : Tassatum est per baillivum pappalem, unum scutum, atanto labore; item, pro tassa, II gros. » — Recueil B, n° 44.

LXXXIV°.   *23 juillet 1395.*

IN nomine Domini, amen. Anno Incarnat. ejusd. M°CCC°XC°V° et die xx°III° mensis julii.., Johannes Hervoy alias Breto sartor, habitator loci Montilii Adhemarii, Valen. dioc.., nomine nobilis Ludovici de Taulinhano, domini Ruppis Fortis.., confessus fuit et publice recognovit se habuisse et realiter recepisse a discr. viro Giraudo Remu-

sati, consule et rectore dicti loci Mont. et universitatis ejusd., solvente... nomine dicte universitatis,' videl. decem florenos auri in
quibus dicta universitas Mont. dicto nob. Ludovico tenebatur pro suis
stipendiis temporis quo idem nob. Ludovicus pro dicta universitate
moratus fuit in assecgio existente ante locum Castrinovi Dalmasseni,
prout asserebatur; de quibus... se tenuit... pro bene contento... quitavit.., renunciavit.., juravit... Acta et recitata fuerunt hec in dicto
loco Montilii, in hospicio Johannis de Rivo notarii, testibus present.
nobil. viris Guillelmo Florini, bayllivo Montilii Adem. pro dom. nos.
papa, Petro de Turnone, Rostangno de Rivo notar..; et me Guillelmo
de Marssana, ipsius loci Mont. clerico, imp. auct. notar. publ.   †

(*) Origin. parch. de 37 lig., coté n° 186.

LXXXV*.   *7 septembre 1395.*

In nomine Domini, amen. Noverint... quod anno ab Incarnat. ejusd.
Dom¹ M°CCC°XC°V° et die vıı° mens. septembris.., Benedicti XIII¹
anno I°, cum universitas et locus Montilii Ademarii, Valen. dioc., teneatur provid. viris Hugoni et Jacobo de Sperone fratribus, ejusd.
loci Mont., vid. in quingentis LXXIII floren. auri et v gros. solvendis
in· festo b¹ Michaelis proximo *(acte du 9 juil. 1395),* item eciam...
in xxv flor. auri... ex causa cessionis et remissionis facte dict. fratribus per Raymundum Corencii, filium et heredem univers. Raymundi
Corencii cond. ejusd. loci, et Paulum Ruffi notar., curatorem dicti
R., in diminutione cujusd. debiti VI° flor. auri in quibus universitas... dicebatur teneri dicto R. C. *(acte du 9 mai 1393);* hinc est
quod... dict. Jacobus de Sperone, nomine suo et... fratris sui absentis
.., confessus fuit et publice recognovit se habuisse et realiter recepisse a
provid. viris Giraudo Remusati et Guillelmo Premonis, consulibus et
rectoribus universitatis dicti loci.., solventibus... nomine *ejusdem...*
in diminutione dict. summarum quater centos et x floren. auri in
universo, de quibus... se tenuit... pro bene contento... et inde quitavit... Acta... in dicto loco Mont. Adem., vid. in hospicio Hugonis de
Ayguechio, testibus present... prov. et discr. viris d. Hugone Peyroli
jurisperito, Johanne de Monte Luello, Hugone de Arseris, Rostangno
de Rivo notario, Jacobo Comitis, Humberto Fabri, dyaquono, Poncio
Servientis, Petro Bocherii, Guillelmo Basterii, dicti loci, discr. viro
Poncio Cheylarii, de Ruppe Maura, Vivarien. dioc.; et me Guillelmo
de Marssana, *ut in præced.*   †

(*) Origin. parch. de 74 lig., coté n° 179.

LXXXVI[*].   *26 décembre 1395.*

IN nomine Domini, amen. Noverit modernorum presencia futuro-
rumque posteritas non ignoret quod, anno Incarnat. ejusd.
M°CCC°XC°V° et die xx°vi° mens. decembris, cum universitas et locus
Montilii Adhemarii, Valen. dioc., ieneatur Philippo Hugonis, ejusd.
loci.., in summa VI^{xx} et x et ix floren. auri, ex causa certe muralhie
per ipsum tempore preterito facto et constructe in menibus dicti loci,
in diversis locis, hinc est quod... preffatus Phil. Hug... confessus fuit
et in veritate palam et publ. recognovit se habuisse et realiter recepisse a discr. viris Giraudo Remusati et Guillelmo Premonis, consulibus et rectoribus dicti loci.., nomine dicte universitatis.., dict. VI^{xx} et
x et ix flor. auri, de quibus... se tenuit... pro bene contento, et inde... quitavit... et renunciavit... Acta... in dicto loco Mont., in operatorio appothecarie Ludovici de Monteluello, testibus present. Petro
Gauterii drapperio, Stephano Chardonis sartore, habitatoribus dicti
loci..; et me Guillelmo de Marssana...   †

(*) Origin. parch. de 41 lig., coté n° 181 ; au dos : *Instrumentum quita-
cionis VI^{xx} xix flor. concessa per Philipum Hugonis.*

LXXXVII.   *3 février 1396.*

CONFORMASIO FRANCHICIARUM FACTARUM PER DOM. COMITEM
VALANTINENCIS ET DIENCIS[*].

IN nomine Domini nostri Jhesu Xpisti, amen. Cum actus hominum
et eorum negotia ne subintrent oblivioni humane memorie, ne
morte vel longinqua testium absentia lapsu temporis perire valeat aut
eciam circumscribi vel in aliquo variari, aut nulla inter posteros possit exinde calumpnia suboriri, solempni scripture et auctentice ad
eternam rey memoriam sint merito comendenda, ad hec ut ea que redacta sunt in publica documenta secundum canonicas sanxtiones et im-
periales constitutiones firmitatem et perpetuitatem obtineant rey geste,
et affectio veritatem actorum futuris temporibus actestetur. Idcirco
per hujus veri presentis publici instrumenti seriem atque tenorem cunctis tam presentibus quam futuris fiat notum et eciam manifestum quod,
anno Incarnationis ejusdem Domini millesimo tricentesimo nonagesimo quinto, indictione (tertia) et die tertia mensis febroarii, pontificatus sanctissimi in Xpisto patris et domini nostri dom. Benedicti, di-

vina Dei providencia pape decimi tercii, anno secundo, existentes et
personaliter constituti in presencia et ante pres. spectabilis et potentis
viri domini nostri dom. Ludovici de Pictavia, comitis Valentinen. et
Diensis, domini Montilii Adhemarii, diocesis Valentin., et nostrorum...
notariorum testiumquĕ subscript., videl. discreti et providi viri nobilis
Rostagnus de Pratocomitalis et Petrus Vaucherii de Montilio Adhem.
predicto, consules et rectores dicti loci... et universitatis ejusdem, et
nomine ejusd. universitatis ac nom⁰ omnium et singulorum hominum
in eodem loco et ejus territorio nunc vel infuturum habitancium, eidem dom⁰ nostro comiti, domino Montilii, significarunt et exposuerunt quod olim magnifici et potentes viri Geraudus Adhemarii, Geraudetus ejus filius, dom. Geraudus, dom. Lambertus et Guigo Adhemarii, olim domini Montilii, et plures alii domini dicti loci Montilii
successive unus post alium, prout succedebant predecessores in dicto
(loco) Montilii ipsius dom¹ nostri comitis, dederunt et concesserunt
per se et suos successores hominibus de Montilio, qui tunc erant et essent infuturum.., et ipsorum singulis plures et diversas libertates,
franchesias et inmunitates contentas et descriptas in quibusd. publicis instrumentis, que in suis manibus tenebant et que eidem dom. co·
miti exibuerunt et hostenderunt, quorum unum factum est per Henricum de Montilio notarium sub anno Domini M⁰CCC⁰XX⁰, item aliud
factum sub anno Dom¹ M⁰CCC⁰XX⁰VI⁰ per dict. Henricum notar., it.
aliud factum sub an. Dom. M⁰CC⁰LXXX⁰V⁰ per dict. Henricum, it.
aliud factum et signatum per magistros Guillelmum de Cruce et Guillelmum Perroti notarios publ. condam, continens undecim pelles
pergameni, sub an. Dom. M⁰CCC⁰L⁰III⁰, die II⁰ mens. febroarii, in
quo inserta sunt et descripta novem alia instrumenta, libertates et
franchesias per dominos Montilii predecessores dicti dom. comitis olim
datas continentia, necnon et in pluribus aliis instrumentis et documentis publ. per diversos et plures notarios factis, ob quod eidem
dom⁰ nostro comiti, domino Montilii, humiliter supplicarunt et requisiverunt quathinus dict. libertates, franchesias et inmunitates et ipsarum singulas.., et eciam que alias date reperirentur per ipsos olim
dominos aut ipsorum aliquem, confirmare, ratificare et emologare dignaretur ac eciam renovare, et ipsus tenere et observare tenerique et
observari facere per suos Montilii officiales pres. et fut. prout et quemadmodum dicti olim domini Montilii facere convenerunt et promiserunt
sub eorum propriis juramentis, et per modum et formam in ipsis
instrumentis seu publ. documentis contentis; necnon etiam ordinationes dudum factas per rever. patrem et dom. Henricum divina pro-

vldencia Ruthinensem episcopum, rectorem comitatus Venayssini
pro parte domini nostri pape, et nobilem virum Petrum de Insula
bayllivum protunc dicti loci Montilii pro ipso dom° nostro comite, ac
ven^les et circumsp. viros dd. Petrum Blayni et Vincencium Eschandolacii, in legibus licenciatos, procuratores dicti dom^i nostri comitis
et ejus nomine et pro interesse sui juris, super innovatione consulatus dicti loci Montilii, prout continetur in quodam instrumento publ.
super hoc confecto per magg. Petrum Sabaterii, notarium publ. de
Carpentoracte, et Johannem Raboti, notar. Criste Arnaudi, sub anno
a Nativitate Domini M°CCC°LXXX°V°.., et que libertates et franchesie
ac inmunitates in dict. instrumentis et publ. documentis contente et
descripte, sunt per ordinem et capitulatim... effectualiter descripte in
quodam caterno papireo nobis notariis per dict. consules... ante tra-
dito et per me Jarentonum Grasse, notarium subscript., in presencia
dicti dom^i nostri comitis lecto et lingua laycali explanato, quarum
quidem libertatum et franchesiarum et inmunitatum in ipso caterno
descriptarum et que in dict. instrumentis continentur tenores sequntur seriatim et sunt tales: § I. In primis dicti domini Montilii, predecessores dicti dom. comitis, hominibus suis de Montilio present. et
fut. dederunt et concesserunt libertatem et franchesiam quod de cetero non facient talhiam, toutam, questam vel aliam novam exactionem,
vel prava usatica in eis facient vel aliquo modo fieri permitent nec
dict. hominibus per vim vel aliquam forciam aliquod gravamen vel
jacturam conabuntur inferre, nisi juris vel justicie debito; quod si
ipsi domini vel sui successores predict. donationem vel libertatem violare quomodocq. aptentarent, dict. homines suos et res eorum in
villa Montilii sub eorum dominio... existentes ab omni juramento et
fidelitate ac homacgio absolverunt, et contra non venire per juramentum promiserunt. § II. Item dederunt et concesserunt dicti domini
Montilii... dict. hominibus sub eorum senhoria et dominio existentibus ac voluerunt, quod ipsi homines... predia sua urbana et rustica
que sunt in villa Montilii intus et extra et in ejus tenemento et territorio existencia, que sunt vel erunt libera infuturum, videl. sine censu, possint dare et concedere ipsi homines... ad accapitum novum et
perpetuum seu in emphiteosim sub censu et dominio et retento sibi
censu et dominio et paydiamento, sine concilio dict. dominorum et
suorum successorum, et quod predicti domini... in predictis occasione aliqua ab ipsis hominibus non possint aliquid petere, exigere
seu habere. § III. Item concesserunt et donaverunt... hominibus
suis... libertatem, franchesiam et inmunitatem, quod si aliquis fo-

rensis seu extraneus injuriam alicui dict. hominum vel dampnum
dederit vel intulerit, daret vel faceret, sine guerra ipsum capiendo
vel percuciendo vel vulnerando vel res suas sibi vel certo nuncio vel
familiaribus aufferendo, quod ille qui injuriam vel dampnum vel
jacturam passus fuerit possit per se et auctoritate sua propria, licencia domini vel alterius cujuscq. persone non spectata seu eciam non
petita, vel cum amicis suis vel vicinis, ex quo de dampno vel injuria
seu jactura dict. dominis... seu bajulo vel judici eorum constabit, in
villa Montilii sumere vultionem seu vindictam, nec propter dict. vultionem seu vindictam ille vel illi qui vultionem acceperint nec qui
cum eo vel eis fuerint dict. dominis... in aliquo teneantur nec dampnum aliquod paciantur : et dicti domini... nec aliquis alius possit illum
qui dampnum seu jacturam dederit guidare in villa Montilii nec deffendere sine licencia injuriati vel dampnum passi et amicorum ejusdem. § iiij. Item dederunt et concesserunt... plenam et liberam potestatem Bertrando Ricaudi, Andree Coyraterii, Bernardo Remusati et
Petro Alexandri, Bonello de Licione et Bertholomeo de Crudacio,...
recipientibus pro se et nomine omnium et singul. hominum... et universitatis dicti loci Montilii, quod ipsi essent et sint custodes et rectores ville Montilii et universitatis ejusdem et omnium hominum habitancium dict. villam et ejus tenementum, tantum ad ea que inferius
dicentur et exprimentur, videl. quod possint se congregare irrequisitis dominis Montilii seu eorum officiariis et eorum licencia minime
interveniente, in quocumque loco quo voluerint et quoscienscumque
voluerint, et jurare inter se pro comodo et utilitate ipsius ville sine
pena et multa, et jurare ad sancta Dei Evangelia facere comodum et
utilitatem dicti loci Montilii et omnium hominum habitancium dict.
villam et ejus tenementum, et ea que essent inutilia et incomoda ipsius ville pretermitere, et recipere juramenta omnium hominum habitancium dict. villam et ejus tenementum a quatuordecim annis
supra, ut ipsi salvent et deffendant ab omni homine et universitate
villam Montilii et omnes habitantes in eadem. § v. Item dederunt et
concesserunt... plenam et liberam potestatem omnibus hominibus
ville Montilii.., ut ipsi possint jurare et jurarent sine pena et multa,
vel juramenta prestare et prestent rectoribus ville Montilii, super eo
videl. quod ipsi villam Montilii et ejus tenementum custodient et deffendent et salvabunt et omnes habitantes eandem ab omni homine et
universitate, et quod pro deffencione ville Montilii ipsi possint se opponere et se opponant contra quamlibet personam secularem, regularem et ecclesiasticam, libertates *(leg. liberantes)* easdem ab omni pena

et multa si quam pro dicto juramento... ipsi comiterent seu ipsi domini de Montilio ab ipsis exigere possent. § vi. Item voluerunt et concesserunt ac dederunt dicti domini plenam et liberam potestatem dict. consulibus et rectoribus et suis successoribus, ut ipsi possint ordinare et ordinent super hiis que ipsis expedire videbitur ville Montilii et hominibus habitantibus eandem et tenementum ipsius, et esse ad salvum et securitatem et custodiam ville supradicte et... habitancium eandem.., et cizas seu collectas pro comuni utilitate ville... facere et homines et mulieres et omnes habitantes dict. villam et tenementum ipsius in dicta ciza seu collecta vel tallia juxta eorum arbitrium talliare, et si aliqui essent... qui in dicta ciza seu collecta nollent conferre id quod per ipsos taxatum esset, ipsos possint compellere et compellant ad id solvendum in quo taxati essent.., et supradicta possint facere et faciant tosciens quosciens eis videbitur expedire, et penam usque ad summam L* solud. possint apponere et apponant tosciens quosciens opus esset, et una pena imposita, comissa et exacta alia nichilominus possit imponi et exigi ab eisdem.., et dict. penam si eam comiti contingerit ab aliquo... possint exigere et levare et exigant et levent ab omn. illis et sing. qui rebelles seu inhobediantes essent eisdem seu alteri eorumdem super hiis que ad salvum et comodum et custodiam ville... esset seu esse posset vel ipsis esse videretur, et pro predicta pena ipsos possint pignorare sua auctoritate propria per se vel per alium et compellere et compellant ad solvendum dict. penam, et contra inhobediantes... possint procedere.., et pignorare et pignora distrahere... et penam ponere in utilitatem... ville.., prout eis videbitur expedire : si vero contingeret quod dicti consules seu rectores nollent seu non possent predictos eis inhobedientes pignorare, quod bajulus vel cursores seu servientes dict. dominorum, ad simplicem requisicionem dict. consulum seu rectorum vel alterius ipsorum, inhobedientes pro predict. penis pignorent et dict. consulibus... incontinenti pignora apportent. § vii. Item dederunt et concesserunt... plenam et liberam potestatem consulibus seu rectoribus supradict. et suis successoribus infuturum, quod si contingeret aliquem ipsorum seu plures decedere, quod alii superstites seu superviventes possint loco mortui seu mortuorum alium seu alios ponere seu eligere de parte illa qua essent mortuus seu mortui. § viii. Post hec, domini Montilii predecessores dicti dom¹ comitis promiserunt quod ipsi custodient, salvabunt et deffendent pro posse suo villam Montilii et ejus tenementum et omnes habitantes in eadem ab omni homine et universitate, et quod ipsi non inmitent nec inmiti faciant

nec pascientur inmiti in dicto loco Montilii nec infra clausuram Montilii seu infra alium locum aliquam personam seu personas contra homines Montilii et habitantes dict. locum, nec procurabunt aliquid
mali contra homines Montilii... nec aliquid facient quod sit seu esse
possit... contra dict. locum seu ad incomodum vel destructionem
dicti loci, sed villam supradict. et habitantes in eadem et universitatem ejusdem fovebunt, juvabunt contra quamlibet personam, et omnia illa que super deffencione seu custodia ville Montilii ac universitatis ejusdem erunt seu esse poterunt pro posse suo facient ac fieri procurabunt. § IX. Item dederunt et concesserunt... predict. suis hominibus... et promiserunt.., quod ipsi domini nec sui successores non...
possint nec debeant compellere aliquem hominem de Montilio directe
vel indirecte... quod eis... faciat homacgium seu prestet fidelitatis juramentum, nisi de sua procederet voluntate spontanea, sub pena c mar-
carum argenti comitendu tosciens quosciens contra predicta per ipsos
dominos vel per suos officiarios venire contingeret. § X. Item, quod
non... possint nec debeant homines seu mulieres habitantes in dicto
loco Montilii compellere ad matrimonium contrahendum nec impedire
quominus contrahant matrimonium cum quibus voluerint, dictisque
hominibus et mulieribus... concesserunt quod quilibet et quelibet ipsarum possit contrahere matrimonium cum quo voluerit pro suo libito
voluntatis, nec ipsi domini... impediant seu impedire faciant dict.
homines seu mulieres nec penas seu multas eis imponent... nec minus
inferent eisdem aut... cognatis vel agnatis... de nubendo alteri quam
ipse velit seu voluerint, cujuscumque sit juridictionis, sub pena c
marcar. argenti *ut supra*. § XI. Item voluerunt et concesserunt...
singulis hominibus et mulieribus... Montilii, quod si aliquis... ipsorum
ab intestato... decederet, nullo condito testamento vel ultima voluntate
in quo vel qua de suis rebus disposuisset, quod bona... illius... ad filios seu fllias, fllium vel fliam si haberet vel alios inferiores decendentes... pervenirent, et si decendentem non... haberet ad... assendentes vel ad collaterales, consanguineos vel cognatos et agnatos secundum quod essent proximiores in gradu, eciam alterius juridictionis
quam dominorum predict... vel ejus cujus hereditas pervenerit, secundum quod juris ratio hoc dictaret et juxta juris dispositionem, et quod
heredes ab intestato libere possint hereditates adhire seu se inmissere
et corporalem pocessionem et quasi aprehendere et intrare, non spectata nec petita licencia seu auctoritate dict. dominorum... aut officiariorum suorum, et quod ipsi domini nec sui successores vel officiarii... non possint aliquid exigere a succedentibus ab intestato directe

vel indirecte ratione adhicionis hereditatis vel aprehencjonis vel racione mutacionis vel investiture hereditatis obvente. § xii. Item voluerunt et concesserunt... quod omnes homines et mulieres qui in
dicta villa Montilii sub eorum senhoria et dominio morantur seu infuturum morarentur possint libere condere testamentum et codicillos,
et donaciones facere in suis testamentis et codicillis, epistola seu in
quibusvis aliis ultimis voluntatibus seu inter vivos de bonis suis disponere et ordinare et bona sua quibuscq. personis voluerint jure institucionis vel substitutionis, legati, fidei comissi vel donationis causa
mortis seu inter vivos relinquere, et heredes univers. vel singulares, legatarios, fidei comissarios et donatarios quos voluerint, eciam
alterius juridictionis quam ipsorum dominorum, facere et instituere
pro suo libito voluntatis, et quod hereditatem, legatum vel fidei comissum vel donationem causa mortis vel inter vivos ipsi heredes, legatarii vel fidei comissarii seu donatarii suo liberali arbitrio possint
adhire, acquirere et uprehendere corporalem possessionem seu quasi,
non spectatis seu requisitis voluntate, consensu, auctoritate seu licencia ipsorum dominorum seu suor. successorum aut eorum officiariorum.., et quod pro predictis dicti domini nec sui successores imposterum vel sui officiarii... non possint nec debeant aliquid petere, extorquere vel exigere a predict. heredibus, *etc.* ratione usus, muta-
tionis, investiture aut alio jure quocq., et quod in aliquo contra eorum disposicionem non venient... nec sustinebunt quod aliquis disposicionem seu ultimam voluntatem dict. hominum... impediat. § xiii.
Item dederunt et concesserunt... quod ipsi homines et eorum successores in villa Montilii comorantes... libere possint et secure et absque
impedimento et contradictione et licencia ipsorum... quandocumque
et quoscienscq. voluerint in villa Montilii inmitere res aliquas vel extrahere vel extrahi vel inmicti facere, inferri, portari et reportari per
se vel per alium, quod hoc facere possint non spectatis nec requisitis
voluntate, consensu, assensu, auctoritate vel licencia dict. dominorum... et quod bannum, devetum seu interdictum ipsi domini... non
possint facere seu apponere in dicta villa Mont. de non inmictendo vel
non extrahendo in et de dicto loco aliquas res tempore pacis vel
guerre, sed predicta dimitenda seu facienda cujuslibet suor. hominum
proprio arbitrio relinquantur ; et si contingeret per ipsos dominos..,
circa predicta facere prohibitionem, devetum, interdictum vel bannum
ponere universaliter vel singular. cum pena seu multa vel sine, ex
nunc pro tunc... voluerunt quod... sint cassa, irrita atque nulla et
quod nullam habeant firmitatem, et quod aliqua occasione predicta

multa s. pena non possit comicti neque comissa exigi, ymo predicta inteligantur pro non factis, et quod homines predicti inmictentes vel extrahentes ut supra per terram, juridictionem et districtum ipsorum dominorum sint et esse debeant sub speciali conductu, custodia et protectione dict. dominorum eundo et redeundo cum dict. rebus et cum animalibus seu quadrigis, cum quibus predicta inmicterentur vel extra·herentur. § xiiij. Concesserunt eciam et voluerunt ac donaverunt... libertatem et franchesiam, quod omnia bona extraneorum mobilia que inmicterent vel alio modo haberent tempore pacis infra villam Mont. salva et secura remaneant omni tempore pacis et guerre illis hominibus quorum erunt.., quamvis ipsi domini... guerram, discordiam vel dicencionem haberent cum quibuscq. personis, et quod illi quorum erunt res possint per se vel alium.., non obstante quolibet interdicto gener. vel speciali, ipsas res inde extrahere et dicta bona vel si maluerint in dicto loco ipsas res vendere vel alias alienare et pretium vel aliud quod pro ipsis haberent secure habere et tenere in villa vel extrahere et exportare.., et quod ipsi domini... tempore pacis vel guere predict. res sayzire, occupare vel accipere non possint..; ymo dict. res... salve et secure remaneant in dict. dominorum... custodia, protextione et conductu quam diu fuerint in Montilio vel alibi in districtu, juridictione seu dominio ipsorum... § xv. Item dederunt et concesserunt... quod in curia sua de Montilio pro debitis seu creditis confessatis cujuscq. summe pecunie vel alterius rey de plano... ipsi domini... occasione late seu decime seu expensarum curie nichil accipere seu levare possint.., et si aliquod jus sibi competebat seu poterat competere, illud... donaverunt et remiserunt. § xvj. Item promiserunt, sub obligatione suorum bonorum... et per suum proprium juramentum ad s. Dei Evangelia prestitum, quod alios homines aliorum condominorum Montilii in dicto loco habitantes et bona ipsorum salvabunt, ampparabunt et deffendent pro suo posse, quemadmodum et suos et bona sua atque suorum facerent, et quod non inmitent homines nec inmicti facient nec sustinebunt inmicti infra fortalicium Montilii vel villam seu castrum vel extra, ad dampnum hominum suorum vel... condominorum Mont..: quod si fieret et inde dampnum aliquod aufferetur, promiserunt illud dampnum infra x dies passis emendare ad ipsorum requisitionem et restaurare ad cognitionem consulum et rectorum Montilii... § xvij. Item voluerunt et concesserunt... quod universitas dicti loci Mont. nec aliquis de dicta univer⁰... nec aliquis qui moretur... in dicto loco sub eorum dominio, non teneantur nec compelli possint aliquo tempore guachiare sive excubias facere nec serchare in hospiciis fortaliciorum suorum, nec ire seu transmitere... ad boscum sive ad nemus animalia sua, nec ligna portare nec manobras ad murandum vel aliud opus faciendum mitere seu manobras facere, nec lecta pro ipsis facere nec hospites eorum recipere, nec alia prava usucgia seu servicia impendere; et si contingeret quod ipsi domini... ipsam universitatem seu aliquem... super predictis... mandaret, miteret sive requireret cum pena vel sine, quod ex hoc ipsa universitas vel aliquis... non teneatur ad predicta facienda... nec imposita eisdem ex hoc comiti possit.., et si... aliquid exactum fuisset... restituere promiserunt... § xvnɪ. Item voluerunt et concesserunt libertatem et franchesiam quod ipsi nec eorum successores... non possint nec debeant stanchiam aliquam facere nec bannum seu penam imponere in loco Mont. bladi neque vini nec alicujus alterius rey, quominus homines et habitantes villam Mont. et extraney seu forenses undecumque sint et ubicq. voluerint vinum, bladum et res alias quascq. de Montilio extrahere seu apud Montilium adducere et apportare possint et vendere cuicumque voluerint et... de Montilio extrahere; et si contingeret stanchiam apponere et... pena aliqua comiteretur, quod... levari... non possit... § xɪx. Item voluerunt, dederunt et concesserunt... libertatem et inmunitatem quod nullus in dicta villa Mont. domicilium faciens compellatur seu compelli possit directe vel indirecte ad molendum in suis molendinis nec ad quoquendum in eorum furnis, sed quod sit licitum dict. hominibus... molendi in quocq. molendino...̊ et quoquendi ubicq. voluerint, molendinis et furnis ipsorum dominorum dimissis. § xx. Item dederunt... libertatem, franchesiam et inmunitatem quod dicti domini... aut judex seu curia ipsorum possint tantum et debeant pro tutela seu cura danda aut confirmanda levare seu habere, quando contingeret dare vel confirmare, moderatas expensas nec inmoderatas possint habere seu levare; et si pro scripturis tutelarum et curarum vel inventariorum faciendorum seu pro interposicione decreti notarii vel judices aliquid inmoderatum exigerent vel exigere vellent, quod illud reservetur ad arbitrium consulum et rectorum Mont... § xxɪ. Item dederunt, voluerunt et concesserunt... quod ipsi homines possint arma portare et defferre infra villam Montilii et extra pro deffencione et thuycione dicte ville et ejus tenementi vel partis ejusdem; et si predicti homines... pro deffencione et custodia ville Montilii.... intus vel extra seu foris arma portent insimul vel divisim, quod eos non possint dicti domini de fidelitate nec homagio appellare nec in aliquo punire. § xxɪɪ. Item voluerunt et concesserunt ac dederunt...

quod quoscienscumque et quandocq. aliquem... de suis hominibus,
mulieribus et subditis de Montilio ejusque territorio et districtu... decedere sive mori contingerit ex testamento vel ab intestato, quod ipsi
domini non ponent nec poni facient nec permitent custodem aliquem
seu servientem... vel aliquem alium... ex suis officialibus seu curialibus in hospiciis suorum subditorum moriencium seu decedencium
vel mortuorum... ex testamento vel ab intestato nec sayzinam aliquam.., sequestrum... facient seu fieri facient vel permitent, nisi esset ad instanciam partis credentis se jus habere in bonis et hereditate
sic decedencium, et de hoc fuerint seu sui officiarii requisiti, sed voluerunt et concesserunt quod bona et hereditates moriencium seu decedencium ad illos liberos perveniant ad quos de jure ex testamento
vel ab intestato pervenire debebunt, omni impedimento cessante penitus et remoto. § xxiij. Item voluerunt, dederunt et concesserunt...
franchesiam et inmunitatem quod nullus subditorum suorum tam
marium quam mulierum sub sua juridictione Mont. ejusque territorio
et districtu existencium et habitancium per bajulum vel aliquem
alium curialem seu officialem... possit seu valeat arrestari, detineri
sive capi pro aliquo forefacto nec per aliqua que comiserit seu fecerit,
si tamen sufficienter bona inmobilia possideat, vel si non possideat,
si cavere velit et fidejubere ydonee de juri parendo coram suo judice
de delicto sibi imposito : dum tamen delictum non sit tale propter
quod delatus notorie esset corporaliter puniendus; et si contingerit...
aliquem... detineri, arrestari sive capi, voluerunt... quod... captus,
prestita cautione ydonea, incontinenti relaxetur et liberetur... et quod
dicti officiarii sui... dict. caucionem teneantur recipere nec eam possint seu debeant recusare. § xxiiij. Item voluerunt, dederunt et concesserunt... libertatem, franchesiam et inmunitatem quod consules
seu rectores dicti loci Mont... ponant et eligant et ponere et eligere
possint impune, licencia dominorum seu suorum officiariorum minime
requisita, banneatores et porcherios, et probos viros eligere pro comissione bannorum comissorum et talarum seu dampnorum... et pro
conservacione et refectione itinerum et riberiarum, prout eciam ipsi
consules in pocessione pacifica et diucius observata fuerunt et steterunt, quod non erat memoria incontrarium, videl. tosciens quosciens
opus fuerit, nec dicti domini... banneatores seu porcherios seu probos
homines eligant nec eligere seu ponere possint ; qui banneatores et
porcherii ac probi viri eligendi jurare debeant in manibus bajuli ipsorum dominorum... quod in eorum officiis excercendis bene et legaliter se habebunt, et quod per ipsos taxatum erit vel ordinatum fue-

rit ad simplicem requisicionem ipsorum vel consulum s. rectorum
facient exequi et observare. § xxv. Item, cum esset consuetudo in
villa Montilii et antiquitus obtentum per tantum temporis spacium
quod memoria non stabat de contrario, quod homines Montilii debitores suos vel quemlibet erga quem aliquam rancuram haberent auctoritate sua propria possent pignorare sine pena aliquali, et si aliquem
injuste pignorarent, licet pignus reddi opporteret, non inde penam
aliquam incurrerent neque dampnum, voluerunt et concesserunt...
dicti domini... quod sui homines de Montilio... per imperpetuum
possint et valeant uti, frui eciam et gaudere libere et impune libertate
predicta et franchesia prout... antiquitus faciebant et absque pena..:
ita tamen quod si pignora... ab aliquibus forensibus... capiebant..,
quod illa... curie Montilii... apportari seu adduci debeant vel fieri faciant pro justicia de ipsis forensibus recipienda coram curia prelib.
§ xxvj. Item, ut omnis materia infringendi et violandi franchesias et
libertates... per officiales dict. dominorum... penitus amputetur dicteque libertates... inviolabiliter observentur, dicti domini Mont... dederunt et concesserunt dict. suis hominibus... libertatem et franchesiam quod bajulus, judices notariique curie, servientes et alii officiales
dicti loci... in principio sui regiminis teneantur et debeant jurare et
jurent, ad simplicem requisitionem consulum et rectorum.., se servaturos et inviolabiliter custodituros omnes et singulas libertates... et
numquam quamdiu manebunt in officiis illas violabunt nec corrum-
pent.., quocq. colore quesito; et si ipsi... recusarent dict. juramentum
prestare, dicti domini... illos compellant et compelli debeant.., et
quod homines Mont... predict. officiariis parere. vel obedire non teneantur quousque predict. juramentum prestiterint palam et publice
coram consulibus seu rectoribus... § xxvij. Item dederunt et concesserunt... libert. et franch. quod homines Montilii... libere, quicie et
sine contradictione aliqua, sub guidacgio, protectione, salva gardia
et conductu dict. dominorum.., possint se et omnia bona sua quandocumque et quoscienscq. et ubicq. voluerint mutare a Montilio et
alibi si velint suum domicilium facere et redire apud Montilium pro
libito voluntatis. § xxviij. Item dederunt... libert. et franch. quod
dicti homines... cursoribus sive servientibus vel bedellis dict. dominorum... non teneantur dare nec solvere pro sayzina seu dissayzina
facienda infra villam Mont. nisi i denar. Viennen. tantum, et pro sayzina seu dissayz. facienda extra in territorio dicte ville vi den. dare
et solvere teneantur. § xxix. Item dicti domini... dederunt et concesserunt ac pactum fecerunt validum et solempne dict. hominibus

suis... quod ipsi vel officiales eorum non possint nec debeant aliquem
hominem vel mulierem habitatorem vel incolam dicti loci capere vel
detinere seu captum vel detentum reducere in fortaliciis eorumdem,
nisi solum in... casibus a jure permissis, videl. in casu... in quo...
posset et deberet pena infligi corporalis ; et ulterius voluerunt et con-
cesser. quod in... casibus... in quibus pro criminibus atrossioribus
vel publicis aliquis detineretur vel caperetur, quod in illis modus de-
bitus observetur in custodia et in inquisitionibus faciendis contra tales delatos et captos, judices ordinarii dict. dominorum intersint et
ante quam procedatur ad aliquam inquestam seu tormentum, vocentur consules dicte ville de dominio illius qui captus extiterit vel detentus, et quod in eorum presencia fiant dicte inquisiciones, et judicetur
et cognoscatur si est ad tormentum vel questionem procedendum, et
taliter quod illis de dicto loco Mont. non possit fieri injuria de predictis et illis reservetur omne benefficium deffendendi et eciam ap-
pellandi, et quod inquisiciones faciende infra octo dierum spatium taliter compleantur quod capti et detenti non macerentur diucius in
custodia carcerali, quia de jure curceres sunt inventi ad custodiam
non ad penam, et quod in inquisitione facienda ille contra quem in-
quireretur possit habere, vel amici ipsius si voluerint, unum notarium
qui sit presens in dicta inquisicione sumenda cum notariis dominorum : per hoc tamen noluerunt quod dicte universitati vel dict. consulibus ulla juridiclio acquiratur, sed ad hoc presencia eorum requi-
ratur ut si notarii vel scriptores inquisicionum in scripturis inde
faciendis errarent dolo vel fraude vel negligencia vel aliquo modo
scriberent quam veritas se haberet, per illos consules possit veritas
comprobari, et idem servetur eciam si sine scripturis fierent inquisiciones predicte. § XXX. Item voluerunt, dederunt et concesserunt domini predicti quod, in inquisicionibus in quibus non debet infligi punicio corporalis faciendis vel terminandis, dicti domini non utentur
nisi propriis judicibus ordinariis eorum, ita quod illas inquisiciones
per illos judices criminum non faciant terminari ; et ulterius concesserunt et voluerunt quod dict. inquisicionibus factis vel faciendis super
criminibus publicis vel privatis fiat copia delatis et accusatis, et quod
eorum deffenciones audiantur et recipiantur prout jura volunt, et quod
dicti domini ... non possint partem facere vel assumere in inquisicionibus.., sed quod judices ordinarii eorumdem super dict. inquisitionibus justiciam ministrent secundum quod eis videbitur expedire.
§ XXXI. Item voluerunt et concesserunt... rectoribus et consulibus...
quod ipsi homines... non teneantur nec possint per dominos antedict... compelli ad exeundum villam Montilii vel ejus districtum cum

vel sine armis,contra aliquam personam... vel universitatem, collec-
gium vel conventum, nisi solum pro propria guerra dict. dominorum vel custodia terre ipsorum sine dolo et fraude. §xxxij. Item voluerunt et concesserunt... quod in... casibus in... quibus homines
Montilii... hospicia que locant vicinis suis vel habitatoribus dicte ville
clauserint quia inquillini nolunt solvere locgerium eorum, quod dicti
domini vel eorum officiales non vocatis dominis dict. hospiciorum
non possint nec debeant dicta hospicia facere apperire, sed quod dict.
hospiciis existentibus in clausura vocentur partes et partibus auditis
justicia ministretur: et si contingat quod conductoribus et inquillinis
detur terminus ad,solvendum, quod de rebus inquillini vel conduc-
toris tantum remaneat in clausura vel sayzina vel sequestro quousque
dominis fuerit satisfactum. § xxxiij. Item voluerunt et concesserunt...
et pro libertate dederunt... quod ipsi domini... seu officiarii ipsorum... contra libertates predict... non possint penas seu multas mo-
dicas sive magnas indicere seu apponere; et si de facto fuerint appo-
site seu indite, quod ipso jure sint nulle, casse, irrite et inhanes...
§ xxxiiij. Item voluerunt et concesserunt... quod consules seu rectores dicti loci.. possint seu valeant facere inter se comune pro dicta
universitate, ita quod ipsi possint accipere et recipere pro comuni in
quolibet molendino dicti loci et territorii ejusdem pro quolibet sestario i denar. et pro emina i obolum vel de blado usque ad valorem i
denar. pro sestario et oboli pro emina, et hoc a quibuscq. personis
ecclesiasticis et secularibus, privatis vel extraneis... § xxxv. Item voluerunt et concesserunt... quod homines Montilii... non teneantur in
mutatione dominorum facere homacgium aliquod vel prestare fidelitatis sacramentum donec et quousque novus dominus ratificaverit,
approbaverit, emologaverit et cum sacramento omnes et sing. libertates predict... de novo concesserit et ad illas... se astrinxerit...
inviolabiliter observandas. § xxxvj. Item voluerunt et concesserunt...
quod consules et rectores dicti loci nomine universitatis ejusdem possint constituere sindicos vel actores... qui possint agere et deffendere... pro certis capitulis... et ad certum tempus... cum pleno et
sufficienti mandato.., irrequisitis dict. dominis... § xxxvij. Item dicti
domini Montilii... dederunt libertatem et inmunitatem dict. suis hominibus... quod non teneantur solvere aliquod tabernacgium ad ipsos
pertinentem de vinis vinearum suarum per ipsos homines vendendis
ad menutum tempore banni vel extra bannum vel eciam de vinis
quod emerint ab aliquo hominum suorum, sed a dicto tabernacgio
dict. homines... liberaverunt et absolverunt; et si esset aliquis ho-

mo qui non haberet dominum in Montilio et teneretur propterea solvere tabernacgium, et post infuturum homacgium faceret dict. dominis, quod incontinenti facto homacgio a tabernacgio sit liberatus prout alii homines sui. § XXXVIII. Item, cum retro actis temporibus custodes et rectores... Mont. et singulares persone dicte universitatis consuevissent facere devesia de rebus suis, utpote de terris, vineis, pratis, pascuis, nemoribus, blachiis, ortis et aliis quibuscq., dicti domini... dederunt et concesserunt dict. hominibus... quod ipsi faciant et facere possint quandocq. et quosciensq. voluerint res et pocessiones eorum devesium, et in devesio habere perpetuo et tenere et deffendere a pastoribus et aliis quibuscq. prout eis videbitur faciendum. § XXXIX. Item, ut predicta omn. et sing. durent perpetuo et inviolabiliter perseverent, voluerunt et concesserunt dicti domini... quod si contra aliquem de casibus seu libertatibus supradict... fieri contingeret infuturum... vel ipsis libertatibus... non uterentur, quod predict. universitati nec hominibus... nullum prejudicium generetur, nec ipsi domini possint pocessionem, usum vel prescripcionem aut actus contrarios seu non usum alleguare, sed... repetunt et concedunt... libertates et franchesias... de novo... § XL. Item dict. quidem libertates, franchesias et inmunitates et alias que reperirentur... dicti domini... ratas et firmas perpetuo habere voluerunt et tenere, et contra non venire... promiserunt sub obligacione omnium bonorum suorum et ad s. Dei Evangelia juraverunt. — Qui quidem dom. comes Valentin. et Diensis, dominus Montilii, auditis supplicationibus et requisicionibus dict. consulum.., auditisque et diligenter intellectis franchesiis, inmunitatibus et libertatibus, promissionibus, conventionibus, penis, confirmationibus, renunciationibus et pluribus aliis per dict. olim dominos Montilii hominibus suis... concessis.., certusque et certificatus... volensque vestigia suorum predecessorum sequi et que per ipsos ordinata et promissa sunt adimplere et observare, igitur... per se et suos infuturum successores, omnes univ. et sing. libertates, franchesias et inmunitates predict... ratificavit, emologavit, confirmavit et renovavit, et ulterius... ad majorem securitatem dict. hominum... sub ejus senhoria.., de novo dedit, donavit et confirmavit... cum omn. capitulis, pactis et conventionibus... expressatis...; volens et concedens... quod capitulis continentibus libertates predict... detur tanta fides sicuti originalibus instrumentis...; promitens... se dict. franchesias et libertates... tenere, attendere, custodire et inviolabiliter perpetuo observare et nunquam contra facere...Porro voluit et concessit... quod ordinaciones et innovaciones dudum de

anno a Nativit. Dom¹ MᵒCCCᵒLXXXᵒVᵒ super facto innovacionis consulatus dicti loci Mont. tam per *(ut supra, p. 222, l. 40)*... Arnaudi
et arestata per ipsos... in sui eciam remaneant firmitate, ipsasque
ordinaciones... ratificavit, confirmavit et emologavit..; et renunciavit... Acta et ressitata fuerunt hec omnia apud Sauzetum, diocesis
Valentin., infra hospicium dicti d. n. comitis, supra quand. aleam
retro cameram suam, presentibus testibus.. voc. et rog. nob^bus viris
d. Aynerio de Podio milite, domino de Audefredo et Gluracio, Bertheto Senhoreti, Johanne Roncholi, Michaleto de la Pra, scutifero dicti... comitis, et nobis notariis... — Quibus ita peractis, prefat. d. n.
comes.., volens, cupiens et affectans ac intendens predict. libertates, *etc.*.. observare.., requirentibus dict... consulibus.., voluit et
precepit d. Aynerio de Podio militi predicto, baylivo suo dicti loci
Mont., et nob. Bertheto Senhoreti, clavario ejusdem loci pro ipso...
comite, ibidem presentibus et audientibus, et per presentes mandavit... aliis officiariis suis dicti loci.., quathinus predict. libertates, *etc.*
observent et inviolabiliter custodiant et promitant eorum bona fide et
ad s. Dei Evangelia jurent... Postque dicta die, paulo post dict. d. Ay-
nerius... et Berthetus... juraverunt *ut supra.* Acta... *ubi supra,* in
quad. alea sive aleya anteriori ante cameram dicti... comitis, testibus
present... dicto nob. Michaleto de la Pra, mag. Petro Perroti, notario habitatore Sauseti, et me Jarentono Grasse, clerico dicti loci M.,
publ. auct. imp. not.., et me Petro Bocherii, dicti loci... clerico, auct.
imp. not. pub.   †

Subsequenter vero, anno Dom¹ MᵒCCCᵒXCᵒVIᵒ et die xxᵒ mens. januarii,.. Benedicti XIII¹ an. ii°.., Petrus Bergondionis, baylivus
Montilii Adem... pro domᵒ nostro dalphino et de ejus mandato, prov.
vir. Bertholomeus Jeongii, clavarius dicti loci... pro dicto d. n. dalphino, certi et certificati ad plenum de franchesiis et libertatibus ac
immunitatibus supradict.., ipsas.., ad requisitionem nob. Rostagni de
Prato Comitali, consuli dicti loci.., actendere, tenere et observare...
promiserunt et... juraverunt... Actum Montilii, in curia dalphinali,
testibus present. Bonthosio Alvernhacii, Johanne de Rivo, Poncio
Guiberti notar., Petro Ruffi filio Petri R. de Crista, habitat. dicti loci,
et me Jarentono Grasse...   †

(¹) Original formé de 8 peaux de parch. réunies, coté n° 80 : au dos :
*Instrumentum libertatum confirmatarum et de novo donatarum per dom.
comitem Valentin. et Diencem, Le libertas e confirmacions de libertas,
Consulum ville Montillii.* — Copies a) aux arch. de l'Isère, reg. 1ᵘˢ *liber
copiarum comitatus Valentin. et Diensis* (B. 288), f° II° xlvj (f° xx) :
« Libertates concesse per dominum nostrum comitem Valentinen. et
Diensis » (d'après l'origin.); b) dans le *Cartul.* (f° 12 v°-26 v°) : même
titre : c) falsifiée dans le recueil B (n° 45) ; extr. des arch. de La Garde
Adhémard.

LXXXVIII.*

2 février 1404.

Iɴ nomine Domini, amen... Cum portus Robionis sive emolumentum ejusdem nuper venditus et deliberatus fuerit ad inquintum
publ. præsentis loci... ad et per unum annum futurum,... incipiendo
die hodierna, Mondono Laurentii alias Pupeyre dicti loci, tamquam
ultimo offerenti et ad extintionem unius candelæ ardentis ut moris
est, et hoc de voluntate et consensu provid. virorum Guioneti Grossi
et Johannis Revelli, consulum et rectorum dicti loci Montilii, et hoc
pro pretio... xxᵘ floren. auri monetæ nunc currentis.., sub anno Domᵢ
MᵒCCCCᵒIIIᵒ et die penult. mens. januarii; hinc est quod anno prædicto... et die ıⁱᵃ mens. februarii..., Benedicti XIIIⁱ an. xᵒ.., supradict. Mondonus Laurentii... promisit... dict. xx florenos auri ratione
pretii dicti portus solvere.., videl. die ultima cujuslibet mensis xxı
gros. et xvı den... Actum Montilii Adhem., in opperatorio appothe-
cariæ quod tenet Guionetus Grossi, testibus præsent. Giraudo Remusati, Stephano Chardonis, Hugone de Sperone, Nicolao Fornay,
Humberto Fabri et me Benedicto Fabri, clerico dicti loci, auct. imp.
not. pub...

(*) Recueil B, nᵒ 46 (2 ff.), copié sur l'origin. parch. en 1817.

LXXXIX.

19 février 1404.

(Cᴏɴᴄᴇssɪᴏɴᴇs Lᴜᴅᴏᴠɪᴄɪ ᴅᴇ Pɪᴄᴛᴀᴠɪᴀ ᴜɴɪᴠᴇʀsɪᴛᴀᴛɪ).*

Iɴ nomine Domini nostri Jesu Christi, amen... Cum ita esset
quod lis, quæstio et debatum verteretur et in futurum major
verti speraretur inter nobilem virum Berthetum Senoreti, clavarium
et procuratorem Montilii Adhemarii... pro magn. et pot. viro dom.
d. Ludovico de Pictavia, comite Valentin. et Diensis..., ex una parte
et discr. virum Joannem Pevelli mercatorem, consulem dicti loci
Montilii Adhem. et universitatis ejusdem pro parte dicti d. n. comitis,
p. ex altera.., super eo *etc.* Hinc est quod anno Incarnat. MᵒCCCCᵒIIIᵒ et
die xıxᵃ mensis februarii,.. Benedicti XIIIⁱ anno xᵒ.., dom. Ludovicus
de Pictavia, comes Valentin. et Diensis..., gratis et ex ejus certa scientia et spontanea voluntate.., dedit, donavit, remisit, cessit et concessit... hominibus suis Montilii Adhemarii et etiam communibus... omne
jus omnemque actionem... quod et quam... habet, habebat habereque potest... et debebat... in et supra portu Robionis dicti loci... seu

ipsius pretio ac emolumento, ita... quod consul... dicti loci pro parte
universitatis hominum ipsius d. n. comitis et communium possit et
valeat dict. portum vendere seu vendi et distrahi seu arrendare...
facere, et pretium inde habendum... de emolumento dicti portus in
utilitatem et commodum universitatis præd. convertere.., et quod
nullum dict. d. n. comes seu ejus successores aut officiales... apponent impedimentum quominus.., prout... temporibus retroactis fuit
assuetum..; item dedit... quod ipsi homines seu consules nomine
universitatis dicti loci... possint et valeant indicere impositionem vini
vocatam *sochet* et ipsam levare facere aut vendere, prout temporibus
retroactis fuit consuetum in dicto loco levari et exigi tam a forensibus
quam privatis, et mensuram vini de octava parte diminuere et cum
mensura diminuta ad menutum vendere et mensurare, ut fuit temporibus retroactis factum et usitatum, et emolumentum seu pretium
exinde proveniens... dicti consules... possint recipere et in utilitatem
universitatis convertere.., et quod... nec ejus successores aut eorum
officiales... impedient... quod nullus inmittat vinum vel vendemiam
infra locum Montilii quod extractum esset in aliis territoriis quam
Montilii, nisi esset extractum in propriis vineis habitantium in dicto
loco Mont., et sub pœna quam consules.. statuent et apponere voluerint..; item dedit plus... dict. hominibus suis... muraliam et jus
quodcq. quod ipse... habet... et visus est habere in muralia fortalitii quod fuit domini de Garda, tam nova quam antiqua integra et
quæ facit mœnia et clausuram dicti loci, scil. a cadefalco vocato
de Mica usque ad portale dom¹ Gaucherii juxta fortalicium di-
ruptum, quod fuit domini de Garda præd., et ipsam muraliam
dict. suis hominibus... quitavit et remisit, et hoc quantum tangit
dict. homines suos et communes seu universitatem dict. hominum..;
item, cum dict. suus claverius Mont. Adhem. nomine suo voce præconia... præconisare fecerit, quatenus sub certis pœnis quisque reciperet et recipere deberet monetas regias delphinales et dom¹ comitis
Sabaudiæ, sic et prout recipiuntur per terram et patriam dicti d. n.
comitis Valent. et Dien., per contra facientes comitendis et dicto d.
n. comiti applicandis, et propter hoc possent subditi d. n. comitis...
trahi ad inquestam vel aliter.., hinc est quod dict. d. n. comes...
bene in hoc avisatus ipsas multas, præconisationes et pœnarum impositiones... usque ad præsent. diem revocavit et annullavit.., quid-
quid committere potuerint... remittendo.., mandans et præcipiens...
Dedit, inquam.., et remisit dict. res, jura et actiones ac franchesias...
ad habendum, tenendum, fruendum, utendum.., mandans et præci-

piens.., promittens..; pro quibus quid. donationibus, cessationibus
et remissionibus seu franchesiis... confessus fuit et publ. recognovit
se habuisse... per manus nob. Bertheti Senhoreti, claverii sui.., nomine Joannis Pevelli, consulis.., centum esculos auri currentis. de
quibus... renunciavit... Acta et recitata fuerunt hæc apud Granam,
infra hospitium dicti d. n. comitis, videl. in aula, testibus præsent...
ven^bus et rel^tis viris dd. Amedeo Martini, priore prioratus Sancti
Marcelli prope Sauzetum, Valentin. diœcesis, fratre Arnaudo Jau-
berti, ordinis Prædicatorum de Dya, dicto nob. Bertheto Senhoreti,
claverio dicti d. n. comitis, Antonio Petit; et me Jerentono Grasse,
notario dicti loci Mont. Adh. auct. imp. publ. ·

(*) Recueil B, n° 47 (7 ff.), d'après l'origin. coté n° 228 (*Invent.* de 1662,
f° 51 : « instrument contenant deux peaux »). Les griefs du clavier contre
les habitants de Mont. et la défense de ceux-ci offrent qq. passages à noter :
« Quisque vinum inmittens in loco Montilii extractum in alienis territoriis.. solvat.. pro qualibet saumata vini vi grossos universitati..; dom.
comes indigebat de lapidibus in muralia existentibus et ipsos lapides
recipere intendebat et volebat, et sic clausura et mœnia loci Mont. des-
trueretur, et insuper passagium existentem in fortalitio a portali dom^i
Gaucherii usque ad cadefalcum vocatum de Mica, claudere fecit dicendo
ibidem non esse... Virtute franchesiarum.. portus ad universitatem pertinet et consules sunt in possessione.. a transeuntibus.. emolumentum levandi... a tanto tempore quod de contrario memoria hominum non existit,
quia antequam pons qui destructus est fleret erat portus et ad manum
villæ levabatur et aliquoties per consules vendebatur..; nec debet (d. n.
comes) recipere lapides muri antiqui.. quia sunt mœnia villæ et clausura,
neque passagium.. claudere quia est et fuit necessarium pro custodia villæ
et universitatis..; non debuit facere præconisationes... quia dom. n. papa
habet partem suam in dicto loco ubi sua moneta habet cursum et sui subditi non recipiunt monetam alienam pro tali cursu sicut recipitur papalis,
quia non est nec reperitur per assuetos in talibus de tali lege. »

XC.   *5 juin 1404-24 février 1405.*

(Fundatio Hospitalis pauperum Sancti Anthonii)*.

In nomine Domini, amen. Noverint... quod ego Pauletus Ruffi, loci
Montilii Adheymarii, Valentin. dioc., publ. appost. et imper. auc-
toritt. notarius, substitutus et subrogatus in notis et protocollis...
mag. Guillermi de Marsana, notarii pub. cond. dicti loci, actestor me
reperisse in notis et protocollis predict... quamd. notam... sanam et
integram.., continentem testamentum Juvenonis Chayni et Petronille
ejus uxoris, comdam habitatorum ipsius loci Mont... sub anno Incarnac. M°CCCC°IIII° et die v^a mensis junii, in quo quid. testamento inter
alia legata... fecerunt unum tale legatum sic dicendo : « Item legamus,

damus et constituimus per presentes ambo simul et nostrorum quilibet pro uno Hospitali pauperum per nos ordinato ad honorem beati
Anthonii quodd. hospicium nostrum, cum quod. cazale de retro a
duabus partibus, videl. ab oriente et borea, scitum infra locum Montilii loco dicto in carreria recta prope portale Sancti Martini, quod
cum dicta carreria recta ab occidente et cum cazale Hugonis et Jacobi
de Sperono fratrum ab oriente et cum hospicio dict. Hugonis et Jacobi
fratrum a vento et quod. alio hospicio Juvenonis et Petronille conjugum testatorum, quod fuit comd. Bertrandi Botini alias Loupion, a
borea confrontatur, una cum septem lectis munitis de pannis et aliis
rebus que ibidem de presenti fieri fecimus et ordinavimus ; item magis... ordinamus quod post mortem nostrorum duorum testatorum .
dicto Hospitali legamus et donamus quamd. vineam quam habemus,
scitam in territorio Montilii, loco dicto in Costa Calida, que cum itinere publico per quod itur ad nemus de Laus a duabus partibus, vid.
ab occidente et borea, et cum vinea Mondoni Morardi de Savassia ab
oriente et cum vinea herma Filipi Hugonis a borea confrontatur, que
quid. vinea est franchia ab omni censu et domino quocq. : quam quid.
vineam ille qui tenebit et gubernabit dict. Hospitale regere debeat et
gubernare ac agricolare de opperibus necessariis quolibet anno dandis ad comodum et utilitatem dicti Hosp. bene et sufficienter..; item
magis legamus dicto Hospitali, pro vino proveniendo ex dicta vinea
et ipsum reponendo, quodd. vas de sapo tenens circa octo saumatas
vini et duas mosterias, tenentem quamlibet circa tres saumatas vini,
necnon et unam arcam de nuce tenentem circa v° vel vi sestarios
bladi et unam aliam arcam tenentem circa iiii sestar. bladi..; item
volumus et ordinamus... quod, cum hospicium Hospitalis pauperum
per nos supra ordinatum ad honorem b᷆ Anthonii serviat annis singulis Girardo Barnaudi, filio cond. Johannis Barn. dicti loci Mont.,
iiii grossos censuales cum dominio directo anno quolibet in festo Natalis Domini solvendos, quod dicta Boneta filia nostra et heres dict.
iiii grossos cens. c. dom. de suo proprio emere debeat et teneatur vel
concordare cum dicto Gir.., taliter quod dict. hospicium Hosp. sit
perpetuo francum et liberum.., et ulterius quod dicta Boneta facere
debeat et teneatur de suo proprio ad hopus dict. vii lectorum existencium in dicto Hosp. xiiii linteamina de tela nova bona et sufficiencia,
quolibet linteamine de tribus ulnis cum dimidia... » In quad. vero
alia parte dicti testamenti supradicti Juvenonus et Petronilla conjuges
et testatores eorum heredem universalem fecerunt et ordinaverunt
Bonetam eorum filiam, uxorem Petri Vaucherii.., exsequtorem ve-

ro... dict. Petrum Vauch... Acta fuerunt hec in Montilio Adhem., videl. in hospicio dicti Petri Vouch., vid. in hospicio Servi in quo dict. Petrus tenet hostelariam, testibus present... Micheleto Arnaudi, Johanne Menescalli, Petro Laurencii alias Guichon, Ludovico Arnaudi, Francisco Picardi charaterio, Henrico Bartolo, Nicholao de Grando Ruto lapicida.., et me Guillelmo de Marssana.., imp. auct. notar. publ.

Item ego Pauletus Ruffi... actestor me reperisse... in eod. cartulario notam continentem affranchisamentum dict. IIII grossorum censualium a dicto Girardo Barnaudi : Permutacio Juvenonis Chayni, habitat. Montilii Adhem., et Girardi Barnaudi, filii cond. et heredis univers. Johannis Barn. dicti loci, *sub data* anno Dom. M°CCCC°IIII° et die XXIIII* mens. febroarii... Act. Montilii, in hospicio Guillelmi Premonis, testibus... Bonthozio Alvernhacii, Poncio Guiberti not., Petro Michalis alias Burreydo.., et me Guil. de Marsana.

(*) Original parch. (90 lig.) du *parte in qua*, coté n° 109.

XCI*.

1er février 1407.

IN NOMINE DOMINI, AMEN... Cum emolumentum imposicionis vini vocatum *sochet* loci Montilii Adhemarii... venditum et deliberatum fuerit ad [inquantum] publ. dicti loci ad et per unum annum futurum incipiendum die crastina... ad extinctum unius candele ardentis, ut moris est, in platea publica dicti loci per Mondetum Palberii, servientem et inquantatorem dicti loci, vid. Anthonio Barnaudi, dicti loci Mont., tamquam plus et ultimo in eodem emolumento offerenti, precio... CCC et IIII** floren. auri..., et hoc de voluntate et consensu discret. virorum d. Hugonis Peyroli et Nicholay Fornay, consulum et rectorum pro nunc dicti loci; de quibus quid... florenis pertinent dicto Anth. Barnaudi et Armandeto Perroti xx flor. pro exita per eos facta in dicto emolumento de IIII** flor. ad quartam partem exite, et sic restant quictii dicte universitati... CCC et LX floreni... Hinc est quod anno Incarnac. M°CCCC°VI° et die r* mens. febroarii... Benedicti XIII* an. XIII°.., supradicti... consules et rectores moderni... dict. vendicionem et deliberacionem... laudaverunt, approbav., emologav., ratifficav. et confirmav.., et hoc cum voluntate et consensu discret. virorum Anthonii Sextoris, Hugonis de Aygalnechio, Johannis Thome alias Chauchadent, Berthoni Ferenchii et Johannis Sabaterii, consiliariorum pronunc dict. consulum..; predict. vero emolumentum... prefati consules... prenom. Anthonio Barn... salvare,

amparare, thueri, custodire, deffendere et disbrigare promiserunt...
Quibus premissis... dict. Anthonius Barn. emptor ut principalis et ad
ejus preces et requisicionem discr. viri Raymundus Barnaudi, filius
Stephani Barn. cond. fraterque pred. Anthonii B., nob. Petrus de
Turnone, Armandelus Perroti, dicti loci Mont., Petrus Barnaudi alias
Coste, habitator dicti loci, et... Johanneta ejus uxor... promiserunt...
solvere... dict. summam ccc et lx flor.., vid. in die ultima cujusli-
bet mensis... xxx flor... Acta fuerunt hec Montilii Adhem., in appo-
theca hospicii Hugonis de Aygalmechio, testibus present. mag. Anthonio Coterii not., Durono Bernardi, Petro Laurencii alias Guischo,
Bonthosio Alvernhacii, Stephano Armandi clerico.., et me Benedicto
Fabri, clerico dicti loci M., auct. imp. notar. publ.

.*) Original parch. de 96 lig., coté n° 102 ; analyses au dos.

XCII*.   *19 avril 1410.*

Iᴺ nomine Domini nostri Jhesu Xpisti, amen. Anno Incarnat. Dominice M° quadringent° X°, indict. ııª et die xixª mens. aprilis,
revᵈᵒ in X° patre et domᵒ nostro d. Johanne Dei Pictavia et sancte sedis apostol. *(sic)* Valentinen. et Dyensis episcopo et comicte presu-
lante,... nob. vir Berthetus Senhoreti de Montilio Adhem., receptor
generalis egregii et pot. viri d. comictis Valentin. et Dyensis.., recognovit discr. viro mag. Benedicto Fabri notario, consuli et rectori
universitatis dicti loci Mont.., nomine dicte universitatis et... Hugonis
de Sperone, eciam consulis dicte univers.., se... realiter recepisse...
c francos auri boni, legalis ponderis et justi, quos... dicta universitas nuper predicto d. comicti donavit.., et renunciavit.., promictens... Actum Montilii Adhem., in platea publica ante operatorium
Duroni Auricule, testibus present. nob. Petro de Turnone, Petro
Noyareti, Mondono Laurencii alias Emperayre, Matheo la Grangia,
filio St. la Granja,.., ac me Baudeto de Opere, de Ancona.., auct.
imp. notar. publ...

(*) Origin. parch. de 62 lig., coté n° 183 ; analyses lat. au dos.

XCIII.   *24 décembre 1412.*

(JOHANNIS XXIII PAPÆ COMMISSIO CONTRA SPOLIATORES)*.

Jᴼᴴᴬᴺᴺᴱˢ episcopus, servus servorum Dei, venerᵇˡ fratri episcopo
Valentinen. et dilectis filiis archidiacono Ruthenen. ac preposito

16

Carpentorat. ecclesiarum, salutem et apostolicam benedictionem. Licet ad cunctos populos sub religione Xpistiane fidei militantes, tanquam universalis pastor gregis dominici, pro eorum statu salubri actente mentis aciem extendamus, tamen ad comitatum Venayssini, ad nos et Romanam ecclesiam nullo medio pertinentem, eo precordiallius intuemur que nostro pectori noscuntur sincerius inherere, desideriis optantes intensis quod persone comitatus predicti et aliorum circumpositorum locorum ad nos et memoratam Ecclesiam spectancium sub cultu fidelitatis et justicie, expressis eorum injustis oppressionibus, quietis et sinceritatis ubertate letentur. Sane ad nostri apostolatus audienciam pervenit, quod nonnulle tam ecclesiastice quam seculares persone, tam comitatus predicti, castrorum Montilii Adhemarii et Avisani, Valentinen. et Tricastrinen. diocesium, quam aliarum diversarum parcium suis juribus et terminis non contente occuparunt et occupari fecerunt terras, domos, possessiones, jura et juridictiones, necnon fructus, census, redditus et nonnulla alia bona mobilia et inm-a tam infra comitatum predict. quam extra consistencia, ad clerum, vassallos, nobiles et populares hominesque nostros et dicte Rom. ecclesie incolis comitatus et castrorum predict. communiter vel divisim spectancia, et ea detinent indebite occupata seu ea detinentibus prestant auxilium, consilium vel favorem; nulli eciam, qui nomen Domini in vanum recipere non formidant, eisdem hominibusque aliis... ac per capciones, arrestaciones, predaciones et spoliaciones ac detenciones personarum, rerum et bonorum vexare, opprimere multipliciter contra justiciam trahendo, eosdem eciam... ut ab ipsis aliqua extorqueant vel... redimere compellantur..., multiplices molestias et injurias inferunt et jacturas : quare dicti clerus, vassalli, nobiles, populares, incole et singulares persone nobis humiliter supplicarunt ut, cum eis reddatur difficile pro singulis querelis ad apostolicam sedem habere recursum, providere ipsis super hoc paterna diligencia curaremus. Nos igitur adversus occupatores, detentores, presumptores, molestatores et injuriatores huj⁴ illo volentes de remedio eisdem subvenire per quod talium compescatur temeritas et aliis aditus committendi similia precludatur, quocirca discrecioni vestre per apostol. scripta mandamus quatenus... predict. clero et vassallis, nobilibus, hominibus, populo, incolis et singularibus personis efficacis deffensionis presidio assistentes non permitatis eosdem... indebite molestari, vel eis gravamina seu dampna aut injurias irrogari, et de commissis satisfactionem eis debitam impendi faciatis, *etc., etc.* Datum Rome, apud Sanctum Petrum, viij kalendas janua-

rii, pontificatus nostri anno tercio. Gratis de mandato dom' nostri
pape, Diethelinus.

'. Inséré dans l'acte du 16 juin 1439.

XCIV.   *3 juillet 1417.*

(CAMERARII PAPE COMMISSIO) SUPER MACELLO'.

FRANCISCUS, miseracione divina archiepiscopus Narbonensis, s⁰ Romane ecclesie camerarius et pro eadem in civitate Avinionensi et
comitatu Venayssini ac aliis locis et terris... adjacentibus, ad ipsam
ecclesiam pertinentibus.., vicarius generalis auctorᵉ apost. specialiter
deputatus, venᵇᵘˢ viris dd. Thome de Lamerlia, archidiacono ecclesie
Ruthenensis, ipsius comitatus thesaurario, et Petro Dalphini, licenciato in legibus, judici Valriaci pro Rom. ecclesia, salutem in Domino. Noveritis quod hodie due supplicaciones, videl. una pro parte
macellariorum et alia pro parte consulum et universitatis loci Montilii Adhemarii, Valen. dioc., nobis porrecte fuerunt, quarum tenores
sequntur... prout ecce : « REVERENDISSIME pater, vestre revᵐᵉ paternitati pro parte macellariorum loci de Montilio Adhemarii, Valen. dioc.,
exponitur quod, cum ipsi sint de terra ecclesie et immediate Romane
ecclesie subditi et nulli alteri persone, nichilominus gentes domⁱ comitis Valentinen. super facto macelli seu animalibus, alias carnibus
in dicto macello vendendis certam imposicionem seu certum onus
imponere nitantur, quod cedit in magnum prejudicium, dampnum
atque gravamen ipsorum macellariorum et rei publice, presertim cum
super aliis denayratis seu mercanciis imponere non velint nec consules gencium partis pape in hoc non consenserint nec consentire voluerint, et dicti macellarii sint omnes de dominio ecclesie et non
comitis, nec debeant plus opprimi quam alii; unde pro parte dict.
macellariorum e. v. r. p. humiliter supplicatur, quatenus pro bono
rei publice dict. gentibus et aliis quibuscq. dict. onus imponere volentibus inhibeatis ne dict. onus imponant, nec imponi permictatis
cum redundaret in magnum prejudicium dict. macellariorum et rei
publice; et si quas licteras eis super hoc concessistis, dignetur e. v.
r. p. eas revocare et ad statum debitum reducere, cum non sit dignum
quod sint plus onerati quam alii mercatores, et ipsi pro v. r. p. et
statu Ecclesie Deum rogabunt »... « REVERENDISSIME pater, cum
menia loci Montilii Adhemarii, Valen. dioc., cujus una pars est seu

pertinet ad s. Rom. ecclesiam et alia pars est seu pertinet ad spectab.
virum dom. Valentin. et Dyensem comitem, hactenus eguerunt et de
presenti egeant pluribus et variis reparacionibus et fortificacionibus
ad magnas pecuniarum summas ascendentibus, cumque universitas
dicti loci seu ejus pars sanior in unum propterea congregata, ad habendum pecunias unde dicte reparaciones et fortificaciones fieri possint pro utiliori via et minus dampnosa, ordinaverit seu indixerit
unum subsidium c[om]une super macello dicti loci durantibus v° annis proxime futuris percipiendum, videl. super carnibus ibidem aut
alibi causa vendendi interficiendis ut ecce : primo super et pro [quo-
libet] capreto vel agno occidendo et vendendo in dicto macello vel extra in loco predicto seu ejus mandamento viii denar., et pro quolibet
mutone, ove, capra, menono et irco i grossum, item pro quolibet vi-
tulo i gros. et viii den., it. pro quolibet porcho sive porcha in macello
vel extra causa vendendi recenti vel salso occidendo i gros. et viii
den., it. pro quolibet bove ii gros., beneplacito, voluntate et consensu
v. r. p. et dicti d. Valentin. et Dyensis comitis in hiis salvis semper
et reservatis ; eapropter eidem v. r. p. pro parte consulum et universitatis dicti loci humiliter supplicatur quatinus indictionem et imposicionem subsidii huj^{di} ratas habentes et gratas, illas ex certa
sciencia vestri camerariatus et vicariatus officiorum auctoritatibus
confirmare dignemini, necnon dom° baylivo dicti loci pro s. Rom.
ecclesia commictere et mandare ut indictum huj^{di} faciat per quorum
interest sibi subditos precure viribus inviolabiliter observari.., actento quod premissa reparacionem et fortificacionem dicti loci concer-
nunt, vestras super hiis benignas licteras eisdem si placet concedendo ».. Quia scimus dom. rectorem dicti comitatus adeo in aliis negociis fore occupatum quod in presenti vacare non posset, vobis...
commictimus et mandamus quatinus... partibus... de plano... auditis, confirmacionem per consules et universitatem predict... petitam
vel aliam debitam provisionem... faciatis... Datum Avinioni, sub sigillo nostri camerariatus officii in testimonium premissorum, die iii^a
mens. julii anno a Nativit. Domⁱ M°CCCC°XVII°, indic. x°, sede apostolica vacante.   Jo. Dorci.

<hr>

(*) Original parch. de 28 lig., coté n° 189 ; au bas sceau ovale en cire
rouge sur lemnisque : en haut, la sainte Vierge tenant l'enfant Jésus, au
milieu saint Pierre et saint Paul en pied, au bas l'archevêque avec deux
écus à ses côtés, légende : **S·FRANCISCI·DNI·PAPE CAMERARII**. —
Sur papier un ordre de comparaître adressé aux intéressés par les commissaires, à Carpentras le 6 juil. 1417 ; au dos attestation, en date du 8, par
le curé de Montélimar, J. Dumans, d'avoir cité les bouchers de cette ville.

XCV.   *22 juin 1419.*

LA CLAUSULA DOU TESTAMENT DOU COMTE DE VALANTINES*.

IN nomine Do]mini, amen. Noverint... quod[anno Incar]nationis M°
CCCC°XIX°, inditione XII° cum eodem anno sumpta et die jovis
XXII° mensis junii.., magnif. vir dom. Ludovicus de Pictavia, comes
Valentin. et Diensis, existens in sua bona et sana memoria, licet infirmitate corporali ali[qua detentus], suum fecit et condidit testamentum ultimum nuncupativum et suam ultimam voluntatem nuncupa-
tivam et dispositionem extremam ac de se et [suis bonis dispos]uit et
ordinavit per modum et formam contentos et descriptos in nota de et
super huj⁴ᵗ testamento... sumpta..; in quo siquid. testamento ultimo
idem d. comes plures ordinationes, voluntates suas atque legata fecit,
ordinavit et disposuit... Et inter ceteras clausulas ordinationum, vo-
luntatum et legatorum... continentur clausule que sequntur, tangen-
tes plures in universo et singulariter de singulis universitatum et hominum, incolarum ac habitancium in locis et castris terre et patrie
dicti d. testatoris et facientes pro hominibus et personis loci Montilii
Adhemarii prefati d. testatoris..: § *1)* Item volumus et ordinamus
quod omnia et singula debita et legata facta per quoscumque nostros
predecessores, ad que solvenda nos teneri possumus, solvantur, compleantur et attendantur per exequtores nostros infrascrip., in ea parte
in qua deberi possunt et completa non fuerunt. § *2)* Item, omnes et
singulas vesciziones seu investituras et mutagia que per mortem nostram de consuetudine patrie seu locorum nostrorum deberi possent...
heredi nostro universali per quoscq. subditos nostros in terra et castris nostris propriis mantionem facientes pro quibuscq. rebus quas a
nobis tenent, eisdem subditis... remittimus, quitamus et donamus
pro illa vice tantum, nec volumus ymo expresse inhibemus quod aliquid levetur seu exhigatur de et pro eisdem... § *3)* Item volumus et
ordinamus fleri in singulis locis terre nostre et alibi ubi exequtoribus
nostris videbitur faciendum, preconizationem quod quecumque persona que voluerit conqueri de nobis faciat et proponat querimoniam
suam coram exequtoribus nostris seu quatuor aut tribus ex ipsis, et
quod omn. et sing. personis terre nostre fide tamen dignis et aliis, de
quibus tamen videbitur dict. exequtoribus nostris esse faciendum,
adhibeatur plena fides de et super hiis que juramentis eorum affirma-
bunt nos sibi debere et fore fecisse, et quod dicti exequtores nostri
ipsis personis satisfaciant, solvant et esmendent de bonis nostris mo-

bilibus..; et non solum solvant ea que debebimus et fore fecerimus personis sic asserentibus, ymo et alia.... debita nostra et forefacta, helemosinas et legata simpliciter et de plano et sine strepitu et figura judicii. § 4) Item remittimus, cedimus et quittamus quibuscq. feudatariis et subditis nostris tam nobilibus quam innobilibus quascq. commissiones et apperturas nobis pertinentes et quas erga nos incurrere potuerunt seu incurrerunt usque ad tempus nostri decessus ex quacq. causa.., preterquam ex felonia, quoniam huj^{dt} commissiones nobis pertinentes propter feloniam remitere nec quitari intendimus... § 5) Item remittimus, cedimus et quittamus ac etiam legamus quoscq. clamores, latas sive decimas factos et expositos contra quoscq. subditos terre nostre inmediate contra quos fuerunt expositi et quos debere reperientur tempore nostri decessus, necnon et quecumque laudimia per eosdem subditos... nobis debita tempore dicti nostri decessus eisdem subditis nostris remittimus... § 6) Item, quascq. inquestas formatas et pendentes in curiis nostris et nondum terminatas tempore nostri decessus, volumus et jubemus... esse abolitas, irritas, nullas et invalidas, et quoscq. delatos contra quos pendebunt volumus esse quitios et liberatos ab et de eisdem, facta tamen per eos esmenda et satisfactione partibus lesis prout de jure convenit: etiam quoscq. presonerios et incarceratos in nostris carceribus tempore nostri decessus volumus relaxari et deliberari... necnon quittios, inmunes et liberatos esse ab et de offensis et delictis pro quibus reperientur incarcerati, quas offensas et delicta eisdem... remittimus... quantum ad nos pertinet, salva tamen esmenda et satisfactione partibus lesis. § 7) Item, quascq. libertates, privilegia, franchesias et inmunitates acthenus datas et concessus tam per nos quam per quoscq. nostros predecessores hominibus, subditis, universitatibus et comunitatibus locorum, villarum et castrorum tocius terre et patrie nostre tam mediate quam imm-e et quascq. alias de quibus utuntur et usi fuerunt... eisdem... et eorum cuilibet et tam conjunctim quam divisim laudamus, approbamus et confirmamus, et si et inquantum opus est et indigent eas et ea... damus, concedimus et elargimur libere ac eciam benivole. § 8) Item volumus et ordinamus quod dicti nostri subditi et homines tam nobiles quam innobiles, comunitates et universitates locorum, villarum et castrorum tocius terre nostre in imperio costitute et tam mediate quam imm-e habeant, utantur et gaudeant perpetuis temporibus eisdem et similibus libertatibus, graciis, privilegiis, franchesiis et inmunitatibus quas habent subditi Dalphinales Viennenses et que fuerunt eis date et concesse retroactis temporibus per dd. dalphinos Viennenses ; quas quidem libertates, gracias, privilegia, franchesias et inmunitates eisdem subditis terre nostre et singulariter singulis eorum damus et concedimus ac eciam libere et benigne elargimur, et volumus et ordinamus quod heres noster et sui inposterum successores in dict. terris et comitatibus nostris dict. libertates, *etc.* eisdem subditis hominibus, comunitatibus et universitatibus terre nostre et eorum cuilibet manuteneant, custodiant et observent de puncto ad punctum promitantque et jurent ad s. Dei Euvangelia eas observare, complere et manutenere.., et ad hoc faciendum dict. heredem nostrum et suos... successores astringimus et obligamus.., et ulterius nolumus ymo expresse prohibemus quod dict. heres noster possessionem dicte terre nostre accipiat per se vel per alium nec dicti subditi et homines nostri eidem obediant et sic consequenter sui successores.., donec et quousque dict. franchesias, libertates, privilegia et inmunitates eisdem confirmaverint et juraverint se servaturos et manutensuros. § *9)* Exequtores autem hujus nostri pres. et ult. testamenti nuncup... facimus, instituimus et ordinamus rev^mum in Xpo patrem et dom. nostrum d. camerarium apostolicum, necnon rev^dos in X° patres et dom. dd. episcopum Vivariensem et abbatem Crudacii, qui nunc sunt seu pro tempore fuerint, et ulterius dilectos et fideles nostros Anthonium de Claromonte, dominum Monteysonis, et Dalmacium de Flandenis, de Saone, de quibus exequtoribus nostris plenam gerimus confidenciam ; per quos quid. exequtores nostros aut IIII aut III ex eis, dum tamen dicti dominus Monteysonis et Dalmacius sint semper et continue.., volumus, ordinamus, precipimus et jubemus solvi, sopiri, cedari, pacifficari et esmendari omnia et sing. debita nostra, helemosinas et legata, rancuras et forefacta simpliciter et de plano et sine strepitu judicii et figura, complerique et perfici omnia et singula per nos in nostro pres. testamento fieri ordinata, videl. ea que ad officium eorum exequtionis pertinent facienda et ex potestate per nos eis attributa, et hoc de bonis nostris infrascr., vid. de quinquaginta milibus scutis auri eis tradendis per alterum ex dictis dd. dalphino Viennensi, duce Sabaudie ac sancta Romana ecclesia, qui heres noster fuerit, necnon et de auro, argento, vaycella aurea et argentea, jocalibus, bladis, vinis, animalibus grossis et minutis, utensilibus, garnimentis, folriis creditisque et nominibus ac aliis bonis nostris mobilibus : que omnia, aurum et argentum et alia mobilia volumus propterea per eosdem exequtores nostros... exhigi, recipi et levari, et in et sub eorum potestate teneri et haberi et eadem omnia... distribui et expendi volumus et ordinamus per dict. nostros exequtores... in dict. debitis, legatis, helemosinis rancurisque et fore factis nostris solvendis, cedandis et esmendandis et non in aliis usibus quibuscumque. Et predict. omnibus debitis, legatis, helemosinis et forefactis sic persolutis, cedatis, paciffficatis et esmendatis, si aliqua de predict. bonis mobilibus nostris supersint, volumus et ordinamus dict. superas omnes dari, distribui et erogari Dei amore in helemosinis et piis causis per dict. exequtores nostros... prout eis videbitur faciendum... Si vero predicta... bona nostra mobilia non sufficiant ad solucionem, satisfactionem et esmendam omnium et singulorum... predict., volumus et ordinamus ea solvi, suppleri, satisfieri et esmendari que defficerent... de emolumentis et obventionibus pedagiorum nostrorum Banii in regno et Criste Arnaudi... Quibus siquidem exequtoribus nostris... damus, concedimus et attribuimus potestatem plenariam, licenciam et auctoritatem ac mandatum speciale... predicta... et queeq. alia in et circa premissa neccessaria et opportuna faciendi, dicendi, gerendi, excercendi et exequendi... ipsisque exequtoribus quamdiu vaccabunt in et pro dicta exequtione facienda volumus de dict. bonis nostris propriis in expensis decenter et juxta eorum statum provideri, eisdemque exequtoribus... jubemus ac etiam rogamus.. ab omnibus obediri parcrique et intendi, auxiliumque, consilium et juvamen prestari... De quo quidem testamento et omn. et sing... clausulis in eo contentis, idem dom. testator fieri voluit cuilibet legatariorum de eorum legatis eis factis publ... instrumentum ; et eciam rogavit testes in dicto testamento descriptos... ut de... in eo contentis et recitatis memores sint, et dum locus affuerit et requisiti extiterint veritatis perhibeant testimonium de eisdem. Quod quid. testamentum et... contenta in eodem acta et recitata fuerunt apud Banium, Vivarien. diocesis, in fortalissio subteriori dicti d. testatoris, videl. in camera sua vocata ou Miralh, presentibus... testibus nob. et pot. viro Anthonio de Claromonte, domino Monteysonis, Dalmacio de Flandenis, Anthonio de Mota, Glaudio Chatberti, Colineto Tudayna, Eynardo Cornilhani, scutiffero dicti d. testatoris..., necnon nob.^{bus} Hugone domino Petre Gorde, Guilhermo de Vaesco, domino Espeluchie, hon.^{bus} viris dd. Matheo Gervasii, Anicien. diocesis, licenciato in legibus et bacallario in decretis, mag. Johanne Sengharis, licenciato in medicina. de Albernassio dicte Vivar. dioc., et me Bertrando Raboti clerico, imp. auct. notar. publ., loci Criste Arnaudi habitatore, qui grossavi...ad opus incolarum et habitancium ville Montilii Adhemarii, subditorum prefati d. testatoris olim... †

(*) Origin. parch. *parte in qua* de 93 lig., coté n° 312; trace de sceau. Copie dans le recueil B (n° 48) d'après le précéd., avec notes histor.

XCVI'.   *15 mai 1421.*

IN nomine Domini, amen. Anno Incarnac... M°CCCC°XXI° et die
xv" mensis maii,.. Martini pape V¹ an. iiii°,.. discr. viri Nicholaus
Fornay et Johannes Mirabelli, consules, custodes et rectores universitatis Montilii Adhemarii, Valen. dyoc.,.. de voluntate... et ex or-
dinacione facta ipter ipsos et discr. viros Michaellem Arnaudi, Ros-
tagnum Ruffi, Jacobum de Aygalinchio, Berthonum Ferrenchi,
Petrum la Granga et Petrum la Garda, consiliarios, de qua constat in
computis et ordinacionibus ipsorum consulum,.. assensaverunt et ad
novum accapitum et emphiteosim perpetuam tradiderunt... Nezete
relicte Johannis Leveti, Petro et Stephano Alixent, Johanni Audef-
fredi, Guillermo Bessoni, Anthonio Benedicti, Johanni Balbi et
Mondono Boc, dicti loci.., et michi notario... nomine Johannis Bonerii alias dous Floris, absentis..., quod. charnene sive alveum dicte
universitatis, in quo debent fieri inter ipsos octo homines octo pede
terre et quilibet ipsorum debet habere unam, scitum in territorio
Montilii, loco dicto extra portale Ayguni, prout confrontantur ab
oriente cum itinere publ. tangente de longitudine arcus pontis fracti
Ayguni et ab occidente cum itinere quo itur a passu facto prope molendinum d. Bidonis tendente versus Robionem, et a borea cum re-
trovallato et a vento cum quod. itinere dimisso de longitudine Robionis in quo pertransire habeant gentes, prout termini ibi affixi hec di-
vidunt, ad habendum, tenen., venden., possiden. et alienandum...
salvo tamen et retento perpetuo per dict. consules... dominio directo
jureque laudandi, investiendi et profferendi, laudimiaque et confe-
siones percipiendi et habendi.., et censu annuo super qualibet... pedarum terre I grossi censualis... in festo Natalis Domini, et sub in-
tratgiis et novis investituris pro qualibet... pedarum IIII floren.
monete papalis currentis, que... confessi fuerunt... recepisse... Et
primo fuit actum quod predicti emphiteote relinquant a parte meniorum retrovallata, prout est eis limitatum..; item... quod... conducere
habeant aquam bedalis aut toute que egreditur de villa desubtus portale per dict. charnene prout labitur de presenti; item quod a parte
Robionis relinquant.. iter publicum de longitudine riperie, latitudi-
nis quod gentes, animalia, quadrige possint eundo et redeundo debite pertransire; item.. quod.. teneantur claudere comunibus sumptibus iter de longitudine archiarum diruptarum pontis et eciam a parte
occidentis de longitudine bono boyssono vivo; item quod si contin-

geret flumen Robionis apropinquare ipsis pedis et dampnificaret
unam vel plures, quod unus dict. emphiteotarum juvare debeat aliis
circa deffencionem aque... Acta fuerunt hec Montilii, in operatorio
mei notarii, testibus present. Bertrando Fabri, Petro Roberti, Petro
Coterii, Ignoscente la Rocha, nob. Petro Rostagni, Theolmone d'Ar-
bonis, Michaelle de Blacheria, notar. dicti loci, et me Petro Branthonis, notario dicti loci auct. imp. pub.

*) Origin. parch. de 77 lig., coté n° 172.

XCVII.

1er juillet 1422.

(Sententia super comitatibus Valentinen. et Diensi)*.

Karolus, regis Francorum filius, reg[num regens], dalphinus Viennensis, dux Biturricensis, Turonensis et comes Pictavensis, notum facimus... quod, cum lite mota coram nobis inter dilectum
consanguineum nostrum dom. Ludovicum de Pictavia, militem,
dominum Sancti Valerii, ex una parte et procuratorem nostrum,.. nomine nostro, ex alia.. ratione comitatuum Valentinen. et
Diensis, quos quelibet ipsarum partium.. asserebat.. ad eam spectare
et pertinere.., tandem die date presentium.., presentibus rev^{do} in
Xpo patre dom. Johanne de Pictavia, episcopo Valentin. et Diensis,
procuratore.. dicti d. Ludovici ejus fratris, nec non mag. Guillelmo
Labat, procuratore nostro, ad sententiam profferendam.. duximus
procedendum.. ipsamque.. per organum dil. consiliarii nostri mag.
Johannis de Troissy, bayllivi Silvanaten. protulimus in modum qui
sequitur : Quia ex visione et diligenti inspectione testamenti dom. Aymari de Pictavia, condam comitis Valentinensis, filii d. Guillermi de
Pictavia abavique paterni d. Ludovici de Pictavia, Sancti Valerii domini ac comitatuum Valentin. et Diensis comitis moderni, nec non
testamenti d. Aymari de Pictavia, ejus nepotis et avi paterni ipsius
domⁱ Sⁱ Valerii, ac etiam testamenti d. Ludovici de Pictavia, ejusdem
domⁱ Sⁱ Valerii patrui, condam comitis Valentin. et Diensis, nec non
etiam testamenti d. Aymareti seu Aymari, filii d. Amedei de Pictavia
pronepotisque dicti d. Aymari primi testatoris et consanguinei dicti
domⁱ Sⁱ Valerii, ac etiam cujusd. donationis inter vivos per eumdem
d. Aymaretum futuris comitibus in dict. comitatibus successoribus
facte, nec non etiam ex visione et diligenti inspectione divers. transactionum super dict. comitatibus tam cum d. Karolo de Pictavia
quam cum antedicto d. Ludovico Sⁱ Valerii dom°, ejus filio, celebrata,
precipue transactionis ultimo Grane facte inter d. Ludovicum de Pict.,

pro tunc comitem Valen. et Diensis et ipsorum comitatuum pocesso-
rem ultimo vita functum, et dominum St Valerii.., visis etiam et
dilig. inspectis... habilisque... deliberacione et consilio..; nos... predicti conti. d. Ludovici comitis et ultimo deffuncti heres univers. in
suo testamento institutus judexque... competens et legitimus.., per
hanc nostram diffinitivam sentenciam... pronunciamus... dict. comitatus Valentin. et Diensis et eorum terras et ad eos pertinentia...
tam in imperio quam in regno, qui ad dict. testatores substituen.
pertinuerunt... una cum postea per d. Aymarum Grossum et dict.
d. Ludovicum... quesitis et adjunctis,.. ad d. Ludovicum St Valerii
dominum et agentem pertinere et spectare.., salvis tamen legitimis et
rationabilibus expensis tam pro custodia castrorum et locorum quam
alias.., mandantes et districte precipientes gubernatori nostro Dalphinatus nec non senescallo Bellicadri et Nemausi... Datum et actum
Bituricis, in domo archiepiscopali quam inhabitamus de presenti.
nobis assistente consilio nostro, die 1ª mensis julii anno Domini
MºCCCCºXXIIº ; per dom. regentem dalphinum in suo magno consilio, Le Piquart.

(*) Inséré dans l'acte du 18 juillet 1422 (ch. xciv).

XCVIII.   *3 juillet (1422).*

(LETTRE DU RÉGENT AUX HABITANTS DE MONTÉLIMAR)*.

A nos chiers et bons amiz le chastelen et habitans du Montelh Aymar
et a chescun d'eux, le Regent le realme, dalphin de Vienois.
Chiers et bons amis, nous avons donné en le cause dez contez et terres de Valentinois et Dioys, pendant par davant nouz entre nostre
procureur, pour et au nom de noz come heretierz de feu nostre chier
et amé cosin messire Loys de Poitiers, jadis conte dez dites contes,
d'une part et nostre chier cosin messire Loys de Poitiers, conte de
present d'iceulx contez et seigneur de Sant Valier, d'autre, sentence
et ordenance pour le partie dudit nostre cosin de Sant Valier, si come
plus a plein porres veoir pour nous autres letres patentes contenans
nostra dite sentence et ausi l'execution d'icelle ; si vous prions et
neantmoins par vertu du serement que vous aves feit et presté es
mains de messire Guillaume de Meulhon, come conservateur de
l'apointement pris a Chabuelh entre lez gens du consoilh de nostre
Dalphiné et le desus dit de Sant Valier apres le deces du dit feu nostre
cosin, mandons et comandons que totez et quantes fois que vos seres

requis pour le partie du dit nostre cosin de Sant Valier ou par le dit
conservateur, vous bayllies et deslivres incontinant et sant delay et sen
opposition et contradit ou autre enpachement quelcunque a ysseluy
nostre cosin de Sant Valier ou a son procureur par luy le chastel et
ville du Montelh Aymar, et a nostre dit cosin respondez et obeisses
quant a ce come a vray conte et seigneur des dites contez et terres de
Valentinois et Diois, et en ce ne faites alcune difficulté ou contradit,
si chier come vous nous desiries feire plelsir et service, et que par
vostre honeur et descharge aves a tenir et aconplir le serement que
en ceste matiere promis et jure vous aves. Nostre Seigneur soit garde
de vous. Script a Borges, le tiers jorn du mois de jullet. CHARLES.
Piquart.

(*) Inséré dans l'acte du 18 juillet 1422 (ch. suiv.)

XCIX.

18 juillet 1422.

INSTRUMENTUM RATIFFICATIONIS LIBERTATUM FACTE PER DOMINUM SANCTI VALLERII*.

IN NOMINE Domini, amen. Anno Incarnat... M°CCCC°XXII° et die
xviiiª mensis julii,.. Martini pape V¹ an. v°.., cum mortuo bo.
me. cond. d. Ludovico de Pictavia, comite Valentin. et Diensis, orta
questionis materia inter ser^muum principem dom. Karolum, d. regis
Francorum filium, regnum regentem et dalphinum Viennensem, ducem Biturricen., Turonen. et comitem Pictavien., heredem univers.
institutum dicti d. comitis deffuncti,... et magnif. et pot. virum dom.
nostrum Ludovicum de Pictavia, dominum Sancti Valerii, preten-
dentem se debere succedere post mortem dicti d. comitis deffuncti in
comitatibus antedict., et convenissent... stare omnimode cognitioni... dicti d. dalphini... et sui consilii, et donec... sentenciam...
protulisset... ordinassent conservatorem dict. comitatuum, vid.
magn. et pot. virum d. Guillelmum de Medulione militem, dominum
Vallis Barre[ti], senescallum Bellicadri et Nemausi; hinc est quod
die supra intitulata venit in loco Montilii Ademarii, Valen. dioc.,
cujus loci certa pars spectat et pertinet ad comitatus antedict., d.
Guillelmus conservator, et evocatis corum se in claustro Fratrum Minorum dicti loci nobᵇᵘˢ et disc. viris Pontio Cheylarii et Anthonio Juliani, consulibus, rectoribus et custodibus dicti loci Mont. [et] una
cum eis eorum consiliariis et pluribus hominibus et personis notabilibus dicti loci, in presencia rev^dl in X° pat. et dom. d. Johannis Del

gra. episcopi et comitis Valentin. et Diensis, ac etiam d. Ludovici dom¹
S¹ Valerii.., ipse... habuit explicare, exponere et signifficare quod... d.
dalphinus non est dyu suam pro[tulit] sententiam in causa supradicta... patentibus literis in pergameno scriptis et sigillo magno dicti
d. dalph. sigillatis *(ch. XCVII, p. 250-1)*. Qua quid. lectura dict. literarum... facta, idem ... conservator et comissarius precepit... consulibus et rectoribus... et ceteris hominibus dicti loci, partis dicti d.
comitis Valen. et Dien. ut eidem spect. dom. d. Ludovico de Pictavia,
domino Sancti Valerii et comiti dict. comitatuum.., juxta tenorem
dict. literarum... obedientiam prestent ipsumque pro d. comite et
vero eorum domino de cetero tenere habeant.., hostendens alterius...
alias clausas literas dicti d. dalphini.., ejus parvo sigillo sigillatas
(ch. XCVIII, p. 251-2). Et dicti... consules et rectores... cum aliis plur.
hominibus, audito tenore dicte sententie et literarum claus... habito-
que consilio super eisdem, responderunt... quod pars loci Mont.
Adem. ad d. comitem Valen. et Dien. pertinens fuit, huj^dt lite pendente, apposita ad manum dom. nostri pape, domini superioris dicti
loci, per rev. in X. pat. et dom. d. Franciscum, miser. div. archiepiscopum Narbonensis, d. n. pape camerarium et vicarium in temporalibus civitatis Avinionis et comitatus Venayssini, seu d. thesaurarium Venayssini, ejus in hac parte comissarium depputatum,
quapropter nisi primitus esset amota manus papalis et haberent licentiam a dicto d. camerario, non auderent prout nec debent obedienciam dicto d. comiti prestare..; et incontinenti idem d. conservator
requisivit... d. episcopum et comitem Valentin. et Diensis, rectorem
comitatus Venayssini superiorem, ut manum papalem velit et dignetur removere et licentiam... prestare, et dict... d. episcopus et comes.., audita huj^dt requisicione, dixit quod d. camerarius sibi misit
per ven^lem et circumsp. virum d. Anthonium Virronis, legum doctorem Avinionis, quasd. literas credulencie quas ibidem hostendit..:
« REVERENDO in Xpo patri et dom° d. Johanni, Dei gra. Valen. et Diensis
episcopo et comiti comitatusque Venayssini pro dom° nostro rectori.
Rev^da pater et domine, recepi cum gaudio literas vestras et copiam
sententie pro d. fratre vestro late, que utinam jam esset plene execucioni demandata! sicut et scio erit, dante Deo, mediante vestra diligencia bona, cum ut teneo bonos executores habeatis, qui sicut et
justum est mandatum de et super hoc eis factum realiter exequentur;
propter hoc non apparet michi quod in aliquo indigeatis literis meis
pro premissa executione fienda, prout plenius dixi d. Anthonio Virronis, harum portitori : nulla enim villa seu castrum tocius comita-

tus per aliquem officiarium d. n. pape vel sub ejus manu tenetur,
quod sciam. Altissimus vos conservet feliciter. Scriptum Avinioni,
die XIII julii. F. archiepiscopus Narbon., dom¹ pape camerarius, vicarius etc. » ... Et incontinenti dicti consules requisierunt quod dict.
d. Anthonius publice coram eis suam credulenciam super hiis denun-
ciet ; qui... publice dixit quod pridie dum venit de Avinione ad partes
Valentinen. ipse... ivit dictum dicto d. camerario si volebat aliquid
mandare ad partes superiores ; qui d. camerarius sibi tradidit literas
credulentie supradict. et sibi dixit quod diceret dicto d. episcopo Valentin. et rectori comitatus Venayssini, quod ipse nesciebat nec intendebat quod manus papalis esset apposita in aliquo loco dicte terre et
comitatus Valen. et Dien., et si que reperiretur esse apposita quod
ipse d. rector tamquam superior tolleret et amoveret. Qua credulencia
audita.., idem d. comissarius requisivit d. rectorem..; qui... manum
papalem si que apposita esset in dicto loco Mont. tollit et amovit, jure
d. n. pape salvo, licentiam inpertiendo dict. consulibus et ceteris
hominibus partis dicti loci dicti d. comitis... de prestando obedienciam... Qua quid. amotione manus facta... et licentia obtenta,... consules... se obtulerunt requisita et precepta... adimplere.., dum tamen
ipse d. comes laudet, aprobet, ratifficet et confirmet ipsi universitati
Montilii libertates et franchesias et inmunitates ac institucionem sive
creationem consulatus dicti loci... per dd. predecessores... datas et
concessas et per ho. me. d. Ludovicum de Pictavia... ultimo def-
fuctum confirmatas ; qui quid. spectab. d. Ludovicus de Pict., dom.
S¹ Valerii et comes Valen. et Diensis, hoc se facturum gratis et sponte
ipsis consulibus presentavit et promisit. Qui quid. consules et rectores, nomine omnium hominum dicti d. comitis dicti loci Mont. dumtaxat, gratis et sponte hobedientiam humiliter ut convenit eidem...
tamquam vero comiti et eorum domino prestiterunt et pro vero
domino habuerunt et habere voluerunt, humiliter suplicando quatinus
eorum libertates... ratifficet..; qui quid. d. Ludovicus... ipsas franchesias, libertates et inmunitates per suos predecessores... concessas... et que fuerunt per suum predecessorem ratifficate, confirmate
et concesse, ratifficavit, emologavit et confirmavit.., ipsasque actendere et observare per se et suos heredes et successores, et per suos
officiarios... facere observari et jurari... juravit, cum omni juris et
facti renunciacione... Acta fuerunt hec Montilii, in claustro Fratrum
Minorum dicti loci, testibus present. nob^bus et pot^bus viris dd. Giraudo Basteli, domino de Crusoliis, Hunberto de Bellomonte, domino
Pelafolli, militibus, nob^bus Petro de Sanhis, Anthonio Moreli, Antho-

nio de l'rro, Bertrando Aloysii, Giraudo Bolanhie, condomino Alan-
sonis, d. Jaucerando Silvi, mag. Petro Bernardi, notario Valencie,
d. Durono Dumans, curato Montilii, et pluribus aliis ; et me Petro
Brunthonis, notario habitat. dicti loci Mont. auct. imp. pub.

(*) Original parch. de 121 lig., coté let. Et : Bina instrumenta...

C.   *7 août 1422.*

(Executio sententiæ pro Hugone Ademarii domino)[*].

IN NOMINE Domini, amen... Cum lis, questio et debatum dudum forent inter magnif. et pot. dom. d. Ludovicum de Pictavia, cond.
Valentin. et Diensis comitem, ex una et magn. virum d. Hugonem
Ademarii militem, cond. Montilii et Garde dominum, occasione et ex
causa partis quam habebat et habere solebat ac visus erat.. in loco
ipso Montilii Ademarii, partibus ex altera, de et super quibusd. de-
batis, litibus et questionibus fuerit per dict. partes in fel. rec. dom.
nos. Clementem papam VII^m compromissum, et deinde per eumdem
d. n. papam... pars ipsa dicti loci Mont. prenom. d. cond. Hugoni
Adem. petenti sentencialiter fuerit adjudicata tradendaque, reddenda,
restituenda et assignanda, una cum fructibus inde perceptis, prout
in literis apostolicis.., sub data Avinionis u^o kalend. marcii, pontificatus dicti d. n. pape an. iii^o, latius continetur ; quam quid. partem
preffat. cond. d. Ludovicus comes eidem d. Hugoni Ademarii nec(non)
post eum nob. et egr. viro Ludovico Ademarii, domino Montilii et
Garde, ejus filio et heredi univers., juxta dicte sententie et ordina-
tionis tenorem reddere, restituere, assignare et expedire, licet de et
super hoc sepe et sepius fuerit debite requisitus, numquam voluit sed
eam semper usque ad mortem suam inclusive tenuit et occupavit.
Hinc siquid. fuit et est quod anno a Nativit. ejusd. Domⁱ M°CCCC°XXII°,
indit. xv^a et die vii^a mensis augusti,.. Martini pape Vⁱ an. v°,... prenom. d. Ludovicus Ademarii... eumd. d. Ludovicum comitem ins-
tanter petiit et requisivit quatinus sibi huj^{di} partem dicti loci Montilii,
dicto cond. d. Hugoni patri suo... expediri ordinatam,.. nec non
etiam partem suam castri et burgi Savassie, per dict. cond. d. Ludovicum comitem usque ad tempus sue mortis inclus. occupatas et de-
tentas et nunc per dict. d. comitem pocessas, reddere, restituere, assignare et expedire dignaretur, offerens se... pro premissis et aliis
pro quibus tenetur facere eid. d. comiti homagium litgium et fidelitatis sacramentum, prout... ejus predecessores facere consueverunt..;

qui quid. d. Ludovicus de Pictavia comes, certus et certifficatus.., nolens aliquid alienum indebite retinere vel occupare, supradict. partem Montilii... necnon partem castri, fortalicii et burgi de Savassia... eid. nob. Ludovico Ademarii.., in quantum potuit et debuit, reddit, restituit, assignavit et expedivit.., dans et concedens... auctoritatem realem et corporalem pocessionem... apprehendendi... Acta fuerunt hec apus Stellam, Valentin. diocesis, videl. in deambulatorio prope portam introitus logie magne domus seu fortalicii dicti d. comitis, presentibus ibidem egreg. viris dd. Hunberto de Bello Monte milite, domino Pelafolli et Bastide Rolandi, Anthonio Virronis, legum eximio proffessore, Giraudo Valloze, in legibus licenciato, rel⁸ᵃ viro d. Raymundo Bastonis, priore de Gigorcio, Diensis diocesis, ordinis Cluniascensis, nob^bᵘˢ viris mag. Petro Bernardi, procuratore Valentie, Philipo de Rodemont, Petro Masset, Petro Nicholay, habitatore Montilii, Petro Germani de Petralapta, Tricastrinen. dioc., Petro de Polengin, domicellis et pluribus aliis testibus..; et me Johanne de Engereyo, Tullen. dioc., publ. apost. et imper. auct^bᵘˢ notar... Ego vero Augerius Sobeyrani de Garda Ademarii, Tricastrin. dioc., auct. imp. not. pub.,... dum... per me in lingua layca recitabantur...

(*) Inséré dans l'acte suivant.

CI. *15-16-29 septembre 1422.*

(CONFIRMATIO LIBERTATUM PER LUDOVICUM ADHEMARII)*.

Iɴ nomine Domini, amen. Anno Incarnac... MᵒCCCCᵒXXIIᵒ et die mercurii que fuit d. XVIᵃ mensis septembris,.. Martini pape Vᵢ an. Vᵒ,... cum nob. et pot. vir Ludovicus Adhemarii, dominus de Garda, inpetrasset cert. patentes literas (in pergameno scriptas)... tenoris subsequentis : « Ludovicus de Pictavia, comes Val[lentinen.] et Diensis, dil. et fideli nostro d. Hugoni Peyroli jurisperito, bayllivo et judici Montilii Ademarii, salutem. Cum nuper... domino Garde partem suam loci Montilii et etiam loci Savassie... reddiderimus, restituerimus et expedierimus, cum potestate plenaria pocessionem corporalem... recipiendi.., eapropter... vobis... comitendo mandamus quatinus dict. nob. Ludovicum dominum de Garda... in... pocessionem partium suarum... ponatis et inducatis... percipiendo... Datum Stelle, die XVᵃ mens. septemb. anno Domᵢ MᵒCCCCᵒXXIIᵒ, sub nostro proprio sigillo et cum subscripsione manus nostre proprie. Loys de Poitiers » ; tradens ulterius et exhibens instrumentum... cujus tenor

talis est : « In *(ch. preced.)...* » ; et idem d. Hugo Peyroli preceptum
huj[di] et comissa sibi... deduxisset execucioni, ponendo ipsum dominum de Garda in realem et corporalem pocessionem partis sue dict.
locorum per tradicionem unius instrumenti quod in suis manibus tenebat, et precipisset consulibus et hominibus suis, si qui forent de
parte sua loci Montilii, ut eidem... obedienciam prestarent... Hinc est
quod... nob. Poncius Cheylarii et discr. vir Anthonius Juliani, consules et rectores comunes dicti loci Mont., requisierunt instanter supradict. nob. Ludovicum, dominum de Garda et Montilii, quatinus velit
et dignetur, antequam homagium ac fidelitatis juramentum sibi pres-
tetur, ratifficare, approbare, emologare et de novo dare omnes univ.
et sing. libertates et inmunitates olim datas et concessas hominibus
suis dicti loci et universitati per olim dominos de Garda et Montilii
predesessores suos.., quoniam secundum tenorem libertatum dicti
loci..; et dict. nob. Ludovicus Ademarii, dominus Garde et Montilii,
volens hominibus suis et universitati ad eo que facere tenetur com-
plascere et vestigia predecessorum suorum sequi,.. omnes univ. et
sing. franchesias, libertates, inmunitates... eisdem consulibus nomine
hominum suorum ac universitati... emologavit, ratifficavit, gratiffi-
cavit, confirmavit et donavit de novo, ipsasque... non infringere...
sed eas... actendere, tenere, servare inviolabiliter et adimplere...
promisit... et... juravit, promitens... ipsas... facere actendi, observari et juramentum observationis prestari per officiarios suos... Acta
fuerunt hec Montilii, in platea publica dicti loci, testibus present. nob.
et pot. viro d. Hunberto de Bellomonte milite, domino Pelafolli et
bastide Rolandi, nob. Johanne Ronchelini, capitaneo Narbone, nob.
Arnaudo Audoardi de Marsane, dd. Durono Dumans curato, Pontio
Reynaudi, prebiteris Montilii, Armandeto Perroti, Stephano de Marsana, Jacobo de Ayguahnechio, mercatoribus dicti loci, et pluribus aliis :
et me Petro Branchonis notar. Postque anno premisso et die penult.
mens. septemb., ad quam diem evocati erant homines dicti loci Montilii, partis dicti domini de Garda, in domo sive hostaleria Servi, in quo
erant nobiles Rostagnus de Pratocomitali, Alzeatius de Pratocomitali,
Gaspardus Alamandi, Bertrandus Ginberge, Johannes Bonerii, Guillelmus Grangerii, Maronus Celumbeatoris, Guigo Dutis, Poncetus Renerii,
Reynaudus de Capella, Odinus Moterii et plures alii, et idem magnif. Ludovicus Ademarii, dominus de Garda, requireret dict. homines suos et
alios plures ibidem presentes de recognoscendo et prestando sibi homagium et fidelitatis juramentum prout tenentur, et dicti homines dicerent
habére plures libertates, franchesias et inmunitates olim sibi conces-

sas per predecessores suos dominos de Garda et Montilii tam in generali quam in particulari ; hinc est quod supranom... dominus de Garda et Montilii,.. ad requisitionem dict. hominum et... nob. et discr. virorum Poncii Chaylarii et Anthonii Juliani, consulum Montilii,.. omnes,.. libertates, franch. et immunit... ratificavit, *etc.* Acta fuerunt hec Montilii, in dicta hostaleria Servi, testibus present. nob. Petro Nicholay, mag. Jarentono Grasse, notar., Petro Bernardi, apothecario et pluribus aliis dicti loci ; et me Petro Branchonis, notario dicti loci habit. auct. imp. pub...

') Origin. parch. de 102 lig., sans cote (réuni au précéd.)

CII*.   *11 janvier 1425.*

Ix nomine Domini, amen. Noverint... quod anno Domin. Incarnac. M°CCCC°XXIIII° et die xi° mens. januarii,... Martini pape V¹ an. vm°, existentibus et ad invicem congregatis... provid. viris Guillelmo Ferrenchii et Stephano Baubi, consulibus universitatis Montilii Adhem., dioc. Valen., una cum nob^bus Francisco Burgensi, Rostagno de Pratocomitali, Stephano de Marsana, Michaleto Arnaudi, Jacobo d'Eygahmechio et Guillelmo Bovini, consiliariis eorumdem, qui quid. consules dict. eorum consiliariis exposuerunt quod universitas present. loci Mont. multum indiget lapidibus pro fortificatione dicte universitatis, ideo pecierunt eidem universitati provideri de aliqua peyreria aut alio loco ubi accipere possint lapides pro murando et fortificando dict. universitatem ; quocirca visa et inspecta utilitate et comodo.., providerunt et coram eis evocari fecerunt Gonetum Alardi, ejusd. loci Mont., qui dicitur habere unam bonam peyreriam scitam in mandamento Savassie, loco dicto a Cossia ; qui quid. consules tractaverunt cum dicto Goneto dicte universitati vendendi lapides in dicta sua peyreria existentes et eid. univ^ti necessarios perpetuis temporibus. Quibus ita peractis,.. prefat. Gonetus Alardi... vendidit... consulibus dicti loci Mont... ad opus universitatis... licenciamque et auctoritatem.. dedit et actribuit... capiendi et accipiendi... de lapidibus.. sue... peyrerie... pro edificatione, fortificacione et constructione murorum meniorumque et negociorum universitatis dicti loci, precio.. sex floren. et ii grossor. monete papalis, quod.. recepisse confessus fuit.., cedens perpetuo... Acta fuerunt hec Montilii, in domo suprad. Steph¹ Baubi, testibus present. Petro Novelli barbitunsore et Guillelmo Reynaudi, dicti loci Mont...

(*) Original parch. de 81 lig., coté n° 184 ; au dos : *Pro universitate Montilii, de quad. peyreria empta a Goneto Alardi.*

CIII.   *8 février 1424-5.*

Donatio Ludovici Adhemarii Gonono filio suo)*.

IN NOMINE Domini, amen. Anno Incarnationis ejusdem M° quadringent° vicesimo quarto et die octava mensis februarii, pontificatus SS^{mi} in Xpo patris et domⁱ nostri Martini permis. div. pape Vⁱ an. VII°, existens et personaliter constitutus... magnificus et potens vir Ludovicus Adhemarii, dominus Garde et loci Montilii Adhemarii, recolens se a nobili Gonono Adhemarii, domino de Viridibus, ejus filio quam plurima laudabilia et innumerabilia servicia, amores, honores et curialitates recepisse et dictim recipere copiosius non cessat neque desinit, volens ideo sibi de premissis aliqualem retributionem facere et alias ad dict. nobilem Gononum juvandum et supportandum de sumptuositatibus et expensis quas dictim facit et sustinet se gratiose habere, idcirco dict. magnificus..., non vi nec dolo malo... inductus.., sed... spontanea voluntate, ut dicebat, per se et suos heredes et in posterum successores, dedit et donavit et ejusdem donationis titulo cessit, concessit, gripuit, quitavit et remisit donatione... irrevocabili et sollempni que dicitur inter vivos... dicto nob. Gonono ejus filio.., videl. omne jus omnemque actionem... et aliud quodcq. interesse petitionemque et demandam, quem, quam et quod habet... adversus et contra consules universitatemque.. dicti loci Montilii, vid. de, pro et super et ad causam petre et lapidum ac aliarum materiarum per dict. universitatem seu per condam consules et singulares personas ejusdem in fortalicio suo vocato *de monssieur Gauchier* in loco presenti scituato, olim derupto per condam dom. comictem Valentinen. et Dyensem dismolutoque et destructo captorum, et tam in meniis et vintenis dicti loci Montilii quam aliis muris singularium personarum ejusdem loci conversorum et corum audacia presumptiva, ipso domino inscio et dum scivit invito, expositorum ;... dans et concedens... auctoritatem, licenciam et mandatum... possessionem corporalem predictorum... apprehendendi et adipiscendi... et.. juravit.. super Dei Evangeliis SS. per ipsum manu sua dextra... tactis.., supposuit, submisit et obligavit se et omnia bona sua viribus et vigoribus sigillorum et curiarum dominorum Montilii Adhemarii, Criste Arnaudi, Valentie, Cabeoli, Ville-

nove de Berco, Carpentorate camereque appostolice dom[i] n. pape
ejusque auditoris, vice auditoris..; et renunciavit... juri dicenti
donationem sive cessionem excedentem summam D aureorum vel
solid. non valere si sine presidis vel judicis insinuatione fuerit facta
jurique dicenti donationem factam de patre ad filium in ejus potestatem constitutum non valere... De quibus... Acta fuerunt hec Montilii, videl. in aula de retro hostaleriam Falconis, testibus presentibus
nob[bus] viris Ynardo Adhemarii, domino de Raco, ven[bus] viris dd.
Giraudo de Vallosis, utriusque juris bacalario, Anthonio de Spina
monacho, priore de Condorcesio, Petro Nycholay, dicti magnifici
bayllivo ; et me Guillelmo de Fabatera clerico, auctor. imper. notario
publ... †

(*) Original parch. de 79 lignes, coté n° 104.

CIV.　　　　　　　　　　　　　*24 décembre 1425.*

DE CONCESSIONE ELIGENDI CONSULES FACTA UNIVERSITATI
MONTILII PER DOM. LUDOVICUM ADHEMARII*.

In nomine Domini, amen. Noverint... quod, cum olim per comissarios tam per dominum nostrum papam. dominum pro medietate loci Montilii Adhemarii, quam bo. me. spect. et pot. viri dom.
comitis Valentinen. et Diensis ultimo deffuncti, tunc aliam medietatem dicti loci tenentis et possidentis, in et circa consulatum jamdicti loci. qui secundum libertates ejusdem erat perpetuus, fecerint et
egerint certas ordinaciones, statuta in instrumento super hoc confecto contenta et specificata, videl. inter cetera quod singulis annis
eligeretur unus probus et legalis homo dicti loci partis d. n. pape
et alius probus pro alia parte dicti d. comitis.., et sex consiliarii de
hominibus notabilioribus ejusdem loci, quorum medietas eorumdem
esset de juridictione unius ex ipsis dominis et alia de juridictione
alterius, aut quod eligerentur comunes et de hominibus comunibus
ejusdem loci *(ch. LXXVII);* verum cum ex post dom. comes modernus, alio prenomin. d. comite vita functo, nob. et pot. viro Ludovico
Adhemarii, Garde et in parte jamdicti loci Montilii domino, quartam
partem ejusdem loci cum omnimoda juridictione alta et bassa mero-
que mixto imperio, una cum pedagiis, vetigalibus, serviciis et ser-
vitutibus quibuscq. ac hominibus, que et quas olim predecessores
dicti nobilis Ludovici habebant, tenebant et possidebant in dicto loco

Mont. restituerit et in possessionem realem et corporalem premissorum reintegraverit, sic quod ipsi d. comiti moderno non restavit neque restat nisi dumtaxat quarta pars dicti loci Montilii, et per consequens ordinata et statuta per supradict. comissarios.. minime dict. nob. Ludovicum ligari potuisse, sic quod opporteret de presenti quod sicut sunt tres domini, quilibet habens juridictionem omnimodam in sua parte dicti loci, quod eligerentur singulis annis tres consules, scil. unus de qualibet juridictione aut quatuor, videl. duo pro parte d. n. pape cum habeat medietatem in eodem loco et unus pro qualibet parte dict. dd. comitis et Ludovici, et sex consiliarii prenominati ad iddem, vel eligerentur de hominibus comunibus dominorum ejusdem loci, quod esset dicte universitati multum onerosum sive odiosum, actenta paucitate gencium que non bene reperiuntur habiles sive ydonei pro regimine ipsius universitatis excercendo : ob quod fuerit pro parte Stephani Balbi et Guillelmi Ferrenchii, pro anno presenti consulum dicti loci Montilii, pro parte ipsorum et eorum universitatis ac consulatus magnif. et pot. viro Ludovico Adhem., dicti loci in parte et Garde domino, supplicatum, postulatum et requisitum quod ipsi consules et sui inposterum consulatus successores possint et valeant eligere et deputare unum ex hominibus partis tam dicti d. comitis quam sue seu de illa parte ipsorum comitis et Garde unum hominem ydoneum et suffieientem in consulem eligere et deputare, prout eisdem videbitur fore flendum, quod sit consul pro parte ipsius magnifici sicuti et dicti d. comitis, et adjuncto cum alio consule qui erit et deputabitur pro parte dicti d. n. pape, ad eo ne divisio ipsius universitatis flat et indempnitatibus ac inconvenientibus que premissorum occasione infuturum occurrere potuerint obvietur, suum excellens dominium ejusdem magnifici in premissis quatenus opus est et necesse humiliter inplorando ; cum tamen et sub protestacione sequenti sollempniter facta et per dict. magnificum admissa, quod ipsi consules supplicantes pretextu huj[di] supplicacionis non intendunt in quocumque infringere neque prejudicium generare libertatibus, privilegiis et immunitatibus per dominos condam dicti loci eorum predecessoribus datis et collatis... Et dict. magnificus, audita et intellecta supplicacione sive postulatione... tenoreque ejusdem una cum suo consilio perpensa et avisata indeque informatione summaria... recepta.., cum sit de consuetudine et semper fuit usitatum de eligendo dumtaxat duos consules et non plus, ad majores expensas et sumptuositates ipsi universitati evitandas et parcendas..; habens atque cordigerens ipsi universitati et suis consulibus et singularibus plebeis ejusdem singularem affectionem et dilectionem pretextu nonnullorum serviciorum per eamdem universitatem et singulares personas ejusdem retroactis temporibus sibi inpensorum et que de die in diem inpendere non cessant, ut dixit, et eciam volens suos subditos ejusdem loci esse de comunione ac societate aliorum plebeorum dicti loci et ipsos suos subditos de bono in melius cum eorum universitate pacifice tenere et servare. Hinc siquidem fuit et est quod anno Domini M°CCCC°XXV° et die xxiiii° mensis decembris, Martini pape VI an. ix°,.. prelibatus magnif. et pot. vir Ludovicus Adhemarii, Garde et Montilii dominus, gratis et ex ejus certa sciencia et spontanea voluntate, per se et suos heredes et inposterum successores, voluit et expresse concessit ac licenciam et libertatem dedit contulitque et donavit dict. Steph° Balbi et Guillelmo Ferrenchi, consulibus present. et suis., successoribus, ac universitati dicti loci et singularibus personis ejusdem, auctoritatem et mandatum speciale ac plenariam et omnimodam potestatem de abinde perpetuo et in perhempnis temporibus de eligendo, deputando ac creando unum consulem, videl. de hominibus dicti d. comitis pro uno anno et pro alio anno inde sequenti de hominibus ipsius magnifici quando non eligerentur duo comunes, sic et prout eis videbitur fore fiendum; qui consul tam de hominibus suis quam dicti d. comitis deputandus et eligendus sit et esse debeat consul et rector plenarius partis suorum hominum et dicti d. comitis et econtra, videl. illius anni quo electus fuerit consul, et circa regimen ipsius universitatis se habere sic et quemadmodum continetur et fuit ordinatum in jamdicto instrumento innovacionis consulatus et per dict. dd. comissarios... fuit arrestatum et ordinatum : que omnia... idem dominus de Garda, in quantum ipsum et suos homines tangit ac tangere poterit infuturum, ratificavit, emologavit pariter et confirmavit, et ea omnia tenere et de puncto in punctum observare promisit et convenit...; promictens... et juravit tactis suis manibus SS. Scripturis, cum et sub omni juris et facti renunciatione ad hec necessaria pariter et cauthela. De quibus... Acta fuerunt hec Montilii, in albergaria Campane, testibus presentibus ven¹¹ et circumsp. viro. d. Giraudo de Vallosiis, in legibus licenciato, nob^{bus} Petro Nicholay, Rostagno de Pratocomitali, Stephano de Marsana, Jacobo d'Eygalmechio et Symoneto Chalonis, dicti loci Montilii...

Et me Petro Gronhi, clerico de Sauzeto, habitatore Montilii Adhem. dioc. Valen., publ. auct. imp. notario, qui una cum mag. Guillelmo de Fabrica, notario publ. habit. Montilii...

(¹) Original parch. de 89 lig., coté n° 130. Recueil B (n° 53).

CV. *24 juillet 1426.*

(COMMISSION POUR PRISE DE POSSESSION DU VALENTINOIS)[1].

CHARLES, par la grace de Dieu roy de France, dauphin de Viennois, comte du Valentinois et du Diois, à tous ceux qui ces présentes lettres veront, salut. Comme certain traité et accord ait été fait et passé entre nous et notre cher et feal cousin l'évêque de Valence, tant en son nom (que) comme procureur et au nom de notre cher et feal cousin Louis de Poitiers, chevalier, seigneur de Saint Valier, son frère, sur le transport a nous fait par led. de Valence es noms que dessus de tous les droits que led. de St Vallier et lui pouvaient avoir esd. comtés de Valentinois et Diois, par lequel transport notred. cousin de Valence esd. noms nous a baillé, ceddé et transporté tous les droits que sond. frère de St Vallier et lui ont ou peuvent avoir esd. comtés de Valentinois et du Diois et les places d'icelles comtés qu'il tient a présent et autres qu'il a tenues, baillées et délaissées en quelque manière que ce soit, depuis le trépassement d'un dernier feu comte, lesquelles il a promis nous ballier ou a nos gens sur ce par nous commis et députés ; et parmi ce nous lui avons baillé, cédé et transporté la somme de 5000 florins de rente ou revenus annuels et perpétuels, a conter 15 sols tournois par florin, a asseoir ainsi que s'ensuit : c'est a sçavoir 1650 fl. 11 gros et 4 quints de gr. en notre pays de Dauphiné, en et sur les chateaux, chatelenies et mandements de Val et Chevrieres au bailliage de Viennois et de Valentinois en notre partie ou veyne, ensemble le peage de Gapençois dit Destrez assis en la jugerie et bailliage de notre comté dud. Gapençois, avec toute la justice haute, moyenne et basse, rentes, revenus, profits et emoluments a iceux chateaux, lieux et peages appartenants ; et outre lui avons baillé les lieux, villes et chateaux d'Aramont et de Vallabregue, assis en notre pays de Vallabregue, pour la somme de 483 fl. 4 gros et demi, et sur les greniers a sel desd. pays lui avons assigné 1265 fl. 7 gr. et 3 quarts ; et en tant que touche 1600 fl. restants de la somme de 5000 fl. lui avons promis et balliés et assignés le plus brief que bonnement pouront icelle somme de 1600 fl., et jusqu'a ce qu'icelle somme lui soit assignée lui avons laissé en gage et suretté de lad. somme en l'Empire les chateaux et ville d'Estelle avec le péage appellé Parpallon, ensemble le rachapt de la Vache sans estimation, et de la partie du Royaume Privas, Tournon et St Vincent, et outre ce en lad. partie de l'Empire le chastel et baronnie de Clerieu qu'il tient en lieu de Chalancon, incontinent

qu'il aura la possession dud. Chalancon qu'il dit lui appartenir accause
de son partage : comme tout se peut clairement apparoir par la teneur dud. traité et instrument sur ce fait et passé. Nous désirant
l'accomplissement et perfection desd. traités et transport, confiant a
plein des sens, loyauté et diligence de nos amés et feaux le gouverneur de notred. Dauphiné ou lieutenant, Jean Girard, maître des
requettes de notre hotel, Guillaume de Meulhon, notre senechal de
Beaucaire, Pierre de Thoulon chevalier, président, Jean de la Barre,
trésorier de notred. Dauphiné, Louis Portier, docteur en loix, M⁰
Jean de Marueil, auditeur des comptes, et M⁰ Jean Dury, prevost de
l'église de St Andrieu de Grenoble, notre conseiller en notre pays du
Dauphiné, iceux avons ordonné et commis... et leur avons donné...
plein pouvoir, authorité et mandement... pour faire l'assiete des
choses dessus dites, de ballier et délivrer par nous aud. de St Vallier...
la possession et saisine desd. choses par nous a lui transportées, *etc.* ;
de prendre et recevoir pour et au nom de nous la possession et déli-
vrance des villes et chateaux et places, autres lieux et revenus que
tient notred. cousin de St Vallier, c'est a sçavoir la ville et chateau
de Crest, Chateaudouble, Pontaix et Quint, Sauzet, Marsanne, Auriple,
Rochefort, Laine et Savasse, *etc.* Donné à Mehun sur Yevre, le 24⁰
jour de juillet, l'an de grace 1426 et de notre regne le quart. Par le
roy dauphin en son conseil, où la reine de Sicile, les comtes de Foix
et de Vendome, vous l'archevêque de Toulouse, le maréchal de la
Fayette et plusieurs autres étaient. Le Picart.

(*) Inséré dans l'acte du 22 mars 1427 (ch. cviii).

CVI⁰.   *19 mars 1427.*

Lois de Poitier, seigneur de Saint Vallier, a nos tres chers et bien
amés les consuls et conseillers et autres bons hommes de Monteils,
je me reccommande a vous. Vueilles sçavoir que par le traité fait entre
le roi notre sire et monseigneur le dauphin et nous, sur les transports
des comtés et terres de Valentinois et Diois, nous ayons transporté
aud. mgr le dauphin le chastel de Narbonne du lieu de Monteil de
susd. ains sa partie dud. lieu, partenances et dependances dud. chastel de Narbonne, et mhr le gouverneur se soit transporté aud. lieu de
Monteil pour recevoir au nom de mond. sgr le dauphin la possession
dud. chastel et ville et partenances d'icelle.., vous mandons et com-
mandons... que aud. mhr le gouverneur ou autres commis et députés

vallies, incontinent vues ces présentes, au nom de mond. shr le dauphin donner et prettor obediance et faire homage et sermens de fidélité et toutes autres choses que a dreturier senheur par hommes et ses suglets se doivent faire, et ainsin qu'en fîtes a nous quand primes la possession dud. lieu du Monteil et chastel de Narbonne.. ; nous... vous... quittons de tout hommage, serment et autres choses que pour ce vous nous eussies fait. Et par plainiere fermeté des choses dessus dites, je me suis subscript a ces presentes de ma propre main et scellées de mon propre scel. Donné et scrit à Valence, le dis et neufvième jour de mars, l'an de grace mil IIIIᵉ et 26. Lois de Poitier.

(*) Inséré dans l'acte du 22 suiv. (ch. suiv.)

CVII.*   *22 mars 1427.*

Ix nomine Domini, amen. Noverint.. quod anno Incarnat. ejusd. Dom. MᵒCCCCᵒXXVIᵒ et die xxiiᵃ mensis martii, serᵐᵒ principe domino nostro dom. Carolo, Dei gra. Francorum rege ac delphino Viennensi, comite Valentinen. et Diensi, regnante, cum ita sit quod magn. et pot. vir d. Matheus de Fuxo, Convenarum comes, gubernator Delphinatus et comitatuum Valentin. et Diensis, venerit in loco Montilii Adhemarii, una secum venᵗⁱ viro d. Ludovico Porterii, doctore, necnon mag. Joanne de Marolis et nob. Joanne de Barra ac certis aliis dominis venᵗⁱˢ consilii Gratianopolis, pro accipiendo possessionem realem castri et fortalitii Narbonæ dicti loci Montilii, una cum jurisdictione et aliis pertinentiis et dependentiis dicti castri, pro et nomᵉ dicti dom. nos. regis delphini et comitis Valentin. et Diensis, sicque ita quod adepta possessione per eundem.., idem d. gubernator præceperit discr. viris Nicolao Fornay et Joanni Mirabelli, consulibus et rectoribus dicti loci Montilii, quatenus eidem d. gubernatori, pro et nomᵉ dicti dom. nos. delphini et comitis, dare et prestare velint obedientiam et sacramentum fidelitatis...; verum dicti consules et eorum consiliarii, iis auditis, tanquam veri et fideles obedientes prompti et parati se obtulerunt, in quantum tangit partem comitalem,... habita prius deschargia quittanciaque et desoneratione sacramenti fidelitatis et homagii... factorum magn. et pot. viro d. Ludovico de Pictavia, domino Sancti Valerii, in adeptione dict. comitatuum Valentin. et Diensis... Hinc est quod... nob. vir Joannes Ronchelini, scutifer præfati d. Ludovici de Pict..., eisdem consulibus tradidit et præsentavit quasd. patentes litteras in papiro descriptas... ac sigillo..

in earum pede cera rubea affixo sigillatas *(ch. præced.).* Quibus quid.
litteris per dict. consules et consiliarios cum honore et reverentia
quibus decet receptis auditoque tenore earumdem.., parati se obtulerunt... facere et complere.. contenta... Acta fuerunt hæc Montilii,
in hospitio albergariæ Cervi, in aula dicti hospicii, testibus præsent.
nob^{bus} viris Antonio de Hostoduno, baillivo Valentinen. et Diensis,
Joanne Genevesii, castellano Ponteysii, Guilhelmo de Vaesco, domino
Espeluchiæ, discr. viris mag. Pauleto Ruffi, notario et baillivo papali
dicti loci Montilii, Bertrando Raboti, Joanne Ruffi, notariis Cristæ
Arnaudi, Ludovico Melionis, mercatore dicti loci Cristæ.., et me
Michaele de Blacheria, not. pub. dicti loci Mont.

(*) Recueil B, n° 54, d'après l'origin. n° 226 *(Invent. de 1662, f° 51).*

CVIII. *22 mars 1427.*

(CONFIRMATIO LIBERTATUM PER DOM. GUBERNATOREM)[*].

MATHEUS de Fuxio, Convenarum comes, gubernator Dalphinatus
et comitatuum Valentinensis et Diensis, comissarius in hac parte
per ser^{mum} principem dom. nostrum d. Carolum D. g. Francorum
regem, dalphinum Viennensis, comitem Valentinen. et Diensis et
dominum Montilii Adhemarii, una nobiscum viris hon^{bus} Joanne de
Barra, thesaurario dalphinali, d. Ludovico Porterii, legum doctore,
et mag. Joanne de Marolio, computorum dalphinalium auditoribus,
consiliariis dalphinalibus specialiter deputatis,.. notum fieri volumus
quod, accepta per nos... possessione reali castri Narbonæ et villæ
Montilii Adhemarii, existentes in nostra præsentia, in dicto loco
Montilii, dilecti nostri Nicolaus Fornay et Joannes Mirabelli, consules
et rectores villæ et universitatis dicti loci.., ipsi... nobis exhibuerunt
et præsentaverunt duo publ. instrumenta *(ch. LXXXVII et LXXVII),*
suplicantes humiliter et requirentes nobis... quatenus... ipsas franchesias, libertates et immunitates laudare, approbare, ratificare, confirmare... dignaremur.., una cum libertatibus generalibus patriæ
Dalphinatus... Et nos gubernator, visis dict. libertatibus... et habita
consilii matura deliberatione, dictæ supplicationi favorabiliter annuentes, actentis beneplacito et liberalitate præfati d. n. regis dalphini, domini dicti loci Mont., virtute potestatis nobis attributæ, dict.
franchesias, libertates et immunitates... laudamus, approbamus et rat-
tificamus.., promittentes (et) ad s^a Dei Evangelia jurantes dict. franchesias et libert. cum singulis capitulis eorumdem ac etiam liberta-

les generales Dalphinatus dict. hominibus et habitantibus Montilii manutenere, observare et custodire.. ac observari et manuteneri facere
per quoscq. officiarios dicti loci.., mandantes propterea et precipientes... Tenor vero nostræ commissionis talis est *(ch. CV)*. Datum
Montilii Adhemarii, die xxiiᵉ mensis martii, anno Domini MᵒCCCCᵒ
XXVIIᵒ a Nativit. sumpto. Per dom. gubernatorem, præsentibus
Joanne de Barra, thesaus. dalphin., d. Ludovico Porterii, leg. doct..
mag. Joanne de Marolio, comput. Dalphin. auditoribus, et mag. Ma-
thæo Thomassini, procuratore generali dalphin. P. Guiffredi.

(*, Recueil B, nº 50, d'après l'origin. nº 81 *(Invent.* de 1662, fᵒ 24).

CIX*.

7 mars 1427.

IN nomine Domini, amen. Noverint.. quod anno Incarn. Mᵒ CCCCᵒ
XXVIᵉ (....) mens. martii,... discr. vir mag. Bertrandus Raboti,
notarius Cristæ Arnaudi, Diensis diœcesis, pro nunc notarius scri-
baniæ officii curiæ delphinalis loci Montilii, per eandem curiam hoc
die præs. accepti virtute litterarum delphinalium, qui certus et certificatus ad plenum de franchesiis et libertatibus ac immunitatibus
per dd. comites Valentinen. et Diensis... dudum hominibus dicti
loci Mont. datis et concessis,... ipsas franchesias, libert. et immunit...
ad requisitionem discr. virorum Nicolay Formay et Joannis Mirabelli,
consulum et rectorum dicti loci,.. attendere et observare... bona fide
sua promisit et.. juravit... Acta.. Montilii, in curia delphinali dicti
loci, testibus præsent. Stephano Chardonis, Armando Davidis, ma-
cellariis, Petro Gronhi notario, Joanne Bellandi sabattario dicti loci...
et me Michaele de Blacheria notario.

) Recueil B, nᵒ 55, « Extr. tiré du livre D des nottes de Mᵉ Blacheria,
fᵒ 75, au pouvoir des héritiers de M. l'Empereur. »

CX.

23 décembre 1430.

(QUICTACIO ET ARRESTUM PRO MURALHIA VILLETE).*

IN nomine Domini, amen. Noverint... quod anno Incarnac. Mᵒ
CCCCᵒXXXᵒ et die xxiiiᵉ mens. decembris,.. Martini pape Vⁱ an.
xiiiᵗᵒ,... Johannes Mirabelli et Pontius Chartrosse, de Montilio Adhemarii, Valen. dioc.,... confessi fuerunt... discr. viris Anthonio Pe-
rolli et Johanni Meynaudi, consulibus et rectoribus modernis dicti

loci Mont. Adh.., se recepisse... quingentos et xxii floren. monete papalis nunc currentis.., vid. de emolumento imposicionis vini sive sochet predicto Joh. Mirabelli dicto anno ad inquantum publ. vendito et deliberato CCC et xiiii flor., item in emolumento farnacgii per manus Armandi Davidis et Johannis Jordani alias Galho, solventis pro Petro Roberti, quibus dict. emolumentum farn. dicto anno fuit ad inquantum venditum et deliberatum, VIII^{xx} flor., item plus pro quad. cessione et insolutum dacione eidem Pon. Chart. per dict. consules die hodierna facta de xlviii flor. contra Arm. Davidis et Joh. Jordani al. Galho..; ex causa computi et arresti inter eosdem.. facti et calculati, vid. pro murallia et costructione ac ediflicacione per dictos J. et P. hoc anno lapso, durante tempore officii ipsorum consulum modern., facta et constructa pro dicta universitate et in menibus dicti loci, vid. de portali Villete usque ad marrellum vocatum Alberti de Fonte..; de quibus... Actum Montilii Adhem., in domo predicti Anth. Pecolli, testibus present. nob. viro Guillelmo de Vaesco, domino Speluchie, ven^{li} viro d. Hugone Peyroli jurisperito, Johanne de Lugduno, habitat. dicti loci Mont., et me Benedicto Fabri, auct. imp. notar. pub...

(*) Origin. parch de 50 lig., coté n° 171 ; analyse lat. au dos.

CXI*.   24 avril 1432.

In nomine Domini, amen. Anno Incarn. M°CCCC°XXXII° et die xxiiii° mens. aprilis, inter discr. Berengarium de Crudatio et Albertum Grasse, consules et rectores Montilii Ademarii.., et Poncium Chartrosse, quadrigarium ejusdem loci, fecerunt pacta que secuntur..: et primo quod dictus P. promisit, convenit.. dict. consulibus.. de adducendo seu adduci faciendo cum quadriga sua in portali Sancti Martini, ad causam recepti ibidem construendi, vid. CC quadratas lapidum de lapidibus peyrerie Savassie, hinc ad proximum festum s^i Johannis Baptiste, et dicti consules sibi promiserunt et convenerunt dare pro qualibet quadrata iii gros. : que CC quadrate ascendunt i.^{s} flor., quos... solvere promiserunt... dum adduxerit.. C quadratas xxv flor. et inde adductis aliis C quadratis alios xxv fl... Acta... Montilii in tabulario mei not., testibus present. Petro Auris, Petro Roberti, dicti loci, et me Petro Branchonis, notario...

(*) Original parch. de 35 lig., coté n° 170.

CXII.   *(Circ. 1433).*

EXCELLENCIE ven[lis] consilii dalphinalis, pro parte consulum et rectorum ville Montillii Adhemarii, exponitur supplicando quod, cum ipsi consules indigeant magnis peccuniis pro fortifficacione meniorum ejusdem loci Mont. continuenda, que in multis partibus ejusdem minatur ruynam, quorum reparacio est multum neccessaria, actentis periculis guerrarum occurrencium diebus hodiernis, et ipsi consules convocata universitate hominum dicti loci super peccuniis habendis, unum subsidium fecerint et levari ordinaverint super carnes occidendas et vendendas in ipso loco, quod est tale : videl. quod carnes bovis et vache vendantur ad pondus, vid. libra vi denar., in quibus universitas recipiet i den.; item carnes mutonis et ovis similiter vendantur ad pondus, vid. libra mutonis viii den. et ovis vi den., et in qualibet libra universitas habeat i den.; item carnes porcorum et vitulorum similiter vendantur ad pondus, vid. libra viii den., et universitas super qualibet libra recipiet i den.; item carnes ircorum, caprarum et menonorum non vendentur ad pondus, sed super.. quolibet irco, menono et capra occidendo et vendendo xii den. per universitatem exhigantur ; item similiter carnes caprinorum et agnorum non ponderabuntur, sed de quolibet vi den. exhigantur ; item quod venditores et revenditores carnium salsarum in ipso loco solvant universitati pro libra i den. Actento premaxime quod in dicto loco sunt alia subsidia super pane et vino, et nulla alia reperiri potuerunt majus commune ad habendum peccunias quam super carnes, et erit universitati comodosum : primo, quia dict. emolumentum sive subsidium valebit anno quolibet CCC floren., de quibus magne reparaciones poterunt fieri cum aliis emolumentis ; in loco secundo, quia habebunt melius forum de carnibus, quia carnifices sive macellarii plus vendunt in tercia parte carnes quam faciunt in Crista, Valencie ac Romanis et habent melius forum animalium, et ita utitur de emolumento huj[di] in civitatibus et villis circonvicinis, vid. in Carpentoracte, Valencia, Crista, Romanis et aliis multis. Quapropter, cum ipsi consules supplicantes et alii homines, majorem et saniorem partem universitatis facientes, pro ipsa fortifficacione que tantum est neccessaria continuenda emolumentum sive indictum huj[di] .. pro communi utilitate rei publice levari nominaverunt, supplicant humiliter dominacionibus vestris, quathinus dignetur consules et rectores... gaudere facere et permictere de emolumento s. subsidio huj[di], precipiendo

si placet dd. officiariis.. quathinus compelli faciant et procurent
macellarios ac carnes vendentes et revendentes ad solvendum summas supra impositas ... pro... obviendo caristiis pretactis. Item supplicant quod, cum argenterii et aurifabri utantur eorum arte argen-
terie in loco absque exprobando et signando argentum et aurum
operatum, ut fit in aliis bonis villis, dignantur vestre dominaciones
nominari unum commissarium et hominem expertum ad exproban-
dum aurum et argentum ipsorum dum fuerit operatum ipsumque
signandum si fuerit bonum et nisi fuerit reprobandum, inhibendo
ipsis argenteriis ne argentum operatum parti tradent quousque.,.
fuerit exprobatum et signatum..., vestras benignas licteras super
premissis opportunas eisdem supplicantibus si placet concedendo.

**) Inséré dans une patente de « Rodulphus dominus de Gaucourt, con-
siliarius et cambellarius regius, gubernator Dalphinatus et comictatuum
Valentinen. et Dyensis », qui « relatu nobb. virorum Pauleti Ruffi. baillivi
pro d. n. pape, et Petri Cappellen., pro d. n. dalphino vicebaillivi in dicto
loco Mont.,» concède pour dix ans l'objet de la supplique, avec qq. modi-
fications dans le mode de perception. « Dat. Romanis, d. ult. men. octob.
an. Dom'M°CCCC°XXXIII°. Per d. gubernatorem, ad relacionem consilii
quo erant dd. Johannes Girardi. electus Ebredinensis, locuntenens, Stephanus Guillionis. presidens, legum doctor, Stephanus Durandi et Jo. de Barra,
thesaurarius. J. Guiffredi ». Origin. vélin de 31 lig., coté n° 195 ; trace de
sceau.

CXIII.   *22 avril 1434.*

(Confirmation des libertés par le roi Charles VII)*.

CHARLES, par la grace de Dieu roy de France, dauphin de Viennois, comte de Valentinois et Diois, a tous ceux qui ces présentes lettres veront, salut. De la partie des hommes, manans et
habitants de la ville de Montelimart, en notred. comté, nous a été exposé que, environ sept ans et au temp que notre tres cher et amé
cousin le comte de Comminge, lors gouverneur de notre Dauphiné,
et aucuns nos conseillers en notred. Dauphiné allèrent en lad. ville
de Montélimart, pour d'icelle prendre la possession de par nous et la
mettre en notre obeissance, nosd. cousin et conseillers, considerants
les bons et graves services que nous firent lesd. exposants et autres,
et aussy la bonne affection qu'ils démontrerent en ce faisants avoir
envers nous, accorderent à iceux exposants qu'ils ne payeraient dela en avant aucuns nos peages ny autres nos acquits en notred.
comté de Valentinois et Diois, pour eux a pied ny a cheval ny aussi

pour leurs chevaux et montures, et les en exemptèrent et affranchirent alors..; sçavoir faisons que nous, ayant regard et considération a ce que dit est et mêmement à la bonne obéissance en laquelle lesd. exposants se sont toujours maintenus et maintiennent envers nous, ayant aussy agreable l'accord que fait leur a été par nosd. cousin et conseillers, a iceux exposants avons octroyé et octroyons de grace spécialle par ces presentes que cy en avant ils ne payent aucuns de nos peages et acquits *comme ci-dessus..;* si donnons en mandement... a nos amés et feaux les gouverneurs ou son lieutenant, gens de notre conseil et de nos comptes en notred. Dauphiné, au baillif de Montélimart et a tous nos autres justiciers... En temoins de ce nous avons fait mettre notre scel a ces presentes. Donné à Vienne, le 22ᵐᵉ jour d'avril, l'an de grace 1434 et de notre regne le 12ᵉ. Par le roy dauphin, l'esleu d'Embrun, le marechal de la Fayette, les seigneurs de Gaucourt et de la Borde et autres plusieurs presents. Bude, Contentor, Duban.

*) Ces lettres, ainsi que l'entérinement par le gouverneur Rodolphe de Gaucourt (« dat. Vienne d. 28 men. april. an. D. 1434, ad relat. consilii quo erant dd. Jo. Girardi Ebredinen. electus, locumtenens, Ste. Guilliodis præsidens, doctores, Ay. de Bleteriis, Ste. Durandi. licenciatus in leg.. Lud. Porterii, præsidens, leg. doctor, P. Bernardi, thesaur. regius, P. de Barra, thes. reg., et Jo. Bajuli, utr. jur. doc., advocatus », furent signifiées le 31 mai 1434, « nob. et pot. viro Antonio de Hosteduno, domino Balmæ Hosteduni, Valen. diœc., delphin. consiliario ac bayllivo Valentin. et Diensi ac etiam bayllivo et judici Montilii Adhemarii et ressortorum Valdeniæ, » par « Petrus Nicolay et Gaspardus Alamandi, consules et rectores loci et universitatis hominum Montilii, assistentibus.. et volentibus hon. et circ. viro d. Hugone Peyroli jurisperito, Jacobo de Ayzahnechio. Guilhermo Ferrenchi, Petro de Grangia drapperio, Guilhermo Laurentii alias Guicho, Ignoscente la Rocha, Petro Novelli berberio, consiliariis ac pluribus aliis notabilibus hominum dicti loci ». Recueil B, nᵒ 58, d'aprés l'origin. let. R (*Invent.* de 1662, fᵒ 4). — L'origin. des lettres du gouverneur était coté nᵒ 78 (*ibid.,* fᵒ 22 vᵒ).

CXIV*.   *12 avril 1437.*

I x nomine Domini, amen. Noverint quod, cum universitas venᵇⁱˢ ecclesiæ Vivariensis habeat infra villam Montilii Adhemarii, Valen. diœc., unum molendinum vocatum vulgariter domini Bidonis, inter portalia Eygnni et Villelæ vulgata juxta mœnia scituatum, in quo molen. consueverant per se et suos monerios uti et se explectare de aqua quæ emittitur de molendino dominorum ipsius loci, scito in portali dicto de Fusto, et inde labitur usque ad molendinum Hospi-

talis Sancti Joannis Jerosolimitani ipsius loci, et ab eodem molen.
Hospit. usque ad molendinum dictæ universitatis domⁱ Bidonis nun-
cupatum ; cumque.. ven. et circ. viri dd. Petrus Molim, in utroque
jure baccalaureus, canonicus dictæ ecclesiæ commissariusque... per
capitulum... deputatus, et Reymundus de Casali Martino, baccalaureus in utroque jure, capellanus corarius dictæ ecclesiæ et procurator ejusd. universitatis, significando exposuerint in præsentia.. bon.
et prov. virorum Pauleti Ruffi, baillivi et judicis papalis, Petri Branchonis, Petri Gronbi, consulum, Petri Nicolay, Joannis Equi, Gas-
pardi Alamandi, Petri Gontardi, Jacobi Manferrii, Bertrandi Villionis,
consiliariorum suorum, d. Hugonis Peyroli jurisperiti, Jacobi de
Aygalnechio, Petri Novelli, Petri Roberti, Berthoni Ferrenchi, Armandeti Perroti, Antonii Juliani, Petri et Pontii de Grangia fratrum,
Guilhermi Laurentii alias Guischo, Nicolai Fornay, dicti loci.., con-
gregatorum in operatorio domus nob. Guilhermi de Vaesco, domini
Espeluchiæ, quam domum habitat Stephanus Uxim drapparius,.. quod
dict. molendinum domⁱ Bidonis... a certo tempore citra cessavit molere et detricturæ blada defectu aquæ culpaque rel^{ti} viri fratris Joannis Bajuli, præceptoris ejusd. loci Mont., qui de novo fecit reparari
suum molendinum et ipsum altiari adeo et in tantum quod causa ipsius
altiatus molendini aqua ipsa non potest labi nec percursum suum
et fugam habere subtus molendinum ipsorum dominorum, imo quod
rodeti ipsius molend. dominorum ex inundatione ejusd. aquæ impe-
diuntur, sicque necessitas occurrit monerio et rectori molendini dominorum, et cum oportet aquam ipsam conducere et labi facere per
toutam suam tendens versus portale Eyguni, et sic hiis mediantibus
perditur emolumentum molendini universitatis dictæ ecclesiæ, et
licet ipse præceptor fuerit sæpissime requisitus de suo molendino
beyssando et ad statum pristinum reducendo.., hoc tamen facere dis-
tulit.... in grande damnum..., et quia ipse præc. obstantibus suis
privilegiis... cogi non potest... Hinc est quod, anno Domⁱ M°CCCC°
XXXVII°, indict. xv°, die vero xii^a mens. aprilis,.. Eugenii papæ IV
an. vii°, congregatis *quibus supra ac* Colao Bracardi, locumtenenti..
nob... Antonii de Osteduno, domini Balmæ Hosteduni, baillivi et
judicis delphinalis Montilii,.. ipsi dd. baillivus et locumtenens... voluerunt et consentierunt quod ipsi procuratores et commissarii... seu
etiam monerii et rectores dicti molendini... possint et valeant dict.
aquam capere et conducere.. de dicta touta per loca prædicta usque ad
dict. molendinum prout.. antiquiter fiebat...: hoc tamen salvo...
quod ipsi.. perpetuo tenere debeant dict. foramen, per quod dicta aqua

intrat infra mœnia sufficienter barratum et bonis et sufficientibus
barris ferreis garnitum propriis sumptibus, sic quod nemo possit
per ipsum intrare nec exire, et nec sinistrum aliquod possit in-
tervenire communitati et universitati villæ Mont. ex apertione dicti
foraminis et conductione dicte aquæ dicti bedalis antiqui nova refectione; salvo etiam.. per dict. consules... quod ipsi de universitate..
possint et valeant dict. aquam capere pro conducendo in fossatis
villæ et ad rigandum hortum Fratrum Minorum et alios hortos qui de
ea rigari consueverunt.., et salvo etiam... dictæ universitati ecclesiæ
Vivarien. jure suo... Acta fuerunt hæc Montilii, *ubi supra*, præsentibus hon. viro d. Vitali Sagueti, corario ecclesiæ Vivarien., Bartholomeo Ferrenchi clerico, Jacobo Ausini barberio, Guilliermo Laurentii
Guischo, dicti loci testibus.., et me Petro Giraudi, notario publ...

(*) Recueil B, n° 59, d'après l'original n° 243 (*Invent.* de 1662, f° 54).

·CXV. *(Env. 1438).*

Partis papalis contra partem dalphinalem traditur*.

Dominium ville Montilii Aymarii in quatuor partibus solebat esse di-
visum, quarum unius Lambertus de Garda erat dominus, aliarum
vero trium dom. Giraudus Adhemarii similiter dominus erat : sicque
dicti Lambertus et dom. Giraudus erant domini soli et insolidum totius ville Montilii, et ipsam villam tenebant in feudum, videl. dictus
dom. Giraudus tres partes ab episcopo Valentinen. et Diensi, et Lambertus quartam partem a comite Valentinen. 1.—Hinc fuit quod dictus
dom. Giraudus, anno a Nativitate Domini M° CCC° XL° et die vi°
mensis octobris, unam de tribus partibus dicti loci Montilii, que est
quarta pars totius loci predicti, cum omni jurisdictione, mero et mixto
imperio, etc. vendidit fe. re. dom° Benedicto XII°².—Deinde successive
post, defuncto dom. Benedicto XII° predicto, de tempore fe. re. dom¹
Innocentii VI¹, pontificatus sui anno viii° ac de anno a Nativit. Domini
M° III° LX°, indict. xiii° et die xvii° mensis junii, dom. Petrus de Bosanis,
legum doctor, archidiaconus et officialis Valentinensis, ut procurator
rev⁴¹ patris dom. Ludovici de Vilaribus, electi ecclesiarum Valentinen. et Diensis et comitis, et ut procurator ecclesiarum predict.,
considerans non esse justum quod dominus noster papa nec ecclesia
Romana sit vassalus episcopi et capituli Valentin. et Diensis, permutavit dict. feudum, quod pro tribus partibus loci Montilii Aymarii
eisdem episcopo et capitulo faciebat et tenebatur dictus dom. Giraudus dum vivebat et protunc Giraudetus ejus filius et heres ac domi-

18

nus duarum partium Montilii Aymarii, cum dom° Guillelmo de Ruffilhaco, rectore comitatus Venayssini, nomine pape et ecclesie Romane,
volente, petente et consenciente dom° Tacieta de Balcio, matre et
tutrice dicti Giraudeti, pro castro et jurisdictione ac territorio de
Condilhiaco, Valentinen. diocesis : prout hec latius patent ; et ibidem
dicta dom° Tacieta, tutrix predicta, fuit per dict. procuratorem a
juramento fidelitatis quod olim faciebat ejus maritus et quod etiam
tenebatur ejus filius Giraudetus liberata et quitata, et ibidem dicta
tutrix fecit homagium ligium et recognovit prefato dom. rectori, nomine dom[i] nostri pape et ecclesie Romane, se tutorio nomine tenere quitquid habebat in castro, loco, mandamento, territorio et districtu Montilii Aymarii, etc.[3] — Sicque Giraudetus, filius condam
dom[i] Giraudi tercii et dom° Tacieta de Baucio conjugum, remansit
verus dominus et solus et insolidum medietatis totius loci sive ville
Montilii Aymarii usque ad tempus mortis sue. Qui quidem Giraudetus,
nullo condito testamento per eum, decessit, superstitibus dicta dom.
Tacieta matre et Sibilia sorrore ipsius Giraudeti, ab una parte, et
etiam superstite Ludovico Adhemarii, patruo dicti Giraudeti, et inter
istos fuit lis : nam mater et sorror pretendebant se debere succedere
juxta ordinationes testamentorum predecessorum suorum ; tandem et
finaliter dict. Ludovicus fuit per fe. re. dom. Gregorium XI, de anno
a Nativit. Domini M° CCC LXXII° et die ix° mensis julii, in Avinione
in palacio apostolico ad dict. homagium et fidelitatis juramentum ad-
missus, etc.[4] — Postea vero, prefatus dom. Gregorius XI[us], pontificatus sui anno iiii°, apud Villamnovam Avinionen. diocesis, x° kalend.
aprilis, certis ex causis animum suum moventibus et expressatis in sua
bulla, castrum et villam de Montilio Aymarii, Valentin. diocesis, et
quitquid ibidem ipse et Romana ecclesia in huj[di] castro et villa et ejus
mandamento et territorio et districtu, cum omnimoda jurisdictione
alta, media et bassa, donavit in foudum nobile nobili viro Adhemario
comiti Valentinen. et Diensi, mandavitque eidem Ludovico Adhemarii
ut eidem comiti Valentin. et Diensi faceret homagium de dict. duabus
partibus in forma etc., homagio ligio, fidelitatis juramento, superioritate ac ressorto eidem et successoribus suis Romanis pontificibus in
eisdem retentis, et cum quibusdam aliis conventionibus et retentionibus, etc.[5] — Tandem isti Ludovico Adhemarii successit, licet non
inmediate, Giraudonus Adhemarii, dominus Greinhani ; qui Giraudus Adhemarii, dominus de dict. duabus partibus castri et ville
Montilii Aymarii, de anno M° III[c]LXXXIIJ, die xxiiii° mensis octobris,
illas duas partes, que erant media pars totius castri et ville Montilii

Aymarii, permutavit cum fe. re. dom° Clemente VII° pro loco Grilhonis, sub certis pactis et modis hinc inde per utramque partem in
scriptis datis et conventis instrumento publico ; et inter alia fuit pro
parte dom¹ nostri pape expresse conventum quod dom. noster papa pro
minori valentia castri Grilhonis infra unum mensem tunc proximum
recompensationem debitam et competentem faceret in terra Ecclesie
dicto castro de Greinhano magis propinqua, et quia pro parte dom¹
nostri pape non ita faciliter poterat fieri compensatio predicta, fuit
actum quod dictus dom. Giraudus Adhemarii reciperet omnia emolumenta et fructus illarum duarum partium Montilii Aymarii sicut
ante excambium predict. faciebat, donec et quousque pro parte dom¹
nostri pape et ecclesie Romane eidem satisfactum esset de majori
valentia, dominio et jurisdictione pape remanentibus et alias prout
latius de premisiis et aliis capitulis constat instrumento, etc.⁹ — Nunc
vero, dom. dalphinus, qui loco dom¹ comitis Valentinensis ut dicitur
successit, virtute dicte infeudationis ac donationis factarum per dom.
Gregorium XI dicto comiti Valentinen. et Diensi de eo quod tunc habebat in castro, villa, territorio et districtu Montilii Aymarii, cum
retentione superioritatis etc., requiri facit dominum de Greinhano ut
illas duas partes quas tenet in dict. castro et villa Montilii eidem re-
cognoscat et prestet sacramentum fidelitatis in forma : pro parte domini de Greinhano replicatur, videl. quod ipse non tenetur quia ea
que ipse in dicto loco Montilii Aymarii tenet non tenet nomine proprio
sed nomine pape et ecclesie Romane, donec eidem satisfactum sit
juxta pacta de majori valentia, etc.

(*) Arch. de l'Isère, reg. *Alter liber copiarum Valentin. et Diensis,
Dominus tecum* (B. 295), f° xxxv. — (1) Voir pp. 40, 44, 51, 54. — (2)
Ch. xLv, p. 103-8. — (3) Ch. lxii, p. 157-69. — (4) Ch. lxiv, p. 172-3. —
(5) Ch. lxv, p. 173-4. — (6) Ch. lxxvi, p. 199 - 203.

CXVI*.   *12 août 1438.*

In nomine Domini, amen. Noverint quod anno Incarnac. M°CCCC°
XXXVIII° et die xii° mensis augusti,… Eugenii pappe IIII¹ an. viii° et…
Karolo D. g. Francorum rege ac dalphino Viennensis, comite Valen-
tin. et Diensis, venientes et… constituti in presencia.. nob. et hon.
virorum Pauleti Ruffi, bayllivi et judicis loci Montilii Adhem. [et to]-
cius ejus ressorti pro d. n. papa et S. Rom. ecclesia, et Authonii de
Osteduno, domini Balme Osteduni, bayllivi et judicis ejusd. loci
Mont. et tocius ejus ressorti Valdanie pro d. n. dalphino et comite,

infra domum dicti d. bayllivi et jud. pappalis, vid. in aula.. super quod. scanno fusteo sedencium.., hon. et sap. viri mag. Benedictus Fabri. Petrus Robberti, consules et rectores universitatis Montilii Adhem., necnon Berengonus de Crudacio, Anthonius Martini, Jacobus Reynaudi, Vinsonus Bressaqui, Johannes Theni, Anthonius Laudonis, eorum consiliarii, et cum ipsis... Jacobus de Aygalinechio, mag. Petrus Branchonis notarius, nob. Petrus Nicholay, Guillelmus Laurentii, Anthonius Juliani, Armandelus Perroti, Berthonus Ferrenchi, mag. Petrus Gronbi, Guillelmus Ferrenchi, Johannes Meynaudi, Gaspardus Alamandi, Gaspardus Garlanderii, eisdem dd. bayllivis et judicibus... exposuerunt et signifficaverunt quod ipsi consules, ad expellendum inhonestas meretrices, ancillas et alias que longo tempore in hostaleriis hujus loci Mont. inhoneste habitaverunt, procuraverunt cum Jaqueto de Lespina, hostalerio Leonis, Raymundo Richardi, hostalerio Campane, Johanne Fornerii, hostalerio Servi, et Alberto Grasse, hostalerio signi Angeli, ut expellere habeant omnes ancillas meretrices habitantes in eorum hostaleriis, et ne de cetero aliquas receptare, ob reverenciam Dei et pro bono justicie et ad honorem tocius universitatis, cum talia pati non debeant; qui quidem hostelarii, videntes inhonestatem dict. meretricum mulierum, ad contemplacionem ipsorum consulum, consiliariorum et aliorum... ac tocius universitatis.., fuerunt contenti quod omnes eorum ancille expellantur in continenti et nullas promictunt et conveniunt de cetero receptare, dum tamen alie mulieres inhoneste existentes in aliis hostaleriis, scubis seu aliis locis, postibulo exepto, similiter expellantur et de cetero non interveniant : qua propter supplicant et requirunt... quathinus, ad evittandum tale enorme peccatum et ob reverenciam Dei et pro bono zelo justicie, pro utilitate rei publice, ad evitandum iram divinam que posset ville presenti evenire pasciendo tanta peccata et ad evitandum scandala que propter meretrices ipsas de die in diem veniunt, cum de jure ipse meretrices et lenones publici debeant a civitatibus et locis expelli, actento maxime quod supradicti hostalerii sunt contenti non tenendi inhonestas meretrices in dict. eorum hostaleriis, cum sint honorabilia hospicia hostelariarum dicti loci, providere dignemini quathinus ab aliis hostaleriis et scubiis ac aliis domibus in quibus meretrices existunt totaliter expellantur, et ordinare et inhibere ne de cetero revertantur, precipiendo eis si placet sub magnis et formidabilibus penis ut incontinenti vacuant locum hostaleriarum et domos, nisi velint permanere in publico postibulo... inhibereque. , considerando.. quod alias dicti consules obtinuerunt lic-

teras expulcionis ipsarum tam a d. n. rectore comitatus Venayssini
quam eciam ab exellencia dalphinali, superioribus vestris... Et dicti
dd. bayllivi et judices... precipuerunt quod dicte mulieres meretrices expellantur.. et prohiceantur extra dict. albergarias et eisd. mulieribus infra triduum et sub pena fusticationis, ita quod exeant a
villa nisi in postubulo se velint reducere seu muncionem facere ; ordinantes ulterius quod de cetero albergarii... dicte ville nullas teneant
nec reducant... pro serviendo.., sub pena pro qualibet vice L librar.
Turonen. Catherine hospitisse Falconis statuunt..; quantum ad Cathe-
rinam hospitissam Servi... Ulterius ordinaverunt similia precepta
facere concubinariis hujus ville, eciam hospitibus tenentibus scubas;
item ordinaverunt preconisari quod quicumque existens in presenti
loco, non utens aliqua arte et misterio et non commorans pro mer-
cenario evacuat villam... sub ead. pena... Actum Montilii Adh., *ubi
supra*, testibus present. discr. viris magg. Bertrando Raboti, notario
Criste Arnaudi, Johanne Roy, Petro Boveti, notariis, Jacobo Mauffe-
rii,..; et me Stephano Freyderii, clerico dicti loci, publ. auct. imp.
notario curieque pappalis jurato...   †

El me Michaele de Blacheria, habitatore dicti loci, notario...†

Postque anno et die predict.,... fuerunt per nos notarios.., una
nobiscum Enguarando de Sancta Bena, serviente papali, et Johanne
de Bays alias Rossilho, serviente dalphinali, notifficata.. hostiatim...
hospitibus et hospiticis ac eciam eorum ancillis meretricibus... in
albergariis Leonis, Campane, Trium Regum, Falconis, Servi et Equi
Albi, et sub pena L libr. Turon. per ipsos... comitenda... et ancilla-
rum sub pena fustigationis.

(*) Original parch. de 80 lig., coté n° 175

CXVII*.   *16 juin 1439.*

HENRICUS de Jambes, juris peritus, prepositus ecclesie Carpentoract..
judex et conservator privilegiorum, honorum, bonorum et jurium incolis et habitatoribus comitatus Venayssini per s. sedem apostol.
concessorum,... univ. et sing... prioribus, rectoribus, vicariis cap-
pellanisque, curatis et non cur.... Sedes apostolica, pia mater, actendens et considerans gravia dampna et dispendia per dev. s. incolas et
habitatores dicti comitatus Venayssini... acthenus, occasione dampnati
sismatis quod tempore preterito tandiu s. labeffetavit ecclesiam et tanta
et irreparabilia dampna in terris ecclesie Rom. intulit, passa et substen-
ta, volens eos ab injustis vexacionibus et oppressionibus malignorum

relevare parcereque volens eorum laboribus et expensis, eisdem... graciose indulcit ne quamdiu parati fuerint coram suis judicibus ordinariis et rectore dicti comitatus cuicq. conquerenti de eisdem, non possint extra dict. comitatum ad aliquod trahi judicium..; nobisque ulterius per apostol. scripta mandavit ut eisdem... deffensionis presidio assistendo non permittamus eos... molestari *(ch. XCIII, p. 241-3)*... Sane.. pro parte... sindicorum et consilii.. ville Montilii Adhemarii, incolarum dicti comitatus, nobis fuit cum gravi querela et summaria •informacione expositum, *etc.*; nos autem.. vobis... virtute s° obediencie et sub excomunicacionis pena... precipimus quatenus... moneatis... dd. cappellanos, curatos et non cur., clericos, notarios officiariosque temporales dicte ville Mont... et quaseq. alias personas.., districtius inhibendo... Datum Carpentoracte, die xvi* mens. junii anno Dom¹ M°CCCC°XXXIX°,.. Eugenii pape IIII¹ an. ix°.

(*) Original parch. de 83 lig., coté n° 6; trace de sceau.

CXVIII*.   *12 mai 1444.*

In nomine Domini, amen. Noverint... quod anno Domin. Incarnac. M°CCCC°XLIIII° et die xii* mensis madii,.. Eugenii pape IIII¹ an. xiii°, existentes.. hora vesperorum discr. viri Gaspardus Alamandi et Guillelmus Perroti, consules, custodes et rectores universitatis Montilii Adhem.., in choro ven¹¹* ecclesie Sancte Crucis dicti loci, in quo erant congregati discr. viri dd. Poncius Reynaudi, Bartholomeus Grangerii, Johannes Carronis, Johannes Sartoris, Petrus Jordani, Johannes Chapolerii, Johannes Beassii, Giraudus de Pratocomitali, Guillelmus Cholverie et Petrus Gastonis, presbiteri et servitores dicte ecclesie S° Crucis; qui quidem consules... eosdem dd. presbiteros... requisierunt quatenus calladare facerent ante Hospitale Sancti Anthonii dicti loci, actento quod quilibet facit calladare ante domum suam. Qui quid. dd. presbiteri.. duxerunt respondendum quod ipsi in eodem Hospitali S¹ Anthonii nichil habent nec habere volunt, et casu quo haberent aliqua jura et actiones, omnia... cesserunt.. dict. consulibus... Acta fuerunt hec in dicto choro ecclesie S° Crucis Mont., testibus present. prov. viris Petro Nobelli barbitunsore et Johanne Agni mercatore dicti loci.., et me Petro Gronhi de Sauzeto,... publ. auct. imp. not. curieque Valencie jurato...

(*) Au bas de la ch. xc (17 lig.).

CXIX.   *22 juillet 1446.*

INSTRUMENTUM ACTORIE ET PROCURATIONIS UNIVERSITATIS MONTILII*.

IN nomine Domini nostri Jhesu Xpisti, amen. Anno incarnationis...
M°CCCC°XLVI°, inditione IX° et die XXII° mensis julii, Eugenii pape
IIII¹ an. XVI°. Noverint... quod convocata voce preconia, ut moris est,
universitate hominum Montilii Ademarii, Valent. dioc., partis dicti
dom¹ nostri pape, per Petrum la Glieyza, servientem et preconem
publ. dicti loci, ad actum infrascript. in refectorio conventus Fratrum
Minorum ejusdem loci, ubi acta talia comunia sunt fieri assueta; in
qua evocatione vocis dicti preconis intervenerunt et comparuerunt
in dicto refettorio hora prime sapientes et discr. viri Guillelmus
Ferrenchi et Innoscencius la Rocha, consules et rectores ejusdem loci
Mont., necnon Guillelmus Laurencii, Nicholaus lo Dur, Johannes
Meynaudi et Johannes Ferrenchi, eorum consiliarii dicte partis ho-
minum et comunium ejusdem loci Mont. papalis, una cum ipsis
nob. Chealmone Darbonis, Anthonio Juliani, Perrineto lo Mernilhos,
mag. Johanne de Werdos alias Lestol, in artibus magistro, Petro
Rambaudi, Berthono Fabri, Anthonio de Marsana, Girardo de
Leyssis, Rolando Gondatri, Glaudio de Malavalle, Petro Grienhour,
Petro Alardi, Ebrardo de Preliis, mag. Stephano Freyderii notario, Jo-
hanne de Cherio, Giraudo Gualauroni, Humberto Palharesii, Jacobo
Bruneti, Guillelmo Lhauterii, Anthonio de Belrepayre, magistro
Francisco Manatarii, Jacobo Gontardi, Johanne Fabri, Johanne Joli-
veti, Stephano Chardonis, Johanne Aymarii, Guillelmo Laurencii,
Anthonio Alone, Petro de Ampura, Guillelmo Rodundi, Johanne
Urcelli, Petro la Mura, Johanne Gontru juniore, Guillelmo Ma-
relli, Johanne Robilhat, Bertrando Vilhonis, Anthonio de Serro,
Stephano Molini, Petro Fabri, Johanne Philleyra, Johanne Ras-
chassii textore, Poncio Pomerii, Johanne Fulconis, Johanne Alber-
ti, Perrineto de Irigni, Petro Philoti, Petro Bernardi, Stephano Car-
donis, Petro Fulconis, Jacobo Asterii, Johanne del Pas, Johanne
Morzollas, Girardo Bocheti, Petro Gaucherii, Goneto Roche, Johanne
Jarroti, Johanne Brecheti, Raymundo de Calnigris, Guichardo de
Moneto, Guidone Arnaudi, Duranto Gontardi, Glaudio Chazaloni,
Anthonio Grienhour, Johanne Lenzeti, Johanne Baroli, Poncio de
Schalis, Anthonio de Monopra, Johanne la Blacha, Andrea Leracii,

Guillelmo Palherii, Johanne Paupilha, Francisco Grilli, nob. Petro Regis, Berthono Pagani, Guillelmo Riperti, Johanne Hunberti, Johanne Onzilii, Johanne Alivient, Stephano Alixent, Jacobo Selvi, Gonono Molaris, Nicholao Guastonis, Johanne Englois, Michaleto Michaloti, Johanne Bloquerii, Johanne Laurencii, Johanne Inheyas, Anthonio Radulphi, Jacobo Pascalis, Marineto Gardelli, Johanne la Tour, Blayo de Brotis, Gaspardo Garlanderii, Bertrando Ansi, Johanne Lorbati, Guillelmo Gontardi, Stephano Tenoti, Bertrando Regis, Pauleto Laurencii, mag. Petro Gronhi notario, Benedicto Basseti, Girardo Dot, Johanne Quolnerii, Johanne Genevesii, Petro Lhautardi, Guillelmo Servientis, Johanne Reynaudi, Anthonio Gontardi, Johanne Rivant, Davisio Foresterii, Rostagno Rossi, Jaquemino de Villanossa, Petro Arnaudi, Guabriele Colonelli, Claudio Fabri, Francisco de Crista Arnaudi, Johanne Reynaudi, Johanne Morerii et Jacobo Bruneti notario ejusd. loci ; quibus hominibus papalibus et comunibus sic evocatis et congregatis, supradicti Guil. Ferrenchi et Ignosc. la Rocha, consules, exposuerunt ibidem omnibus audientibus et intelligentibus, quod cum non est dyu supranom. dominus noster papa partem suam hujus loci Montilii transtulerit et transportaverit per suas bullas appostolicas magn° viro Danieli de Arrigny, scutifero honoris ejusdem dom¹ nostri pape, et suis liberis masculis post ipsum, non esse legitime informatus idem dom. noster papa quod in transportu sive transportibus factis dicti loci Montilii partis predicte d. n. pape, eidem d. n. tunc pape et S. Romane ecclesie fuit retentum expresse per pactum expressum quod pars illa dicti loci... per ipsum d. n. papam non debeat neque possit alibi in alienis manibus transferri, et cum sit necesse eundem d. n. papam et s. collegium Romanum informare qualiter pars illa non potest in alium transportari juxta pactiones et retenciones apositas in transportu facto.., et sit necesse constituere sindicos, procuratores, factores et negotiorum suorum gestores ad se... representandum in curia Romana coram supradicto d. n. papa collegioque s. appostolico S. Rom. ecclesie et ceteris dd. causarum auditoribus.., ad informandum de premissis et omnibus aliis actibus quibus sunt acturi... Hinc est quod ipsi consules et consiliarii et omnes homines supra nominati.., omnes simul pari animo et consensu, majorem et saniorem partem dicte universitatis... partis dicti d. n. pape facientes, nemine discrepante.., fecerunt, constituerunt, creaverunt et sollempniter ordinaverunt suos et dicte universitatis papalis veros, certos et indubitatos sindicos, procuratores, actores, factores et negotiorum gestores generales et speciales.., videl. ven^tem et rel^{sum} virum d. Matheum Pecolli, priorem Beate Marie de Ayguno extra fores ejusdem loci Montilii, nec non discr. virum mag. Petrum Boneti, notarium habitatorem ejusdem loci.., quemlibet in solidum, specialiter et expresse ad se humiliter et devote representandum coram supradicto d. n. pape Eugenio et ejus collegio SS. Rom. ecclesie, auditoribus, vice auditoribus, legatis et subdelegatis, comissariis et ceteris dd. officiarium ejusdem d. n. pape et S. Rom. ecclesie, eumdem et eosdem cum humilitate, obediencia et reverencia quibus decet viva voceac per suplicacionem seu alias informaciones et scripturas informandum qualiter pars ipsa Montilii d. n. pape et ecclesie Rom. transportari in alium non potest, causantibus pactis, convencionibus et retencionibus in acquisicione ejusdem loci appositis, et hoc per instrumenta publ. seu vidimus eorumdem, et demostrandum incomoda et dampna que possent evenire civitati Avinionis et toto comitatui Venayssini dicti d. n. pape si idem locus Montilii, videl. pars ejusdem d. n. pape, in alienis manibus quam ecclesie S. Rom. transportaretur, cum sit clavis et introitus dicti comitatus et notabilior villa dicti comitatus, civitate Carpentoratense excpta, et facta informatione debita requirendum humiliter quod ipsa bulla et transportus revocentur et bulle et litere revocationis inpetrentur a dicto d. n. papa et s. collegio et alie bulle necessarie, ne de cetero transportentur, inpetrentur cum velint semper permanere sub dominio ejusdem d. n. pape et S. Rom. ecclesie prout consueverunt, libellum... et alias peticiones, suplicationes vel requestas... faciendum, dandum et offerendum.., respondendum, litem contestandum, de calumpnia et veritate dicenda.. jurandum.., *etc*... Acta et recitata fuerunt hec Montilii, in refectorio conventus Fratrum Minorum dicti loci, testibus presentibus... rel^{is} viris fratribus Johanne de Marsana, gardiano, Humberto Alardi, Vinsono Donadei, Petro Fabri, presbiteris et fratribus dicti conventus; et me Petro Branchonis, not. dicti loci auct. imp. pub...

(*) Original parch. coté n° 103, 61 lig. plus un *actestamur* de « Pauletus Ruffi, locumtenens sushtitutus nob. et pot. viri Danielis Arrigni, bailivi et judicis Motilii Adhem. » du 28 suiv. Au bas *Sigillum curie papalis Montilii* plaqué sur papier et pendant sur lemnisque.

CXX^e.   *29 décembre 1440.*

In nomine Domini, amen. Noverint... quod cum... universitas hominum loci Montilii d. n. papæ et S. Rom. ecclesiæ et communes misissent in curia Romana Romæ apud d. n. papam suos procuratores.., ad informandum eundem *(ut in ch. præced.),* qui procuratores adhita præsentia ejusdem d. n. papæ et informata sua sanctitate quod transportari non potest, huj^di donationem factam dicto nob. Danieli revocavit et de revocatione bullas suas concessit, et consequenter huj^di negotium plures pecuniarum summas exequavit usque ad sum. CLXVIII scutorum auri veteris, quam in cambio Romæ acceperunt mutuo, cum pacto et conditione infra III menses ipsos reddere, tradere, expedire realiter in banco Avenionis de Pas campsoris, et non discedere a dicto banco quousque assignatio huj^di facta extiterit, et dicti d. prior et mag. Petrus, procuratores, Dei gratia reversi fuerint de curia in Avenione et mandassent consulibus hujus loci Montilii quatenus incontinenti accederent in Avenione ubi sunt in dicto banco, ad solvendum dict. summam et ad exonerandum ipsos de eadem et de promissionibus, juramentis.. ; quibus ita peractis, discr. vir Guilhelmus Ferrenchii, consul anni præteriti, audito adventu supradict. procuratorum in Avenione existentium, de concensu et voluntate hominum dicti loci Mont. d. n. papæ et communium, cum omnimoda potestate in Avenione se transtulit et transportavit ad eosdem exonerandum.., et dum fuit in Avenione cum dict. procuratoribus in dicto banco Michalis de Passu, ipsum Guilh. Ferrenchii consulem noluerunt acceptare nec ipsos procuratores... exonerare et quitare donec... dict. summam solverint et satisfecerint in dicto banclio. Hinc est quod anno Domin. Incarn. M°CCCC°XLVI° et die XXIX° mensis decembris, convocata... in domo communitatis dicti loci Mont. universitate hominum papalium et communium dicti loci, in qua evocatione intervenerunt sap. et disc. viri Nicolaus d'Aygalnechio et Petrus Novelli, consules moderni, necnon Gononus Molaris, Rolandus Baubi, Gaspardus Alamandi, Vinsonus Bressat, Antonius Laudonus, Petrus Arnaudi, eorum consiliarii, necnon Berthonus Fabri, Joannes Morret et plures alii qui numerari et scribi non potuerunt..., qui omnes... ordinaverunt, voluerunt et concesserunt quod dict. Petrus Novelli consul, una cum aliis hominibus idoneis et sufficientibus dicti loci, sumptibus universitatis consuetis, vadat Avenioni aut alibi...ad manulevandum et mutuo tractandum.. qualiter dicta summa poterit exsolvi dicto Michaeli de Pas campsori... et dict. d. priorem et mag. Petrum... exonerandum.. ; promittentes... Acta fuerunt hæc Montilii Adhemarii, in domo villæ Montilii, testibus præsent. Petro Chanuti, Joachino Molay, Michaele Michaleti, Joanne Bessandi, dicti loci.

<hr>

(*) Recueil▲B, n° 61 : « Extrait des nottes de M° Pierre Gronbi notaire, du livre cotté O, fol. 9 ».

CXXI*.   *13 mai 1447.*

S'ensuit l'appointement et accord fait entre mons' le cardinal de Foix d'une part et mons' le Daulphin d'autre, a cause
de la part et porcion que le s' de Grignen souloit tenir du
Monteil Aymart, tenue en fie et hommage de mondit s', pieca
baillée a nostre saint pere le Pape par ledit de Grignen pour
la place et seigneurie en eschange de Grillon, en la maniere
qui s'ensuit.

Premierement mond. s' le Daulphin fera rendre des a present par
led. s' de Grignen lad. place, terre et seignorie de Grillon qu'il a eu
pour lad. part du Monteil, laquelle part semblablement mond. s' le
cardinal baille et delivre presentement ; — Item, touchant l'ommage
et les ressors des appeaulx et autres choses, que mond. s' le cardinal
dit mond. s' estre tenu de fere, mond. s' le Daulphin est content que
mond. s' le cardinal face ses protestacions de non prejudicier au droit
que nostred. saint pere pourroit avoir oud. hommage et ressort s'aucun en y a ; et semblablement fera mond. s' de son costé et de pran-
dre journée bonne et briefve et telle que mond. s' le cardinal vouldra
eslire, a laquelle mond. s' le Daulphin envoyera gens avec toute puissance de lui pour y fere et conclurre tout ce que sera raisonnable et
qui se devra fere ; — Item, que ou cas que nostred. saint pere ne sera
content de ce present appointement, que chacun retorne en son premier estat et comme se de ce present appointement n'avoit jamaiz
esté parlé ; — Item, que mond. s' le Daulphin contentera led. s' de Grignen de toutes les reparacions qu'il a faites aud. Grillon ; et semblablement se mond. s' fait fere aucunes reparacions au Monteil, en la
part de nostred. saint pere, icellui nostre saint pere sera tenu de les
payer ou cas que lad. part ne demourrera a mons' le Daulphin. — En
testmoing de ce nous Pierre cardinal de Foix, vicaire et legat dessus
nommé, avons signé ces presens articles de nostre main a Carpentras, le xiij° jour de may l'an de grace mil IIII cens quarante et sept.

P. cardinal de Foix.   Loys.

(*) Arch. de l'Isère, reg. *Alter liber copiar. Vallen. et Diensis, Dominus
lecum* (B. 295), f° VIxxx, original parch., signat. autogr.

CXXII.   *30 mai 1447.*

(CONFIRMATIO ET CONCESSIO PRIVILEGIORUM PER DALPHINUM)*.

Ludovicus, regis Francorum primogenitus, delphinus Viennensis
comesque Valentinensis et Diensis (et dominus) Montilii Adhema-

rii, notum facimus... quod perfectis interdum negociis robur confirmationis adjicitur non ex indigentia postulantis sed ut clarius pendatur
benevolentia confirmantis; praesentatis nobis igitur privilegiis, libertatibus, immunitatibus, usibus et consuetudinibus dilectis et fidelibus nostris universitatis hominum, habitatorum et incolarum castrorum, villae et mandamenti nostri Montilii Adhemarii per praedecessores
nostros olim concessis,.. quae quidem privilegia.., considerata fidelitate, promptitudine servitiorum et paupertate praefatae universitatis
... ac humili requesta nonnullorum dilectorum nostrorum.., rata et
grata per nos et nostros heredes et successores perpetuo volumus,
laudamus, approbamus et ratificamus ac... speciali gratia authori-
tateque delphinali.. confirmamus..; ex uberiori et abundanti gratia...
adjicimus, damus et concedimus... dictae universitati... in privilegium perpetuum ea quae sequuntur : Et primo, quod consules universitatis dicti loci nullomodo mandentur, aut si mandentur venire non
teneantur, in congregationibus gentium trium statuum patrie nostre
Dalphinatus et comittatuum Valentinen. et Diensis nec contribuere
teneantur aut debeant in subsidiis, donis et aliis oneribus per dict.
gentes trium statuum infuturum concedendis, indicendis vel alias levari ordinandis, sed ab ipsis congregatione et contributione eximimus
et per presentes exhimimus; 2) Item volumus et eis.. concedimus quod
baillivus, judex et alii officiarii nostri ordinarii dicti loci ab antiquo per
praedecessores nostros et nos in dicta villa ordinati et in futurum ordinandi habeant primam ex integro cognitionem quarumcq. causarum
civilium et criminalium, sic et taliter quod nulli alii officiarii sive commissarii extraordinarii sub nomine reformationis aut alias... ordinandi
nullam... cognitionem habeant vel de dict. causis sc.. intromittere
possint; 3) item, quod dicta villa et habitantes ejusdem non possint
infuturum per nos aut successores nostros in aliquem nobis inferiorem donari vel transferri ; 4) item, ut dicta villa melius populetur,
eis... concedimus quod omnes personae, cujuscq. status existant, quae
ab inde infra dict. villam suam mantionem et domicilium facere voluerint, sint franchae et immunes a quibuscq. subsidiis et aliis oneribus dictae villae spacio x annorum, dum tamen jurent et promittant
quod dicta sua domicilia non mutabunt, sed quandiu vivent suam
mantionem ibidem facient et habebunt; 5) item, quod meretrices et
aliae inhonestae mulieres non possint habitare vel morari in albergariis ipsius villae, et si velint stare in dicta villa vadant ad domum
publicam et portent signum quod portare consueverunt meretrices,
scil. aiguilletam rubram in manica suae vestis. Quocirca dill. et fidell.

consiliariis nostris gubernatoribus patriarum nostrarum Delphinatus
et comitatuum Valentinen. et Diensis, et baillivo et judici dicti loci
Montilii Adhemarii aut eorum locumtenentibus, necnon gentibus consilii nostri et cameræ computorum nostrorum, thesaurario nostro et
omnibus aliis justiciariis nostris et officiariis... mandamus... Datum
in Montilio Adhemarii, penultima die mensis maii, anno Domini
M°CCCC°XLVII°; per dom. delphinum, vobis archiepiscopo Ebredunensi, electo Viennensi, dominis de Castillione, de Culant, d'Estissac,
de Cornillione, militibus, dd. Joanne Vialle, Humberto Rollandi, utriusque juris doctoribus, et aliis pluribus præsentibus, Petro George.
Visu, Contentor, P. George.

(*) Recueil B, n° 64; cf. *Invent.* de 1662, n° 58 et 79.

CXXIII.   *17 mai 1449.*

(CONCESSIONS DU DAUPHIN A LA VILLE DE MONTÉLIMAR)*.

Loys, ainsné filz du roy de France, daulphin de Viennoys, conte
de Valentinoys et de Dioys, savoir faisons a tous presens et advenir que, de la partie de noz chiers et bien amés les consulz, bourgoys, manans et habitans de nostre ville du Monteilhaymart, nous a
esté presentement fait dire et remonstrer que pour l'augmentacion et
amandement de nostredite ville du Monteilhaymart, que desirons af-
fectueusement pour plusieurs consideracions et mesmement pour ce
que puis nagueres nostred. ville, en laquelle n'avions que la moictié,
est venue entierement en noz mains, et autres causes ad ce nous
movans nous leur avons autreffoys fait dire qu'ilz advirassent aucunes choses prouffitables pour lad. augmentacion et que liberal-
ment le leur octroysions se elles estoient raisonables, et pour celle
cause avient avisé et nous aient humblement supplié et requis que
leur vueillons octroyer les choses que ensuivent, qu'ilz dient estre
grandement pour l'utillité de nostred. ville et pour l'augmentacion
d'icelle, tant en multiplicacion des clers et merchans, des gens de
mestier que d'autres : c'est assavoir premierement la creacion et fon-
dacion de deux foires sollempnelles et franches par chacun an, l'une
comansant le landemain de la Saincte Croys en may durant troys
jours ensuivans, l'autre comancant landemain de la Saint Martin
d'yver en nove^{re} durant pareillement troys jours ; item, une court
generale en laquelle respondent et ressortisent en tout fait de plai-
doyrie tous noz subgetz du pays de la Vaudaine et autres places voy-

sines, comme autreffoys a esté fait en nostred. ville du Monteilhaymar
et de Savasse; item, la franchissement de tous peages et traveurs par
tout nosd. pais de nosd. Daulphiné et contés, par tous les manans et
habitans qui a present sont et qui y seront pour le temps advenir en
nostred. ville pour leurs personnes a pié et a cheval, et merchandis-
ses; item, aussi congié et licence d'avoir descharge et grenier a sel
en nostred. ville, comme aultreffoys a esté et est a present duscon-
tinué. Pour ce est il que nous, considéré ce que dit est, par l'advis et
deliberacion dez gens de nostre grant conseil, inclinans a lad. suppli-
cacion pour le bien et utilité de nous, de la chose publicque, de l'augmentacion et acroyssement de nostred. ville et des environs d'icelle,
avons toutes les choses dessusdites et chacunes d'icelles données et
octroyées, donnons et octroyons par cesd. presentes ausd. supphlians
a present demourans et qui pour le temps advenir demouront en
nostred. ville, par la maniere que s'ensuit: c'est assavoir que ausd.
jours dessus designés lesdiz supplians pourront tenir et se tendront
lesd. foires en nostred. ville, pourveu que a dix lieues a l'entour en
nostred. seignorie il n'y ait aucunes foires ou merchés ausd. jours,
ausquieulx lesd. foyres puissent prejudicier, si non qu'ilz aient sur ce
consentement de ceulx qu'il appartendra; item, aussi se tendra et
voulons lad. court dessus designée estre tenue en nostred. ville du
Monteilhaymar de tout nostred. pays de la Vauldaine et des autres
places qui ont acoustumé de pieça y ressortir du temps que lad. court
estoit en nostred. ville et aud. lieu de Savasse, par ainsi que nosd.
subgetz dud. pais et des autres places auront recours par appellacion
et autrement par default de justice en nostresouveran conseil Dalphinal
resident a present a Grenoble; item, au regart desd. peages desd. supplians, leurs personnes et monteures seullement en seront francz et leurs
merchandises exceptées et paieront desd. peages; item, au regart de
la descendue du sel ilz la pourront faire et tenir grenier en nostred.
ville comme autreffoys ilz ont fait sans ce qu'ilz en puissent estre re-
pis. Si donnons en mandement... a noz amés et feaulx conseillers le
gouverneur de nostred. Daulphiné ou son lieutenant, gens de nostre
conseil et de nos comptes residans a Grenoble, a nostre tresorier
general de nosd. Daulphiné et contez, et a tous noz autres justiciers, officiers et subgetz, *etc.* : car tel est nostre plaisir..... Donné a
Sauzet, le xviie jour de may, l'an de grace mil CCCC quarante neuf.
Par monseig^r le Daulphin, en son grant conseil : signé J. Janpitre.

(*) Recueil D, f° 37-9, dans l'enterinement de « Ludovicus de Laval,
dominus Castillionis, gubernator Dalphinatus... Dat. in loco Stelle, d. 28

m. octobris a. D. 1449 ». — Recueil B, n° 65, d'après l'origin. coté n° 322
(*Invent.* de 1662. f° 71 v°). — En tête d'une copie (à M. Vallentin) se trouve
l'acte par lequel Aimar VI, comte de Valentinois et Diois, établit à Savasse
la cour ordinaire dont ressortirent Ancone, Montboucher, Saint-Gervais,
Rovnac, La Laupie. Cliousclat, Pont-de-Barret, le Puy-Saint-Martin, Ro-
chebaudin, Truinas, Félines, Comps. Dieulefit, le Poët-Célard, Château-
neuf-de-Mazenc, La Touche. Rochefort, Portes, Taulignan, Alençon, Bé-
conne, Montjoux. Audifred, Roche-Saint-Secret, Blacons, Condorcet, le
Pègue, Valaurie. Roussas, la Garde, Teyssières, la Bâtie-Rolland, Espe-
luche, Manas, Poët-Laval, Souspierre, Orcinas; « dat. Sauseti, d. 15 m.
april. a. D. 1360 ».

CXXIV. *10 juin 1449.*

BULLA ERECTIONIS ECCLESIÆ COLLEGIATÆ SANCTÆ CRUCIS VILLÆ MONTILII ADHEMARII'.

NICHOLAUS episcopus, servus servorum Dei, dilecto filio decano ecclesie Valentinensis, salutem et apostolicam benedictionem. Ex
superne providentia majestatis in apostolice dignitatis specula positi,
circa universarum, quarum nobis desuper commissa est cura, ecclesiarum profectus et commoda, sicuti ex debito nobis pastoralis incum-
bit officii, studiis intendimus assiduis et earum statum, prout rerum
pensatis circumstantiis congruere cernimus, in melius dirigere ac
uberius eas honoris titulis actollere studemus, ipsisque ecclesiis et
personis ecclesiasticis sic providere cupimus, ut votivis proficiant in-
crementis. Sane pro parte dilecti filii nobilis viri Ludovici, charissimi
in Xpisto filii nostri Karoli Francorum regis illustris primogeniti,
dalphini Viennensis ac sancte Romane ecclesie confalonerii, nobis nuper exhibita petitio continebat, quod ipse ad Omnipotentis Dei laudem
et divini cultus propagationem et pro devotione populi loci Montilii
Adhemarii firmiter augenda cupit parrochialem ecclesiam Sancte Crucis predicti loci, Valentinen. diocesis, cum in eo nulla collegiata ecclesia existat, in collegiatam erigi necnon eamdem ecclesiam cum sacristia, capellaniis, prioratu vocato de Ayguno, ordinis Sancti Benedicti, et aliis beneficiis et officiis secularibus et regularibus in eadem
ecclesia existentibus, quorum fructus, redditus et proventus quadrin-
gentarum librarum Turonen. parvorum, secundum communem extimationem, valorem ecclesia residendo, ut ipse Ludovicus asserit, non
excedunt, invicem uniri, annecti et incorporari ac decanatum, qui
inibi dignitas principalis existat, qui quidem decanus illius caput
habeatur et principalis sit, necnon et unum officium quod sacristia
vocetur, una cum cura parrochialis ecclesie predicte, necnon octo ca-

nonicatus et totidem prebendas seu canonicales portiones pro octo
canonicis et sex chorariatus pro sex chorariis et sex clericatus pro sex
clericis perpetua sine cura beneficia, qui quidem decanus, sacrista,
canonici, chorarii et clerici archam habeant et dicti canonici tantum
sigillum et capitulum habere debeant in communi ; et nichilominus
quod decani electio et provisio ad canonicos et sacristam pertineat, et
sacriste, canonicorum ac chorariorum et clericorum ad capitulum et
institutio ad decanum pertinere noscatur : qui quidem decanus, sacrista, canonici, chorarii et clerici residentes, decano, sacriste et canonicis ad minus per novem menses et chorariis ac clericis continuo
residentibus et in divinis solum existentibus, supradict. fructus inter
ipsos seu alias prout melius et utilius videbitur communiter divi-
dant, hac tamen conditione quod decanus pro tempore existens du-
plicem canonici portionem recipiat, et quod de capellanis seu benefi-
ciatis in dicta ecclesia, qui potiores tempore et meritis virtutum
digniores extiterint, in eadem ecclesia canonici deputentur institui et
creari, ac collegium huj^{di} imperpetuum collegium dalphini Ludovici
nuncupari desiderat ; et, sicut eadem petitio subjungebat, in prefata
ecclesia decem et octo clerici vel circa existant, qui inibi in divinis
deserviant et in habitu canonicorum secularium communiter et pro
majori parte in dicta parrochiali ecclesia incedant, et dict. locus Montilii Adhemarii notabilis et insignis esse noscatur, pro parte dicti
Dalphini nobis fuit humiliter suplicatum, ut ecclesiam Sancte Crucis prefatam in collegiatam erigere et alias super premissis opportune providere de benignitate apostolica dignaremur. Nos igitur
huj^{di} suplicationibus inclinati, discretioni tue de qua in hiis et aliis
plenam in Domino fiduciam obtinemus, per apostolica scripta mandamus quatenus, vocatis omnibus et singulis in dicta ecclesia beneficia obtinentibus, si ipsorum aut majoris partis eorum in premissis accedat assensus, ecclesiam Sancte Crucis predict. in collegiatam erigas, necnon decanum, sacristam, canonicos, chorarios et
clericos ut prefertur deputes et instituas, ac eamdem ecclesiam cum
sacristia, capellaniis, prioratu de Eyguno, ordinis St Benedicti, et
omnibus aliis beneficiis et officiis supradict. in eadem ecclesia
parrochiali existentibus, suppresso et extincto prefato ordine, invicem
unias, incorpores et annectas, necnon super omn. et sing. premissis
prout conscientie tue, quam super hoc oneramus, melius videbitur
expedire, diocesani loci et cujuslibet alterius licentia minime requisita, absque tamen alicujus prejudicio : nos enim tibi omnia et
singula supradicta agendi, disponendi et exequendi plenam et liberam

tenore presentium concedimus facultatem, non obstantibus... Datum
Spoleti, anno Incarnationis Dominice MᶜCCCCᵒXLIXᵒ, iiiᵒ idus
junii, pontificatus nostri anno iiiᵒ. Pe. de Nozeto, E. de Theranda.

(*) Cartul. ms. de St-Paul-Trois-Châteaux, fᵒ clxiij : « Datum pro copia
extracta ab originali, cum quo fuit facta collatio per me, F. Banardi. —
Recueil B, nᵒ 66. — Copie interpolée aux arch. de la Drôme.

CXXV.   *14 octobre 1447.*

(Nicolai Vᵗ papæ confirmatio permutationis an. 1447)*.

Nicolaus episcopus, servus servorum Dei, ad futuram rei memoriam. Dum intuitum nostre conservationis extendimus ad præ-
claram dilectionem quam dilectus filius nobilis vir Ludovicus dalphinus Viennensis, gonfalonerius noster[1], illibatam ad nos et Romanam gerit ecclesiam, dumque etiam egregia virtutum suarum merita,
quibus clarere dignoscitur, diligenter actendimus, merito inducimur
ad ea sibi favorabiliter concedenda que ad status sui commoditatem
respicere videantur. Sane pro parte dicti dalphini nuper nobis exi-
bita petitio continebat quod venᵇⁱˢ frater noster Petrus episcopus
Albanensis, in civitate nostra Avinionensi et nonnullis aliis locis
sedis apostolice legatus, ex certis rationabilibus causis animum suum
moventibus castrum Montillii Adhemarii cum medietate ejusdem
ville, Valentin. diocesis, ad nos et dict. ecclesiam pleno jure spectans,
dummodo noster assensus accederet, ac prefat. Ludovicus dalphinus
castrum Grillonis, Tricastrin. diocesis, ad ipsum dalphinum pertinens, cum omnibus juribus et pertinenciis eorumdem, sub certis
modis tunc expressis invicem permutarunt sua castra hujᵈⁱ, alter
alteri dedit et concessit, iidemque legatus castri Grillonis ac dalphinus castri Montillii Adhemarii cum dicta medietate ville possessionem
fuerunt pacifficam assequti, prout hec[1]..; cum autem, sicut eadem
petitio subjungebat, idem dalphinus dubitans premissa viribus non
subsistere, pro parte ipsius nobis fuit humiliter supplicatum ut premissis... pro eorum subsistentia firmiori robur apostolice confirmationis adjicere de benignitate apostol. dignaremur. Nos igitur, exis-
timantes prefat. cardinalem nonnisi necessariis et bonis causis ad hoc
animum suum moventibus processisse, hujᵈ supplicationibus inclinati, permutationem sive donationem et concessionem et possessionis
assecutionem predict. et omnia inde secuta authoritate apostolica ex
certa nostra scientia confirmamus ac presentis scripti patrocinio communimus, supplentes omnes deffectus si qui forsan intervenerint in

eisdem, dummodo idem dalphinus et sui in comitatu Valentin. et
Diensi pro tempore successores prefato legato vel alteri pro Romana
ecclesia in dict. partibus legato aut rectori seu gubernatori pro tempore existentibus omnia et singula solita et consueta jura que per comites Valentin. et Dien. Romanæ ecclesie exhiberi et prestari hactenus consueverunt seu debuerunt de consuetudine vel de jure, quibus
in aliquo prejudicari nolumus, prestet et exibeat seu p-ent et e-ant
cum effectu. Nulli ergo... pag. nostræ confirmationis, communionis
et suppletionis..; si quis... Datum Romæ, apud Sanctum Petrum,
anno Incarnat. Domin. M°CCCC°XLVII°, pridie idus octobris, pontiflicatus nostri anno 1°. Jo. de Vulteriis, F. de Laude, Poggius; registrata in camera apostolica, S. Cousin [3].

(*) Arch. de l'Isère, reg. *I^{us} liber copiarum comitatus Valen. et Diensis
DD* (B. 288), f° VII^{xx} vij. — Recueil B, n° 62 (d'après le précéd.).
(1) La charge de gonfalonier de l'église Romaine avait été donnée au
dauphin Louis (XI) par le pape Eugène IV, le 25 août 1444 (*Cartul. ms.
de St-Paul-Trois-Châteaux*, f° lxj). — (2) Voir la ch. cxxi, p. 283.
(3) A la suite se trouve le bref suivant, du 22 octob. 1417, relatif aux
résultats de la mission du jurisconsulte Guy Pape, envoyé par le dauphin
auprès du nouveau pape Nicolas V; il porte cette suscription : « Dilecto
filio nobili viro Ludovico dalphino Viennensi, gonfalonerio nostro ».

NICOLAUS episcopus, servus servorum Dei, dilecto filio nobili viro
Ludovico dalphino Viennensi, gonfalonerio nostro, salutem et
apostolicam benedictionem. Accessit ad nos dilectus filius Guido Pape,
legum doctor, nuncius et orator tuus, quem libenter vidimus tui contemplacione et benigne audivimus que tui ex parte retulit nobis. Cupientes ergo complacere tuis votis in omnibus que te desiderare vi-
demus, exaudivimus tuas supplicaciones quantum honestas passa est
et ita ut putemus satisfactum desiderio tuo; itaque ipse Guido ad te
revertitur expeditus, cum benedictione nostra. Et certe persuadeat
sibi tua excellencia te habere spiritalem patrem, qui te diligat et amet
caritate paterna et qui in tua virtute et devocione singularem fiduciam gerit in promptu semper, quantum permictet Deus, ad ea que ce-
dant ad statum et honorem tuum et tuam ac tuorum consolacionem :
nam audivimus et vidimus te semper promptum et paratum ad ea
que videres cedere ad honorem Dei et statum ac dignitatem Romane
ecclesie et apostolice sedis. De nostra autem erga tuam prudenciam
singulari affectione dictus Guido, qui eam verbo et opere perspexit,
lacius loquetur tecum, cui velis in hoc fidem prebere. Datum Rome,
apud Sanctum Petrum, anno Incarnae. Domin. M°CCCC°XLVII°°, XI°
kalend. novembris, pontificatus nostri anno 1°.   P. DAVIDIS.

CXXVI°.   *22 novembre 1449.*

Loys, aisné filz du roy de France, daulphin de Viennoys, conte
de Valentinoys et de Dioys, au senescal de nosd. contés de

Valentinois et de Dioys ou d' son lieutenant en son siege du Mon-
tellymart, salut. De la partie de nostre amé et feal conseiller frere
Mathieu Pecol, religieulx de l'ordre de Saint Benoist et prieur du
prieuré de Nostre Dame de Aygu, dud. lieu de Monteilhaymart, nous
a esté humblement exposé que come puis nagueres nostre saint pere
le Pape aye a nostre requeste collegiée l'eglise de Sainte Croys dud.
lieu de Monteilhaymart et a ycelle eglise uni led. prieuré de Nostre
Dame de Aygu, et tout par la forme et maniere que plus a plain peut
apparoir par la teneur de la bulle sur ce donnée par nostred. saint
pere aus gens d'eglise beneficiés oud. college, toutesvoiz ce non
obstant led. exposant doubte que les doyen, chapitre, chanoignes et
autres beneficiés en lad. eglise et college de Sainte Croix ou ores ou
pour le temps avenir luy feissent ou donnassent en ses droyz, revenues et possessions appartenens aud. prieuré ennuy ou empeschement contre la teneur et intencion de lad. bulle, en nous requerant
humblement provision ; pour quoy nous, ces choses considerées,
vous mandons et très expressement comandons.. que vous faictez
ou faictez faire inhibicion et deffence de par nous sur grosses paines
a nous appliquez aud. doyen, chappitre et autres gens beneficiés en
lad. eglise et college de Sainte Croix du Monteilhaymart que aud.
frere Math. Pecol, prieu dud. prieuré, ne en ses droiz, revenues et
possessions dependens et appartenans aud. prieuré ilz ne facent ne
mectent ou donnent... sa vie durant destorbiez, ennuy ne empeschement ne prejudice ou domaingge..., car ainsi nous plaist il estre
fait, non obstant... Donné à Saint Chier, le xxii° jour de novembre,
l'an de grace mil CCCC quarante neuf ; par mons' le daulphin, à la
relacion du conseil, POICTIERS.

(*) Recueil D, f° lxviiij : Registrum licterarum dom. prioris Ayguni. —
Le 4 décem. suiv. « nob. Arnaudus Audoardi, locumtenens dom° senescalli in sede Montilii Adhem. » signifia cette défense « honbus viris dd.
Bartholomeo Grangerii, Anthonio Alardi, Petro Jordani, Anthonio Serto-
ris, Johanni Beassie, nob. Eynardo Audoardi, canonicis, Humberto
corario, Anthonio de Aygahnechio sclaffardo... et in eorum personis d.
decano dicte ecclesie aliisque canonicis, corariis et sclaffardis... absentibus... »

CXXVII.   *24 mars 1450.*

LITTERE APPOSTOLICE CONFIRMATIONIS UNIONIS*.

NICOLAUS episcopus, servus servorum Dei, ad perpetuam rey
memoriam. Ea que pro divini cultus augmentatione in quibusvis

ecclesiis atque locis presertim auctoritate nostra provide processisse comperimus, ut illibata persistant libenter cum a nobis petitur apostolico munimine roboramus. Dudum siquidem, ad suplicationem dilecti filii nobilis viri Ludovici, carissimi in Xpo filii nostri Karoli Francorum regis illustris primogeniti, dalphini Viennensis existentis, pro ejus parte tunc nobis expositis rationabilibus causis per alias nostras litteras certo judici sub certis modis et formis tunc expressis dedimus in mandatis ut auctoritate nostra, vocatis *(ch. CXXIV, passim)*... Cum autem, sicut accepimus, erectio, deputatio, suppressio, unio, incorporatio et annectio predicte licterarum predict. vigore per cumdem excentorem postmodum rite processerint, illeque ad decorem et venustatem ecclesie collegiate ac ville huj^{dt}, in qua ecclesia singulis diebus una de die et alia pro mortuis missa cum nota et alta voce celebrantur necnon matutine et alie hore canonice dicuntur et divinus cultus devote et laudabiliter exercetur, plurimum redundare et cedere videantur, necnon ipsa ecclesia a ducentis annis et a tanto tempore de cujus contrario memoria hominum non existit per presbiteros et clericos seculares in ea habitantes in divinis et alias recta et gubernata fuerit ; quamvis tamen ab exequtione litterarum predict. pro parte dilectorum filiorum modernorum prioris dicti prioratus (de Eyguno) et abbatis monasterii Insule Barbare,..., a quo dict. prioratus dependere noscebatur, ad dilectum filium officialem Lugdunensem... de facto appellaverunt et appellationem huj^{dt} dicto judici intimari procuraverunt, ipseque prioratus, qui olim conventualis extitit, extra dict. villam situatus sit et magnam ruynam pasciatur et modicum servitium divinum inibi nec matutine neque misse cum nota seu etiam alie hore canonice dicuntur, pro parte dicti dalphini, asserentis se ad dict. collegiatam ecclesiam singularem gerere devotionis affectum, nobis fuit humiliter suplicatum ut erectioni, *etc.* ac aliis... factis atque gestis pro eorum subsistencia firmiori robur apostolice confirmationis adjicere de benignitate apostolica dignaremur. Nos igitur omnes et singulas lites et causas inter decanum et capitulum ac priorem et abbatem prefatos,.. auctoritate apostolica ad nos harum serie advocantes et penitus extinguentes ac super ecclesia et prioratu prefatis abbati et priori.. perpetuum silentium imponentes, ac statui decani et capituli predict. in premissis opportune providere volentes et huj^{dt} suplicationibus inclinati, erectionem, deputationem, suppressionem, unionem, annexionem et incorporationem predict... auctoritate apostol. ex certa sciencia confirmamus et approbamus necnon presentis scripti patrocinio communimus,

supplentes omn. et sing. deffectus si qui forsan intervenerint in eisdem,
et nichilominus unionem, annexionem et incorporationem easdem
quoad beneficia secularia et regularia etiam ad capellanias in dicta
ecclesia collegiata fundatas, que de jure patronatus laycorum fuerunt
et qui layci in ipsa unione consenserint et consentient infuturum,...
cum illa per cessum vel decessum modernorum ea obtinentium
aut alias deinceps vaccare contingerit, locum habere et suum ple-
narium effectum sortiri debere, et eo casu adveniente decano et
capitulo predict... beneficiorum sic unitorum juriumque et perti-
nentiarum eorundem corporalem possessionem auctoritate propria
libere aprehendere et illorum fructus ad se apropriari... licuisse et
licere.. : non obstantibus.. Nulli ergo.. ; si quis... Datum Rome, apud
Sanctum Petrum, anno Incarn. Domin. M° CCCC°XLIX°, ix° kalend.
aprilis, pontific. nostri anno III°. A. de Racaneto.

(*) *Cartul.* ms. *de St-Paul-Trois-Châteaux*, f° clxiij v° : « Datum pro
copia extracta ab originali cum quo fuit facta collatio per me, F.
Banhardi. »

CXXVIII.   *2 août 1452.*

(Patentes du Dauphin pour l'exemption des tailles)*.

Loys ainsné filz du roy de France, daulphin de Viennoys, conte de
Valentinoys et de Dioys, a touz ceulx qui ces presentes lettres
verront, salut. De la partie de noz chers et bien amez les cosses,
scinditz, bourgoys. manans et habitans de nostre ville de Monteil-
aymar nous a esté humblement exposé que, combien que despieca
et deslors que feismes l'acquest de la moitié d'icelle ville nous les
eussons par noz autres lettres et pour les causes en icelles contenues
affranchiz et exemptez de toutes tailles, aydes et subsides mises et a
mectre sur de par nous en nosd. Daulphiné et contez, neantmoins
ceste presente année ceulx de nostre chambre des comptes, par vertu
de certaines lettres impetrées par inadvertance ou autrement par le
procureur des troys estaz d'iceulx noz pays, ont assis et imposez lesd.
suppliants a certain nombre de feuz comme les autres de nosd. pays
et les a voulu et veult nostre amé et feal conseiller et tresorier
general de toutes noz finances contraindre a paier ce que ilz ont esté
tauxez et imposez, en leur tresgrant grief, prejudice et dommaige,
et plus pourroit estre ou temps avenir, si come ilz dient, se par
nous ne leur estoit sur ce pourveu, en nous humblement requerant

que, actendu ce que dit est, nous les vueillons faire joyr de leur dite franchise ; savoir faisons que nous, considerans les bons et agreables services que nous ont faiz les dessusdits le temps passé et font chacun jour de bien en mieulx, voulans obtemperer a leur requeste, a iceulx avons octroyé et octroyons et declairé nostre vouloir estre tel de grace espicial et plaine puissance par ces presentes que doresenavant et pour le temps present ilz soient tenuz quictes, francs et exemps d'icelles tailles, aydes et subsides, et tout sellon la forme et teneur de leursd. premieres lettres. Si donnons en mandement... a noz amez et feaulx conseillers les gouverneur ou son lieutenant, gens de nostre conseil, de noz comptes et tresorier residens a Romans, au senneschal de nosd. contez et u touz noz autres justiciers et officiers..: car ainsi le voulons et nous plaist estre fait... Données à Valence, le u⁰ jour d'aoust l'an de grace mil CCCC cinquante et deux. — *(Au repli).* Par monseigneur le Daulphin, le mareschal du Daulphiné, le sire d'Aymaville, le general et autres presens, BOURRE.

(*) Original parch. de 21 lig. coté let. L. avec l'entérinement par le gouverneur Louis de Laval, « dat. in loco Stelle, d. penult. m. augusti a. D. 1452 », et une nouvelle attestation du même pour l'exemption de toute contribution, « dat. Vienne, d. 16 m. decemb. a. D. 1456 ».

CXXIX.   *Février 1455.*

(PATENTES DU MÊME POUR LEVÉE D'IMPOSITION)*.

Loys, ainsné fils du roy de France, dauphin de Viennois, comte de Valentinois et Diois, savoir faisons a tous presents et avenirs nous avoir reçu humble supplication des cosses, sindics, bourgeois, manants et habitants de notre ville du Montelimart, contenant que obstant les grands charges qu'ils ont eu le temps passé a suporter et memement avant qu'ils fussent en nos mains et ont encore de jour en jour ils ne pouroient ne auroient de quoy faire faire plusieurs fortifications, reparations ne autres charges insupportables qui sont necessaires a lad. ville, et a quoy ils entendroient tres volontier et par special le pont qui est commencé sur la riviere de Roubion qui passe pres d'icelle ville, si notre grace ne leur etoit sur ce impartie, en nous humblement suppliant que, attendu ce que dit est, nous leur veuillons octroyer a toujours, mais en tant que bon leur semblera, les choses qui s'ensuivent: c'est à savoir qu'ils puissent faire inditz de lever ou faire lever sur toutes les chairs qui dorenavant se vendront en detail dans lad. ville pour chacune livre 1 denier de monnoye courante, dont les 24 deniers valent 1 gros, ou moindre se mestier est ; et aussy que pour obvier aux inconvenients et dommages qui en temps passé ont été faits et encores se font de jour en jour par aucuns des bouchers d'icelle ville ils puissent vendre ou faire vendre à l'enquant public la boucherie de lad. ville et la livrer à ceux qui meilleur marché de chair voudront faire au profit de la chose publique, et que nuls autres fors ceux a qui elle sera livrée ne puissent ne doivent vendre aucune chair ; et outre pour ce que les Juifs demeurants en icelle ville font tuer leurs chairs en lad. boucherie et après ce qu'ils les ont visitées en prennent ce qu'ils veulent et le demeurant laissent, que pour obvier aux suspections et inconvenients qui en pouroient ensuivre nous leur veuillons aussy octroyer que par nos officiers dud. lieu soit ordonné et établit auxd. Juifs un boucher de ceux qui achetteront lad. boucherie et non autre, qui sera tenu les fournir des chairs a eux necessaires seulement et non plus avant, et ce que luy demeurera desd. chairs qu'il les puisse vendre a qui il poura en un banc a part et non point a lad. boucherie avec celles des Chrestiens. Pourquoy nous, les choses dessus dites bien considerées, voulant obtemperer à la requette desd. suppliants, a iceux... avons octroyé et octroyons de grace spécialle... les choses dessus dites.., pour l'argent qui en ystra tourner et convertir esd. fortifications et autres choses necessaires de lad. ville et du pont et non ailleurs ; si donnons en mandement... a nos amés et feaux conseillers les gouverneur et gens de notre parlement residants a Grenoble, au senechal de nosd. comtés et a tous nos autres justiciers et officiers.. ; car ainsy le voulons et nous plait etre fait... Donné a Valence, ou mois de février, l'an de grace 1454 ; par mons^r le Dauphin, le marechal du Dauphiné, le sire de Crussol et autres presents, J. Bourre.

(¹. Recueil B, n° 67, copié sur l'origin. coté M en 1732 ; inséré dans l'entérinement du gouverneur Louis de Laval. « dat. Gratianopoli, d. 27 m. martii a. N. D. 1455 ».

CXXX. 5 juin 1455.

(Homagium Ludovici dalphini papæ Calixto IIIᵒ)'.

Petrus, miseracione divina episcopus Albanensis, sancte Romane ecclesie cardinalis de Fuxo vulgariter nuncupatus, in civitate

Avinionis et comitatu Veneyssini pro dom° nostro papa et s° Romana ecclesia in temporalibus vicarius generalis, ac in Arelatensi, Aquensi et nunnullis aliis provinciis, civitatibus et diocesibus a latere sedis appostolice legatus, univ. et sing. subdictis dom¹ nostri pape in civitate Avinioni et comitatu Venayssini ceterisque terris eisdem adjacentibus ac aliis incolis et habitatoribus et quibusvis personis non subdictis notum facimus et tenore presencium atestamur quod, die dato presencium, nobilis strenuusque miles dom. Karolus de Grollea, dominus de ChasteauVillain, diocesis Viennensis, in presencia nostra personaliter constitutus, nomine illᵐⁱ principis et domini dom. dalphini Viennensis comitisque Valentinen. et Dyensis, prestitit homagium et fidelitatis juramentum, juxta mandatum et potestatem per eumdem illᵐᵘᵐ principem et dominum sibi actributam, quam his pro inserta haberi volumus ¹, et alias sub forma et modis in talibus fieri consuetis, pro castro videl. Montis Adhemarii, Valentin. diocesis, quod nomine ecclesie Romane prefatus illᵐᵘˢ princeps et dominus recognovit et recognoscit per supradictum tenere; quod quidem homagium et fidelitatis juramentum nominibus quibus supra admisimus et recepimus, admictimusque et recipimus per presentes volumusque prefat. illuᵐᵘᵐ principem et dominum quieta et pacifica ejusdem castri Montillii Adhemarii cum suis pertinenciis possessione uti et frui. In quorum omnium et singul. supradict. fidem et testimonium presentes licteras patentes concessimus et fieri jubsimus sigillo nostro auctentico appendenti munitas. Datum in palacio appostolico Avinionis, die vᵃ mensis jugnii, anno Incarnac. Domin. M°CCCC°LV°, pontificatus ssᵐⁱ in Xpo patris et dom¹ nostri d. Calixti div. provid. pape IIIⁱ anno 1°. Regⁱˢ.   H. de Austabeno.

(*) Arch. de l'Isère, reg. *Iᵘˢ lib. copiar. comit. Valent. et Diensis DD* (B. 288), f° VIIˣˣ xiij : *Copia licterarum ad causam homagii prestiti per dom. nostrum dalphinum summo pontiffici ad causam ville Montilhii Adhemarii;* originale ponitur in altera cassiarum Valen. et Diensis.

(1) Le texte s'en trouve à la suite : « donné à Valence, le 11ᵉ jour de juing, l'an de grace mil CCCC LV ; par mous' le Daulphin, l'arcevesque d'Ambrun, l'evesque de Valence, les gouverneur et mareschal du Daulphiné... »

CXXXI.   *26 octobre 1461.*

(Patentes de Louis XI pour maintenue des libertés)*.

Loys, par la grace de Dieu roy de France, daulphin de Viennoys, conte de Valentinoys et de Dioys, a noz amez et feaulx conseilliers les gouverneur de nostre Daulphiné ou son lieutenant, gens de nostre parlement, de noz comptes et tresourier dudit pays, salut et dilection. Humble supplication de noz bien amez les scindicz, consulz, bourgoys, manans et habitans de nostre ville de Monteilhaymart avons receue, contenant que nous estans oudit lieu et apres que eusmes acquis de nostre saint pere la moitié de la seigneurie de lad. ville qu'il y avoit et que le eusmes bien et deuement recompensé, en regard et consideracion a ce que ladicte ville qui est assise sur les fins et limitez de nostred. pais du Daulphiné, voulans subvenir et aider ausd. supplians, donnasmes certains previlegez, franchisez et libertez ausd. supplians, entre lesquelx leur donnions qu'ilz feussent francs et exemps de non venir es troys estaz de nostred. pais du Daulphiné, jacoit ce qu'ilz y feussent mandez, ne de payer et contribuer aux dons, charges et aidez misez sus en nostred. pais par les gens desd. troys estas..; et combien que iceulx exposans ayent joy et usé desd. previleges, libertés et franchises plainement et paisiblement durant le temps que avons fait nostre demourance oud. pais, ce non obstant depuis nostred. partement et que avons esté es pais de Flandres et de Brabant, aucuns officiers qui pour lors estoient en nostred. parlement et chambre des comptes, au prouchas et instance des troys estas dud. pais, voulans enfraindre lesdiz previleges, libertés et franchises par nous donnez et octroyez ausd. supplians.., les ont voulu contraindre a venir ausd. troys estas, payer et contribuer es dons, aides et suctides qui ont esté mis sus et levez en nostred. pais, et oultre plus en certaine novelle revision des feux faite oud. pais ont mis et fait estre lesd. supplians, a celle fin de les faire payer et contribuer es aides et taillies dud. pais, et pour ce que lesd. supplians ont esté reffusans de ce faire les ont mis en grans involucions de proces en nostred. court de parlement, non obstant que nous estans esd. pais de Flandres et de Brabant leur eussions rescript que pour amour et contemplacion de nous ilz voulsissent tenir et garder lesd. supplians en leurs previleges, franchises et libertés, et d'iceulx les faire joyr et user comme ilz faisoient quant nous estions en nostred. pais du Daulphiné : neantmoins de ce faire ilz ont esté reffusans, delayans et en demoure, et les ont mis en grans involucions de proces, ou grant mespris et content de nous, de nostre auctorité et puissance, grief prejudice et dommaige desd. supplians, et plus seroit se nostre grace ne leur estoit sur ce impartie ; en nous humblement requerant icelle. Pour ce est il que nous, ces choses considerées, voulans garder et conserver les previleges, franchises et libertez par nous a eulx donnez et octroyez et en iceulx les maintenir et garder, vous mandons et comandons par ces presentes que s'il vous appert deuement desd. previleges, franchises et libertez par nous donnez ausd. exposans... et qu'ilz en ayent joy et usé plainement et paisiblement, comme ilz dient, oudit cas vous lesd. exposans faictez joyr et user plainement et paisiblement desd. previleges, *etc.* et les mectez hors desd. *proces et despens et aussi des roole et escripture de lad. novelle revision de feux..* : car ainsi nous plaist et voulons estre fait, et ausd. supplians l'avons octroyé et octroyons de grace especial.., non obstant... Donné à Tours, le xxvj° jour d'octobre l'an de grace mil CCCC soixante et ung, et de nostre regne le premier ; par le roy daulphin, a la relacion du conseil, P. George.

(*) Inséré dans l'acte suiv. (ch. cxxxii). Suit un mandat du gouverneur Jean bâtard d'Armagnac pour l'entérinement desdites lettres, « dat. Gronopoli in parlamento, d. 19 m. novemb. 1461 ».

CXXXII.   *(Circ. 1462).*

Articuli consulum Montillii Adhemarii*.

PARUM ESSET libertates, previlegia et exempciones per principes suppremos concedere, nisi ille observarentur et illibate concederentur per eos ad quos spectat, videl. per ministros et exequutores justicie, et presertim quando tales libertates sunt antiquissime et per plures et diversos principes consequutiveconfirmate, et super eisdem in contradictorio judicio plur. et div. ordinaciones in favorem talium libertatum obtente. Quocirca ut huic magn° dalphinali parlamento constet et appareat sindicos et totam comunitatem Montillii Adhemarii debere gaudere libertatibus eisdem dudum per quond. dominos dicti loci concessis et eciam per ill^{mum} principem dominum nostrum modernum dicti loci Montillii, et non debere contribuere in subsidiis dalphinalibus nec comparere in congregacione trium statuum dalphinalium presentis patrie Dalphinatus nec teneri ad solucionem tallie levari ultimate ordinate.., traduntur... sequencia proposita dict. libertates declarancia, quibus quathinus in facto consistunt petunt per dd. advocatum et procuratores fiscalem et trium statuum responderi... In primis, quod de anno Dom^i M°C°XC°VIII° ab Incarn. *(ch. IX, p. 20)...* ; 4) item et successive de un. Dom. M°CCCC°XCV° ab Inc. et d. m^a m. febroar. *(ch. LXXXVII, p. 224-35)...*; 7) it. quod tandem et succes. de an. Dom. M°CCCC° XXVII° et d. xxii^a m. marcii *(ch. CVIII, p. 266-7)..*; 8) it. et succes. de an. Dom. M°CCCC°XLVII° et d. penult. m. maii *(ch.*

CXXII, p. 283-4)...; 10) it. quod dicte lictere per hoc magn.
dalphin. parlamentum fuerunt debite interinate et mandatum... dict.
libertates et imunitates.. observari.., sub an. Dom. M°CCCC°XLVIII°
et d. IXᵃ m. novemb.; *11)* it. succes. de an. Dom. M°CCCC°LII° et d.
IIᵃ m. augusti *(ch. CXXVIII, p. 293-4)...; 15)* item, quod dd. auditores
camere computorum dalphin... radiaverunt dict. comunitatem de
registro seu libro focorum solubilium juxta mandata.. ; *16)* it. succes.
de an. Dom. M°CCCC°LVI° et d. XVIᵃ m. decemb., quia gentes trium
statuum patrie Dalphinatus fecerunt unam talliam IIIIᵐ floren., in
qua... querendo semper anichillare libertates dicte comunitatis Mont.,
nulla precedente legitima causa, ipsam comunitatem perequari... et
certam cotam.. super eadem imponi fecerunt, ob quod recursum
habuit ad.. d. gubernatorem Dalphinatus.., qui mandavit... ne
compelleretur ad solucionem rate seu cote dicti subsidii:., sed radia-
retur et aboleretur a papiro et regestro camere computorum dalphin..;
17) item quod, premissis... non obstantibus, gentes trium statuum
pres. patrie ipsos iterum... de an. Dom. M°CCCC°LVII° aggregave-
runt dict. comunitatem Mont. in subsidio per ipsos de dicto anno
concesso, ita.. quod fuit perequata... in camera computorum dalphin.
ad certam ratam et porcionem, ob quod dicta comunitas recursum
habuit de novo ad dict... d. gubernatorem Dalphin...; *18)* item,
quod.. d. gubernator... mandavit... d. thesaurario dalphin. et ceteris
officiariis ne ab ead. comunitate nec habitatoribus ejusdem ad causam
dicti subsidii... quicquam haberet exhigere.. ; *19)* item quod, non
obstantibus dict. licteris.., dict. d. thesaurarius non desistebat...
compellere dict. comunitatem pro solucione dicti subsidii, ita.. quod
fuit neccessarium per ipsam comunitatem recursum habere ad eund.
d. gubernatorem in civitate Janue; *20)* item, quod ab eod. d. gubernatore in dicta civitate Januensi ipsa comunitas obtinuit licteras per
quas mandabatur gentibus venᵗⁱˢ curie parlamenti Dalphinatus, thesaurario generali et auditoribus camere computorum dalphin. necnon
judici castellanoque Montillii Adhem. et ceteris officiariis dalphin.
quathinus observarent libertates et franchesias dicte comunitatis.., et
quia intelloxerat aliqua fuisse actemptata incontrarium, mandabat
omnia in statum prestinum reducere..; *21)* item, quod tandem...
dicta venᵗⁱˢ curia parlamenti dalphin. ordinavit dict. licteras libertatum fore.. interinandas, mandando et inhibendo.. ; *22)* item quod,
non obstantibus dict. libertatibus et confirmacionibus earumd...
gentes dict. trium statuum Dalphin. iterum et de novo... ipsam
comunitatem.. in subsidio dalphinali per ipsas.. ultimate concesso

voluerunt comprehendere.. et eand. perequari fecerunt pro certa
rata.., et quam ratam dict. d. thesaurarius dalphin. nictitur ab eadem
exhigere..; *23)* item, quod propterea dicta comunitas videns sic se
esse gravatam et multipliciter oppressam et quod.. libertas in qua
erant non solvendi eidem tollebatur, ad Xpianissimum regem Fran-
chorum recursum habuerunt et predicta omnia ad longum explana-
verunt, supplicans... inhiberi...; *24)* item quod ser^mus rex Francho-
rum, audita humili supplicacione, mandavit per suas licteras mag^co
viro d. gubernatori Dalphin. ut dict. libertates, franchesias et
inmunitates... observari faceret de puncto ad punctum, taliter
quod amplius ad ipsum per dict. comunitatem non esset querela; *25)*
item quod propterea dicta comunitas dict. licteras regias detulit ad..
d. gubernatorem Dalphin. in civitate Janue existentem et ab eod.
humiliter requisiit...; *26)* item quod dict. d. gubernator... mandavit
dominacionibus vestris per suas patentes licteras ut eidem comunitati
justiciam ministraretis, vocatis dd. advocato et procuratoribus fiscalibus et trium statuum Dalph., ipsis tamen debite exauditis, et quod
interim... eadem comunitas non molestaretur nec inquietaretur..;
27) item quod dicta comunitas dict. licteras pro justicia obtinenda
presentavit dominacionibus vestris, humiliter requirendo easdem
sibi observari..; *28)* item et ut constet dict. libertates, franch. et
imun. fore servandas, proponit dicta comunitas quod in obser-
vanciam dict. suarum libertatum ipsa fuit in possessione s. q. paciffica
et quieta non contribuendi in quibuscq. subsidiis, talliis seu donis,
et nedum dalphinalibus sed nec eciam comictalibus et papalibus, et
per tantum temporis spacium quod memoria hominis non existit..;
29) item quod tempore quo d. n. dalphinus recepit eand. comunitatem
erat in possessione et in eadem steterat tandiu quandiu ipse d. n.
stetit in pres. patria; *30)* item quod dict. d. n. dalphinus eandem
comunitatem recepit sub pactis et convencionibus quod servaret suas
libertates..; *31)* item et ex eo.. quia fuit dicta comunitas erga dict.
d. n. dalphinum bona et fidelis, et nunquam erga eundem comiserit
propter quod dicte ejus libertates debeant infringi; *32)* item, quod
in dict. libertatibus est clausula expressa quod, casu quo d. n.
dalphinus non servaret eidem comunitati ipsas libertates, quod ipso
facto.. sit liberata ab omni sacramento fidelitatis..; *33)* item quod
propterea... clarissime apparet dict. libertates eidem comunitati fore..
observandas respectu subsidiorum dalphinalium et comictalium et
aliorum donorum trium statuum, constatque fore.. inhibendum...
dd. thesaurario... et eciam advocato et procuratoribus fiscalibus et,

trium statuum.., dd. auditoribus camere computorum dalphin.., et
alias.. ; *34)* item, quod premissa univ. et sing. sunt vera, notoria et
manifesta, et de ipsis est publica vox et fama.

(*) Inséré dans l'entérinement des lettres précédentes par « Johannes bastardus de Armigniaco, dominus Turnonis et Cordonis, marescallus
Francie, consiliarius et primus cambellanus regius, gubernator Dalphinatus... Dat. Gracionopoli, die xvᵃ mens. febroarii anno Nativit. Dom.
MᵒCCCCᵒLXIIⁿ; per arrestum curie, Vivier ». — Original parch. coté let.
K. — Vidimus du 26 juin 1466 (v. la ch. suiv.), avec lettres du gouverneur,
du 15 févr. 1462, et des auditeurs des comptes, du 12 avril suiv. — Inséré
dans l'acte du 11 avril 1535. — Copies aux arch. de l'Isère, reg. *Iᵘˢ lib.
copiar. Valentin. et Dien.* (Iᵉ 288), fᵒ IIᵉ xlvj, et dans le Recueil B, nᵒ 6ᵉ.

CXXXIII*.   *(Circ. 1465).*

Excellencie dalphinali humiliter exponendo supplicatur pro parte
consulum ville Montilii Adhemarii nomine universitatis habitancium ejusdem ville, super eo videl. quod licet ipsi supplicantes
juxta tenorem suarum pactionum et libertatum minime contribuere
debeant in taillliis, donis et aliis subsidiis per gentes trium statuum
patrie Dalphinatus et comitatuum Valentinen. et Dyensis inditis et
indicendis, concessis et concedendis sicuti venire minusque vocati in
tribus statibus dict. patriarum, de hocque sentenciam et arrestum
obtinuerint in curia laudᵗⁱˢ parlamenti Dalphinatus Gracinopoli resi-
dentis, hiis tamen non obstantibus gentes dict. trium statuum in
ultima congregatione per ipsos facta ordinaverunt levari in dict.
patriis Xᵐ libras et, ut fertur, eosdem de Montilio pro certa rata in
premissis contribui facere nictuntur, sumpta occasione pro causa
quod ipsa taillia indicitur pro tuicione et conservacione patrie proque
solvendo C homines armorum et CCCC francos archerios ordinatos
pro custodia patrie, in quibus etiam contribuunt ecclesiastici et omnes
exempti ; verum, quia premissa sunt in eorum dict.que suarum
pactionum atque libertatum et arresti prejudicium, possentque eisdem
in futurum prejudicare, propterea ad eand. excellenciam recurrendo
humiliter supplicatur sibi de et super premissis providere de remedio
opportuno, mandando si placet dominis de camera compotorum dalphinalium necnon dd. thezaurario receptori, sive levatori dicte taillie
quathinus eosd. supplicantes radiare, cancellare et abolire habeant de
eorum libris et cotacionibus ac aliis scripturis taillie predicto.., in
observationem dict... libertatum...

(*) Inséré dans un *vidimus* du 26 juin 1466, délivré par « Nycolaus de
Prætocomitali domicellus, vicesenescallus comitatuum Valentinen. et

Dyensis in sede Montilii Adhem, ac Valdanie ressortuum... Acta Montilii
in diversorio B⁰ Marie, vid. in quad. parva camera bassa vocata du Soneil-
lier, present. Guillelmo de Sabeurays, juris utriusq. doctore, procuratore
gener. Dalphin. · La supplique est suivie d'une lettre favorable de
« Johannes comes Convenarum, marescallus Francie, gubernator Dalphinatus... Dat. Gracinopoli, d. XIII m. septemb. an. D. M⁰CCCC⁰LXV⁰ ; per d.
gubernatorem ad relacionem curie, qua erant dd. Ro. Guilloti, Gau. de
Ecclesia, présidens compotorum, advocatus, thezaurarius, A. Cocti, P.
Odoberti et appellacionum judex » ; enregistrée à la chambre des comptes
le lendemain. — Original parch. coté n° 56, avec sceau plaqué sur lemnisque.

CXXXIV.   *26 novembre 1467.*

LICTERE REGIE ET DALPHINALES SUPER FACTO TAILHARUM*.

Loys, par la grace de Dieu roy de France, daulphin de Viennois,
conte de Valentinois et de Dyois, a tous qui ces presentes lettres
verront salut. L'umble supplication de noz bien amez les consulz,
bourgois, manans et habitans de nostre ville du Monteilhemart avons
receu, contenant que par avant que lesdiz supplians et ladite seigneurie
du Monteilhemart feussent reduitz et mis soubz la seigneurie et main
dalphinal, leur furent des l'an 1198 donnez et octroyez par les seigneurs qui lors estoyent dudit lieu pour eulx et leurs successeurs pluseurs beaulx privileges, · franchises et libertez perpetuelles, et entre
autres de non payer ne contribuer a aucune taille, queste ou subside
pour quelque cause ne occasion qu'elle fust mise et imposée, et que
s'il advenoit que ladite franchise fust par eulx ou par leurs successeurs, seigneurs de ladite seigneurie, aucunement violée ou enfraintte,
leur fust octroyé en ce cas que lesdiz habitans fussent quittez et
exemps d'eulx et de leur seigneurie et de tout serement de feaulté, et
ainsi le promirent et jurerent lesditz seigneurs, comment par lettres
auctentiques sur ce faittes on dit ces choses estre plus a plain contenues et declarées ; lesquelles franchises, libertés et privileges ont
depuis esté confermées et ratiffées ausditz supplians tant par feu
Loys de Poitiers, lors conte de Valentinoys et de Dyois et seigneur en
partie dudit lieu du Monteilhemart, que par feu Mathieu de Foix,
lors gouverneur dudit Daulphiné et desdits contés de Valentinois et
de Dyois, seigneur en partie dudit Monteilhemart, commissaire en
ceste partie de feu nostre treschier seigneur et pere, que Dieu absol-
ve ; et semblablement leurs furent par nous confermées et ratiffées
l'an 1447, ou quel temps fut par nous acquise la moitié d'icelle seigneurie, et en tant que mestier estoit, furent ausditz supplians

lesditz privileges, franch. et lib. de nouvel données et octroyées, et
icelles promises et jurées faire garder et observer a tousjours sans
enfraindre ; et en oultre leur fut par nous octroyé qu'ilz ne puissent
estre deslors enavant aucunement mandez es congregations des trois
estas desdiz pays et contés, et se mandez y estoyent qu'ilz ne fussent
tenuz de y aler, ne aussi tenuz de contribuer aux subsides deuz et
autres charges qui par les gens desditz trois estas seroyent ordonnez
estre levez, ains en furent par nous declarez exemps, et sur ce leur
furent par nous declarez exemps, et sur ce leur furent par nous
octroyées lettres patentes, qui depuis furent enterinées tant par nostre
court de parlement que par les gens de noz comptes dudit Daulphiné ;
, et pour ce que environ l'an 1452 lesditz supplians avoient par les
gens desditz trois estas esté assis et imposez a certaine somme de
deniers, furent ausditz supplians par nous octroyées autres lectres,
par lesquelles fut par nous declaré nostre vouloir et intention avoir
esté et estre qu'ilz fussent quietes et exemps de toutes tailles, questes
et subsides dalphinaulx tant pour le temps passé que pour celluy
avenir, tout selon la forme et teneur de leurs franchises et libertez,
lesquelles lettres furent semblablement enterinées et veriffiées par
nostredite court de parlement et gens desdiz comptes dudit Daulphiné. Non obstant lesquelles choses, ceulx desditz trois estas dudit
pays tendans de tout leur povoir anuller lesdites franchises, privil.
et lib. se sont efforcés par pluseurs et diverses fois de asseoir, imposer et contraindre lesd. supplians a contribuer es tailles, dons et
octrois faiz par ceulx dudit pays, et a ceste cause ont lesdiz supplians
obtenu pluseurs et diverses provisions pour les en faire tenir quittez
et pausibles et les faire oster et-rayer du papier et registre de la
chambre desd. comptes du nombre des feux taillables, mais neantmoins le tresorier qui lors estoit audit Daulphiné se efforca de les
contraindre a payer la quote et porcion de certain impost qui avoit
esté mis sus audit pays, pour laquelle cause ilz obtindrent autres
lettres pour les faire garder et observer en leursd. privileges, franch.
et lib. touchans lesd. aides, tailles et octroys daulphinaulx, et pour
faire reparer tout ce qui avoit esté fait au contraire, sur l'enterinement desquelles lettres et provisions se sont meuz pluseurs proces
oudit parlement du Daulphiné entre lesdiz supplians d'une part, et
nostre procureur dud. Daulphiné et le procureur de ceulx desdiz
trois estas d'aultre part, et sur ce a esté tellement procedé que par
arrest et sentence des gens dud. parlement apres enqueste faicte et
parfaicte fut dit et declaré que lesd. lettres par lesd. supplians obte-

nues seroyent et de fait furent par lad. court de parlement enterinées, et en ce faisant fut declaré que lesd. supplians seroyent francz,
quictez et exemps de lors en avant de tous subsides, tailles ou dons
qui imposez avoyent esté ou seroyent de lors en avant imposez et mis
sus oud. pays du Daulphiné par les gens desd. trois estas, et avec ce
que de la novelle revision des feux qui avoit esté faicte oud. pays ilz
seroyent ostez et rayés du tout, comment par arrest et sentence de
lad. court de parlement douné l'an 1462 ces choses sont plus a plain
contenues et declarées ; au moyen desquelles choses ont lesd. supplians
depuis joy et usé desd. privileges et libertés et franchises, jasques
ad ce que de rechief ceulx desd. trois estas les ont voulu asseoir et
imposer a certaine somme de deniers pour certain don et outroy a
nous fait par les gens desd. trois estas l'an 1465, et semblablement
pour certain autre don et octroy fait l'an 1466, et de fait s'est voulu
efforcier nostre tresourier dud. pays de les vouloir contraindre a
payer leur quocte et porcion desd. don et octroy, soubz umbre de ce
que en nous faisans iceulx dons et octroys par lesd. trois estas avoit
esté dit, comme ilz disoyent, que lesd. supplians y contribueroyent
comme les autres dud. Daulphiné, et que les commissaires qui pour
ceste matiere estoyent par nous deleguez et envoyez oud. pais avoyent
receuz et acceptés lesd. dons et octroys ou aucun d'iceulx soubz lad.
condicion, jacoit ce toutesvoyes que l'aceptation de lad. condicion
faicte par nosd. delegués ne l'apposicion d'icelle ainsi pourchassée par
ceulx desd. trois estas ne puisse raisonnablement desroguer ne prejudicier ausd. supplians touchant lesd. privileges, franchises et
libertés sur lesquelz ilz ont obtenu en jugement contradictoire lesd.
arrest et sentence, et pour ce que lesd. assictes, impostz et contrain-
tes avoyent esté et estoyent faictes en venant directement contre lesd.
privileges, franch. et lib., se fussent lesd. supplians tirés par devers
nous en donnant entendre le contenu desd. privileges... et lesd. sentence et arrest, et aussi la joyssance qu'ilz en avoyent eu es temps pas-
sez, et que neantmoins nostre amé et feal conseiller Glaude Cot, tresorier dud. Daulphiné, les vouloit contraindre a payer les sommes desd.
impostz et de fait avoyent esté detenuz et arrestez pour ceste cause
aucuns desd. supplians jusques ad ce qu'ilz eussent payé lesd. tailles
et impostz, et qui plus est avoit tellement poursuit que par les gens de
nostred. parlement avoit esté ordonné que lesd. supplians payeroient
la somme sur eulx imposée de l'impost dont estoit question, et soubz
umbre de ce avoit derechief fait detenir et arrester aucuns autres
desd. supplians, et aussi pour certaine autre somme de deniers qu'on

leur demandoit pour certaine creue ou autre impost touchant lesd. dons et octrois daulphinaulx, et leur cas donné entendre furent par lesd. supplians obtenues noz autres lettres pour les faire tenir quictez et exemps desd. impostz sans plus les souffrir estre assis ne imposés ; mais ce non obstant nostred. tresourier ne veult pour ce cesser,'ains se efforce continuer lesd. contrainctes et exqution, soubz couleur de ce que en nosd. lettres n'estoit faicte mention de l'apointement donné par ceulx de nostred. parlement, *etc.*, et pour ce eurent de rechief lesd. supplians a nous recours, et après que lesd. privileges, franchises et libertés, saulances et arrestz confirmatoires d'icelles fusmes deuement informez, octroyasmes ausd. supplians nos autres lettres adressans a noz amez et feaulx les gouverneur dud. Daulphiné.. et gens de nostred. parlement, de noz comptes et tresorier en icelluy.., par lesquelles leur fut mandé et enjoint expressement... de faire, souffrir et laisser lesd. supplians... joyr et user de leursd. privileges, *etc.*, non obstant.., et avec ce que ceulx desd. supplians et leurs biens qui pour ceste cause auroyent esté empeschiez fussent du tout mis a plaine delivrance, et aussi fut deffendu et imposé silence... par nosd. lettres.. octroyées ou moys de fevrier darnierement passé ; desquelles lettres lesd. supplians... n'ont peu.. avoir.. enterinement... Et que plus est ont estées de nous obtenues autres lettres par ceulx desd. trois estas, contenans comment l'on dit que nostre vouloir et entention a esté et est que lesd. supplians et autres gens privilegiez dud. pays du Daulphiné et desd. contés de Valentinois et de Dioys, excepté seulement les nobles et gens d'église desd. pays, contribuent pour ceste fois, sans prejudice de leurs privileges et franchises pour le temps avenir, au payement de l'impost fait sur eulx touchant le don et octroy.., qui seroit par ce moyen du tout rendre.. leursd. privileges, *etc.* inutiles et illusoires.. : et pour ce nous ont... supplié et requis... Pour quoy nous... considerans que quant lad. seigneurie fut mise et reduitte soubz la main dalphinal, ce fut o telle condicion qu'ilz seroyent maintenuz et gardez esd. privileges, franchises et libertés, et que c'elles ne leurs estoyent gardées et observées ilz seroyent quictes et exemps de tout serement de feaulté envers lad. seigneurie dalphinal, considerans aussi que icelle seigneurie du Monteilhemart est située et marchisant sur la conté de Venisse, principaulté d'Orenge et autres terres franches et exemps de telles tailles et subsides..,'avons iceulx supplians par bonne et meure deliberation declaré et declarons de nostre plaine puissance et auctorité dalphinal francs, quittes et exemps desd. impostz.., ensemble de toutes autres tailles... ores et

pour le temps avenir... soubz umbre ou coleur de quelconque forme ou
condicion.. ; si donnons en mandement aud. gouverneur.. et gens de
nostred. parlement.., aux seneschal de Valentinois et baillifz des
montaignes dud. pays.., car ainsi le voulons et nous plaist estre faict..,
non obstant... Donné au Mans, le xxvj^me jour de novembre, l'an de
grace mil quatre cens soixante sept et de nostre regne le septiesme ;
par le roy daulphin, Bourre.

(*) Inséré dans l'entérinement obtenu du gouverneur Jean comte de
Comminges : « dat. Gracionopoli, d. 28 m. jan. a. Nat. D. 1469 ; per d.
gubernat. in consilio quo erant dd. de Barbazano miles, Gau. de Ecclesia,
Ja. Roberteti, A. Labize advoc., thesaurarius gener., A. Cocti, P. Odoberti,
G. Laterii, judex major appellacionum, baillivi montium Dalphin. et de
Gevodau conces. Pradelli. » Il comprend à la suite deux lettres « de par
le roy daulphin a nostre treschier et amé cousin le conte de Comminge,
gouverneur de nostre pais du Daulphiné » et « a noz amez et feaulx
conseilliers les gens tenans nostre court de parlement du Daulphiné seant
à Grenoble » pour en presser l'exécution : « don. aux Moultiz (*al.* Moutilz
lez Tours), le xxviiie (*et* xxixme) jour de decembre (1468). Loys. » —
Origin. parch. coté n° 40, trace de sceau sur lemu. Arch. de l'Isère, reg.
I^us *lib. cop. comit. Valen. et Dien.* (B. 288), cah. 266. — A l'acte est jointe
l'attestation des auditeurs des comptes, en date du 18 févr. 1469, et, du
même jour, l'inhibition faite par l'huissier du parlement au procureur des
trois états.

CXXXV*.   *2-20 février 1469.*

IN nomine Domini, amen... Cum portus Robionis fuerit venditum
et deliberatum ad inquantum publ. villæ Montilii, ad extinctum
unius candelæ ceræ ardentis, in carreria publica ante domum heredum
Petri Roberti quond., juxta... consuetudines laudabiles in præs.
villa... in talibus diutius observatas, ad et per tres annos continuos et completos..., Claudio Fabri, præs. villæ Mont. Adhem.
habitatori, tanquam plus.. offerenti.., precio.. XL floren. monetæ
currentis, videl. pro quolibet.. anno XIII flor. et IIII gros..., solvendorum... consulibus et rectoribus.., de consensu nob. et hon. virorum Antonii de Marsana et Joannis Andreæ, consulum.., atque
eorumd. consiliariorum, et hoc anno felicis. Nativit. Dom^i M°CCCC°
LXIX° et die II^a mens.. februarii., ; hinc.. est quod anno proxime
dicto et die XX^a præs. men. februar.., dict. Claudius Fabri, emptor
emolumenti dicti portus,.. confessus fuit se debere.. solvere.... Acta..
Montilii, in domo villæ, præsent. discr. viris magr° Antonio
Bessaudi notario, Guilhermo Chapusii mercatore, Pontio de Cocor-
datio, Jacobo de Pluco... et me Reymundo Humberti... notario...

(*) Recueil B, n° 69, extr. de l'origin. parch. par Candy notr^e en 1817.

CXXXVI*. 7 *novembre 1471.*

Ɪɴ nomine Domini, amen. Noverint... quod anno a Nativit. ejusd. Domⁱ M°CCCC°LXXI°, indict. iiiⁱᵃ a Nativ. sumpta, die vero jovis que fuit et intitulabatur viiⁱᵃ d. mensis novembris,.. Pauli pape IIⁱ an. vii°,.. Ludovico rege Francorum regnante,.. congregati in ciminterio venᵗⁱˢ ecclesie vocato chorariorum, ubi cantare sive anniversarium pro anima dⁱ Guillelmi Prepositi, cond. chorarii dicte ecclesie Vivariensis, fiebat, revᵈᵘˢ in Xpo pater et dom. d. Helyas de Pompedorio, miserat. div. Vivariensis episcopus, necnon viri venᵗⁱˢ et circⁱⁱ dd. Anthonius de Borna, in utroque jure licenciatus, precentor, Georgius Lagarda, sacrista, Aymarius de Albinhacio alias Baysse, archiprebiter, Anthonius Yteus alias de Giourando, Grimoardus Monrelli, in legibus baccallarius, Johannes la Roche, in utroque jure baccallarius, canonici, Johannes Guigonis, Andreas de Valle, Steph. Laselva, Philippus Fageti, ebdomadarii, Nicholaus de Macello, Johannes Urti, prebendarii, Johannes Regius, sucentor, Helyas Camus, operarius, Martinus de Rupe, curatus Sancti Laurentii, Martinus de Molendino, curatus Beate Marie de Rodano, Anth. Rufii alias Molini, procurator universitatis, Guill. Cloussac, Anth. Girardi, Sinphorianus de Via, in decretis baccal., Georgius de Molinis, Stephanus de Morzelatio, Anth. Broseti, Andreas de Prato, Philippus Molini, Matheolinus Gribaudi, Johannes Arzelerii, Johannes de Turre, Jacobus de Noneriis, Ludovicus Fabri, Petrus Johannis, Petrus Broudelli, Johannes Pogeti, Guill. Gonterii, Johannes de Sancto Ferreolo, prebiteri, Durandus Broudelli, chorarii, Johannes Camus, Johannes Aliberti, Blasius de Petra, Johannes Bodolli, Georgius Amalvini, clerici, Anthonius de Campis, Anthonius de Pererio, Guillelmus Reynerii, Petrus de Valle et Johannes Girardi, clericuli, dicte ecclesie Vivarien. universitatem facientes.., certifficati ut dixerunt de quad. transactione et acordio factis inter... comissos per venᵗⁱᵉ capitulum Vivarien... et comunitatem hominum.. ville Montilii Adhem.., tam ad causam tabernagii... quam talliorum.. pro reparationibus meniorum *et* aliis negociis ville.., *ipsas*... laudaverunt... et conffirmaverunt.., promiserunt.., supponendo viribus.. curiarum venᵗⁱˢ capituli Vivarien., dⁱ archiepiscopi Viennen., regie Ville Nove de Berco et magn. et pot. viri d. senescalli Bellicadri et Nemausi... Acta... Vivarii, in castro, in dicto ciminterio ecclesie Vivarien. vocato chorariorum, testibus present. honᵇᵘˢ viris Guillelmo de

Ranco Vivarii, Lamberto Garcin, habitatore Duzere, Jaqueto de Vado, loci Castrinovi ad Rodanum, dioc. Tricastrinen., Stephano de Lhausimo Gradacii, Glaudio Guigonis, loci Sancti Albani subtus Sapsonem, Guillermo Alrici, filio Glaudii A., habitatore loci Sancti Thome, dioc. Vivarien.., et me Petro Robberti, clerico Vivarii, not. auctt. apost. et regia publ... †

(*) Origin. parch. de 35 lig., coté nᵒ 110 : *Consulum Montillii Arit.*

## CXXXVII.						*18 mai 1472.*

(SIXTI **IV** CONFIRMATIO ERECTIONIS ECCLESIÆ COLLEGIATÆ)*.

SIXTUS episcopus, servus servorum Dei, ad perpetuam rei memoriam. Ex supremæ providentia majestatis Romanus pontifex in supremo militantis ecclesiæ speculo constitutus, circa quarumlibet ecclesiarum statum . salubriter dirigendum sollicite intendit, earum decorem et honorem auget, commoditatibus ecclesiasticarum personarum in his constitutarum opportune providet et ea quæ propterea processisse noscuntur appostolico munimine corroborat, prout causæ rationales suadent et id conspicit salubriter expedire. Dudum siquidem fe. rec. Nicolaus papa Vᵘˢ, prædecessor noster, ex certis tunc expressis causis, ad humilem supplicationis instantiam charissimi in Christo filii nostri Ludovici Francorum regis illustris, tunc delphini Viennensis, decano ecclesiæ Valentinen. ejus proprio nomine non expresso per suas litteras dedit in mandatis, ut accedente ad hoc communi beneficiatorum in parrochiali ecclesia Sanctæ Crucis Montilii Adhemari, Valentin. diœc., vel eorum majoris partis consensu, dict. parrochialem ecclesiam in collegiatam, cujus collegium Ludovici delphini nuncuparetur, erigeret *(etc. ut in ch. CXXIV et CXXVII)*... Nos igitur qui dudum inter cætera volumus quod semper in unionibus et earum confirmationibus commissio fieret et vocatio quorum interest et idem in confirmationibus unionum servaretur, hujᵈⁱ supplicationibus inclinati erectionem, institutionem, statum, unionem, annectionem, incorporationem omniaque... per ipsum decanum ecclesiæ Valentinen... gesta et inde secuta auctoritate apostholica tenore præsentium ex certa scientia approbamus et confirmamus, plenumque firmitatis robur obtinuisse et obtinere decernimus, supplentes.., et nihilominus prioratum de Ayguno, qui conventualis aut dignitas non est et a monasterio (Insulæ Barbaræ) dependet et cui cura non imminet animarum, ac illius sacristiam quæ ibidem simplex officium

existit... præfatæ mensæ ead. auth^te perpetuo incorporamus, annec-
timus et unimus, *etc*... Nulli... h. pag. nostræ approbationis, confir-
mat., constitut., suplect., incorporat., annect., unionis, suppressionis,
extinct., voluntatis et decreti... Datum Romæ, apud Sanctum Petrum,
anno Incarnat. Domin. M°CCCC°LXXII° et die xviii^a mens. maii,
pontific. nostri an. i°.

(*) Recueil B, n° 70, sans indication de source.

CXXXVIII.   *28 mars 1482.*

Emptio hospicii Anthonii la Mura macellarii*.

In nomine Domini nostri Jhesu Xpisti, amen. Noverint... quod anno
beatis. Incarnac. ejusd. Dom^i M°CCCC°LXXXII° et die xxviii^a mens.
marcii,... Anthonius la Mura, macellarius habitator ville Montilii
Adhem.,... vendidit et titulo pure, perfecte, simplicis et irrevocabilis
vendicionis traddidit et concessit s. q. hon^bus viris Yvoneto Herberti
et Guillelmo Cipeti, consulibus, rectoribus.. universitatis jamdicte
ville, *ejusdem* nomine.., quod. ipsius A. hospicium, per ipsum
noviter aquisitum a mag° Anthonio Roberti mercerio, scitum infra
dict. villam Mont., in carreria vocata inter duas portas, confrontatum
ab oriente cum bedale molendinorum, quod. itinere parvo in medio,
ab occidente et a vento cum orto Glaudii Fabri et a bisia cum hospitali ville.., ad habendum, *etc*., precio.. xlii floren. monete currentis,
xii gros. pro quolibet, quod.. asserens.. esse satis grande, justum et
amplum confessus fuit se habuisse.., renunciavit.., dans et concedens.., promictens.., se devestivit... tradicione unius calami scrip-
toris in manibus notarii.. recipientis.. ad opus nobb. *Guigardi de
Pratocomitali*, domini Ancone, et *Mathei Burgensis*, a quibus teneri
dicitur... sub censu.. xviii den... Acta... in dicta villa M. A., vid.
in appotheca *Petri* et *Duroni de Quercore* fratrum, present. nob^ll et
hon^bus viris *Ludovico Foresii*, domino de Juncheriis, dicto P. et
Anthonio de Quercore, patre et filio, *Durono de Q.*, mercatoribus,
Stephano Reverenquin, chausaterio, *Jacobo de Morzelacio* et *Jacobo
Ruffi*.., et me *Petro Galimardi*, notario... †

(*) Original parch. de 77 lig., coté n° 167.

CXXXIX*.   *19 mars 1484.*

In nomine Domini nostri Jhesu Xpisti, amen. Noverint... quod anno
beatis. Incarnac. ejusd. Dom^i M°CCCC°LXXXIII° et die xix° mens.

marcii,.. honesta mulier Bartholomea relicta Ludovici Bellini, pannorum tonsoris, habitatrix ville Montilii Adheymarii,.. vendidit et titulo... irrevocabilis venditionis tradidit et concessit s. q. nob. et hon[ll] viris Guigardo de Prato Comitali, domino Ancone, et Petro Goytruti, consulibus et rectoribus habitancium et incolarum universitatis jamdicte ville M. A.,.. quamd. curtem scitam infra dict. villam, in carreria vocata inter duas portas, confrontatam ab oriente cum hospicio Jacobi de Cous de Tilio, Vivarien. dioc., ab occidente cum hospitali novo dicte ville, itinere medio, a bisia cum hospicio dicte Barth. venditricis et u vento cum itinere publ. quo itur ad dict. hospitale ville,.. precio.. viii flor. monete currentis, xii gros. pro quolibet flor., quos confessa fuit habuisse... Acta... in dicta villa, in carreria publ. ante hospicium Stephani Gayeti, pannorum tonsoris, present. provid. viris Jacobo Dalmacii, Johanne Gontardi chausaterio, Raymundo Pascalis somalerio et Bartholomeo Chabotoni conreatore.., et me Petro Galimardi, notario... †

(*) Original parch. de 80 lig., coté n° 166.

CXL*.

Octobre 1484.

Karolus, Dei gracia Francorum rex, dalphinus Viennensis comesque Valentinensis et Diensis, et dominus Montillii Adhemarii... Cum perfectis interdum negociis robur confirmacionis adiciatur non ex indigentia postulantis, sed ut pendatur benivolencia confirmantis ; presentatis nobis igitur privilegiis, libertatibus et immunitatibus, usibus et consuetudini(bu)s dilectis et fidelibus nostris universitatis hominum, habitancium et incolarum castrorum, ville et mandamenti nostri Montillii Adheymarii per predecessores nostros olim concessis.., que.., considerata.., ex gencium magni nostri consillii deliberacione, rata et grata habentes... perpetuo volumus, laudamus, approbamus et ratifficamus... Quocirca... mandamus... Datum apud Montemargii, in mense octobris anno Domini M°CCCC°LXXXIIII°, regni vero nostri ii°. Per regem dalphinum, comitibus Claramontensi et Bressie, domino de Graville, bailivo Mœldensi et aliis presentibus. Leber not., visa Contentor, F. Texier not. registrata.

(*) *Cartul.*, f° 59 v°, semblable à la ch. cxxii. A la suite entérinement par « Franciscus comes Dunensis et Longe Ville, dominus de Partenay. magnus camberllanus Francie, gubernator Dalphinatus... Dat. Grocinopolis, d. iiii[a] m. novembris anno Dom. M°D°IIII°; per d. gubernat. ad relacion. curie qua erant dd. Jo. Palmerii presidens, G. de Ecclesia, Jo. de Ventes, Jacobus Roberteti, G. Laterii advocatus et H. Selacii, prior Tullini. A. Chastainni not. »

CXLI.   23 août 1485.

(Sententia contra juridictionem episcopi Valentin.)*

PHILIPUS de Sabaudia, comes Baugiaci, dominus Breyssie, gubernator Dalphinatus,.. notum fleri volumus quod anno glorios.
Nativit. Domini M°CCCC°LXXXV° et die xxIII° mesis augusti, qua die
per ven^{dam} curiam dalphinalis parlamenti in loco subscripto, ubi
nunc dicta curia residet causante peste Gracionopolis presencialiter
vigente, fuerunt tente et pronunciate arresta et sentencie diffinitive
que dari et profferri consueverunt in vigilia b¹ Mathie appostoli..,
causa... mota et pendente indeciza inter rev. in X° patrem et dom.
d. episcopum Valentin. et Dyensem.., et hon^{les} viros mag. Jacobum
Caculi ac sindicos, consules et homines et habitantes ville Montillii
Adheymarii..., visis... quibusd. articulis.. : « Rev. d. episcopi et
comictis parte offeruntur subscripta proposita.. : in primis quod dict.
rev. in X° pater d. episcopus et comes Valentin. et Dyensis modernus
et sui predecessores... fuerunt episcopi et comictes comictatus Valen.
et Dyen... per tanti temporis spacium quod hominis memoria non
excistit in contrarium : *credit quod... fuerunt episcopi, cetera non
credit;* item... sunt et acthenus eciam temporis spacio supradicti
fuerunt episcopi et comictes dict. comictatuum et patrie Vallen. et
Dyen., scientibus et scire volentibus sen^{mo} d. n. dalphino et suis
predecessoribus, necnon dict. consulibus.. et habitantibus dicte
ville.. : *ut supra*; item, quod dicta villa.. Montillii Adhem. cum
toto suo territorio et mandamento est et acth. fuit de dyocesi et epis-
copatu ac eciam comictatu Valen. et infra ipsam dyocesim et limites
ejusd. sita.. : *credit quod fuit de dyocesi, sed non totum territorium,
cetera non credit;* item, quod dicti dd. episcopi et comictes... ut
episcopi et comictes Valen., signanter ante recognicionem et pactiones
inhitas inter... d. n. dalphinum... et.. d. Ludovicum de Pictavia, tunc
episcopum et comictem.., sunt et acth. fuerunt in possessione s. q.
per suos officiales curie sue officialatus cognoscendi decidendique et
terminandi quascq. causas civiles et criminales, eciam pro rebus
prophanis et mere laycis, inter subdictos dicte dyocesis et habitantes
in eadem.., tam dicte ville... Mont. Adh. quam aliorum.. : *non
credit;* item et in qua possessione... sunt et acth. fuerunt.., non
obstantibus... indulto et privilegiis per dict. consules et incolas..
allegatis.. : *non credit*; item, quod si constet.. de indulto et privilegiis.., est et fuit incontrarium ipsorum... usum et.. usitatum.. :

credit quod constat de indulto et privilegio quod non conveniuntur habitatores Mont. Adh. coram officiali Valen., cetera non credit; item, quod propterea dicta asserta indultum et privilegia... sunt et dici debent fuisse et esse perdicta et sublata : *non credit;* item, quod in dict. recognicione et pactionibus... fuit actum conventumque et promissum quod dict. d. episcopus et comes et sui successores... remanerent... in usibus, consuetudinibus, juridicionibus et aliis quibuscq. juribus quibus fuerant.. sui predecessores.. : *ignorat et ideo non credit;* item, quod si constet de aliquibus novacionibus, edictis licterisque aut inhibicionibus tam eciam ex parte dalphin. quam dict. consulum... incontrarium factis.., fuerunt emanato post dict. composicionem et recognicionem et non ante : *credit quod ante et post.. fuit inhibitum dd. episcopis et suis officialibus ne assumerent cognicionem in habitantes dicte ville pro causis mere prophanis..;* item, etc. » Visis.. aliis articulis parte dict. hominum Montillii.. : « In primis.. quod ser^mus d. n. rex ut et tanquam dalphinus est dominus insolidum et pro toto ejusd. ville Montillii Adhem. : *ignorat et non credit;* item absque eo quod aliquis alius ibidem habeat aliquam juridicionem presertim temporalem : *ut supra;* item, quod ipse d. n. propterea habet et tenet judicem ordinarium pro justicia ministranda et facienda tam habitatoribus ejusd. quam extraneis, de et pro omnibus causis mere prophanis et civilibus que ortum sumunt in dicta villa Mont. et ejus territorio : *ut supra;* item, quod ipse d. n. rex dalphinus est in usu et possessione s. q. excercendi huj^di juridicionem temporalem in ipsa villa... a tempore quo ipse.. acquisivit insolidum dominium ejusd. ville, scil. parcrias ss^mi d. pape et domini Greyhani, ut constat in camera computorum dalphin. : *ut supra;* item absque eo.. quod liceat d. officiali Valen. neque cuicq. alteri de dicta juridicione temporali se inmiscere neque jus aliquod habeat in eadem, et quod habeat expresse inficitur et negatur : *ut supra;* item nec eciam jus aliquod habuerunt in ead. juridicione temporali neque et dominio et seignoria ejusd. ville M. A. predecessores ipsius d. episcopi.., juridicione spirituali dumtaxat excepta : *negaturus est;* item, quod si constet vel appareat quod ipse d. episcopus seu ejus ecclesia et episcopatus Valen. jus aliquod habuerunt in dominio et seignoria ejusd. ville M. A., hoc fuit solum et dumtaxat homagium et fidelitatis sacramentum d. Giraudeti Adhem. cond. domini ejusd. ville : *non credit;* item *(ch. LXII, p. 157-69)..: non credit;* item *(ibid.);* item, quod inde in vim huj^dt permutacionis et transportus ipse ss^us d. n. papa homagium et superioritatem huj^dt tenuit pacifice et quiete, et eciam idem d. episcopus tenuit dict. locum Condilhacii et adhuc tenet seu.. illi cui tradidit : *ut supra ;* item et ipsi habitatores ville Mont. Adh., tam homines dicti d. Guiraudeti a tempore dicte permutacionis citra et hom. aliorum condominorum ejusd. ville.., ab omni evo fuerunt sub juridicione temporali dominorum ipsius ville.. et judicem seu judices temporales habuerunt in eadem.., coram quibus subiciebant judicium tam agendo quam deffendendo : *ut supra ;* item et absque eo.. quod per ipsum d. officialem Valen. nec quosvis alios judices spirituales aut temporales extra suum forum traherentur... pro rebus et causis mere prophanis et civilibus : *ut supra ;* item et ante quam ipse d. n. rex dalphinus acquisivisset in solidum et pro toto dominium et seignoriam ville M. A., habitatores ipsius ville quando dubitabant per quospiam extrahi aliquos ex habitatoribus ipsius loci pro rebus mere prophanis et civil. extra eorum judicem ordinarium, sive coram dicto d. officiali sive coram aliis conservatoribus, sibi providebant et licteras provisionis super hoc obtinebant, prout *(ch. CXVII, p. 277) : ut supra ;* item possedit ipse ss. d. n. papa post huj^dt permutacionem ac in vim illius tenuit et possedit huj^di homagium et jura... usque ad tempus acquisicionis de ipsis facte per dict. d. regem dalphinum : *ut supra ;* item, quod idem d. n. rex dalphinus pareriam ejusd. ss^mi d. n. pape et ea que habebat in dicta villa M. A. necnon et pareriam domini Greyhani ab eisdem acquisivit anni xxx sunt elapsi et ultra vel circa, ut constat.. in camera computorum : *ut supra ;* item, quod a dicto tempore citra ipse d. n. rex dalphinus dominium et seignoriam ejusd. ville... tenuit et possedit paciffice et quiete.. : *ut supra ;* item tenuit et possedit.. huj^di dominium et seignoriam..., presentibus, scientibus dd. episcopis Valen... aut saltim scire et videre volentibus et non contradicentibus : *ut supra ;* item absque eo... quod ipsi dd. episcopi.. ullo unquam tempore dixerunt, asseruerunt aut querelaverunt aliquid juris in temporalitate ejusd. loci.. habere : *ut supra ;* item, quod si constet... aliquas personas,... ejusd. ville.. fuisse citatas seu conventas aut interpellatas in curia officialatus Valen. pro aliq. debitis vel rebus mere prophanis et civil., hoc fuit inter conscencientes et non in foro contradictorio, ac consulibus et rectoribus ejusd. ville insciis et ignorantibus : *ut supra ;* item tociens quociens hoc pervenit ad noticiam et auditum dict. consulum.., ipsi habuerunt super hoc recursum ad d. n. regem dalphinum in ejus cancellariam, dum in presenti patria, necnon ad presens magn. dalphin. parlamentum : *ut supra ;* item plures licteras et provisiones super hoc..

obtinuerunt... per quas fuit pluries inhibitum eisd. dd. episcopis et
eorum officialibus ne ipsos habitatores Mont. pro rebus mere prophanis et civil. traherent in causam..: *non credit*; item, quod si
constet.. aliquos ex habitatoribus.., in vim licterarum ab ead. curia
officialatus obtenterum in non submissis aliqua debita solvisse et eis
obtemperasse, hoc fecerunt quia sunt pauperes, inexperti et ad
redimendum vexacionem : *ut supra ;* item... pro eo quia d. n. rex
dalphinus est comes dict. comictatuum Valen. et Dyensis, et sui predecessores a quibus causam habet in hac parte fuerunt comites palam
et publice, et hoc est verum, publicum et magnifestum : *credit quod
est comes et ipse d. episcopus comes, aliter non..;* item nullum (...)
habet neque habere debet neq. consuevit ipse d. episcopus in villis
et locis dict. comitatuum ad dict. d. n. regem dalphinum et ad alios
nobiles et barones ac banneretos pertinentibus.. : *imperfectus et non
responsalis procurator* ; item, si constet.. ipsum d. episcopum habere
juridicionem temporalem, hoc est solum et dumtaxat in certis castris
ad ipsum pertinentibus et in hoc habet suum judicem temporalem :
ymo habet juridicionem spiritualem in dyocesi sua, aliter non credit;
item, quod in aliis locis seu villis habeat aliquam juridicionem temporalem eisdem expresse inficitur et negatur : *negaturus est*; item,
si constet.. quod officialis suus Valen. cognicionem assumere voluerit
in causis mere prophanis et civil. in dicta villa Mont. et aliis locis..,
hoc fuit improbe et injuste cum suis finibus debeat esse contentus :
contra veritatem loquitur, ideo non credit ; item... eciam quia esset
casus prophanus patrie Dalphinalis talibus mediis devolvere ad curiam
Romanam, quia ab officiali appellatur ad metropolitanum et a me-
tropolitano ad curiam Romanam, et sic perderetur juridicio dalphinalis : *ut supra ;* item, quod propterea magnifficencia ipsius parlamenti
dalphin. ad requisicionem gencium trium statuum patrie Dalphin.
egregie providit ad refformandum ineffrenatam cupiditatem certorum
officialium et judicum ecclesiasticorum qui, suis finibus non contenti,
dictim juridicionem temporalem usurpare satagunt, quod non est eis
tollerandum quia perinde vellent allegare possessionem, siculi facit
ipse d. episcopus Valentinus (qui) salubriter providit ordinando quod
abinde non recurreretur ad curias spirituales nisi dumtaxat pro rebus
ad forum ecclesiasticum pertinentibus : *ut supra...* » Visis quoque.. †
Quia ex productis et justifficatis per dict. consules Mont. Adh. apparet
ipsos consules et habitatores dicti loci habere privilegium et libertatem
debite confirmatos quod non conveniantur coram officiali Valencie
pro rebus civilibus et prophanis nisi in submissis et aliis casibus a

juro permissis, igitur curia parlamenti per suum arrestum et sentenciam diffinitivam... pronunciat supplicata pro parte d. episcopi Valen.
minime fieri debere... Lecta, lata et pronunciata... apud Moyrencum,
in domo conventus Fratrum Minorum dicti loci et auditorio publico
dicte curie, present. nob.^bus et egr. viris dd. Francisco Chanterelli,
Anthonio Galeysii, Francisco Merchi, jurium doctoribus, advocatis,
Johanne Morardi, Petro Botini, Roleto Silventis, procuratoribus et
praticantibus in dicta curia... — Per dom. gubernatorem ad relacionem curie qua erant dd. Jo. Palmerii presidens, G. de Ecclesia, Jo.
de Ventes, Jacobus Roberteti, G. Laterii advocatus, H. Selacii, prior
Tullini, computorum auditores, Jo. Guyon, thesaurarius et procurator
generalis. A. Chastagnii.

(*) Origin. parch. en 2 peaux, coté n° 143 ; sceau. L'acte renferme deux
inhibitions à l'official de Valence, l'une de « Ludovicus dominus de S°
Prejecto miles, locumtenens generalis, consiliarius et cambellanus regis
dalphini dom^t nostri, ad regimen tocius Dalphinatus commissus... Dat.
Gracionopoli, d. xxv^a men. januar. an. D. M°CCCC°LXXIIII° ; per d. gubernat. ad relac. curie qua erant dd. G. de Ecclesia, Jo. de Ventes, Ja. Roberteti, Jo. Raboti et Jo. de S° Germano, advocatus fiscalis. Pradelli », l'autre
de « Johannes de Dailbon miles, dominus du Ludo, consiliarius et cambellanus regius, gubernator Dalphinatus... Dat. Gracionopoli, d. ix^a men.
marcii an. D. M°CCCC°LXXVI° a Nativ. sumpto ; per d. gubernat. ad relac.
curie qua erant dd. P. Gruelli presidens, G. de Ecclesia, Jo. de Ventes, Ja.
Roberteti, Jo. Raboti et A. Armueti. Materrius. »

CXLII.   *25 avril 1486.*

Recognitiones factæ per comunitatem villæ Montilii
de hiis quæ percipit dominus noster Delphinus super emolumentis et proprietatibus quæ dantur et arendantur
nomine delphinali in villa Montilii*.

Et primo sequitur recognitio facta de jurisdictione Montilii Adhemarii.
— Anno Domin. Incarnat. M°CCCC°LXXXVI° et die martis computata
xxv^a mens. aprilis, coram mag. Yvoneto Auberti et Petro Bodrati notario.., commissariis.., personæ infra scriptæ villæ Montilii Adhemarii..,
congregatæ in domo comunitatis dictæ villæ, inter quas nobiles,
ven^les et prov. viri Carolus Laurentii consul, Claudius Muros, Guilhermus Sapeti, Petrus Vassillionis alias Coti hospes, Joannes Gontardi
draperius, Joannes Villionis alias Rouchon laborator et Joannes
Allisserii naugerius, consiliarii comunitatis.. prædictæ.., necnon nob.
Guigardus de Prato Comitali, dominus Anconnæ, Guilhermus Char-

bonnerii, jurium baccalareus, Stephanus Revenquin chaussaterius, Antonius Grangerii mercator, Guilhermus Grangiæ laborator, Reymundus Pasqualis sovaterius, Maximianus Riperti, Joannes Genevesii mercerius, Andreas Terrassii, Antonius Asterii, brasserii, Noe Francessini mercator, Laurentius Alinoy draperius,.. saniorem partem facientes ipsius comunitatis.., confessi fuerunt et.. recognoverunt... verum fore quod sor^mus princeps dom. noster d. Carolus, delphinus Viennen. comesque comitatuum Valentin. et Diensis, est dominus insolidum universitatis villæ Mont. Adh., totalisque jurisdictio alta et bassa ipsius villæ et totius mandamenti ejusd. ad eum pertinet ut comiti dict. comitatuum.., et quod homines et habitantes ipsius villæ et ejus mandamenti sunt homines justiciales et subdicti d. n. delphini et comitis.. ; 2) item ulterius... quod dict. d. n. delphinus et comes habet infra dict. villam Mont. duo castra sive fortalitia, cum suis circuitibus et pertinentiis, scita infra villam, videl. in altiori loco, quorum unum vocatur castrum Narbonæ et confrontatur ab oriente et borea cum vinteno sive muris dictæ villæ et ab occasu et vento cum quad. platea, aliud vero castrum vocatur castrum Papale, scitum in alto loco, et distat a dicto castro Narbonæ jactu unius lapidis vel circa et hoc a parte venti, et confrontatur ab oriente cum dicto vinteno, ab occasu, borea et vento cum plateis publ. ipsorum castrorum.., in quibus castris sunt carceres delphinales ipsius villæ Mont. ad custodiendum delinquentes et alios captivos quando auctoritate justitiæ ejusd. domini capiuntur ; — 3) item ulter... quod mandamentum ipsius villæ Mont. limitatur sive confrontatur a parte boreæ cum mandamento Savassiæ, et ab occasu protenditur a limitibus Savassiæ existentibus juxta flumen Rhodani sequendo dict. flumen Rhod. usque ad limites mandamenti Anconnæ, dehinc sequendo limites Anconnæ durat per longitudinem dicti fluminis Rhod. usque ad limites Castrinovi ad Rhodanum et hoc super ad occasum, et dehinc tendendo versus orientem ab ipsa parte occasus confrontatur a parte venti cum mandamentis dicti loci Castrinovi, de Raco, de Alondo et loci Espeluchiæ, et dehinc confrontatur a parte solis ortus tendendo versus boream cum mandamentis locorum Montisbocherii et Sauzeti usque ad limites Savassiæ.. ; — 4) item similiter... quod d. n. delphinus et comes percipit in villa Mont. certam partem emolumenti seu echeutæ linguarum bouum et vacchiarum qui mactantur infra dict. villam, quod emolumentum delphinale sive jus... consuevit vendi ad incantum publ. et ad extinctum candellæ... per clavarios et alios potestatem ex delphinali parte habentes ad et per tempus in annorum plus

offerenti, prout venditum fuit et libratum ultimate per nob. et pot.
virum Joannem Guyon, thesaurarium delphin. in loco Mont.,.. die
xx(iv)ᵃ mens. junii currente an. Dom. MᵒCCCOᵒLXXXIV, qua d.
erat festum bᵗ Joannis Bapt., venᵗ viro Claudio Guineti, jurium
baccalario, baillivo Grignani,.. pretio v libr. et x sol. Turronen. pro
quolibet anno... et cavit per nob. Yvonetum Herberti dicti loci...;
— 5) item pariter... quod dict. d. delphinus et comes.. habet et percipit insolidum in ipsa villa Mont. emolumentum leydæ et furæ..,
quod similiter vendi consuevit una cum prædicto et sequentt. emolumentis... ad.. iii annos, sicuti dict. anno et die libratum fuit...
Petro Vassillionis alias Asty, pretio pro quolibet anno... x libr. Turron.
et pro eo cavit discr. vir mag. Simonus Corteti, notarius ipsius
villæ...; — 6) item pariter... quod idem d. n. delphinus et comes percipit insolidum in dicta villa... emolumentum sigilli curiæ delphinalis Valentinen. et Diensis et Valdainæ et ressortorum ejusdem in
sede Montilii constitutæ, quod dicta die.. venditum fuit... Guilhermo
Chapusii, mercatori dictæ villæ, pretio xxv libr. Turron. pro quolibet
anno... et cavit per Carolum Laurentii ejus filiastrum...; — 7) item
exinde... quod jamdict. d. delphinus habet et percipit insolidum in
dicta villa M. emolumentum scribanniæ scripturarum curiæ prædictæ
Valdaynæ et ressortorum ejusd. ordinariæ..., quod.. venditum fuit...
mag. Ludovico Laurentii, asserto notario ipsius villæ M., clerico
mag. Jacobi Cuculi, pretio cujuslibet anni.. cc libr. Turron., et
cavit per magg. Jacobum Cuculi et Simondum Courteti, notarios
ipsius villæ...; — 8) fueruntque deinceps attestati... quod prædict. d.
rex delphinus et comes habet et percipit... insolidum emolumenta
clamorum et deffectuum qui exponuntur in curia ejusd. villæ M..,
quæ... insimul vendi consueverunt.., prout ultimate... mag. Jacobo
de Rempusio, notario dicti loci, pretio pro quolibet anno... lx libr.
Turron., et cavit per mag. Simonem Courteti notarium..; — 9) reco-
gnoveruntque insuper... quod supradict. d. n. rex delphinus habet et
percipit in villa Mont. et territorio ejusd. tam per aquam quam per
terram pedagium delphinale sive jus eidem pertinens unacum les-
ances Savassiæ et pedagio Lenæ.., prout ultime libratum fuit cum
dict. ancis Savassiæ et pedagio Lenæ... Guilhermo Chapusii, mercatori Montilii, ad tempus iii annor., pretio pro quolibet anno.. XIIᵒ et
lxxviii libr. Turron., ut cavit per Carolum Laurentii et Noemi Fran-
chesini.. : quæ pretia dict. emolumentorum solvere consueverunt
per quartones anni et ultimate... dicti fermarii se submiserunt apportare ipsa pretia eorum propriis sumptibus apud Gratianopolim in

thesauraria delphinali...; — *10)* item etiam recognoverunt quod dict. d. delphinus percipit in mandamento seu territorio Mont. pulveragia et herbagia quæ debentur occasione animalium ascendentium ad montes, ad estimationem, et quando redeunt de montibus dum transeunt per mandamentum dictæ villæ, sive sint avere menutum sive vacchiæ, boves aut alia, item etiam pro jumentis et equis dum transeunt per mandamentum prædict. absque calcando et detrictando blada...; — *11)* successive attestaverunt.. bannum campestre ejusd. mandamenti pertinere jamdicto d. n. regi delphino et comiti.. insolidum, quod vendi consuevit... uti alia emolumenta; — *12)* similiter... certificaverunt quod prædict. d. n. delphinus et comes.. percipit laudimia prædiorum quæ moventur de ejus directo dominio insolidum, et recipit.. ad rationem quarti denarii sive ad iii gros. pro quolibet florino, et dum prædia moventur ab eodem d. delphino pro tertia parte pro indiviso cum dominis Grignani et de Vouta, percipit ipse d. delphinus tertiam partem laudimiorum dumtaxat; quæ laudimia et census annuales una cum inquestis exigi consueverunt.. per clavarium et receptorem delphinalem ipsius villæ, qui de eisdem denar. suæ receptæ consuevit annis singulis reddere computum in camera computorum delphin. ;— *13)* item deinde recognoverunt... quod jamdict. d. n. delphinus et comes percipit in dicta villa... emolumentum signeti mensurarum.., taliter quod vendentes et ementes vinum, oleum et alios liquores, bladum cujuscq. speciei.. non debent mensurare nisi in mensuris legalibus et signatis signo delphinali, et dum s[ecus] faciunt trahuntur ad inquestam et reprehendi consueverunt tamquam delinquentes : quod quid. emolumentum consuevit vendi... per dict. clavarium..; — *14)* et finaliter fuerunt attestati... quod jamdict. d. n. delphinus et comes percipit... inquestas et emendas quorumcq. delinquentium in villa et toto territorio Mont., et etiam emendas quorumcq. aliorum rebellium quando recusant parere mandatis ipsius curiæ Mont. quando per ipsam curiam inquestantur... Acta et recitata fuerunt præmissa in dicta villa Montilii in domo comunitatis dictæ villæ, videl. in camera superiori, præsent. testibus Claudio Darlodi, serviente delphin., habit. Cabeoli, mag. Petro Galimardi, notario ipsius comunitatis, nob. Roberto Puissant, clavario delphin. et pluribus aliis.., et me Bodrati.

(*) Recueil B, n° 71, sans indication de source.

CXLIII. *26 décembre 1487*.

(Nova electio consulum Montillii Adheymarii)*.

In nomine Domini nostri Jhesu Xpisti, amen. Noverit... quod cum a tempore incarnacionis (!) consulatus ville Montillii Adheymarii.. acthenus facte, juxta tenorem instrumenti innovacionis dicti consulatus et juxta laudabilem consuetudinem inconcusse observatam in ipsa villa.. citra, consules dicte ville M. A. cum voluntate et auctoritate suorum consiliariorum pro tempore existencium die IIᵃ Nativitatis Domini nostri Jhesu Xpisti, festi bᵗ Stephani computata xxvIᵃ mens. decembris, in aula magna conventus Fratrum Minorum ejusd. ville.. debeant et possint eligere sibi successores a dicta die qua finit eorum officium consulatus usquo ad eamd. diem · inclusive anno revoluto, et sit ita quod honᵗᵉˢ viri Guillermus Albanelli et Pauletus de Plano,... consules.. anni proxime effluxi.., congregati essent.. una secum honᵇᵘˢ et prov. viris Durono de Quercoro, Poncio de Cocorducio, Johanne Genevesii, Francisco Magistri alias Lardet, Maximino Riperti et Johanne Auberti.., eorum consiliariis, una cum pluribus et notabilibus viris dicte ville.., hinc.. est quod anno beatis. Incarnac... MᵒCCCCᵒLXXXVIIᵒ et die xxvIᵃ mensis decembris,.. supranominati... consules.., cum voluntate, consilio et consensu supranom... consiliariorum,... eligerunt et nominaverunt sibi successores in consules et rectores et custodes universitatis ipsius ville.., videl. honᵗᵉˢ viros Glaudium Muras et Amancium La Rocha.., et in eorum consiliariis nob., egreg. et honᵗᵉˢ ac probos viros d. Hugonem de Montibus, in legibus baccallarium, Johannem Charpandi, Laurencium Alymon, Mondonum de Ranco, Jacobum Ruffi et Franciscum Odonis alias Nyblo,.. cum potestate..; qua quid. electione facta,... promiserunt et juraverunt unus post alium super Biblia quinque librorum Moysi manus suas proprias ambas ponendo modo solito, tactis Scripturis SS.. quod ipsi consules noviter electi.. in officio consulatus hujᵈⁱ fideliter se habebunt, franchesias, libertates, usus et bonas consuetudines ipsius ville.. suo posse custodient, substinebunt et deffendent.., bonaque, res et jura dicte universitatis procurabunt, inutilia.. evictabunt et cetera facient que... facere sunt astricti; consiliarii vero ipsorum.. modo, simili juraverunt... in agendis et negociis dicte univᵗⁱˢ ipsos consules.. juxta posse, intellectum et scienciam suos consulere, et bonum comune et publicum tractare et dampnum atque dedecus evictare juxta scienciam et discrectionem a domᵒ nostro Jhesu Xpisto

eisdem datam et colletam... Quo juramento prestito,.. consules anni
preteriti ponendo dict... novos consules electos in possessionem dicti
officii consulatus, eisdem... claves portalium ipsius ville tradiderunt
regendas et gubernandas, paratos se offerentes eisdem.. tradere et
expedire.. claves thesaurarie dicte comunitatis et cetera que habent..
De quibus... Acta hec fuerunt in dicta magna aula conventus Fratrum Minorum dicte ville Mont. Adh., presentibus ibidem fratribus
et religiosis viris Petro Fabri, gardiano dicti conventus, Petro de
Grangia et Stephano Ausini, presbiteris., et me Petro Galimardi,
notario publ. et dict. consulum secretario jurato.

(*) Inséré dans un acte du 5 août 1488, par lequel les susdits consuls et
conseillers, « et extra consilium nob., hon[les] et prov. viri Guigardus de
Pratocomitali, dominus Ancone, item Franciscus Ferrenchi, it. Anthonius
Brancardi, it. Guillelmus Albanelli, it. Franciscus Grangie, it. Noe Franchessini, it. Poncius de Cocordacio, it. Pauletus de Plano, it. Bertrandus
Raynaudi alias Massapanier, in medicina baccallarius, it. Johannes Genevesii, it. Raymundus Pascalis, it. Ponsonus Girodi, it. Ludovicus Yboti, »
se libérèrent envers « nob. Aymaro Odoardi, domino Valsalono loci Marsane, » d'une dette de 500 florins dont ils lui servaient les intérêts à 7 %
(35 flor.), en empruntant à « hon. viro Petro Vaxellionis alias Cotin » une
somme égale (500 fl.) à 5 % (25 fl.). « Acta in dicta villa M. A., in diversorio intersigni Falconis dicti P. Vaxel. emptoris et in camera appellata de
Spelucha, present. ven[bil] et honestis viris d. Anthonio Charbonerii, presbitero et clerico ven[bus] ecclesie collegiate S° Crucis dicte ville, Durono de
Quercore, Noe Francessini, mercatoribus, et Jacobo Sanhas sabbaterio. »
— Origin. parch. de 103 lig., cote n° 160.

CXLIV.   *29 novembre 1491.*

(BENEDICTIO CIMITERII HOSPITALIS NOVI MONT.)*.

IN nomine Domini nostri Jesu Christi, amen. Noverit... quod anno
beatis. Incarnat. M°CCCC°XCI°, indict. IX° et die penult. mensis
novembris que fuit vigilia b[i] Andree apost.,... d. Innocentii pape
VIII[i] an. VIII°,... rev[dus] in Ch[o] pater dom. Joannes, miserat. div.
episcopus (Aptensis), quatenus canonicus et sacrista Valentie, commissarius et vicarius generaliter in spiritualibus deputatus per ven[le]
capitulum Valentie, sede episcopali vaccante, constantibus actis
capitularibus sumptis per.. mag. Joannem Chaboti, not. Val., ad..
requisitionem nob. et hon. virorum d. Hugonis de Montibus, in
legibus baccalarii, et Noe Franchessini, consulum et rectorum communitatis seu universitatis ville Montilii Adhemarii, dicte Valent.
dicec., ipse episcopus... benedixit cymeterium novum Hospitalis novi
ipsius ville Montilii, et consecravit capellam et altare Beate Marie de

Pietate ibidem existens, et alia divina officia dixit et celebravit prout in talibus est fieri consuetum juxta ritum s. matris Ecclesiæ. De quibus..; in cujus rei testimonium præfat. d. episcopus et commissarius.. jussit instrumentum sui parvi sigilli (munimine) communiri. Acta hæc fuerunt in dicta villa Mont., videl. in dicta capella.., præsentibus ibidem rev^{do}, egregio et ven^{bus} viris mugg. Petro Fabri, in s. pagina laureato, gardiano conventus Fratrum Minorum villæ Montilii, Alzeario Hypoliti, legum licenciato, vice senescallo et judice, fratre Stephano Missinii, ordinis dicti conventus FF. MM., et Stephano Tenoti, ordinis Sancti Joannis Jerosolimitani.., et me Petro Galmandi, clerico... Mont. Adh., publ. dalph. auct. notario et.. universitatis M. A. secretario.., mequo Simondo Courteti, auctt. apost. et delph. notario publ...

(*) Recueil B, n° 72, extrait de l'orig. n° 148 (*Invent.* de 1662, f° 61 v°).

CXLV. *(25 mars ou 6 avril) 1492.*

(FUNDATIO CAPELLÆ B_æ MARIÆ DE PIETATE IN HOSPITALI)*.

INNOCENTIUS episcopus, servus servorum Dei, ad perpetuam rei memoriam. Piis fidelium votis libenter præstamus assensum et, ut ea quæ divini cultus augmentum ac pauperum et miserabilium personarum commodum necnon Christi fidelium animarum salutem respiciunt optatum sortiantur effectum, libenter interponimus solicitudinis nostræ partes. Sane pro parte dilectorum filiorum consulum et universitatis hominum villæ Montilii Adhemarii, Valentinen. diœcesis, nobis nuper exhibita petitio continebat quod olim quondam Bartholomeus Johannis, tunc in humanis agens incola dictæ villæ, pia devotione ductus et cupiens terrena in cœlestia et transitoria in æterna felici commercio comutare, quandam capellam sub invocatione beatæ Mariæ de Pietate in Hospitali pauperum dictæ villæ pro inibi missa celebranda per consules et universitatem præfatos fundari, et de nonullis immobilibus bonis per eum legitime acquisitis tunc expressis usque ad valorem annuum XXX floren. monetæ in partibus illis currentis dotari ordinavit, prout in quod. instrumento publ... dicitur uberius contineri; cum autem, sicut eadem petitio subjungebat, dicta capella sub invocatione prædicta in dicto Hospitali erecta fuerit et si consulibus et universitati præfatis quod eidem capellæ sic erectæ per unum capellanum in presbiteratus ordine constitutum per eos nominandum, ad nutum eorum amovibilem, in divinis deserviri

facere possent conderetur, prefato (modo) consules et universitas
prefati, qui Hospitale prefat. hactenus gubernaverunt et manute-
nuerunt, ad illius et dict. pauperum ac peregrinorum qui causa pere-
grinationis ad Sanctum Jacobum in Compostella de Alamania et aliis
partibus dietim per dict. villam transitum faciunt manutentionem
et operum caritatis exercitium necnon inibi peregrinantium promp-
tius inducerentur divinusque cultus inibi non modicum exinde
susciperet incrementum, quare pro parte eorumd. consulum et universitatis nobis fuit humiliter suplicatum, ut in præmissis oportuno
providere de benignitate apostolica dignaremur. Nos igitur, qui
pauperum et miserabilium personarum incommoditatibus libenter
obviamus et animarum earumd. salutem intensis desideriis affectamus,
eosdem consules et universitatem.,. a quibuscq. excomunicationis,
suspensionis et interdicti aliisque sententiis, censuris et pœnis... ad
effectum præsentium dumtaxat consequendum.. absolventes.., huj^{dt}
supplicationibus inclinati, authoritate apostolica eisdem... quod
capella prædicta per capellanum idoneum ad eorum nutum amovibilem in divinis deserviri facere, necnon oblationes et alias elemosinas
quæ in capella et in Hospitali prædict. erogabuntur colligere ac in
manutentione Hospitalis et pauperum prædict. et divini cultus augmentum dumtaxat convertere libere et licite possint, jure canonico
parrochialis ecclesiæ et cujuslibet alterius in omnibus semper salvo,
concedimus per præsentes ; et nihilominus omn. et sing. utriusque
sexus Christi fidelibus v(ere pœnitentibus) qui capellam prædict. in
Resurectionis Domini nostri Jesu Christi et Nativitatis ejusdem, beatæ
Mariæ virginis festivitatibus ac in die commemorationis omnium
fidelium defunctorum devote visitaverint, et pro illius ac dicti Hospitalis conservatione et manutentione necnon pauperum prædict.
substentatione manus porrexerint adjutrices, v annos et totidem
quadrigenas de injunctis pœnitentiis misericorditer in Domino
relaxamus ; districtius inhibentes dicto capellano et quibusq. aliis personis ne de elemosinis et oblationibus prædict... se intromittant, non
obstantibus... Nulli... : si quis... Datum Romæ apud Sanctum
Petrum, anno Incarnat. Domini M°CCCC°XCII°, viir°... aprilis, pontificatus nostri anno viir°. De Turhis.

<hr>

(*) En *vidimus* d'« Honoratus Beyssoni, jurium licenciatus, locumtenens rev^{di} pat. d. Clementis de Cortis, decretorum doctoris, officialis
Avenionen. », en date du 19 juillet suiv. — Recueil B. n° 73, avec dessin
d'une bulle offrant de face le buste d'un évêque et au revers une mitre,
légendes inexactes.

CXLVI*. *Juillet 1498.*

LUDOVICUS, Dei gracia Francorum rex, dalphinus Viennensis
comesque Valentinen. et Diensis, et dominus Montillii Adhemarii... *(ut ch. CXL et CXXII)* ad supplicationem ex parte dict.
incolarum.., considerantes etiam quantam fidelitatem et obediencie
securitatem ad nos gesserunt, et ut ipsis continuare et preservare
valeant temporibus futuris... Datum Parisius, in mense jullii anno
Domini M°CCCC°XCVIII° et regni nostri I°. Per regem dalphinum,
vobis archiepiscopo Rothomagensi et aliis presentibus. Robertet not.,
visa Contentor, G. Rude not., registrata.

(*) *Cartul.*, f° 60 v°. A la suite entérinement par « Johannes comes de
Foxo et de Stampis, vicecomes et dominus Narbone, gubernator Dalphinatus .. Dat. Gracinopolis, d. xxi° m. augusti an. Dom. M°CCCC°XCVIII° ; per
d. gubernat. ad relacion. curie qua erant dd. Poncius Poncii, Anthonius
Muleti, Anthonius Putodi, Anth. Palmerii, Ja. Karoli et Jo. de Ventis ac
auditores computorum dalph. Tallifer not. »

CXLVII. *28 avril 1499.*

(VENDITIO XX FLOR. ANNUALIUM PRO ECCLESIA S° CRUCIS)*.

IN nomine Domini, amen. Noverint... quod cum ex deliberatione
consilii universitatis manencium et singulor. habitancium ville
Montillii Adheymari.. fuerit dictum et appunctuatum renovari et
reedifficari de novo ecclesiam collegiatam Sancte Crucis hujus ville
Mont. et inde factum appunctuamentum inter capitulum seu dominos
de capitulo ejusd. ecclesie S° Crucis ex una parte et dd. consules et
consilliarios ejusdem ville M... ex alia parte, per quod ut asseritur
fuit concordatum quod dicti dd. consules et consilliarii, nomine ville et
universitatis.., darent et solverent pro misiis et expensis circa dict.
reffectionem et renovationem dicte ecclesie.. fiendis vii denar. et
dicti domini de capitulo ecclesie predicte.. octavum denar. reddendo
singula singulis ; circa cujus ecclesie reffectionem et fabricam illius
processum extitit et multe peccunie implicate et imposite, ita quod
capitulum seu domini de capitulo ecclesie pred. debitores existunt
erga thesaurarium et opperarium ipsius fabrice ad causam arreyragiorum dicti octavi den. ad quem contribuere tenentur circa dict.
fabricam de certa magna peccunie summa quam solvere non potuerunt prout nec possunt de presenti, cum substinuerunt cum magna
solicitudine et exposicione plurium peccuniarum processus et causas

pro deffencione dicte ecclesie et annexorum, unam videl. contra
rev^{dum} patrem et dom. abbatem Insule Barbare, ad causam unionis
prioratus de Aygumo ad eamdem ecclesiam uniti, aliam contra rev.
in Xpo patr. dom. Valentinen. episcopum, ad causam dismembra-
tionis cure hujus ville a capitulo predicto, et aliam contra dominum
et homines de Aleyraco, fueritque dictum et advisatum per habitantes hujus ville ut opus et fabrica predicte ecclesie, que longo tempore duravit, Deo duce brevi tempore compleatur ad honorem Dei et
gloriosissime virginis Marie ejus matris, exhigi et levari colletam in
eadem villa pro eadem fabrica super habitantes ipsius ville necnon
arreyragia ad causam dicte collecte et fabrice debita, pro tamdem
illa implicando et exponendo circa perfectionem ecclesie predicte, et
quia dicti domini de capitulo, ut premictitur, debitores existunt ad
causam arreyragiorum ipsius fabrice de certa magna peccunie
summa quam solvere cupiunt ut opus ipsum compleatur ex eadem
summa et alia ex colleta levari assueta ab ipsis et ceteris habitantibus hujus ville, quod facere non possunt nisi mediante vendicione
infrascripta.. Hinc est quod anno Domⁱ M°CCCC°XCIX° et die xxviii^a
mens. aprilis,... ven^{les} viri dd. Johannes Pascalis sacrista, Glaudius
Filholis, Johannes Fabri, Petrus la Roche, Guillermus de Quercore,
Guilhermus de Pratocomitali, Johannes Granovelli et Glaudius Car-
ronis, canonici ecclesie S^e Crucis, nom^e capituli ejusdem.. ecclesie,
ut et tamquam principales, necnon ad ipsorum preces et requestam
hon^{les} viri Petrus Brisseti et Guilhermus de Plano, consules et rectores
present. ville, nom^e universitatis et singul. habitancium dicte ville
eorum fidejussores, una cum voluntate et consensu hon^{lium} et
provid. virorum Johannis Charpandi, Johannis Gunturdi, Duroni
Asterii, Johannis Grangie et Guigardi Lomedieu, suorum consilliariorum,.... vendiderunt et.. desamparaverunt nob. et egr. viro d.
Hugoni de Montibus, legum baccallario, habitatori dicte ville.., xx
floren. monete parve currentis annuales, reddictuales, pencionales,
mortuos et sine dominio directo et senhoria, quos solvere promiserunt.. eidem.. et ejus certo nuncio... anno quolibet et in quolibet
festo bb. Philipi et Jacobi..., ita.. quod uno solvente alii liberentur,
ad habendum.., precio.. CCCC floren. monete parve currentis, computatis xii gros. ejusd. monete pro singulo flor. ; quod quid. precium
prenomin. venditores.. asseruerunt fore amplum, justum et legitimum , non indegens supplemento , illudque habuisse confessi
fuerunt domini S^e Crucis et consules... ab eodem d. emptore.. in
scutis auri cum sole et aliis scutis regiis sine sole, appreciato quolibet

scuto ad xxxvııı gros. ejusd. monete et quolibet scuto sine solle ad
xxxvıı gros.., ibidem... in quod. pilleo exhibitis et... receptis ;
quos inde incontinenti.. tradiderunt... dd. consulibus pro illos
applicando in opere fabrice predicte ecclesie et solvendo partem
arreyragiorum per dictos dd. de capitulo.. debitorum si tantum
accendant, et si tantum non accendant pro solvendo ratam seu partem
rate debende ad causam fabrice seu operis ecclesie predicte restantis
ad faciendum : sic quod merito contenti d. emptorem et suos quieta-
verunt.. ; quam quid, pencionem annuam et perpetuitatem illius pro
majori securitate.. venditores.. scituaverunt et incorporaverunt in
et super omn. bonis, rebus et juribus suis..., que bona penes eund.
d. emptorem et suos precariaverunt et yppothecaverunt..., promic-
tentes.., se devestierunt... et.. emptorem.. tradicione unius calami
cum quo scribitur.. investierunt.., juraverunt... Acta fuerunt hec
Montillii, in stagio inferiori domus dicte ville M. A., presentibus
ibidem ven^{li} viro d. Damiano de Crosetis presbitero, oriundo de Crosetis diocesis Anicii, Johanne Sabrani Condilhacii, Johanne Bazo ma-
cellario.., et me Johanne de Arboribus, notario dalph. et dicti d.
ducis et comitis auctt. publ... †

(*) Original parch. de 79 lig., coté n° 97. Par acte du même jour les
chanoines de Sainte-Croix prirent à leur charge exclusive l'obligation de
servir les 20 flor. de pension.

CXLVIII*.   *19 décembre 1500.*

IN nomine Domini, amen. Noverint... quod cum Petrus Arthaudi,
habitator present. ville Montillii Adheymarii, alter ex franchis
archeriis ejusd. ville M., teneatur dd. consulibus ejusd. ville M. in
summa xl floren. monete parve currentis pro resta emolumenti
portus Robionis de tempore quo illum tenuit, it. in summa xııı flor...
pro resta xx flor. sibi per dict. consules nomine universitatis.. tra-
ditorum dum accessit ultimate Briansonem pro accedendo ultra
montes ad serviendum in armis cum aliis franchis archeriis hujus
patrie Xpistianissimo dom° nostro regi dalphino.., non habeatque
unde ipsas summas solvere possit.. ; hinc.. est quod anno Dom¹ M°D°
et die xıx° mens. decembris, ser^{mo} principe et dom° nostro d. Ludovico D. g. Francorum rege, Viennen. dalphino, ac ill¹ princ. et d. d.
Cesare Borgia, de Franco, duce Valentinen. comiteque Diensis
potenter triumphantibus,.. prenom. Petrus Arthaudi... vendidit...
ac in solutum et pagam dict. ᴌıı flor. desamparavit... hon^{bus} viris

Karolo Laurencii et Amando Salamonis, consulibus et rectoribus
pres. ville M. A..., II flor. et IX gros... annuales... in quolibet festo
b' Johannis Batiste.., precio LV flor... Acta.. Montillii Adhem., in
appotheca domus mis notarii.., present. Glaudio Mures, Anduolo de
Ribeyrolis, Jacobo Guimberge.., et me Johanne de Arboribus, not.
dalph. et d. ducis et comitis auctt. publ...

(*) Original parch. de 95 lign., coté n° 200.

CXLIX*.   *11 avril 1504*.

IN nomine Domini, amen. Noverint... quod anno beatis. Nativit.
M°D°IIII° et die XI° mens. aprilis,.. d. Ludovico D. g. Francorum
rege, Vienen. dalphino comiteque Valentinen. et Diensis.., apud
villam Montillii Adhem.., in hospicio comuni ejusd. ville, in quo
erunt.. honles et discr. viri Natalis Franchessini et mag. Simondus
Courteti, consules et rectores ville predicte, necnon egr. vir d.
Johannes Vitalis, jurium baccallarius, Johannes Orcelli, Anthonius de
Quercore, Mondonus de Ranco, consilliarii dict. consulum, aliis..
vid. Laurencio Riberti et Jacobo Dalmacii... absentibus,.. pro
nonnullis affariis.., comparuerunt... hon. et disc. viri Matheus Aga-
ronis, Petrus Alixent, Franciscus Silvi, operarii monete que cuditur in
villa pred. M. A., et Anthonius Rossoleti, monetarius dicte monete,
qui unanimiter... signifficarunt eisdem dd. consulibus... se.. habere
certas appellationis causas in laudli et suprema curia parlamenti Dalphinatus pendentes indecizas... inter ipsos exponentes.. ex una et
dict. consules... ex alia partibus, vid. unam super tabernagio vini,
aliam.. super custodia portalium ipsius ville M. A. et reliquam super
emolumento ponderis farnagii dicte ville, quarum pretextu.. ipsi
invicem multum litigaverunt tam in curia appellationum pres. ville
M. A. quam in dicta supr. curia magnet Dalphin. parlamenti, et pro-
sequtione ipsarum multas.. expensas... exposuerunt.., eo quia dicebant non teneri ad solucionem tabernagii sicuti nec ad custodiendum
portalia dicte ville nec ad solucionem juris farnagii, tamen fuerunt
condempnati ad solvendum tabernagium et farnagium sicuti ad
custodiendum portalia, de quibus condempnationibus ipsi appellaverunt; et cum ipsi monetarii abinde seu amplius non intendunt
litigare.., considerantes... quod injustas fovent causas..., renunciant
jamdict. litibus..; et ibidem... dd. consules et consilliarii... ipsam
renunciationem... acceptaverunt... Hinc igitur... est quod... consti-

tute dicte partes... de predict. causis... transhigerunt et transhac-
tionem... inhierunt ; et primo... quod de expensis... quelibet pars...
debeat supportare... suas.. ; item plus... quod farine capte ad instanciam farnagiorum dicte ville a dict. operariis et monetariis...
distribuantur Dei amore Xpisti pauperibus, et quod alia pignora
eisdem capta... sine custu reddantur.. ; item... quod prenom. operarii et monetarii... teneantur... abinde in anthea solvere emolumentum farnagii ad rationem qua ceteri habitantes... solvunt..,
sicuti et emolumentum soqueti vini.. sicuti alii.., necnon arreyragia.. ;
item... quod dicti operarii et monetarii teneantur... contribuere in
omnibus univ. et sing. honoribus et oneribus ac subsidiis dicte
ville... ut ceteri habitantes.., etiam custodiendo portalia.. cum locus
affuerit : et hoc citra... prejudicium libertatum ipsorum operariorum
et monetar. eisdem per dd. principes concessarum.., et causarum
indecizarum in ead. curia parlamenti Dalph. super jurisdicione
ipsorum, et banni campestri et causarum tangencium principem....
Acta fuerunt hec Montillii Adhem. in dicto hospicio communi dicte
ville, present. ven^{bus} viris dd. Johanne Serreti, Nicholao Ministralis,
presbiteris.., et me Johanne Julliani, notario auct. dalph. publ...

(*) Original parch. de 103 lig., coté n° 31. Suit, datée du 17 suiv., l'adhésion de « nob. viri Thomas et Johannes Regis, pater et filius, operarii
monete que cuditur in villa M. A... Acta... present. ven^{bus} viris dd. Johanne Pascalis, sacrista, Johanne Granovelli, canonico ecclesie collegiate
St Crucis... »

⁕

CL°.   24 décembre 1509.

IN nomine Domini, amen. Noverint... quod anno M°D°IX° et die
xxiiii^a mens. decembris,.. d. Ludovico D. g. Francorum rege,
Viennen. dalphino,.. Valent. et Diensis comite.., cum ex ordinatione
seu arresto in insigni curia magn^{el} parlamenti Dalphinatus Gra-
tionop. lata... inter mag. Bartholomeum Jammoti, artium et medicine
-magistrum, agentem.., et consules seu rectores comunitatis hujus
ville Montilhii Adhemarii,.. se deffendentes, jamdicti consules fuerunt
compulsi per... d. Johannem Giraudi, jurium licenciatum, vice-
cenescallum et judicem comitatuum Valentin. et Diensis villeque
pred. Mont. Adh. ac ressortuum Valdanie, commissarium per dict.
dalphin. parlamentum deputatum, ad emendum domum Columberii,
cum tenemento vinee, grangie et prati dicti Jammoti sitas in mandamento hujus ville M. A., loco dicto a la Loubyere, que domus

Columb. cum vinea... confrontantur ab oriente cum terra heredum nob. Anthonii Branquardi, ab occidente cum terra Amandi Albanelli, grangia vero et pratum confrontantur a bisia cum itinere S' Projecti et a vento cum ripperia Robionis, ad extimam proborum per partes electorum... DCCCL floren. monete parve currentis, et pro quo precio domum Columb. cum vinea, grangia et prato emerunt.., quod precium realiter solverunt et pro quo solvendo mutuo receperunt ab hon^bus viris Johanne Charpandi et Guilhermo de Plano, tutoribus Karoli Vaxilionis, filii et heredis cond. Guilhermi Vaxilionis DCCC floren. monete pred... in peccuniis auri et argenti ; cumque consules et comunitas... non habeant peccunias in promptu paratas unde dict. summam... restituere possint.., hinc est quod... hon^les viri Amandus Salamonis et Franciscus Chapusii, consules et rectores... ville M. A.., cum consilio et consensu hon. virorum Johannis Gontardi, mag. Johannis Rahuti notarii, Johannis Mures, Laurentii Ripparie et Jacobi Blanchardi, suorum... consiliariorum,... in sollutum et pagam dict. DCCC floren... vendiderunt... dictis.. J. Charpandi et G. de Plano... XL flor. monete parve currentis, computatis XII solludis Turonen. pro sing. floreno, annuales, pencionales, reddituales et mortuos... in festo b¹ Micaelis.., precio DCCC floren.., quod habuisse confessi fuerunt... Actum Mont. Adh., in domo ville et in camera superiori ejusdem, testibus present. ven^bus viris dd. Johanne Charpandi, canonico, Jacobo Filioli, corario, presbiteris ven^lis ecclesie collegiale S^e Crucis ejusd. ville.., et me Johanne de Arboribus, not. dalph. auct. publ... †

(*) Original parch. de 90 lig., coté n° 192.

CLI*.   *Mars 1515.*

FRANCISCUS, Dei gracia Francorum rex, dalphinus Viennensis comesque Valentin. et Diensis, dominus Montillii Adhemarii... *(ut ch. CXLVI)*... Datum Parisius, in mense marcii anno Domini M°D°XIIII° et regni nostri I°. Per regem dalphinum, de Beaune not., visa Contentor, L. de Besze not., du Tillet, registrata.

(*) *Cartul*, f° 61 r°. — Arch. de l'Isère, reg. *I^us liber copiarum comit. Valen. et Diensis DD* (B. 288), cah. IIIe lxxix.

CLII*.   *4 juin 1520.*

GUILLIERMUS Gouffier, regii ordinis miles, dominus de Boniveto, admiraldus Francie, consilliarius et cambellanus regius, gubernator persone ser^ul dom^i nostri dalphini et patrie Dalphinatus,.. volumus notum fieri quod.., procedendo in quad. causa supplicationis in curia parlamenti Dalphin. mota... inter dominos trium statuum hujus patrie Dalph. ac eorum procuratorem, supplicantes hinc, et scindicos et consules Montillii Adhemarii, necnon scindicos Vappinci, Ebreduni et alias communitates, supplicatos inde.., comparuit egr. d. Gaspardus de Fonte, jurium doctor, procurator dict. trium statuum, qui visa ordinatione facta continente commissionem egr. dominorum camere compotorum dalphin. ne partes occasione supplicatorum diutius litigent, prehabita super hoc conferencia cum dd. commissis, est contentus quod causa huj^di summarie decidatur per dict. dominos, consulta prius curia.., advertendo quod producta ex adverso non videntur obstare petitis, quia loquuntur de exhemptione non veniendi ad status, non solvendi dona vel subsidia, etc., quia nunc contra ipsos illud non queritur, sed solum racione utilis gestionis negociorum.. ; comparuit mag. Joffredus Chossignionis, procurator.. dict consulum Mont. Adh., qui.. ad latiorem justificationem exceptionum per dict. consules oppositarum.., impedientium litis contestationem, que sunt exceptiones judicati et litis finite et prescriptionis ac privilegiorum, libertatum et exemptionum latius declaratarum .. Dicta curia.., visis imprimis supplicatione et licteris partis supplicantis.. : « Artus Gouffier, comes de Stampis et Caravasii, baro de Mauleurier, dominus de Boysi, consilliarius et cambellanus regius, gubernator Dalphinatus... Dat. Gronopoli, die XXVI° mens. marcii anno Dom^l M°D°XIX° ; per d. gubernat. ad relac. curie qua erant dd. An. Palmerii, Pe. Laterii, F. Marchi, Ste. Oliverii, Jo. Morardi, Ja. Galliani et Me. Clavelli. Chapuisi » [1].. ; visis insuper quibusd. articulis parte d. procuratoris trium statuum... productis.. ; visa etiam quad. relatione per dd. camere computorum dalph. auditores facta.. ; visa denique quad. cedula parte ipsorum hominum Montillii Adhem. producta tenoris sequentis : « Homines et habitantes Mont. Adh., visis supplicatione et articulis per dd. trium statuum et procuratorem patrie Dalphinatus contra eos datis, opponunt expresse et continue obiciunt contra eosdem... supplicantes exceptiones rei judicate et prescriptionis... et hoc ad effectus impediendi litis ingressum et ad impediendum processum et ulteriorem progressum, quia de hiis..: fuit contra d. procuratorem patrie et etiam fiscum generalem dalphin. prolatum arrestum diffinitivam per hanc suppremam curiam in favorem eorund. hominum et habitantium M. A. de anno M°CCCC°LXII° et de mense februarii..., ipsos...

liberos et immunes a talibus declarando.., et inde in observantiam talium privilegiorum.. ac ipsius arresti fuit perpetuum silentium... de an. M°CCCC°LXV° et de men. septembris impositum, et expost etiam talia fuerunt de an. M°CCCC°LXIX° et de men. januarii... interinata et observari mandata... ; petentes propterea humiliter et requirentes se relaxari et eisd. supplicantibus perpetuum silentium.. imponi.. »; visis etiam binis sententiis et libertatibus ac processu per dict. consules.. productis.., et demum visis comparitionibus partium procuratorum.., matura consilii deliberatione prehabita... curia parlamenti dict. consules et habitantes M. A. et Vappinci consupplicatos a supplicatis in eos... relaxat, expensis compensatis... Datum Gronopoli, die III² mensis jugnii anno Dom¹ M°D°XX°. — Per dom. gubernatorem ad relacionem curie qua erant dd. Falco d'Aurilliaco miles, presidens, Anth. Palmerii, P. Laterii, B. Raboti, F. Marchi, Ste. Oliverii, Jo. Morardi, Ja. Galliani et M. Clavelli. Chapuisi.

(*) Original vélin de 2 peaux, coté n° 121 ; fragment de sceau.

(1) Il y eut notification, le 30 juil. « in loco Ebreduni », aux hommes « Seilliaci » et aux consuls « ipsius loci Ceilliaci, in personam Jacobi Fornerii », aux hommes « Sancti Crispini, in person. Anthonii Lyonci, olim consulis S¹ Crispini », aux hommes « de Trenolio, in pers. Breti Giraudi, consulis de Tren. », aux hommes « de Varcio, in pers. Tierri Reynaudi, consulis dicti loci deV. »; le 31« in loco Guilliestre » aux hommes «G.,in pers. Anthonii David », aux hommes » Sancti Clementis, (in pers.) vocati Maritan. consulis »; le 2 août « in Castroruffo » aux hommes « Castri Rodulphi, in pers. Michaelis Moteti, consulis dicti loci, seu Anthonii Moteti », aux hommes « de Chaucella, in pers. Glaudii Joberti, consulis » ; le 4, aux hommes « Bastide Nove, in pers. Jacobi Calhoni et Guilliermi Guirmanda, consulum B. N. », aux hommes « Bastide Veteris, in pers. Anthonii Meysonerii et Petri Rostagni. consulum B. V. », aux consuls « de Rambo »; le 5, aux consuls et aux hommes « Vappinci, in pers. nobilium Jacobi Reyvellini et Johannis Olphi, consulum V. », aux consuls « de Stoutis, scil. Johan. Fabri et Lantelm. Ysoardi », aux hommes « Castri Veteris, in pers. Rodulphi Lhaufredi et Glaudii Bonerii de Castro Veteri, consulum dicti C. », aux hommes « de Polhinaco et de Fara, Noyerio, in pers. Anthonii Roberti, scindici de Pollininaco, Petri Prillis, scindici de Noyerio, Andree Roberti, castellani de Polhinaco, Guilliermi Blache et Johannis'...), consulum de Fara » ; à Gap, aux hommes « Lazari, in pers. Spiritus Galabrun et Anthonii Eymerici, consulum dicti loci L. ». aux hommes « de Rabodo », aux consuls « capituli Vappinci, in pers. » des susdits; le 7, aux hommes « de Gleysiaco, in pers. Anthonii Maximini ».

CLIII*.   *8 septembre 1523.*

Francoys, par la grace de Dieu roy de France, daulphin de Viennoys, conte de Valentinoys et de Dyoys, a tous ceulx qui ces

presentes lettres verront, salut. L'humble supplication de noz bien
amez les consulz, manans et habitans de notre ville de Montelymard
avons receue, contenant que paravant que lesdictz supplians et lad.
seigneurie de Montel. fussent remis soubz la seigneurie et main dalphinale, leur furent dès l'an 1198 données et octroyées par les
seigneurs dud. lieu de Montel. qui lors estoient... plusieurs beaulx
previlleiges, franchises et libertez et entre autres de non payer ne
contribuer a aucune taille, queste, quote, subside, don ou octroy
pour quelque cause ne occasion qu'elle fust mise ne imposée, et s'il
advenoit que lad. franchise et exemption fust par eulx ou leurs
successeurs... autrement violée ou enfraincte, leur fut octroyé en ce
cas que lesd. habitans fussent quietes et exemptz d'eulx et de leur
seigneurie et de tout le serment de feaulté, et ainsi le promisrent et
jurarent..; lesquelles franchises, lib. et prev. ont esté confirmées et
ratifflées ausd. supplians tant par feu Loys de Poictiers, alors conte de
Valentinoys et de Dyoys et seigneur en partie dud. lieu de Montelymard, par feu Mathieu de Foys, lors gouverneur dud. Daulphiné et
desd. contez.., et dernierement.. par nous aussi.. dès l'an 1514 et du
moys de mars, et en oultre l'an 447 en faisant par le roy Loys XIe
l'acquisition de l'autre moictié d'icelle seigneurie de Montel... leur
fut... octroyé qu'ilz puissent estre deslors en avant aucunement mandez ez congregations des troys estatz desd. pays, et si mandez
estoient qu'ilz ne fussent tenuz d'y aller, ne aussi de contribuer aux
subsides et autres charges.. ; et pour ce que depuis environ l'an
1452 lesd. supplians avoient esté par les gens desd. troys estatz assis
et imposez.., furent ausd. supplians par led. seig^r roy Loys XIe octroyées autres lettres patentes par lesquelles fut déclairé son voulloir et
intention avoir esté et pour lors estre qu'ilz fussent quietes et exemptz
de toutes tailles, questes et subsides dalphinaulx.. ; nonobstant lesquelles choses ceulx desd. troys estatz.., tendans de tout leur povoir
adnuller lesd. franchises, prev. et lib., se sont efforcez... de asseoir
et imposer lesd. supplians a contribuer ez tailles, dons et octroys...
et a chacune foys ont esté contrainctz.. obtenir... provisions pour les
en faire tenir quietes et paisibles et les faire oster et rayer du papier et
registre de lad. chambre descomptes du nombre des feux taillhables, sur
l'enterinement desquelles lettres et provisions se sont meuz plusieurs
proces oud. parlement de Daulph.. ; et depuis fut tellement procedé
que par plusieurs arrestz dud. parlement... a esté dict et declairé...
que lesd. lettres... seroient et de faict ont esté... enterinées.. ; et
combien que veu et actendu la teneur desd. previlleiges.. et lesd.

lettres patentes et provisions.., ensemble lesd. arrestz confirmatifz d'icelles.., ce nonobstant lesd. gens des troys estatz de Daulph., soulz umbre de certain don et octroy par eulx a nous faict de la somme de 30000 livres Tournoyses pour l'entretenement de mille hommes de guerre pour la deffense dud. pays, se sont efforcez comprendre et asseoir avec eulx à la contribution desd. 30000 liv. et de faict ont iceulx supplians tauxez en la somme de 224 liv. 17 soulz 6 den. Tourn., en contrevenant directement a leursd. franchises, prev. et lib. ; et pour ce que iceulx supplians leur auroient remonstré lesd. previlleiges et arrestz.., iceulx gens desd. troys estatz... par importunité de requestes ou autrement auroient trouvé moyen d'obtenir certaines lettres patentes de nous, les 1res données a Lyon le 21e jour de may 1522 et les 2des données à Sainct Germain en Laye le 20e jour d'avril 1523, en forme de declaration adressans aux gouverneur et gens tenans notre court du parlement de Daulphiné et a tous noz autres justiciers pour contraindre lesd. supplians comme les autres villes et villaiges dud. pays de Daulph. exemptz et non exemptz et nonobstant quelzconques previlleiges, exemptions et declarations, etc. ; et pour ce nous ont lesd. supplians humblement supplié et requis... Pour quoy nous, actendu.., considerans.., avons iceulx supplians par bonne et meure deliberation declairé et declairons que pour quelque assemblée et convocation ne pour quelque assiette, quotisation et imposition de tailles ordinaires ou extraor-es et d'octroy, etc. n'avons entendu et n'entendons avoir esté fait aucun prejudice ne desrogation ausd. supplians ne de leursd. previlleiges.., ains de notre certaine science, grace especial, plaine puissance, auctorité royal et delphinal voullons et nous plaist que en ensuivant leursd. previlleiges, arrestz et possession immemorialle ilz soient maintenuz et gardez en iceulx et tenuz francs, quictes et exemptz desd. impostz... et de toutes autres impositions.., sans que leur soit faict ne donné aucun trouble ne empeschement, ne qu'ilz puissent estre contrainctz... de comparoir ausd. troys estatz.., et des a present les avons mis et mectons dehors de tous proces.., et quant ad ce imposons silence a notre procureur general dud. Daulphiné.. et a tous autres ; si donnons en mandement... Donné a Lyon, le 8e jour de septembre l'an de grace 1523 et de notre reigne le 9e. Par le roy daulphin. Hervouet.

(*) Inséré dans l'acte du 11 avril 1535; scellé de cire rouge.

CLIV*.   *8 avril 1525.*

ANNO Dom' M°D°XXV° et die sabati numerata VIIIa mensis aprilis, dies sentenciarum qua.. apud Gracionopolim, in consistorio insi-.

gnis curie.., audientie hora comparuerunt procuratores partium
respective petentes.., et dieta curia... parlamenti, actentis deductis
et productis ac justificatis in huj^{di} causa, supplicata consulum Montillii Adhemarii, Duzere, Castrinovi ad Rhodanum, Vapinei et castrorum episcopalium necnon castrorum archiepyscopalium Ebredunen.
fieri debere ipsosque supplicantes non teneri contribuere cum gentibus
trium statuum patrie Dalphinatus in aliquibus subsidiis ordinariis
aut extraor-is, ipsos propterea a rotulis contributionum si inrotulati
reperiuntur tolli et radiari in casu de quo agitur, et ad summas per
curiam taxatas in aliis casibus, eminentibus periculis guerre pro
tuitione et defensione hujus patrie, et... similibus per curiam tamen
summarie et sine processu declarandis, quibus casibus evenientibus
quotisabuntur prefati supplicantes separatim et ad partem ab aliis
subditis dalphinalibus et perequatione trium statuum, ne pretextu
talis quotisationis in futurum aliqua consequentia in prejudicium
libertatum et previlegiorum dict. supplicantium induci possit aut
valeat, expensis compensatis.

(*) Inséré dans l'acte du 11 avril 1535.

CLV*.   *30 août 1527.*

In nomino Domini, amen... Notum sit et magniffestum quod anno
Dom^i M°D°XXVII° et die penult. mensis augusti, apud villam Montillii Adhemarii, Valentin. diocesis, et in domo habitacionis nob. et
spect. d. Theodorii Muleti, jurium doctoris, vicesenescali et judicis
majoris commitatuum Valentinen. et Diensis villeque Mont. Adh.
ac Valdanie ressortuum, ibidem super quad. cathedra fustea pro
tribunali sibi ellecta more majorum suorum sedente.., comparuerunt
hon^{les} viri Jacobus Roche et Franciscus Jubini, consules et rectores
dicte Mont. ville, cum assistencia hon^{llum} virorum Glaudii Colas,
Xpistofori de Quercore et Stephani Faveti, Glaudii Gayeti et Guillermi
Darbonis et Stephani Lamedieu, suorum consilliariorum, necnon
hon. vir. Francisci Chappusii, Michaellis et Anthonii Franchessini,
Amandi Tenoti et Duroni Gayeti, habitatorum dicte Mont. ville, qui
organo discr. viri mag. Ludovici Tenoti, notarii.., dicto d. vicese-
nescallo et judici exhibuerunt et presentaverunt supplicacionem et
litteras a magn°° dalphinali parlamento obtentas.., eidem.. directas,
per quas eid. precipiendo mandatur et commictitur quathinus libertates, arresta, sentencias et alias publicas et auctenticas scripturas

dict. consulum et comunitatis Mont. vidimari faciat.., petentes... in
presentia spect. et egr. dd. Ludovici Rivalis, jurium doctoris, Guilhermi
Tenoti et Ludovici Burgensis, jurium licenciatorum, magg. Johannis
Reparati, procuratoris fiscalis dalphin., et Anthonii Gronhi, clavarii
et receptoris jurium et emolumentorum dalphin. dicte M. ville,
necnon nob. Humberti de Urro, domini Toschie, d. Bartholomei Ja-
moti, arcium magistri et in medicina doctoris, ven.q. virorum dd.
Donati Sestoris, Blasii Arnauldi, canonicorum, Nycolay Franchessini,
corarii ecclesie colegiate Sancte Crucis Mont., et nob. Raymundi de
Prato, de Roynaco,.. quathinus predict. libertates... vidimari et
transumptum sive vidimus in libri volumine et alias publ. et auctent.
forma faciat, ut... plena fides adhibeatur et illi stetur ac si essent
originales scripture.., exhibentes realiter et presentantes... libertates
predict. descriptas.., sanas et integras, non cancellatas, non viciatas,
non razas, sed omni prorsus vicio et suspicione carentes... Qui quid.
d. vicesenescallus, judex et commissarius... paratum se obtulit...
« Franciscus, comes Sancti Pauli, locuntenens generalis gubernator
Dalphinatus... Dat. Graciopoli, d. 28 m. juilii an. D. 1527 ; p. d.
gubern. ad relac. curie, Berthalis. » — F° 2 v°, *ch. LXXVII, p.
203-9 ;* f° 12 v°, *ch. LXXXVII, p. 221-35 ;* f° 26 v°, *ch. LVI, p.
135-42 ;* f° 49 v° Tenor alterius instrumenti franchesiarum Montillii,
ch. XLVII, p. 113-7 ; f° 56 v°, *ch. CVIII, p. 206-7 ;* f° 58 v°, *ch.
CXXII, p. 283-5 ;* f° 59 v°, *ch. CXL, p. 310 ;* f° 60 v°, *ch. CXLVI, p.
323 ;* f° 61 r°, *ch. CLI, p. 328 ;* f° 62 r° Franchesie Dalphinatus
concesse per illustrem principem dom. Humbertum dalphinum Viennensem, *avec rubriques,* VALBONNAIS, *Hist. de Dauph., t. II, p.
586-93 ;* f° 77 r° Infra continentur statuta et ordinationes generales
facte per spectabilem et magnificum virum dom. gubernatorem Dalphinatus, locumtenentem domini nostri dom. dalphini Viennensis,
vicarii imperialis, *Libertates, édit. Pichat et Bertolet, f° ij-x ;* f° 90 r°
Confirmationes libertatum Montillii Ademarii concesse per illus-
trissimum principem dom. Ludovicum dalphinum Viennens., *ch.
CXXII, p. 283-5.* ·

(*) Registre in-folio composé de 99 feuil. de vélin, soit 8 prélim. et 91
numérotés, mesurant 44 cent. sur 30, relié en veau sur fort carton. Au r°
du f° 1 : LES LIBERTES en or avec initiale à dessins) DE LA VILLE DE
MONTEIL AYMAR, COMMENSANT AU TRMPS DU pape Clement septiesme l'an
1385, regnant et dominant illustrissime seigneur seig^r Loys de Poytyers, en
son vivant conte de Valantynoys et Dioes, en ensuyvant du temps du pape
Benoyt 17 de ce nom, courant l'an de l'Incarnation du Filz de la Vierge
1395. — Item lesdictes libertes ont heu commencement vivant seigneurs

Giraud Adeymar et Lambert Adeymar, seigneurs dudict Monteih Aymar en l'an 1198, ainssin qu'il appert au 41 feuillet, au 83 article, et plusieurs aultres lieux et passaiges, comme il appert en la table suyvant, et consequemment trouveres comment lesdictes libertes ont este confermees par messeigneurs les contes jadis du pays et par messeigneurs illustrissimes princes et seigneurs Daulphins jusques au present Francoys, treschrestien roy de France, premier de ce nom, daulphin de Viennoys, ainssin qu'il appert et trouveres au feuillet 61. Et ont este achevees de grosser l'an 1538 et le 18 decembre, au quel temps estiont conseulz et conseillers honnorables seigneurs gouvernantz ladicte ville du Monteihaymar sire Raymond Repara, sire Anthoine Aulhert, conseulz, s° Charles Febysses, s° Jacques Montchamp, s° Francoys Coulas, s° Jehan Musi, sire Laurens Archyas et Guillaume Noret, conceillers ». Au v° du 2° : « LIBERTATES (en blanc sur fond noir) MONTILLII ADEMARII CONCESSE PER DOMINOS COMITES ET ILLUSTRISSIMOS PRINCIPES ET DOMINOS DELPHINOS ». Au r° du 3° : « RUBRICA SIVE TABULA LIBERTATUM ; ce sont des sommaires correspondants à la série d'articles inscrite en marge suivant l'ordre de transcription.

CLVI*.   *12 septembre 1528.*

FRANCISCUS, comes Sancti Pauli, locumtenens generalis et gubernator Dalphinatus,.. primo castellano, servienti vel officiario dalphin... Cum pro transitu armate domini nostri regis dalphini, sub nostro conducta accedentis ultra montes, de presenti anno fuerint stabilite stappe per presentem· patriam illasque munite victualibus neccessariis, et inde per curiam parlamenti deputati commissarii ex commissis dicte curie circa audicionem computorum dict. stapparum, relatu quorum perde, dampna et interesse earumdem ascendentes ad summam LIIII^mVIII^cLXI libr. perequandam super generalitate omnium focorum tam exemptorum quam talliabilium pred. patrie, insequendo per dict. curiam ordinata, vobis... mandamus quathinus precipiatis.. consulibus et habitantibus Montillii Adheymarii ad.. solvendum Gracianopoli in manibus nob. Johannis de Columberia, auditoris computorum dalphin... die r^a octobris summam IIII^c III lib. XIII sol. IIII den. ad quam ascendunt quote et porciones per ipsos... debite.., ad racionem XI lib. X sol. et VIII den. Turon. pro quolibet focco... Datum Gracionopoli, die XII^a mens. septembris, anno Domⁱ M°D°XXVIII°.

(*) Original parch. de 70 lig., coté n° 64 ; trace de sceau sur queue simple. Suit un ordre réitéré du même, en date du 6 octob. suiv., « quathinus cogatis... per arrestationem, incarcerationem et detentionem suarum propriarum personarum infra carceres dalphinales porte Troyne more debitorum fiscalium » ; e. un autre, du 9 novem., « quathinus ubicq. debitores reperire poteritis, extra tamen loca sacra et a jure prohibita, capiatis captosque ad carceres dalphin. porte Troyne adducatis ibidem detinendos donec... satisfecerint » Le tout inséré dans un acte du même gouverneur, en date du 4 mars 1529, par lequel le parlement révoque les lettres obtenues

par le procureur des Etats contre les libertés de Montélimar. « Per d.
gubernat. ad relac. curie qua erant dd. Falco de Aurilliaco miles, preses,
A. Palmerii, B. Raboeti, Ja. Galliani, Me. Clavelli, Geor de Sancto Mar-
cello, Ema. Rivali, Henr. de Herbesio, Em. Mulleti, Henri. Marrelli et
Valen. Tardivonis ». L'arrêt fut rendu aux instances de « mag. Ludovicus
Tenoeti, notarius et habitator ville Montillii Adheymari, novissime in
pres. civitate (Gracionopolis), ad quam pro certis suis particularibus et
privatis negociis venerat, in carceribus porte Troyne mancipatus, instante... d. Johanne de la Columbiere... » ; détenu « arrestatus pro carcere
accomodato in domo habitationis nob. Petri Mestaderii, vice castellani
Porte Troyne », il signa le 23 févr. 1529, « metu ipsorum carcerum et ut
ab illis evaderet, quod. obligatorium per quod se obligavit ad solvendum
summam (de 403 liv.) infra x dies », contre lequel il protesta et qui fut
annullé.

———————

CLVII°.*22 janvier 1529.*

FRANCOYS, par la grace de Dieu roy de France, daulphin de Viennoys, conte de Valentinoys et de Dyois, a noz amez et feaulx conseillers les gens de notre court de parlement a Grenoble, salut et
dilection. De la partie de noz chers et bien amez les consulz, manans
et habitans de notrè ville de Montelimart, en notred. pais de Daulphiné, nous a esté et a noz amez et feaulx conseillers les gens de
notre grant conseil presenté requeste contenant que... *(comme ch.
CLIII, p. 330)*... nous ayons octroyé noz lettres patentes de declaration par lesquelles aions declairé n'avoir entendu et n'entendre aucunement desroguer ausd. previlleges et exemptions, ains iceulx estre
observez et gardez sans les enfraindre, et lesd. supplians estre maintenuz et entretenuz sans ce que deslors ilz puissent estre contrainets
a payer lesd. dons et octroys ne contribuer a iceulx et..., eulx trouver
aux assemblées qui se font par chacun an par lesd. gens desd. trois
estatz.., et de ce en ont esté exemptez et affranchiz selon la forme et
teneur desd. lettres en ducte du 8° jour de septembre 1523, en
paiant et mectant es mains du general de Languedoc et Daulphiné la
somme en laquelle ilz avoient esté cothisez, ce qu'ilz ont faict, qui
est la somme de 224 liv. 17 solz 6 den. Tourn. ; lesquelles lettres ilz
auroient presentées a notred. court de parlement et d'icelle requis la
verifllcation et enterinement, et sur ce s'est meu proces en icelle
notred. court entre lesd. supplians et led. procureur des trois estatz,
et par arrest de lad. court a esté dit que non obstant icelles nosd.
lettres et exemptions ilz paieroient le taux en quoy ilz avoient esté
imposez, dont lesd. supplians auroient interjecté recours, sur lequel
autre proces en est pendant en icelle court; et depuis pour la muni-

tion et passaige des gens d'armes estans soubz la conduicte de feu notre treschier cousin le seigneur de Lautrec, estant l'année passée oud. pais de Daulphiné, auquel passaige les gens dud. pais disoient avoir perte, laquelle perte fut par les gens desd. trois estaz... assise sur led. pais, par lesquelz lesd. supplians nonobstant leursd. exemptions et franchises furent cotisez en certaine somme de deniers par le congé de notred. court de parlement qui bailla ses lettres de contraincte à l'encontre d'eulx qui se y opposerent, sur laquelle opposition proces se meut en icelle court, par laquelle fut ordonné que lesd. supplians paieront le taux a quoy ilz avoient esté cotisez, dont ilz ont recouru de lad. ordonnance et en est a present proces pendant en icelle notred. court; et qui plus est en l'année passée iceulx gens desd. trois estatz, par le congié et licence d'icelle notred. court, auroient de rechief tauxez et cotisez lesd. supplians pour semblables despence faicte aud. pais, en desroguant tousjours à leursd. privilleges et exemption, a quoy de rechef ilz se seroient opposez et en est autre proces pendant en icelle court, en laquelle iceulx supplians ne y pourroient jamais avoir justice parce qu'il est question de leur propre faict et pour soulager les autres villes dud. pais de Daulphiné ou ilz ont plusieurs parens, alliez et amys, aussi eulx mesmes chacun en particullier y a interest et s'il y convenoit plaider ausd. supplians en lad. court les presidant et conseillers d'icelle seront juges en leur propre causes et parties adverses desd. supplians, lesquelz vouldroient abollir et adnuller lesd. ancians previllecges..., et a ceste cause requierroient... pour obvier ausd. suspections, pors et faveurs lesd. causes et matieres dessus mancionnées estre evocquées pardevant nous en notred. conseil, avecques leurs circonstances et deppendances... Veu laquelle requeste.., pour ce est il que nous... lesd. proces et matieres... avons, par l'advis et deliberacion de notred. conseil, evocquez et... evocquons pardevant nous et lesd. gens de notred. grant conseil au xvme jour de mars prouchainement venant.., mandons... Donné à St Germain en Laye, le xxiie jour de janvier l'an de grace mil cinq cens vingt huit et de notre regne le xve. — Par le roy daulphin, Breton. Dupp^{is}.

(*) Original vélin de 56 lig. coté let. Q; trace de sceau sur simple queue. — Inséré dans l'acte du 11 avril 1535.

CLVIII^e.   *8 septembre 1513.*

IN nomine Domini, amen. Noverint... quod cum esset debatum, questio seu controversia... inter nob. et egr. viros dd. decanum,

canonicos et capitulum insignis collegii dalphin. ecclesie Sancte
Crucis Montillii Adheymarii... et hon. virum mag. Petrum Canuti,
assertum rectorem scolarum ville Mont. Adh. seu dd. consules et
universitatem dicte ville.., ex eo.. quia dicti decanus et canonici...
asserebant se et suos.. predecessores fuisse et esse in possessione...
instituendi et licenciam et auctoritatem prebendi... magistris et rectoribus scolarum... regendi scolas pro instructione puerorum hujus
ville et aliorum extraneorum..; hiis tamen non obstantibus ab anno
citra dict. mag. Petrus Canuti.., sub colore et clipeo cujusd. licencie
eidem... concesso per dd. tunc consules M. A... dict. scolas... regere
voluit et in eisdem per certos dies legit clericis hujus ville et pluribus
aliis extraneis... Tandem anno ss. Nativitatis Dom¹ M°D°XIII° et die
iiiᵃ mens. septembris.., nobᵉˢ, honˢˢ et egr. viri dd. Jacobus de
Vaesco, s. sedis apostol. prothonotarius, decanus, Johannes Pascalis,
sacrista, Johannes de Pictavia, dominus de Alondo, Johannes Fabri,
Johannes de Vaesco, Nicolaus de Ayguenchio, Johannes Charpandi et
Ysnardus Silvi, canonici ejusd. ecclesie Sᵉ Crucis... ex una, et honᵇˡˢ
viri Jacobus de Bressaco notarius et Carolus Gontruti, consules hujus
ville, necnon Amandus Salamonis et Stephanus Gayeti, eorum consi-
lhiarii... ex alia partibus,... tractantibus.. revᵈᵒ in Xᵒ pat. et dom.
Ymberto de Montibus, in utroque jure doctore, priore prioratus
Sancti Marcelli secus locum Sauzeti, necnon egr. et spect. viro d.
Amando Pertusii, jurium baccallario, locumtenente egr. et spect. viri
d. vicesenescalli et judicis majoris curie presidalis Mont. Adh.,... con-
cordaverunt.. : et primo... quod dd. consules ipsius ville... sint et
esse debeant in facultate et libertate presentandi dicto insigni capitulo... magistros scollarum, scil. unum in capite et alios in baccalla-
rios pro instructione puerorum hujus ville et aliorum clericorum qui
in ead. villa causa addiscendi venire voluerint, ydoneos tamen et
sufficientes, pro uno anno solum et dumtaxat, quos.. ipsi domini
Sᵉ Crucis ad... presentacionem tenebuntur instituere et licteras insti-
lucionis concedere..; item plus... quod alio anno seq. ipsi dd. decanus et canonici... debebunt providere in ipsis scolis de bonis, ydoneis
et sufficientibus magistris et rectoribus pro instructione puerorum..,
preter id quod dd. consules... se intromictant de illos presentando et
habendo nec perquirendo.., et sic de anno in annum..; item plus...
quod rectores et magistri scolarum pres. ville. non habeant audeant-
que seu presumant recipere a quibusvis clericis de habitatoribus
ville hujus pro eorum instructione penisque et laboribus in ipsos ins-
truendo et docendo publice in scolis nisi dumtaxat sequencia, vid.

primo ab illis qui addiscent Cathonem, Doctrinale, poetas, logicam et
alias sciencias superiores... pro quolibet quartono, scil. de tribus in
tribus mensibus, grossos IV, et *ab* aliis qui addissent partes matuti-
nas, salterium, septem salmos et alias sciencias inferiores pro quolibet
quartono... gros. III et *non ultra...* ; item plus... quod clerici habi-
tuati in ecclesia S⁶ Crucis sint et esse debeant juxta morem antiqum
et solitum quietii et inmunes a solucione alicujus premii pro corum
instructione standi et commorandi in ipsis scolis..; item plus... quod
filii scindicorum... sint etiam quietii et inmunes... a solucione aliquali fienda... Acta fuerunt hec Montillii Adheym. in ven⁰ et insig.
ecclesia S⁶ Crucis, scil. in cappella Sancti Xpistofori, testibus present.
supranom. dd. tractatoribus necnon ven^bus viris dd. Symone Mutonis,
Petro Teroudi, Johanne de Duneria, Matheo Baptiste, Ludovico
Berengerii, presbiteris, egr. d. Petro de Monte Ruffo, jurium licenciato,.. et me Johanne Rahuti, notar. dalph. auctor. publ. opidi M. A.
incola...

(*) Expédition originale parch. de 136 lig., coté n° 71.

CLIX*.   *10 juin 1534.*

Anno Domini M°D°XXXIV° et die X⁰ mensis junii, ad requisitionem
spect. et egr. viri Joannis Gaucherii, consiliarii regii, cameræ
computorum Delphinatus Gratian. auditoris commissariiique... deputati, assistente cum eo nob. Antonio Gronhi, clavario villæ Montilii..,
hon^los viri Carolus Felice et Duronus Mermellioni, sindici et consules ac procuratores totius communitatis Montilii, cum consilio... hon.
virorum Michaelis Franchessini, Roberti Lenormand, mag. Joannis
Reparati, Toussani Pichoti et Petri Ternerii, consiliariorum dictæ
villæ.., confessi fuerunt..: 1° quod *(ut ch. CXLII, p. 315, 1° et 3°)* ;
2° item, quod ipse ser^mus princeps rex Francorum, delphinus Viennensis habuit et habet in eod. mandamento villæ Mont. Adh. totalem
omnimodam jurisdictionem altam, mediam et bassam, et pro eadem
exercenda senescallum, judicem, procuratorem fiscalem, subvigue-
rium, clavarium, greffarium, servientem et alios officiarios, quos instituit et destituit prout sibi videtur, qui consueverunt justiciam partibus petentibus... administrare ; 3° item, quod omnes habitantes infra
dict. mandamentum sunt homines jurisdiciabiles ejusd... dom¹ nostri
regis delphini.. et subditi ejus, absque eo quod aliquis alius dominus
habeat cognitionem super ipsos nisi ipse dom. noster rex delph. et

ejus officiarii ; 4° item *(ubi supra, 2°)* ; 5° item, quod ipse d. n. rex delphinus habet infra dict. villam domum ad tenendum curiam, confrontans juxta domum Antonii Verderii ortus, juxta careriam publicam occasus, juxta domum Duroni Mermelioni ex borea et juxta aliam careriam ex vento,... quæ domus fuit igne combusta et cremata ; 6° item *(ubi supra, 4°) :* de quantitate, modo et forma quibus consuevit exigi ignorant, quia plures nobiles asserunt quod eisdem spectat certa quantitas, tamen se referunt actis existentibus coram magn° delphin. parlamento Gratianopol. coram quo fuit plene declaratum ; 7° item (*u. s., 5°*); 8° item (*u. s., 10°*) ; 9° item, quod ipsi consules consueverunt annis singulis die 23° aprilis instituere sex bannerios pro custodia fructuum ejusd. mandamenti, quos sindici tenentur presentare egr. d. judici dictæ villæ et rogare quatenus placeat illos admittere et recipere juramentum a quolibet eorumd. de exercendo dict. officium prout decet, et qui sex banneril tenentur inde solvere d. n. regi delph. seu exactori ejusd. sex florenos parvæ monetæ currentis, seu quilibet ipsorum XII solid. Turonen., in festo Nativit. D. N. J. C.; 10° item (*ubi supra, 13°*) nuchæ et olivæ licores...; 11° item, quod ipse d. n. rex delph. habet insolidum in ead. villa emolumentum officii notariatus et greffariatus, cum emolumento clamorum quod exigi consuevit ab expositis de omni re consistente in numero, pondere vel mensura in vim submissi rei judicatæ, ad rationem quarti den., si IV petantur debetur I et de V obligatus nisi agatur de re judicata ad rationem x° partis; et emolumentum deffectuum quando quis citatur et non comparet debentur greffario xv den. Turon. et tunc ordinatur citari iterato sub pœna, inde citatus si non comparet debentur greffario pro deffectu v sol. Turon. cum emolumento sigilli litterarum et instrumentorum productorum in eadem sede more solito ; et qui graffarius describit omnes processus, terminos, arresta, attestationes et alia necessaria, pro quibus solitus est exigere ad taxam egr. d. judicis, qui consuevit taxare forma statuti delphinalis et stilo ejusdem curiæ. Quod quid. emolumentum fuit ultimate inquantatum... Joanni de Conchis notario per VI an. pretio cujuslibet anni CCC libr. Turon. ; 12° item, quod ipsi d. n. regi delph. et magn°¹° dominis Voltæ et Grignani spectat emolumentum pedagii per terram et aquam fluminis Rhodani, una cum *les Anses de Savasse* et pedagio Lenæ, quod emolumentum consuevit inquantari.. per egr. dd. auditores cameræ computorum Delphinatus Gratianop... *et* fuit libratum... Reymundo Reparati per III an. pretio cujuslibet anni XXI° libr. Turon. pro parte d. n. regis delph., quia alii duo

domini non tantum habent de eod. emolumento quod ipse d. n. rex
delph. ; 13° item, quod ipse d. n. rex delph. habet in eod. mandamento Mont. quam plurima feuda, et tenementarii eorumd. eidem
tenentur solvere grana in quolibet die xv^a mensis augusti, vina tempore recollectionis. et argentum et gallinas in qualibet die Nativitatis
D. N. J. C. annis singulis; 14° item, quod bladum feudi fuit et est
granum frumenti boni et receptibilis, mensuræ dictæ villæ, vinum
debet esse bonum et receptibile, argentum vero valet juxta specifi-
cationem ipsius, de valore se referunt antiquis documentis recogni-
tionum et actis existentibus in camera computorum Delphinatus
Gratianopolis ut asseruerunt, et in somata granorum sunt iii sestaria,
in sestario sunt ii eyminæ, in cymina sunt ii cartæ, in carta v ciba-
deria, major mensura vini est saumata, in saumata sunt ii barralia,
in barrali sunt iiii brocheta, in brocheto sunt vi pentalpha et iii folietæ, in
pintalpho sunt iiii folietæ, pintalphum est potum ; 15° item (*ubi supra,
12°*) pro indevisa cum magn. et pot. viro d. Gilberto de Levi milite,
comite de Ventadoro, domino Voltæ, pro alia 3^a parte, et cum magn.
et pot. viro d. Ludovico Adhemarii de Montilio milite, domino
Grinhani, pro alia 3^a parte, et dum permutantur debetur ad rationem
8^æ partis valoris fundi permutati ; 16° item (*u. s. 14°*); 17° item, quod
ipsi et omnes habitantes totius mandamenti Mont. sunt subditi et
homines jurisdictiabiles ejusdem, et quod ipse s. rex delph. est
eorum dominus insolidum superior, et promittunt quod ipsi eidem et
suis officiariis erunt boni, legales et jurisdiciabiles, bonum, commodum, honorem et utilitatem eorumdem totis viribus procurabunt,
incommodum, damnum, dedecus et injuriam... evitabunt ; 18° item
confitentur.. ipsos consules et totalem communitatem Mont. tenere
et t-e velle in emphiteusim perpetuam et de dominio directo insolidum d. n. regis delph... quand. plateam sive qd. bancum macelli,
in quo mactantur et venduntur oves et capræ, appellatam *la Chevrerie,*
scitam infra dict. villam Mont. ante ecclesiam Templi, olim ipsi d. n.
regi recognita per Franciscum Feloti, macellarium... an. D. M°CCCC°
LXXVI° et die iii^a mens. martii, quæ nunc confrontatur.. juxta care-
rias publ. ex partibus orientis, occidentis et boreæ, et juxta curtem
domus Francisci Silvi ex vento.., et hoc sub censu seu canone xii
sol. Turon. et de x in x annis tantumdem, quia cadit in manu mortua
et sunt incapaces ; 19° item iidem, ut rectores Hospitalis dicti loci,
confitentur tenere de dominio directo cujus supra quand. vineam in
eod. mandamento scitam in Redondon seu prope limites de Raco,
continens circa ii sesteratas terræ, quæ fuit de bonis Natalis Fon-

bonne.., et hoc sub censu annuo I den. et I oboli et **xxx**ᵉ partis fructuum.., et de x in x an. tantumd. pro admortisatione loco laudemio-
rum quia sunt incapaces... Actum in camera virida hospitii Servi Montilii, in qua residet Julianus Bertheti, præsent. Petro Feugerii Moy-
renci, Reymundo Dies Marsanæ, Petro Vachon Gratianopolis, Joanne
Brosse de Piegone, Francisco Chapusii, Antonio Giraudi, Balthezaro
Marcel Montilii.., et me Bertrando Grilherii.., auct. apost. et delph.
notario...

(*) Recueil B, n° 75, extrait du « livre des notes de Grilheri ».

CLX*.   *11 avril 1536.*

Francoys, par la grace de Dieu roy de France, daulphin de Viennoys, conte de Valentinoys et de Dyois... Comme dès le 26ᵉ jour
d'octobre l'an 1461 le roy Loys XIᵉ notre predecesseur, que Dieu
absoille, eust confirmé a noz chers et bien amez les consulz, manans
et habitans de Montelymard certains previlleiges et exemption de
payer et n'estre tauxez ne cotisez avec le sindic des troys estatz du
pays de Daulphiné a aucun tribut, ayde ne subsides quelzconques...
(ch. CXXXI) ; lesquelles (lettres) peu de temps aprez led. sindic de
Montelymard auroit presentées en notre court de parlement de Daulphiné pour y estre leues, publiées et enregistrées, et pour ce veoir
faire auroit faict appeller en lad. court led. sindic des troys estatz..
qui l'auroit empesché, et sur ce seroit meu procès en notred. court
de parlement de Daulph., en laquelles auroient proceddé par plusieurs journées et assignations, et finablement par arrest donné en
lad. court le 15ᵉ jour de février 1462 auroient lesd. lettres esté enterinées a l'encontre dud. sindic.., et en ce faisant dict et ordonné..
que iceulx habitans de Mont. demoureroient quictes et exemptz et
immunes, selon la forme de leurs previlleiges, de tous subsides, tailles,
dons et impostz qui se pourroient pour l'advenir faire aud. pays de
Daulphiné par les gens des troys estatz.., et qu'ilz n'y seroient taxez
ne cotisez et seroient rayez des roolles, cothisations et assiettes faictes
aud. pays, et lesd. parties mises hors de court et de proces sans despens et pour cause... *(ch. CXXXI-II, p. 296)* ; lequel arrest auroit esté
deument executé, et certain brief temps ensuivant led. sindic des
troys estatz du pays de Daulph. auroit baillé requeste a notred. court
de parlement de Grenoble, contenant que n'avoit gueres pour eviter
que les gendarmes qui passoient dela les montz en Ytalie n'entrassent
ez terres du Daulphiné et terres circumvoysines, comme lad. ville de

Montalymard et autres, ilz auroient faictz grans fraiz et mises qui
estoient venues a l'utilité de la chose publique de tout led. pays, et
partant les habitans dud. pays estoient tenuz y contribuer et frayer,
requerans lesd. supplians demandeurs que lesd. habitans de Montalymard, de Gap et autres fussent comdemnez frayer pour leur portion,
lesd. habitans de Mont. disoient au contraire que par leurs previlleiges
ilz en estoient exemptz et que ja avoit par lad. court esté ainsi jugé et
ordonné.., en maniere que par autre arrest donné et prononcé en
lad. court le 4ᵉ jour de juing 1520 lesd. habitans de Mont. auroient
esté absoutz et relaxez des impetracions, requisitions et demandes
desd. sindicz... et les despens compensez et pour cause... (*ch. CLII,
p. 328*) ; nonobstant lequel arrest se seroit encores meu autre proces
en notred. court de parlement de Grenoble entre lesd. sindic des
manans et habitans du pays de Daulphiné, demandans et requerans
l'enterinement de certaine requeste par eulz presentée a notred.
court de parlement de Gren., tendant a fin que lesd. manans et habitans de Montel. fussent comdemnez et contrainctz, comme estans demourans aud. pays de Daulphiné, a payer leur quote des fraiz et mises
par eulx faictz et desboursez pour certain grand nombre de gens de
guerre qu'ilz avoient empesché d'entrer esd. terres, suivant les lettres
par nous a eulx escriptes, d'une part, et iceulx sindicz, manans et
habitans de Mont. deffendeurs, d'autre, aprez ce que iceulx demandeurs auroient faict lad. demande lesd. de Montel. auroient allegué
leursd. exemptions et lesd. deux arrestz par exception de chose ju-
gée... et que partant n'estoient recepvables ; davantaige pendent led.
proces se seroient lesd. consulz, manans et habitans de Mont. retyrez
pardevers nous et obtenu de nous lettres de declaration et confirmation de leursd. previlleiges... (*ch. CLIII, p. 330*); lesquelles noz lettres
de declaration lesd. sindic, manans et habitans de Mont. auroient
presentées a notred. court, a l'encontre dud. sindic du pays de Dauph.
et contre luy requiz et demandé l'enterinement, lesquelz pour ce em-
pescher auroient presenté autres noz lettres de declaration narratives
dud. procès, dactées du 20ᵉ jour d'avril oud. an, desquelles ilz
auroient requiz et demandé l'enterinement a l'encontre des habitans de Gap, de Montel. *et autres du pays de Daulph., disans...*
que par nosd. lettres aurions declairé et ordonné estre payez par
lesd. habitans... certaine grant somme de deniers pour subvenir a
noz urgens affaires et pour souldoyer et payer grant nombre de gens
de guerre pour la tuition et deffense dud. pays de Daulph.., lesd.
sindic et habitans de Mont. disoient au contraire et comme avoient

tousjours debatu et dict qu'ilz n'estoient comprins avec lesd. habitans
dud. pays de Daulph., mais par leur previlleige exprez en estoient
separez et declairez exemptz et immunes de toutes quotisatiohs.., et
sur lesd. previlleiges s'estoient ensuiviz deux arrestz de lad. court de
parlement.. donnez avecques et contre lesd. sindic des troys estatz...,
sur les propoz et plaidoyez desquelz parties... auroit notred. court de
parlement.. donné et prononcé son arrest (*ch. CLIV, p. 332*)..; aprez
la prononciation duquel arrest... lesd. sindicz des habitants de Mont.
auroient presenté requeste a notred. court du parlement... a fin de
revideri la coustume du pays et stille de notred. court, et auroit de-
signé en ses causes de *revideri*... qu'il y auroit esté enterinée en ref-
fundant et consignant VI^{xx} liv. Parisis pour l'amende; pendent laquelle instance de revision et autre instance sur autre requeste baillée
par lesd. habitans de Mont. pour ce que de rechef led. sindic et gens
desd. estatz.. les auroient encores quothisez, nonobstant lesd. arrestz,
et par autre arrest de lad. court du 23ᵉ jour de decembre 1527 ordonné que lesd. quotisations sortiroient effect...; lequel arrest prononcé semblablement, lesd. consulz, manans et habitans de Mont.
auroient formé instance de revision..., et depuis led. sindic des manans et hab. de Mont. se seroient retyrez pardevers nous et nous
auroient faict apparoir.., et le tout par nous veu en notre conseil
privé aurions confirmé lesd. previlleiges et exemptions, et les instances desd. *revideri* pendentes aud. parlement.. aurions evoquées a
nous et notre grant conseil pour y estre jugées, deciddées et deter-
minées... (*ch. CLVII, p. 336*); et nosd. lettres d'evocation led. sindic
de Mont. auroit fait signiffier a notred. court de parlement de Daulph.
et faict les deffenses en tel cas requises, et pour icelles veoir enteriner
faict adjourner en notred. grant conseil led. sindic desd. trois estatz..
a certain jour, ouquel seroient comparuz et oyz... lesd. parties ou
procureurs pour elles le 2ᵉ jour de mars l'an 1533, et les gens de
notred. grant conseil enterinant nosd. lettres... auroient retenu la
congnoissance des causes et matieres mentionnées esd. lettres... et
ordonné que en icelluy les parties viendroient procedder a huitaine..,
suivant lequel (arrest).. auroient lesd. procès esté apportez.., et pour
ce que lesd. sindicz des troys estatz... aprez avoir produict ce que
bon leur auroit semblé auroient esté refusans prendre appoinctement
en droict sur lesd. instances des *revideriz* led. sindic de Mont. l'auroit faict appeller en audience en notred. grant conseil, et parce
qu'ilz n'auroient voullu obeyr ne prendre led. appoinctement il auroit le dern. jour de décembre l'an 1534 esté donné deffault.., et le

22ᵉ jour de fevrier oud. an auroient lesd. parties esté appoinctées en droict comme devant et a produire; et pendent lesd. proceddures en notred. grant conseil, lesd. sindicz desd. trois estatz.. auroient pour cuyder attyrer lad. cause et procès oud. Grenoble et rendre lesd. habitans de Mont. contribuables avec eulx obtenu certaines noz lettres de declaration, afin qu'ilz fussent contrainctz de payer leur part et portion des impositions qu'ilz auroient faictes et feroient pour le faict de noz guerres et autres charges dud. pays selon qu'ilz estoient et seroient quottisez, et icelles.. adressées a notred. court de parlement de Grenoble... (Donné à Sainct Germain en Laye, le 6ᵉ jour de juillet l'an de grâce 1534 et de notre regne le 20ᵉ); en laquelle... auroient faict assigner lesd. manans et habitans de Mont. pour veoir proceder a l'enterinement de nosd. lettres, lesquelz auroient allégué lad. instance pendente.. en notred. grant conseil.., et ce nonobstant lad. court de parlement auroit voullu prendre de ce congnoissance et passer oultre.., au moyen de quoy lesd. manans et hab. de Mont. auroient presenté requeste a notred. grant conseil pour decerner inhibicions et defense.., sur quoy notred. conseil auroit ordonné que lesd. inhibicions seroient faictes et led. sindic desd. troys estatz adjourné oud. conseil pour veoir casser lesd. proceddures comme actemptat...; et depuis ce le 27ᵉ jour de fevrier 1534 led. sindic des troy estatz... auroit presenté certaine requeste contenant que lesd. habitans de Mont. avoient par arrest de notred. court de parlement de Gren. esté vaincuz et comdemnez en certaines instances pendentes en icelles entre lesd. parties... et de laquelle.. auroit demandé l'enterinement, ce que auroit esté empesché par le sindic dud. Mont... : savoir faisons que veu... et tout consideré, iceulx gens de notrēd. grant conseil par leur arrest et jugement ont dict que, sans avoir egard ausd. lettres de declaration qu'ilz ont revoqué et adnullé, tout ce qui a esté faict par lesd. estatz et court de parlement de Gren. depuis l'evocation et signification d'icelle, dont mention est faicte en certaines lettres du 14ᵉ mars 1533, et nonobstant lesd. fins de non recepvoir alleguées par led. procureur desd. estatz, desquelles ilz l'ont debouté et deboutent, et sans avoir egard ausd. lettres de declaration par luy obtenues le 6ᵉ juillet 1534, qu'il y a lieu de revision et recours, et en ce faisant que lesd. arrestz donnez oud. parlement de Gren. au proffict desd. demandeurs des 13ᵉ novembre 1457 et 11ᵉ juing 1460 sortiront leur plain et entier effect, nonobstant lesd. arrestz donnez en lad. court contre lesd. demandeurs les 8ᵉ avril 1525 et 23ᵉ septembre

1527.., et au surplus ont les gens de notred. grant conseil ordonné
que lesd. demandeurs habitans seront rayez des roolles, assiectes et
quottisations mentionnées esd. deux arrestz et les sommes par eulx
payées en vertu desd. quotisations a eulx rendues et restituées, et ont
faict inhibicions et deffense aud. procureur desd. estatz... d'eulx ayder
desd. arrestz desd. 8e avril 1525 et 23 sept. 1527, et de plus quoti-
ser.. lesd. demandeurs habitans de Mont... au prejudice de leurs previlleiges, franch. et lib. et desd. arrestz du 13e novem. 1457 et 11e
juing 1460, et ont comdemné et comdemnent led. procureur desd.
estatz ez despens desd. instances telz que de raison, la taxation
d'iceulz a eulx reservée. En tesmoing de ce nous avons faict mectre
notre scel a ces presentes. Donné et prononcé a Lyon en notred.
grant conseil, le 11e jour d'avril l'an de grâce 1535 avant Pasques et
de notre reigne le 21e. — Par le roy dauphin a la relacion des gens
de son grant conseil, Coefler.

(¹) Original coté n° 159, formé de 21 peaux collées bout à bout, avec
sceaux des deux côtés à chaque ligature; au bout grand sceau du roi
dauphin en cire rouge pendant sur double queue de parchemin. Au bas :
Solvit pour xxj peau trente une livre dix sols ce vj° oct. MVᶜXXXIX ». —
Sous la cote n° 55 se trouve un « Extraict des registres du grant conseil
du roy » du même jour.

CLXI°.   *14 mars 1538.*

Francois, par la grace de Dieu roy de France, daulphin de Viennoys, conte de Valentinoys et Dyoys, a nos amez et feaulx conseillers les gens de nos courtz de parlement et de noz comptes seans a
Grenoble... Noz chers et bien amez les consulz, manans et habitans
de notre ville de Montelimard en Daulphiné nous ont presenté...
requeste... Pour ce est il que nous.., voullans a chacun de noz sub-
jectz raison et justice estre faicte et administrée, avons dit, declairé
et ordonné... de notre certaine science, plaine puissance et auctorité
royal et delphinal que lesd. previlleiges, exemptions, franchises et
libertez... soyent ausd. supplians entretenuz, gardez et observez, et
sortent leur plain et entier effect, et que du contenu en iceulz lesd.
supplians soient et demeurent possesseurs selon leur forme et teneur.., sauf et réservé que lesd. supplians contriburont pour leur
quotte et esgalle portion aux fraiz, mises et despenses que se feront
pour le faict de la guerre oud. pays de Daulphiné tant par garnison
que par passaiges et estappes sur ce dressées en notred. pays.., et
aussi pour munitions, vivres et tous aultres fraiz et dons extraor-

dinaires que se pourroient faire a nous pour le faict de la guerre hors
led. pays et dans icelluy et pour les deppendances desd. affaires,
ainsi que justement sera tauxé, coctisé et esgallé par les gens qui seront commis et députez par vous, lesd. supplians toutesfoys appellez
pour assister aux comptes desd. despenses et à lad. tauxe; si vous
mandons... Donné au Parc lez Molins, le x111ᵐᵉ jour de mars l'an de
gr. 1537 et de notre règne le 24ᵉ. — Par le roy daulphin en son conseil, Delachesnaye.

(*) Original parch. de 32 lig., coté nᵒ 194; trace de sceau.

CLXII°.   *20 septembre 1539.*

FRANCOIS, p. la g. de D. roy de France, *etc.* au premier huissier...
De la partye de noz bien amez les consulz, manans et habitans de
la ville de Montalimard en Daulphiné a esté a notre conseil presenté
certaine requeste, contenant que de tout temps et ancienneté le tiltre
et seigneurie de Montalimard est distincte et séparée dud. pays de
Daulphiné et conté de Valentinoys et comme telle a esté tenue par
leurs seigneurs en souveraineté, lesquelz par contractz entre autres
previlleiges octroyez ausd. habitans auroient iceulx exemptez de
toutes contributions et subcides,.. et depuis que a lad. seigneurie de
Montalimard le conté de Valentinois auroict succedé et après les
daulphins avecques les mesmes pactes et condicions..., et.. controve-
nant aud. arrest (du 11 avril 1535)... le procureur des estatz auroict
depuis taxé et cothisé... lesd. supplians avec led. pays aux imposi-
cions et subsides d'icelluy, contrainct les faire payer et qui plus est
pour raison de ce les auroict tirez en notred. court de Grenoble,
inhibée et incompétente..; laquelle requeste veue par notred. conseil.., a ordonné que inhibicions et deffenses seront faictes aud. procureur des estatz et autres partyes qu'il appartiendra de n'actempter
ou innover contre et au préjudice des arrestz donnez en icelluy notred.
conseil et execucion d'iceulx et que... commission sera ausd. supplians decernée. Pour ce est il que nous... te mandons... Donné a
Paris, le 20ᵉ jour de septembre l'an de gr. 1539 et de notre règne le
25ᵉ. — Par le roy daulphin, a la relacion des gens de son grant
conseil, Coefler.

(*) Origin. parch. sans cote; trace de sceau sur queue simple. Ces
lettres n'ayant pu être mises à exécution « dedans l'an et jour d'icelles,
au moyen de certains empeschemens », de nouvelles furent obtenues de
Francois 1ᵉʳ « à Fontainebleau, le 4ᵉ j. de décemb. l'an de g. 1541 et de
not. rég. le 27ᵉ ». Orig. avec grand sceau en cire rouge.

CLXIII°. *10 juillet 1542.*

Comme ainsi soyt que procès auroit esté intenté par devant MM. du grand conseil du roy entre les scindicz, consulz, manans et habitans de la ville de Monteyliemard, demandeurs sur la révision de certains procès jugés par la court de parlement du Daulphiné d'une part, et M. le procureur du pays de Daulph., deffendeur d'aultre, lequel procès auroit esté en après jugé... au prouffct desd. habitans dud. Mont. du 11° avril 1535, et en vertu dud. procès et des previllieges, exemptions et libertés desd. habitans.. iceulx consulz.. disoient estre exemptz, francz et libérez de toutes charges ordinaires et extra-or-es, dons et octroys quelzcq. dud. pais de Daulph., mesme des fraiz et despens de la guefre et despence de la gendarmerie.., combien que led. arrest n'auroit encores esté exécuté pour ce que le procureur dud. pays... auroit empesché.., disoit au contraire led. procureur lad. exéquution avoyr esté empeschée par mandement verbal du roy.., et si auroit led. seigneur par ces lettres patentes déclaré et ordonné que non obstant les libertés, priv. et exempt. et imunytez dud. Mont... lesd. manans et hab. de Mont. seroient tenus.. contribuer et supporter leur part des fontes et charges dud. pays.. concernant la gendarmerie tant pour les garnisons, estappes, passaiges illecz venus... et deppendences dud. affaire de la gendarmerie.., comme appert par lettres données au camp de Hedun le 5° avril 1537 après Pasques; et pour ce que led. procureur du pays auroit voulu poursuivre l'intérinement et observation desd. lettres royaulx, sur quoy se fust peu mouvoyr procès entre lesd. parties, lesquelles voulans icelluy et les fraicz qui s'en fussent ensuivis évyter et fouyr, auroient entre elles faict certain accord verbal.... Pour ce est il que cejourdhuy 10° juillet 1542, establys... maistre Anthoine de Rovillacz, docteur es droictz, official de Grenoble, vice président des estatz, prieur et seigneur d'Aspres, Francoys Roux, prothonotaire du sainct siège apostolicque, Honnorat du Puys, seigneur de Rochefort, m°° Jacques Mitalier, consul de Vienne, Fracol Coct, docteur et consul de Grenoble, Francoys Bonnet, pour les consulz de Valence, Guilhaume Manissier, pour les consulz de Romans, Baltezar Grimaud, pour les consulz de Die, sires Thezard Didier, pour Ambrun, Francoys Roux, consul de Briancon, Loys Berbeyer, pour les consulz de Crest, Jehan Abez escuyer, pour les consulz de Gap. Guilhaume Perouse, seigneur de Sainct Guilhaume, a ce commiz et depputez par lesd. derniers estatz.., et m°° Loys Rival, docteur es droictz, et Loys Tenot, prati-

cien habitant dud. Monteiliemard, et comme procureurs d'iceulx...
ont sur ce que dessus transigé et accordé comme s'ensuit : premiè-
rement ont convenu et accordé.. que lesd. manans et habitans dud.
Mont... perpétuellement seront tenus contribuer avec les gens dud.
pays de Daulph. en toutes les charges, fraicz et mises do lud. gendarmerie soit pour garnisons, estappes, passaiges, allées, venues, sejour,
buvettes... et pour toutes despences et fraiz a occasion de ce... tant
pour commissaires députez... pour la gendarmerie et pour y donner
ordre et aussi pour descharger led. pays de garnisons, passaiges et
aultres charges.., ou pour avoyr recompense du roy.., et générale-
ment en tous fraiz et despens.., et ce a raison pour leur ratte part et
portion de 30 feuzs, avec ce toutesfoys que led. pays sera tenu... ayder
ausd. habitans de Mont. a toutes, chacunes et semblables charges... ;
item, que les gens des estatz.. seront et demeureront perpétuellement
quictes et liberés... de tous despens, dommaiges et intérest et de tous
les deniers qui ont estés ausd. habitans de Mont. adjugés par led.
arrest, saufz... la moytié des despens adjugés.. par le grand conseil
et tauxcz à 600 livres.. ; item.., que quant l'on appellera tous les aultres commis pour les faictz et traictez de la guerre et choses que dessus
lesd. de Mont. y seront semblablement appellés ; item, quant aux aultres matieres et charges.. dud. pays... non concernantz le faict de la
guerre et gendarmerie lesd. de Mont. demeureront en leurs libertez,
previlieges et imunytes... ; item.. que lesd. Rival et Tenot seront
tenus... faire ratiffier la pres. transaction et accord aux consulz,
manans et habitans de Mont. dedans les estatz prochains.. : moyen-
nant.. ce que dessus entre lesd. parties soyt perpétuellement bonne
paix, accord et amytié... Faict et passé a Grenoble en la grand salle
de l'evesché, presentz a ce Jehan Delolme et Jehan Bouvier, huissiers
de la court de parlement, m⁰ Estienne Musc, habitant d'Oulx, Jehan
Blais, notaire de Chaulmont, Jacques Bertrand, du Monestier de
Briancon.

(*) Origin. parch. de 46 lig. coté n° 199, signé « Rossignol ».

CLXIV*.   *15 novembre 1383.*

CLEMENS EPISCOPUS, SERVUS SERVORUM DEI, AD PERPETUAM REI ME-
MORIAM. Sincere devotionis affectus, quem dilecti filii consules seu
rectores aliique habitatores et incole loci Montilii Ademarii, Valentin.
diocesis, ad nos et Romanam gerunt ecclesiam, promeretur ut peti-

tiones eorum quantum cum Deo possumus ad exauditionis gratiam
admittamus. Hinc est quod nos, volentes eosdem consules seu rectores, habitatores et incolas favore prosequi gratie specialis, auctoritate apostolica tenore presencium statuimus et eciam ordinamus
quod omnes et singuli jam deputati et in antea deputandi, antequam
eorum officia eis commissa exęrceant, officiales seu curiales quicun-
que fuerint presentes et posteri per sedem apostolicam seu vice et
nomine ipsius in loco predicto de omnibus et singulis libertatibus,
immunitatibus et franchisiis dicti loci et habitatorum ipsius per eosdem officiales inviolabiliter observandis teneantur, cum per consules
seu rectores dicti loci pro tempore existentes fuerint super hoc debite
requisiti, quibuscunque... nequaquam obstantibus... Nulli ergo...;
si quis... Datum apud Villamnovam, Avinionen. diocesis, xxviij
kalendas decembris, pontificatus nostri   anno   sexto.
(Au bas) P. Bosquerii, Jo. de Neapoli. *(Au repli)* G. Guidonis.

(*) Original parch. de 13 lig., coté n° 86 ; trace de bulle.

CLXV.   *5 mars 1412.*

PRO UNIVERSITATE, EXPEDITIO CAMPANE HOROLOGII[*].

REVERENDISSIME pater, pro parte vestrorum devotorum consulum
et universitatis loci Montilii Ademarii, Valent. dioc., exponitur
quod cum ipsi exponentes disposuerint, pro evidenti utilitate regiminis tam ecclesie quam universitatis et tocius rey publice loci ipsius,
hedifficari facere unum horologium in ecclesia parrochiali Sancte
Crucis ejusdem loci, pro quo horol. una cum edifficio ad hoc necessario absque canpana non sufficiunt triscenti floreni, sitque dicta universitas pauper causantibus guerris et mortalitatibus que dyu in
Valentinesio et circumvicinis partibus, proth o dolor! viguerunt,
ita quod non habent unde emere dict. canpanam, nisi per vos eisdem
suplicantibus sit provisum; et quia in ecclesia prioratus Beate Marie
de Ayguno extra muros dicti loci Mont., a qua deppendet dicta parrochialis ecclesia, vestre abbacie inmediate subjecta, hodiernis diebus
obsistentibus guerris et mortalitatibus predict. quasi inutilis est
effecta, in tantum quod cessat in eadem quasi omnino divinus cultus
deserviturque per secularem prebiterum in dicta parroch. ecclesia
minaturque ruynam, sintque in eadem multe canpane inutiliter et
de nichilo servientes, et suplicaverint rev^mo in X° pat. et dom. d.
episcopo Valentin. et Diensis et rectori comitatus Venayssini pro d.

n. papa et s. Rom. ecclesia, quatinus dignaretur ipsis suplicantibus
concedere unam ex dict. canpanis pro dicto horologio, ipseque sua
clemencia concesserit cum hoc quod universitas pred... teneantur
tradere et depositare XL floren. auri pro eadem convertendos in reparacione dicte ecclesie, et servitores dicte ecclesie non permitant nisi
habeant a vestra rev^da paternitate licentiam et mandatum, quod videtur esse congruum atque justum ; eapropter... r. paternitati v. humiliter suplicatur quatinus... dignemini capiendi unam canpanarum
predict. meliorem et utiliorem ad dict. horologium faciendum ipsumque de dicto prioratu de Ayguno ad dict. parroch. ecclesiam S. C.
M. transferendi licentiam et auctoritatem benigniter inpertiri, mandantes....

Aᵧɴᴀʀᴅᴜs de Cordone, Dei et apostolice sedis gratia humilis abbas
monastarii Insule Barbare, ordinis St Benedicti, Lugdunen. diocesis, religioso viro fratri Johanni Cobe, sacriste Beate Marie de
Ayguno, salutem in Domino. Contemplacione et ob reverenciam qua-
rumd. literarum nobis exhibitarum per rev^mᵘᵗ dd. cambellarium d. n.
pape necnon episcopi Valentin. et Diensis rectorisque comitatus
Venayssini, visa supplicacione universitatis Montilii Ademarii, Valent.
dioc.,.. contentisque in eadem.. quantum comodo possimus anuentes,
vobis de cujus fidelitate, probitate et industria confidimus... comic-
tendo mandamus quatinus ad locum... B^e Marie de Ayguno extra
muros dicti loci Montilii vos transferatis et meliorem canpanam, de
qua in ipsa suplicatione fit mentio, ab ipso prioratu nostro de Ayguno
admoveatis et ad dict. parrochialem ecclesiam Sancte Crucis de
qua.., que ecclesia a dicto prioratu deppendet.., ad opus horologii de
quo... transferatis, quam... volumus et jubemus... convertendam
in horologio... et non alibi, habita prius per vos.. a comunitate loci
Mont. pred. sufficienti et reali obligatione de summa XL floren. auri
ponendorum et convertend. in reparacione ecclesie dicti prioratus n.
de Ayguno... et non alias... infra duos annos... reservatis quod in
casu quo ipso horologio prius edifficato restaret ad sonandum per
annum post edifficationem ipsius, quod dicta comunitas seu consules
ejusdem se obligare debeant de restituendo et reponendo dict. canpanam in loco in quo de presenti est et stat, et etiam si casu fortuitu
ead. canpana frangeretur... dicta comunitas... ipsam effici teneantur
suis expensis de quantitate seu pondere de qua de presenti stat ; mandantes ulterius vobis... quatinus unam de aliis parvis canpanis in
dicta ecclesia B^e Marie de Ayguno existentibus, que de presenti non
pulsantur, nobis mittatis in nostra abbatia Insule Barbare pro ibidem

serviendo ad honorem Dei Omnipotentis et B⁰ Marie ejus matris, sumptibus dicte comunitatis, et eisdem consulibus... indilate tradatis et expediatis, ceteraque alia... in virtute s⁰ obedientie compleatis et observetis sine mora. Datum in castro nostro Viviaci, sub sigillo nostro auctentico, die v⁰ mensis marcii anno Domini M⁰CCCC⁰XI⁰ et a Resurrectione sumpto. P. Chanaczonis, per dominum concessa.

(*) Inséré dans l'acte d'exécution, en date du 8 suiv., obtenue par « Nicholaus Fornay et mag. Petrus Branthonis notarius, consules, custodes et rectores M. A.. » sur la présentation des lettres ci-dessus « in pergameno scriptas et sigillo magno inpendenti cera rubea sigillatas, in circumferencia cujus sig. apparet desuper ymago B⁰ Marie et in medio ymago B⁰ Martini dividens clamidem pauperi, et a quolibet latere duo angeli et in pede ymago dicti d. abbatis tenens crossam, et apparebat scriptum circumcirca S·AYNARDI DE CORDONE HVMILIS ABBATIS INSVLE BARBARE » ; la mise en possession « canpane grossioris et melioris » eut lieu « per tradicionem funis ejusdem ». Origin. parch. de 72 lig., coté n⁰ 33.

www.ingramcontent.com/pod-product-compliance
Lightning Source LLC
Chambersburg PA
CBHW051253060726
47596CB00001B/105